汽车故障分析详解丛书

汽车电气设备故障分析详解

下　册

李清明　等编著

机 械 工 业 出 版 社

本书以汽车电气设备的各种常见故障的诊断为主线，对汽车电气设备各系统如仪表系统、天窗控制系统、安全气囊系统、驻车辅助系统、音响娱乐系统、发动机停机、防盗报警及智能进入和起动系统、空调控制系统的常见故障现象、故障原因、诊断基本思路、诊断方法和技巧进行了归纳、总结，并对这些系统常见控制电路的工作原理进行了必要的分析。

本书实用性强，紧跟汽车维修技术发展步伐，适合于广大汽车使用维修检测技术人员、高职高专汽车相关专业的师生阅读参考。

图书在版编目（CIP）数据

汽车电气设备故障分析详解．下册/李清明等编著．—北京：机械工业出版社，2017.11

（汽车故障分析详解丛书）

ISBN 978-7-111-58421-6

Ⅰ.①汽…　Ⅱ.①李…　Ⅲ.①汽车－电气设备－故障诊断　Ⅳ.①U472.41

中国版本图书馆 CIP 数据核字（2017）第 270068 号

机械工业出版社（北京市百万庄大街 22 号　邮政编码 100037）
策划编辑：齐福江　责任编辑：齐福江　王　荣
责任校对：张　薇　封面设计：马精明
责任印制：孙　炜
北京中兴印刷有限公司印刷
2018 年 2 月第 1 版第 1 次印刷
184mm×260mm · 17 印张 · 412 千字
0 001—3 000 册
标准书号：ISBN 978-7-111-58421-6
定价：59.00 元

凡购本书，如有缺页、倒页、脱页，由本社发行部调换

电话服务	网络服务
服务咨询热线：010-88361066	机 工 官 网：www.cmpbook.com
读者购书热线：010-68326294	机 工 官 博：weibo.com/cmp1952
010-88379203	金 书 网：www.golden-book.com
封面无防伪标均为盗版	教育服务网：www.cmpedu.com

前言

《汽车电气设备故障分析详解（上册）》《汽车电气设备故障分析详解（下册）》是《汽车发动机故障分析详解》、《汽车底盘故障分析详解（上册）》、《汽车底盘故障分析详解（下册）》的姊妹篇，主要介绍了汽车电气设备各系统中常见故障的故障现象、故障原因、诊断方法和思路、诊断与排除程序等。书中不仅对电气设备各系统的组成、工作原理进行了阐述，也针对当前汽车电气设备的发展现状，对电气设备中的各种新系统的电路原理进入了深入分析，使读者在理解工作原理的基础上尽快提高诊断与排除汽车电气设备故障的方法和技能。

《汽车电气设备故障分析详解（下册）》主要涉及仪表系统、天窗控制系统、安全气囊系统、驻车辅助系统、音响娱乐系统、发动机停机、防盗报警及智能进入和起动系统、空调控制系统，分别对这些系统的常见故障现象、故障原因、诊断方法和技巧进行了较深入的分析与探讨。

本书力求做到以下三点：一是理论和实践相结合，既有对故障的理论分析，又阐述了电气设备各系统的部件及电路检测；二是通俗易懂，图文并茂；三是内容实用、较全面，涉及汽车电气设备各种常见系统的内容，力求反映当前汽车电气设备的新技术。

本书由李清明、程森、戴圻春、林海波、黄世凯、陈子麒、张天柱、梁林、梁业庆、周敏年、周柱年编著。编著过程中，得到了河南汽车电脑维修专家祁栋玉老师（电话微信13837014534）和深圳技师学院汽车技术系老师的大力支持和指导，在此表示衷心感谢。

由于编著者水平有限，难免有很多缺点和错误，希望读者不吝赐教，欢迎批评指正。

编著者

目录

第一章

仪表系统故障的诊断与分析

第一节　仪表系统故障的诊断

一、故障现象

仪表系统的常见故障主要有：组合仪表不工作；车速表故障；发动机转速表故障；燃油表故障；冷却液温度表故障；仪表各警告灯、指示灯常亮或不亮等；仪表显示或指示其他异常情况。

二、故障原因

1）GAUGE、DOME 或 METER 等相关熔丝不良。

2）仪表线束或连接器不良。

3）仪表总成内部不良。

4）仪表信号相关通信线路断路或短路。

5）相关控制模块（如 BCM 等）不良。

6）传感器及其相关电路等不良。

7）传感器信号轮或机械驱动部分不良。

8）车载网络系统故障。

三、故障诊断与排除的一般步骤

一般可根据故障现象缩小故障范围。

1）如整个组合仪表系统不工作，则首先应检查 GAUGE、DOME 或 METER 等相关熔丝。如熔丝处供电正常，则在仪表连接器处检查电源供应情况，包括搭铁线是否正常，还要考虑连接器处端子是否接触良好。

图 1-1 所示是丰田汉兰达仪表的电源电路。该电路提供两种类型的电源：一种是主要用作备用电源的稳压电源，另一种是主要用于信号传输的 IG 电源。稳压电源主要用作仪表 CPU 的备用电源，也可用于 CAN 通信。点火开关置于 ON（IG）位置时，如果端子 IG + 未

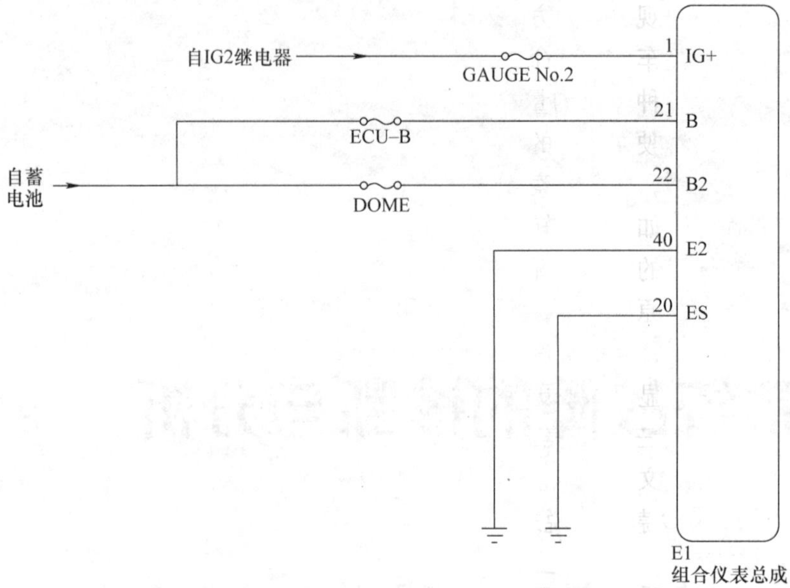

图 1-1 丰田汉兰达仪表的电源电路

施加 12V 的电压，则指示灯将不工作。

2）如仅是某个单个仪表不工作，则应根据该仪表信号来自于何处而进行相应的检查：如某车车速表不工作，则根据该车车速表的车速信号来自 ABS ECU，而 ABS ECU 则使用两驱动轮的轮速传感器信号经计算、处理后送给仪表的，此时可用诊断仪查看 ABS 轮速传感器信号数据、用诊断仪的动作测试功能对车速表进行动作测试等方法进行故障判断；如果车速表的车速传感器信号直接来自于变速器输出轴上的转速传感器，则根据传感器类型进行传感器及其相关线路的检查时，还要对传感器驱动齿轮进行检查。

3）如各电控系统的故障指示灯常亮或闪烁，则进行此电控系统故障码读取，按故障码提示进行故障排除。如某电控系统的故障指示灯从来都不亮，则检查此指示灯电路，可先用诊断仪进入该电控系统，对指示灯进行动作测试以缩小故障范围。

4）如组合仪表的某些警告灯常亮，则检查该系统是否确实存在相应故障，如有故障，则排除后警告灯自动熄灭；如无故障，则检查该警告灯电路。如发动机机油压力过低，警告灯亮，则应检查润滑系统机油压力是否确实过低、发动机机油压力过低警告灯电路是否有故障。

5）如采用车载网络系统的组合仪表系统，则应先检查车载网络系统，可用诊断仪读取网络系统的故障码与数据流来缩小故障范围。网络系统的故障可能导致组合仪表的多个仪表或指示信号同时出现故障，如发动机转速、档位指示、冷却液温度表等出现频繁跳动而不能正常显示的故障（多个系统同时不工作或工作不良），就应优先考虑网络系统的故障。

第二节 仪表系统故障诊断、排除的相关要点

一、熟悉仪表系统的组成、功能、常见结构类型和工作原理

汽车仪表是安全行驶和经济行驶不可缺少的部件。随着汽车豪华程度的提高，汽车仪表

又成了汽车内部增加美观的一种方式。现代汽车都配有形状美观的仪表。正确地认识和使用汽车仪表，对于提高整车使用寿命、安全行驶、经济行驶都将起到积极的作用。

组合仪表总成由各种型式的量表和信号指示灯、警告灯组成。按作用的不同可分为两类：第一部分是安全行驶必须有的，如机油压力指示或警告、冷却液温度指示、充电指示、车速里程表、燃油表等，通过观察各表的数据，驾驶人做到心中有数、安全行车；第二部分为提请注意或指示类，如发动机转速表、转向指示灯、远光指示灯、雾灯指示灯等，通过这些指示灯能反映出车辆的行驶状况，对驾驶人处理行车中的情况提供帮助。

按汽车仪表的工作原理不同，可大致分为三代。第一代汽车仪表是机械机芯表；第二代汽车仪表为电气式仪表；第三代汽车仪表为全数字汽车仪表，这是一种网络化、智能化的仪表，其功能更加强大，显示内容更加丰富，线束连接更加简单。

汽车仪表现多为第三代仪表，它可以通过步进电动机来驱动基表指针，也可以利用LCD 屏直接显示图形或文字信息。同时它还有智能处理单元，可以与汽车其他控制单元交互信息。图 1-2 为 2009 款丰田锐志轿车的仪表。

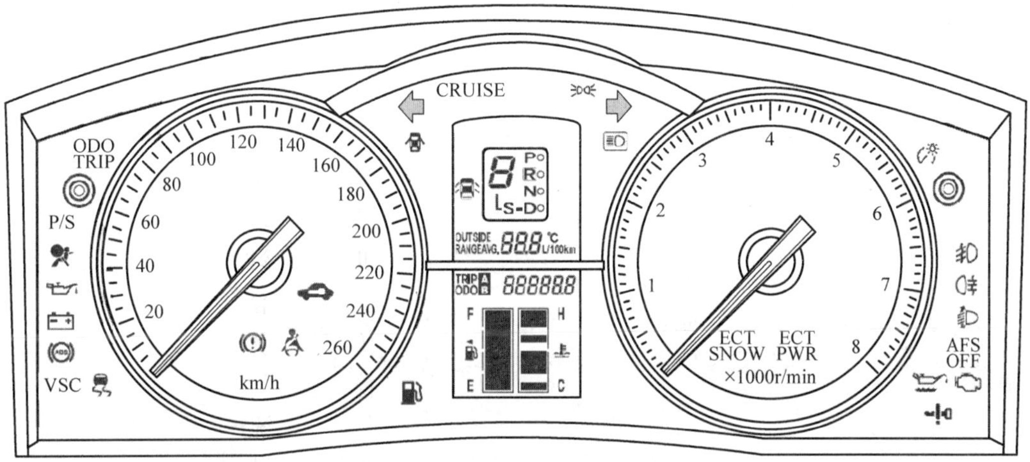

图 1-2　2009 款丰田锐志轿车仪表

汽车仪表的功能就是获取需要的数据，并采用合适的方式显示出来。以前的仪表一般限制在 3 ~ 4 个量的显示和 4 ~ 5 个警告功能，现在的新式仪表则达到约 15 个量显示和约 40 个警告监测功能。不同的信息由不同的获取方式和显示方式，目前，新式仪表信息获取方式主要有三种：通过车身总线传输；通过 A – D 采样转化；通过 IO 状态变化获取。

对于显示方式，主要有五种方式：

① 通过驱动步进电动机带动指针转动。

② 通过点阵 LCD 屏显示图形或数字信息。

③ 通过段式 LCD 屏或数码管显示。

④ 通过 LED 灯的开关显示。

⑤ 通过蜂鸣器的不同鸣音指示当前状态。

不同汽车仪表板的仪表不尽相同，但是一般汽车的常规仪表有车速里程表、转速表、冷却液温度表、燃油表等。

1. 车速里程表

传统的车速表是机械式的，如图 1-3 所示，典型的机械式里程表连接一根软轴，软轴内有一根钢丝缆，软轴另一端连接到变速器某一个齿轮上，齿轮旋转带动钢丝缆旋转，钢丝缆带动里程表罩圈内一块磁铁旋转，罩圈与指针连接并通过游丝将指针置于零位，磁铁旋转速度的快慢引起磁力线大小的变化，平衡被打破指针因此被带动。这种磁感应式车速里程表简单实用，曾被广泛用于大小型老式汽车上。其故障主要有软轴连接脱落或损坏等，更换新的软轴时应润滑。

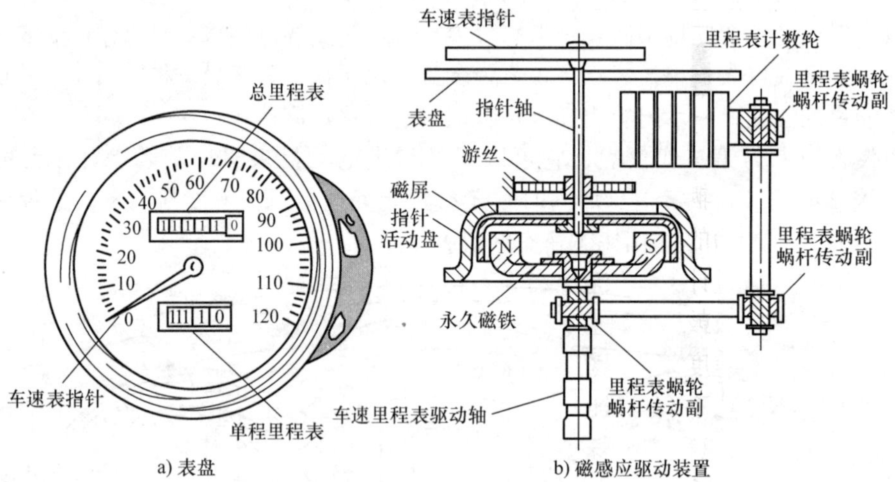

图 1-3 传统的磁感应式车速里程表

不过，随着电子技术的发展，很多轿车仪表已经使用电子车速表，常见的一种是从变速器上的速度传感器获取信号，通过脉冲频率的变化使指针偏转或者显示数字。

如图 1-4 所示，2009 款丰田锐志的车速表的工作情况如下：

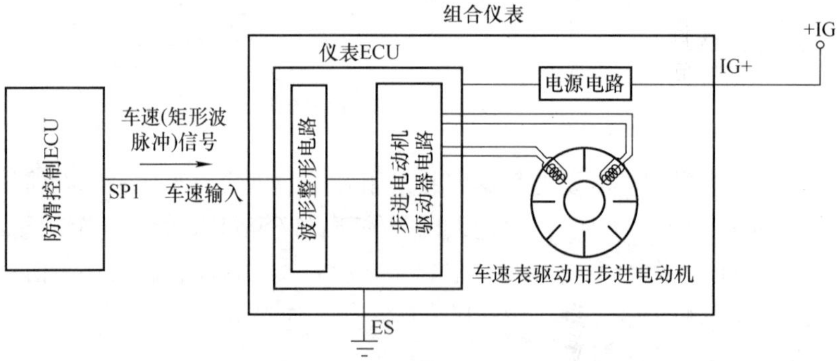

图 1-4 2009 款丰田锐志车速表工作情况示意图

用由仪表 ECU 输入并运算处理指针驱动用的数据，并根据数据控制步进电动机从而显示车速的电子仪表。

每次接通组合仪表电源时，仪表 ECU 就会将指针返回到零位置进行初始化控制。

仪表 ECU 接收由防滑控制 ECU 发出的信号，该信号等同于传输旋转轴每旋转一周所输出的 4 个脉冲。接收到这些信号后，仪表 ECU 计算这些波形以检测车速。

仪表 ECU 根据检测的车速，通过步进电动机驱动电路来控制指针（步进电动机的转子）的旋转角度、方向和速度从而显示车速。

防滑控制 ECU 将从安装在各车轮的车速传感器发出的，轮胎每转 1 次产生的 48 脉冲的车速脉冲信号，转换成变速器旋转轴每转 1 次产生的相当于 4 脉冲的车速矩形波脉冲信号，并发送到组合仪表，如图 1-5 所示。

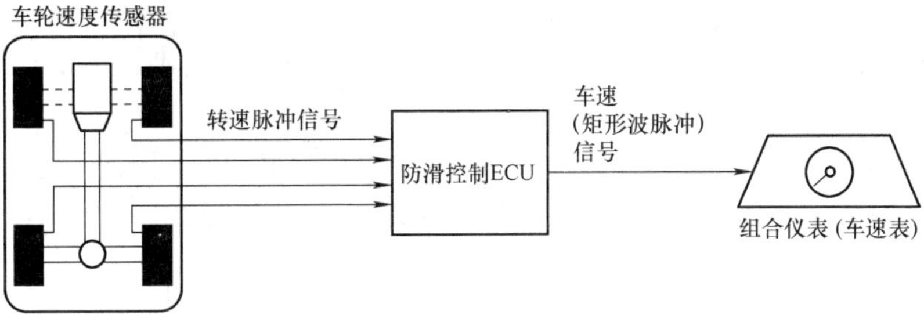

图 1-5　车速信号传递

车速表用于指示车辆的行驶速度。车速表的精度主要受轮胎直径的影响，例如轮胎的磨损、轮胎的气压和轮胎的打滑等。

传统的里程表通过计数器鼓轮的传动齿轮与车速表传动轴上的蜗杆啮合，使计数器鼓轮转动，其特点是上一级鼓轮转一整圈，下一级鼓轮转 1/10 圈。同车速表一样，里程表也有电子式里程表，它从速度传感器获取里程信号。电子式里程表累积的里程数字存储在非易失性存储器内，在无电状下态数据也能保存。而现在很多车的里程表通过 LCD 进行数字显示。如 2009 款丰田锐志的里程/计程表，里程/计程表在组合仪表中部的同一位置用于切换显示，其行驶距离通过 LCD 进行数字显示。里程表以 1km 为最小单位，最大到 999999km；而计程表以 0. 1km 为最小单位，最大到 9999. 9km。另外，计程表还拥有 A 和 B 两个显示功能，里程表共 3 个频道。各模式的切换通过打开配置在组合仪表左上部的里程/计程表切换和计程表复位开关进行，每次按下切换开关，就会按照里程表→计程表 A→计程表 B→里程表的顺序进行显示。在计程表 A 或 B 显示中，如果放开里程/计程表切换和计程表复位开关 0. 8s 以上，当前显示中的计程表的行驶距离显示就会回归为 0. 0km，并从里程/计程表切换和计程表复位开关关闭的时间开始重新测量。里程/计程表切换显示和计程表复位操作如图 1-6 所示。

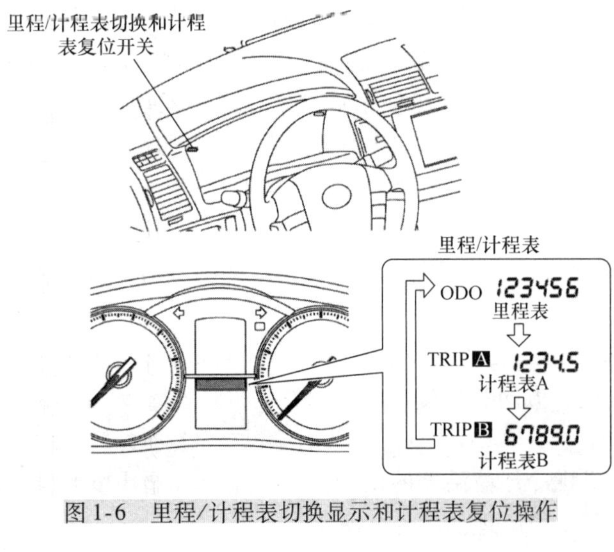

图 1-6　里程/计程表切换显示和计程表复位操作

里程/计程表的工作过程（图 1-7）如下：

仪表 ECU 根据计算和累计防滑控制 ECU 发出的车速（矩形波脉冲）信号，算出行驶距离数据，然后驱动 LCD 显示用驱动器，亮起该 LCD 分段，从而显示行驶距离。

如果仪表 ECU 接收了里程/计程表切换开关的操作信号，就会切换里程表→计程表 A→计程表 B→里程表的各显示，如果仪表 ECU 接收了里程/计程表切换和计程表复位开关的操作信号，计程表的行驶距离显示就会回归为 0.0km。

通过仪表 ECU 保存行驶距离数据，使用非易失存储器 IC（使用无电源供给也可持续记忆数据的存储器 IC）存储里程表的数值，这样即使 +B 电源切断也能记忆数据。

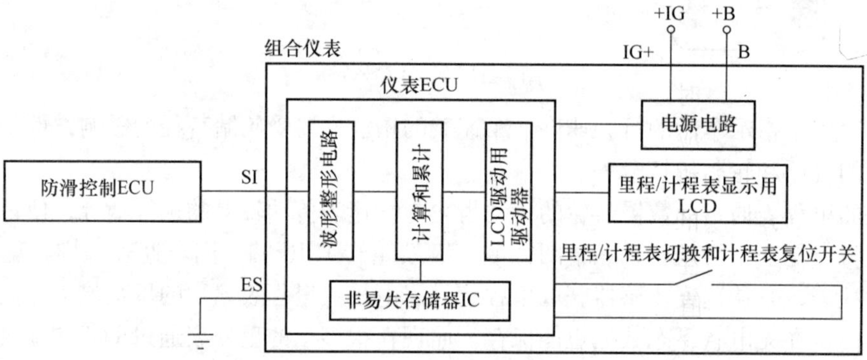

图 1-7 里程/计程表的工作过程

2. 发动机转速表

发动机转速表一般设置在仪表板内，与车速里程表对称地放置在一起。该表反映发动机的转速的高低。

传统的转速表是按照磁性原理工作的，它接收点火线圈中一次电流中断时产生的脉冲信号，并将此信号转换为可显示的转速值。发动机转速越快，点火线圈产生的脉冲次数越多，表上显示的转速值就越大。

轿车一般都是电子式转速表，分为指针式和液晶数字显示式，表内有数字集成电路，它将点火线圈输送过来的电压脉冲经过计算后，驱动指针移动或数字显示。而现在多数车辆则是由发动机控制 ECU，根据曲轴位置传感器信号，计算出发动机转速信号并发送至仪表 ECU，仪表 ECU 再驱动转速表电动机使指针动作以显示发动机转速。如丰田锐志轿车的转速表采用了一个电子式仪表，通过仪表 ECU 控制步进电动机，驱动转速表指针偏转。每次接通组合仪表电源时，仪表 ECU 就会将指针返回到零位置进行初始化控制。如图 1-8 所示，发动机控制 ECU 输出发动机转速（矩形波脉冲）信号，等同于发动机每转动 2 周所输出的 4 个脉冲（或 V6 发动机上的 6 个脉冲）。接收到这些信号后，仪表 ECU 计算这些波形以检测发动机转速。

仪表 ECU 根据检测到的发动机转速，通过步进电动机驱动电路来控制指针（步进电动机的转子）的旋转角度、方向和速度从而显示发动机转速。

3. 冷却液温度表

冷却液温度表是显示冷却液温度的仪表，单位是℃（摄氏度）。传统的冷却液温度表很多采用电磁式原理，其工作原理如图 1-9 所示。

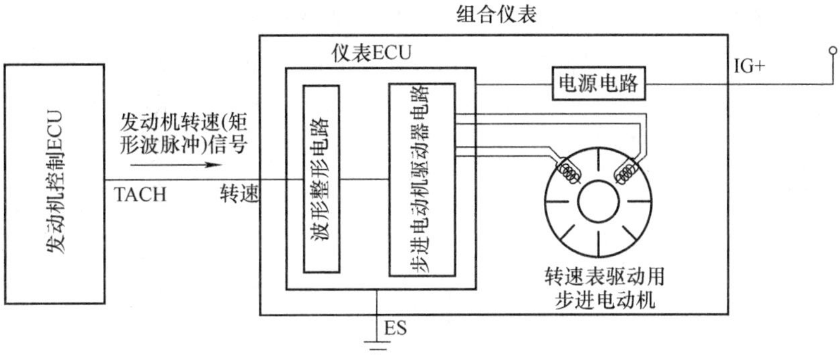

图 1-8 采用步进电动机驱动的转速表

当冷却液温度升降时，热敏电阻式温度感应塞的电阻值变化，温度感应塞是一种热敏电阻式传感器，用螺纹固定在发动机冷却水道上。热敏电阻直接控制串、并联线圈中的电流大小，使两个铁心作用在转子上的电磁力发生变化变化，从而带动指针偏转，指示相应的温度值。

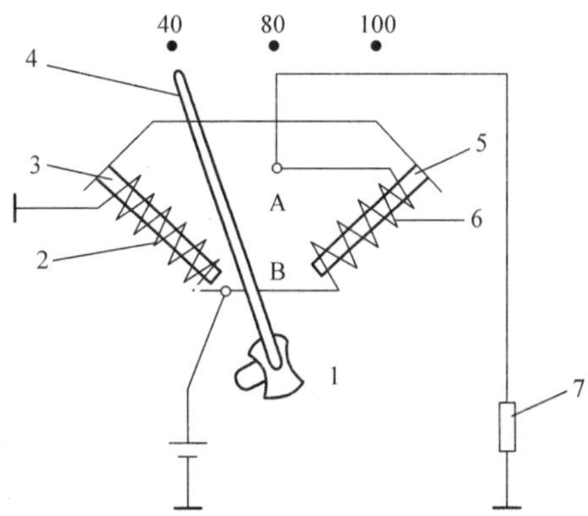

图 1-9 电磁式冷却液温度表

1—转子 2、6—左、右线圈 3、5—铁心 4—指针 7—热敏电阻式温度感应塞

现多不再使用电磁式冷却液温度表，而多数采用数字式显示的方式，很多车也不再使用单独的温度感应塞，而与发动机电控系统共用一个冷却液温度传感器，再由发动机 ECU 将冷却液温度信号传送给仪表。图 1-10 为丰田锐志冷却液温度表的显示方式，其用扭曲向列型液晶显示器（TN－LCD）上的 7 段显示器的点亮和熄灭，来表示发动机冷却液温度。

仪表 ECU 输入并运算处理显示用数据，然后根据数据使各分段亮起，从而显示发动机冷却液温度。

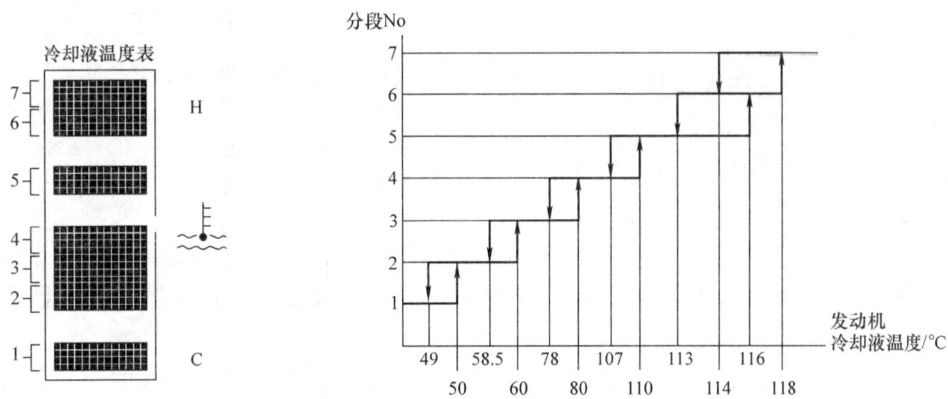

图 1-10 丰田锐志冷却液温度表的显示方式

显示特性如图 1-10 所示，根据发动机冷却液温度分段亮起。另外，发动机冷却液温度上升到 118℃以上时，闪烁显示第 7 段。

如图 1-11 所示，发动机控制 ECU 接收到冷却液温度传感器检测出的电阻变化，并将冷却液温度信号作为 CAN 通信信号发送到网关 ECU。仪表 ECU 把冷却液温度信号作为从网关 ECU 发出的双向车身多路通信信号进行接收，驱动 TN－LCD 显示用驱动器，亮起该分段，从而显示发动机冷却液温度。

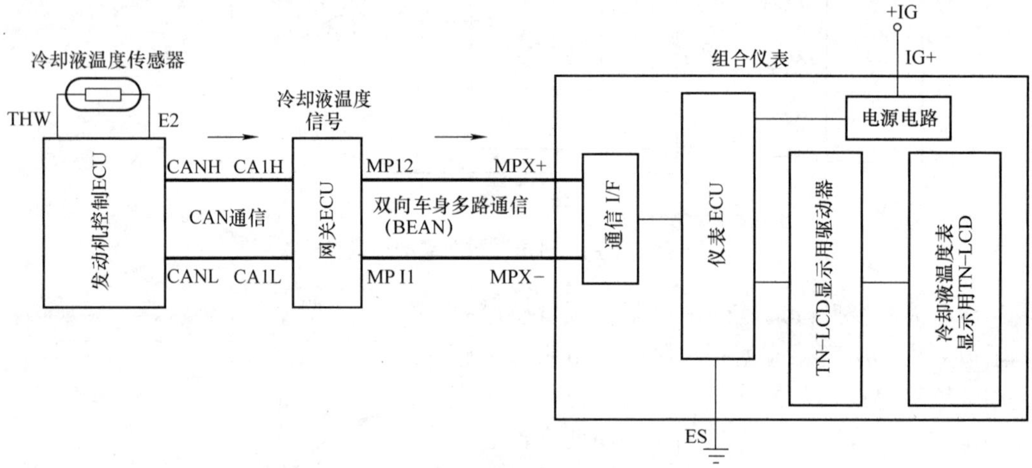

图 1-11 冷却液温度信号的传送

4. 燃油表

燃油表是显示油箱内的油量的仪表，单位是 L（升），指针指向“F”，表示满油，指向“E”，表示无油；也有用 1/1、1/2、0 分别表示满油、半箱油和无油的。传统的电磁式燃油表（图 1-12）内有两个线圈，分别在“F”与“E”一侧，传感器是一个由浮子高度控制的可变电阻，阻值变化决定两个线圈的磁力线强弱，也就决定了指针的偏转方向。

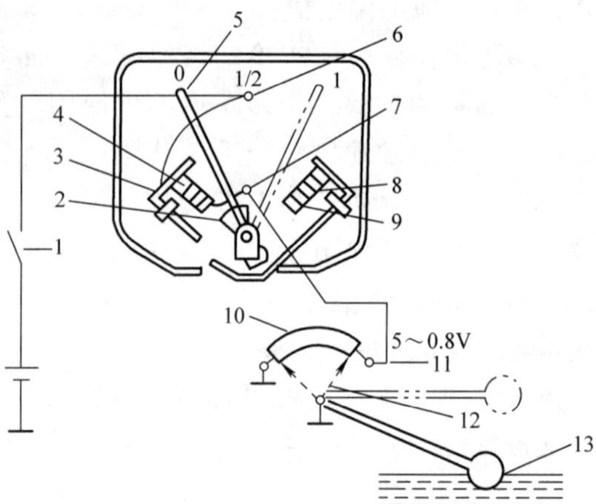

图 1-12 带铁心的电磁式燃油表

1—点火开关 2—转子 3—左线圈 4、9—铁心 5—指针 6—电源接线柱 7、11—传感器接线柱 8—右线圈 10—可变电阻 12—滑片 13—浮子

现今较多车型采用了电子式燃油表。如丰田锐志轿车，燃油量在液晶显示器上以直方图显示，TN－LCD 有 10 段指示图，用点亮和熄灭的方式显示燃油量。仪表 ECU 输入并运算用于显示的数据，然后根据数据使各分段亮起，从而显示燃油余量。余量约 12L 时显示警告。它接收燃油传感器发出的燃油箱内余量信号和发动机控制 ECU 发出的燃油喷射量信号，并根据运算处理过的数据显示燃油余量。

具体说来，燃油表的工作过程如图 1-13 所示：仪表 ECU 接收到燃油箱的余量和发动机的燃油使用量（双向车身多路通信的燃油喷射量数据）的信号，对此计算处理，从而算出显示燃油余量的数据。由此，在坡道行驶或转弯时，可抑制燃油液面的波动，进行比较正确的余量计算。仪表 ECU 根据算出的燃油余量数据，驱动 TN－LCD，亮起该分段，从而显示燃油余量。当仪表 ECU 不能接收发动机的燃油使用量（双向车身多路通信燃油喷射量数据）信号时，它将仅根据燃油箱燃油残量计算燃油余量显示数据。

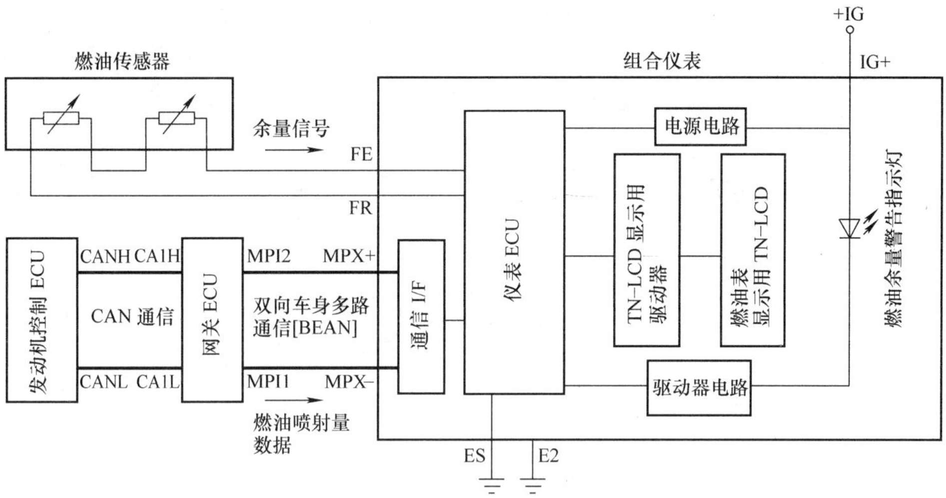

图 1-13　丰田锐志燃油表的工作过程

用于燃油表驱动所算出的燃油余量显示数据中燃油余量减少到 12L 时，仪表 ECU 使组合仪表内的燃油余量警告指示灯亮起。

5. 指示灯和警告灯

各车型不同，仪表上的指示灯和警告灯的数量是不同的，一般说来可达 20 余个。图 1-14为长安福特 Mazda2 仪表上的指示灯与警告灯。

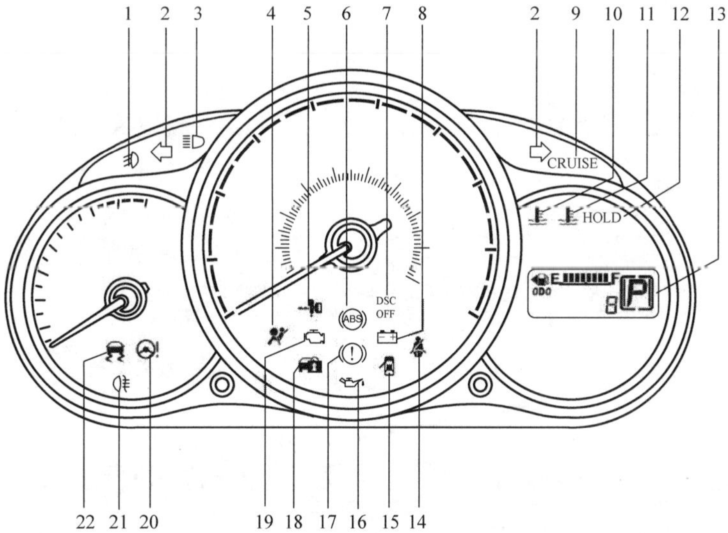

图 1-14　长安福特 Mazda2 仪表上的指示灯与警告灯

1—前雾灯指示灯　2—转向指示灯　3—远光指示灯　4—安全气囊系统报警信号灯　5—遥控钥匙指示灯（绿色）/遥控钥匙警告灯（红色）　6—ABS 报警信号灯　7—DSC OFF 指示灯　8—发电机报警信号灯　9—巡航主指示灯　10—高发动机冷却液温度报警灯　11—低发动机冷却液温度指示灯　12—HOLD 指示灯　13—变速杆档位指示灯　14—座椅安全带报警信号灯　15—车门未关紧报警灯　16—机油压力过低警告灯　17—制动系统报警信号灯　18—安全灯　19—MIL　20—电动转向装置（EPS）报警信号灯　21—后雾灯指示灯　22—DSC 指示灯

图 1-15 为 2009 款丰田锐志轿车仪表上的指示灯和警告灯。

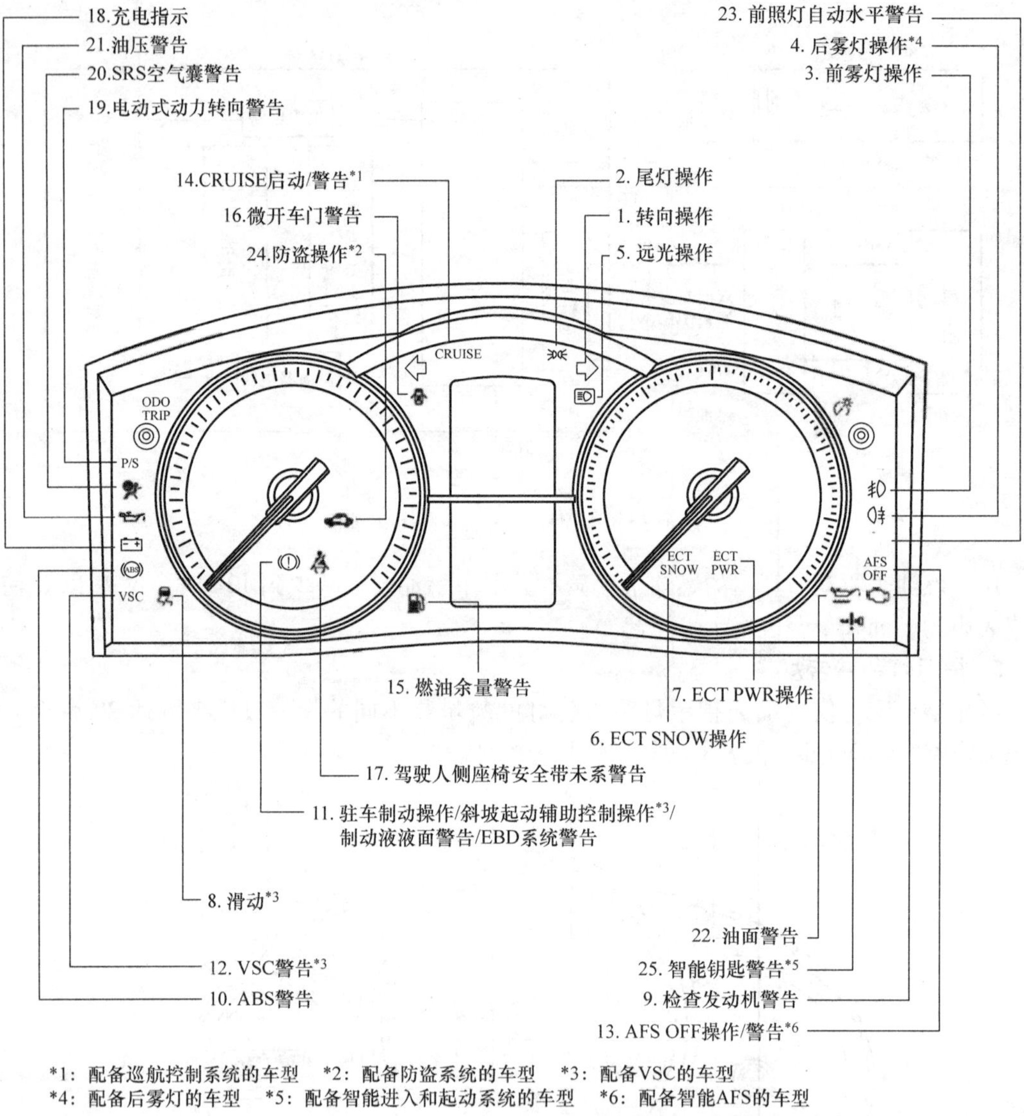

图 1-15 2009 款丰田锐志轿车仪表上的指示灯与警告灯

二、弄清组合仪表总成的输入和输出信号及其通信线路的连接方式

1. 控制系统电路分析

仪表电路相对复杂，涉及内容较多，诊断故障时有时仪表系统的操作框图比电路图更为实用，理解仪表系统的操作框图能帮助人们弄清楚组合仪表总成的输入信号的来源及其通信线路的连接方式等，有助于人们快速缩小故障范围。具体检查线路时则按电路图获得各传感器、输入和输出信号部件之间的接线端子序号、字母代号、连接方式等信息，检查各端子之间的正常电压或阻值。

图 1-16 为 2009 款锐志仪表和计量表系统操作框图。

2. 组合仪表总成的输入和输出信号分析

通常，组合仪表通过内置的仪表ECU接收并输入来自其他ECU、传感器以及开关等信号，显示有关当前车辆状态的各种信息。所以诊断故障前有必要分析其输入和输出信号的发送与接收方式。一般可利用维修手册上提供的对应图表进行分析。

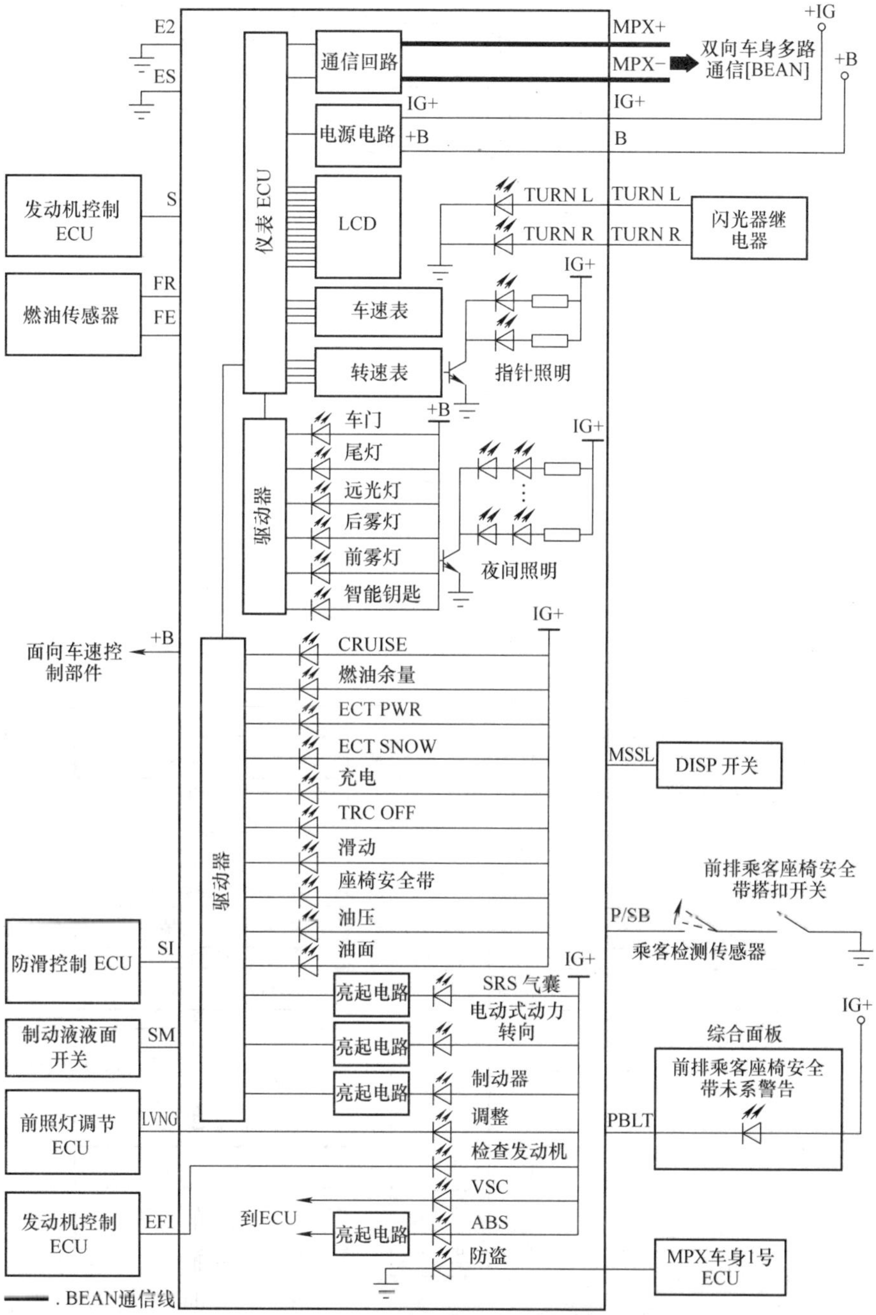

图1-16 2009款锐志仪表和计量表系统操作框图

如2009款广汽丰田汉兰达车的仪表总成的信息直接方式采用直接连接及CAN总线连接方式，采用CAN信号的如图1-17所示，采用直线连接信号的如图1-18所示。

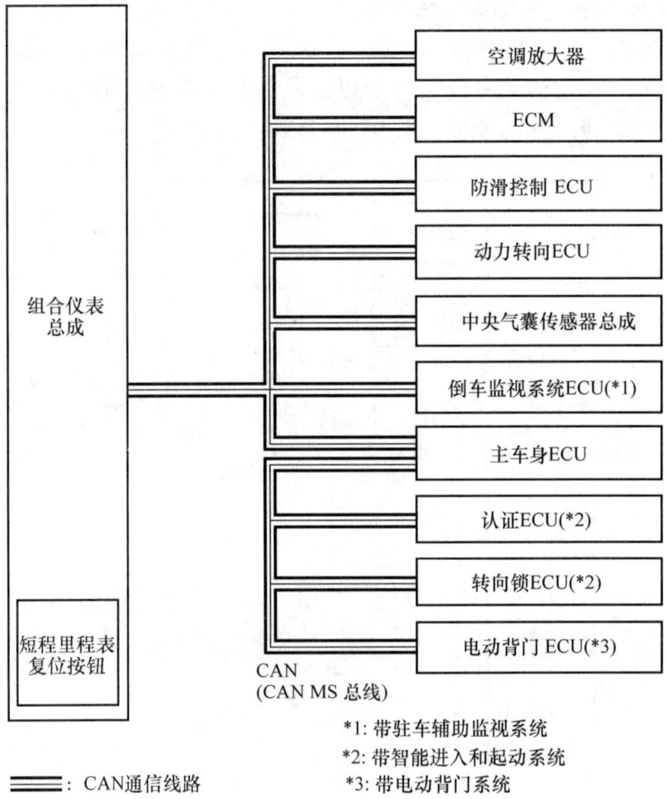

图 1-17 2009 款广汽丰田汉兰达车仪表总成的 CAN 信号示意图

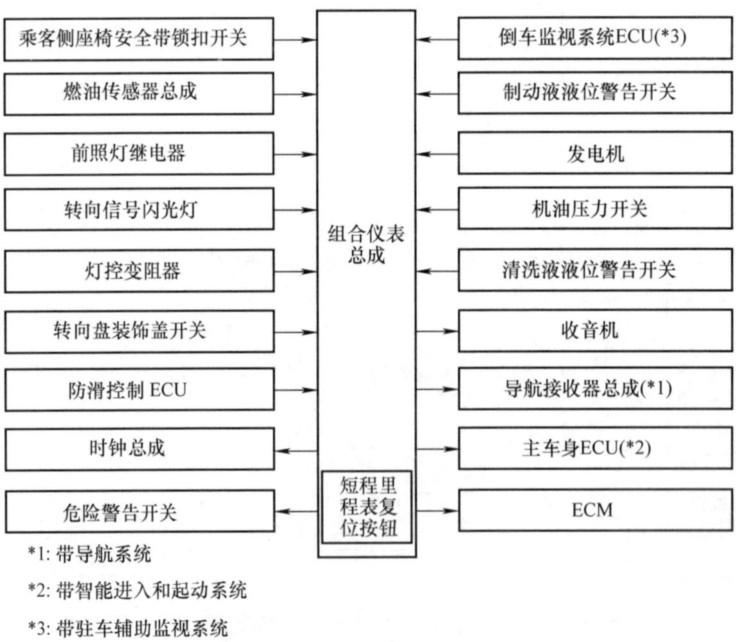

图 1-18 2009 款广汽丰田汉兰达车仪表总成的直线连接信号示意图

2009 款广汽丰田汉兰达车仪表总成的输入和输出信号可参见表 1-1。

表 1-1　2009 款广汽丰田汉兰达车仪表总成的输入和输出信号

通信信号	发送器	接收器	通信线路
检查发动机警告灯(MIL) 信号	ECM	组合仪表总成	直线连接
起动机信号	ECM	组合仪表总成	CAN（CAN 1 号总线）
测试模式信号			
转速表信号			
发动机冷却液温度信号			
燃油喷射量信号			
巡航指示灯信号			
巡航控制警告信号			
倒档蜂鸣器请求信号			
行驶档拒绝蜂鸣器请求信号			
A/T 变速杆位置信号			
A/T 油液温度信号			
ECT SNOW 指示灯信号			
拒绝蜂鸣器信号			
发动机型号信息信号			
车速信号	防滑控制 ECU	组合仪表总成	直线连接/CAN（CAN 1 号总线）
ABS 警告灯信号	防滑控制 ECU	组合仪表总成	CAN（CAN 1 号总线）
制动警告灯信号			
打滑指示灯信号			
VSC OFF 指示灯信号①			
下坡辅助控制指示灯信号①			
TRC OFF 指示灯信号			
驻车制动信号			
照明数据	主车身 ECU	组合仪表总成	CAN（CAN 1 号总线）
自动变光信号			
ACC 开关信号			
钥匙开关信号			
各门控灯开关信号			
智能钥匙信号②			
驾驶人侧座椅安全带锁扣开关信号			
座椅安全带警告蜂鸣器信号			
驻车制动开关信号			
远光指示灯信号			
尾灯指示灯信号			
遥控蜂鸣器信号			
滑动天窗信号③			
滑动天窗警告蜂鸣器请求信号③			
智能钥匙警告蜂鸣器请求信号②			
车灯提醒蜂鸣器请求信号			
前雾灯指示灯信号			
后雾灯指示灯信号④			
玻璃舱背门控灯开关信号⑤			

（续）

通信信号	发送器	接收器	通信线路
SRS 警告灯信号	中央气囊传感器总成	组合仪表总成	CAN（CAN 1 号总线）
前排乘客侧座椅状态信号			
诊断信息信号	中央气囊传感器总成	组合仪表总成	CAN（CAN 1 号总线）
	ECM		
	防滑控制 ECU		
	动力转向 ECU		
外部温度信号	空调放大器	组合仪表总成	CAN（CAN 1 号总线）
EPS 警告灯信号	动力转向 ECU	组合仪表总成	CAN（CAN 1 号总线）
转向锁警告信号②	转向锁 ECU	组合仪表总成	CAN（CAN MS 总线）
车速信号	组合仪表总成	空调放大器	CAN（CAN 1 号总线）
		ECM	
		动力转向 ECU	
		中央气囊传感器总成	
		主车身 ECU②	
		滑动天窗控制 ECU③	
		转向锁 ECU②	CAN（CAN MS 总线）
		电动背门 ECU⑥	
		倒车监视系统 ECU⑦	
		认证 ECU②	
		ECM	直线连接
		收音机总成	
		导航接收器总成⑧	
		主车身 ECU②	
照明数据	组合仪表总成	主车身 ECU	CAN（CAN 1 号总线）
		空调放大器	
尾灯取消信号	组合仪表总成	主车身 ECU	CAN（CAN 1 号总线）
		空调放大器	
车辆规格信号	组合仪表总成	空调放大器	CAN（CAN 1 号总线）
		转向锁 ECU②	
燃油油位信号	燃油传感器总成	组合仪表总成	直线连接
转向指示灯信号	转向信号闪光灯	组合仪表总成	直线连接
照明信号	灯控变阻器	组合仪表总成	直线连接
尾灯取消信号		组合仪表总成	
DISP 开关信号	转向盘装饰盖开关	组合仪表总成	直线连接
制动液液位信号	制动液液位警告开关	组合仪表总成	直线连接
充电警告灯信号	发电机	组合仪表总成	直线连接
机油压力警告灯信号	机油压力开关	组合仪表总成	直线连接
清洗液液位警告灯信号	清洗液液位警告开关	组合仪表总成	直线连接
多信息显示屏信号⑨	组合仪表总成	时钟总成（带多信息显示屏）	直线连接
前排乘客侧座椅安全带警告灯信号	组合仪表总成	危险警告开关	直线连接

① 四轮驱动。
② 带智能进入和起动系统。
③ 带滑动天窗。
④ 带后雾灯指示灯。
⑤ 带玻璃舱背开启器系统。
⑥ 带电动背门系统。
⑦ 带驻车辅助监视系统。
⑧ 带导航系统。
⑨ 带多信息显示屏。

三、仪表系统的数据流分析

对仪表系统为电控系统的车辆，可使用检测仪读取故障码与数据表。读取数据列表，无须拆下任何零件，即可读取开关、传感器、执行器及其他项目的值或状态。故障排除时，尽早读取数据表信息是节省诊断时间的一种方法。对于使用 CAN 总线连接的仪表系统，除进入仪表系统读取数据列表外，还应根据信号的来源读取其他系统相关的数据流。表 1-2 为 2009 款广汽丰田汉兰达车仪表的数据流说明。

表 1-2 2009 款广汽丰田汉兰达车仪表数据

检测仪显示	测量项目/范围	正常状态
Tail Cancel SW	尾灯取消开关/OFF 或 ON	OFF：未将灯控变阻器旋钮向下转到底 ON：将灯控变阻器旋钮向上转到底
ODO/TRIP Change SW	里程表/短程里程表开关/OFF 或 ON	OFF：开关松开 ON：开关按下
P - seatbelt Buckle SW	前排乘客锁扣开关/OFF 或 ON	OFF：座椅安全带已系紧 ON：座椅安全带未系紧
Vehicle Speed Meter	车速/最低：0km/h，最高：255km/h	几乎与实际车速一致（驾驶时）
Engine Rpm	发动机转速/最低：0r/min，最高：12750r/min	几乎与转速表转速一致（发动机运行时）
Coolant Temperature	发动机冷却液温度/0 ~ 127.5℃	暖机后：80 ~ 95℃
Washer Switch	清洗液液位开关/OFF 或 ON	OFF：清洗液液位不低 ON：清洗液液位低
Multi Display Select Switch	转向盘装饰盖内 MODE 开关/OFF 或 ON	OFF：MODE 开关置于 OFF 位置 ON：MODE 开关置于 ON 位置
+ B Voltage Value	蓄电池电压/最小：0V， 最大：25.5V	10 ~ 14V
Fuel Input	燃油输入信号/最小：0，最大：127.5	显示当前燃油油位，单位：升
Ambient Temperature	外部温度/最小：－40℃，最大：50℃	几乎与实际外部温度一致
Rheostat value	灯控变阻器/最小：0%，最大：100%	灯控变阻器开关 暗（0%）→亮（100%）
Quantity of Outside Light	车外灯亮度/最小：0%，最大：100%	车外灯暗（0%）→亮（100%）
Key Remind Sound	钥匙提醒警告蜂鸣器的周期	钥匙提醒警告蜂鸣器的周期为慢、正常或快
Key Remind Volume	钥匙提醒警告蜂鸣器的音量/ON 或 OFF	钥匙提醒警告蜂鸣器周期为小、中或大
Driver Side Seatbelt Warning Buzzer	驾驶人侧座椅安全带警告蜂鸣器状态/ON 或 OFF	ON：在车速为 20km/h 或更高且驾驶人侧座椅安全带未系紧时，驾驶人侧座椅安全带警告蜂鸣器鸣响 OFF：在车速为 20km/h 或更高且驾驶人侧座椅安全带未系紧时，驾驶人侧座椅安全带警告蜂鸣器不鸣响

为检查仪表的转速表信号及冷却液温度表信号，必要时可进入发动机系统读取相关的数据，见表1-3。

表1-3 2009款广汽丰田汉兰达车发动机系统中显示的与仪表相关的数据

检测仪显示	测量项目/范围	正常状态
Engine Speed	发动机转速/最低：0r/min；最高：16383r/min	600～700r/min（怠速时）
Coolant Temp	发动机冷却液温度/最小-40℃，最大140℃	80～100℃：暖机后

为检查仪表的车速里程表信号，必要时可进入ABS/VSC/TRC系统读取ABS轮速信号，见表1-4。

表1-4 2009款广汽丰田汉兰达车ABS/VSC/TRC系统中显示的ABS轮速信号

检测仪显示	测量项目/范围	正常状态
FR Wheel Speed	车速/最低：0km/h；最高：326km/h	几乎与实际车速一致（驾驶时）
FL Wheel Speed	车速/最低：0km/h；最高：326km/h	几乎与实际车速一致（驾驶时）
RR Wheel Speed	车速/最低：0km/h；最高：326km/h	几乎与实际车速一致（驾驶时）
RL Wheel Speed	车速/最低：0km/h；最高：326km/h	几乎与实际车速一致（驾驶时）

图1-19为使用丰田专用诊断仪读取2014款威驰轿车组合仪表的数据列表实况，由图可知，仪表的“+B”电源电压为11.8V；发动机冷却液温度约为55℃；燃油量约为33.5L。

参数	值	单位
Tail Relay SW	OFF	
ODO/TRIP Change SW	OFF	
P-Seatbelt Buckle SW	OFF	
Vehicle Speed Meter	0	
Engine Rpm	0	rpm
Coolant Temperature	55.0	C
Timer Switch M on Combination Meter	OFF	
Timer Switch H on Combination Meter	OFF	
+B Voltage Value	11.8	V
Fuel Input	33.5	L
Turn Signal Switch (Right)	OFF	
Turn Signal Switch (Left)	OFF	
Hazard Flasher Switch	OFF	
Driver Side Seatbelt Buckle Switch	ON	
Parking Brake Switch	OFF	
Driver Side Door	OPEN	
Door All (Except for Driver Side Seat)	CLOSE	
Key Insert	OFF	
Key Remind Sound	Slow	
Driver Side Seatbelt Warning Buzzer	ON	
P-Seatbelt Warning Buzzer	ON	
Number of Trouble Code	0	

图1-19 使用丰田专用诊断仪读取2014款威驰轿车组合仪表的数据列表实况

四、对仪表系统进行主动测试

在检查判断仪表系统故障时，应充分发挥检测仪的功用。除使用检测仪读取故障码与数据表外，还可执行主动测试，无需拆下任何零件即可操作继电器、执行器和其他项目。这也是节省诊断时间的一种方法。执行主动测试时，通常还可以显示数据表信息。

2009 款广汽丰田汉兰达车可进行的主动测试项目见表 1-5。人们使用丰田专用检测仪，进入以下菜单：Body Electrical/Combination Meter/Active Test。然后，通过参考表 1-5 中的值检查运行情况。

表 1-5　2009 款广汽丰田汉兰达车仪表系统可进行的主动测试项目

检测仪显示	测试部位	控制范围	诊断备注
Speed Meter Operation	车速表	0km/h、40km/h、80km/h、120km/h、160km/h、200km/h、240km/h	
Tacho Meter Operation	转速表	0r/min、1000r/min、2000r/min、3000r/min、4000r/min、5000r/min、6000r/min、7000r/min	
Fuel Meter Operation	燃油表	空、1/2、满确认车辆停止，发动机怠速运转	
A/T Indicator Operation 1	A/T 变速指示灯（D，N，R，P）	熄灭或亮起	确认车辆停止，发动机怠速运转
A/T Indicator Operation 2	A/T 档位指示灯 S	熄灭或亮起	确认车辆停止，发动机怠速运转
Indicat. Lamp Airbag	SRS 警告灯	熄灭或亮起	确认车辆停止，发动机怠速运转
VSC TRC Indicator	TRC OFF 指示灯	熄灭或亮起	确认车辆停止，发动机怠速运转
Front Passenger Side Seat Belt	前排乘客侧座椅安全带警告灯	熄灭或亮起确认	车辆停止，发动机怠速运转
Driver Side Seat Belt	驾驶人侧座椅安全带警告灯	熄灭或亮起	确认车辆停止，发动机怠速运转
Indicat. Lamp ABS	ABS 警告灯	熄灭或亮起	确认车辆停止，发动机怠速运转
Indicat. Lamp Charge	充电警告灯	熄灭或亮起	确认车辆停止，发动机怠速运转
Indicat. Lamp Slip	打滑指示灯	熄灭或亮起	确认车辆停止，发动机怠速运转
Indicat. Lamp Beam	远光指示灯	熄灭或亮起	确认车辆停止，发动机怠速运转
Indicat. Lamp Tail	尾灯指示灯	熄灭或亮起	确认车辆停止，发动机怠速运转
Indicat. Lamp Fr FOG	前雾灯指示灯	熄灭或亮起	确认车辆停止，发动机怠速运转
Indicat. Lamp Rr FOG	后雾灯指示灯	熄灭或亮起	确认车辆停止，发动机怠速运转
Indicat. Lamp Washer	清洗器指示灯	熄灭或亮起	确认车辆停止，发动机怠速运转
Indicat. Lamp Fuel	燃油油位警告灯	熄灭或亮起	确认车辆停止，发动机怠速运转

（续）

检测仪显示	测试部位	控制范围	诊断备注
Indicat. Lamp ECT SNOW	ECT SNOW 指示灯	熄灭或亮起	确认车辆停止，发动机怠速运转
A/T Oil Temperature Operation	A/T 油液温度警告灯	熄灭或亮起	确认车辆停止，发动机怠速运转
Indicat. Lamp Cruise	巡航指示灯	熄灭或亮起	确认车辆停止，发动机怠速运转
Indicat. Lamp Brake	制动警告灯	熄灭或亮起	确认车辆停止，发动机怠速运转
Indicat. EPS	EPS 警告灯	熄灭或亮起	确认车辆停止，发动机怠速运转
Master Warning	主警告指示灯	熄灭或亮起	确认车辆停止，发动机怠速运转
Indicat. Downhill Assist Control	下坡辅助控制指示灯	熄灭或亮起	确认车辆停止，发动机怠速运转
Indicat. VSC OFF	VSC OFF 指示灯	熄灭或亮起	确认车辆停止，发动机怠速运转
Water Temperature Meter Operation	发动机冷却液温度表	低、正常、高	确认车辆停止，发动机怠速运转
Meter Display 1	多信息显示屏	多信息显示屏中的所有像点 OFF 或 ON	确认车辆停止，发动机怠速运转
Meter Display 2	A/T 变速指示灯显示屏	A/T 变速指示灯显示屏中的显示段 OFF 或 ON	确认车辆停止，发动机怠速运转

通常诊断仪会显示主动测试项目的相应说明。图 1-20 所示即为使用丰田专用诊断电脑 GTS，准备对威驰轿车的车速表进行主动测试的显示界面，按提示进行操作即可。它能操纵

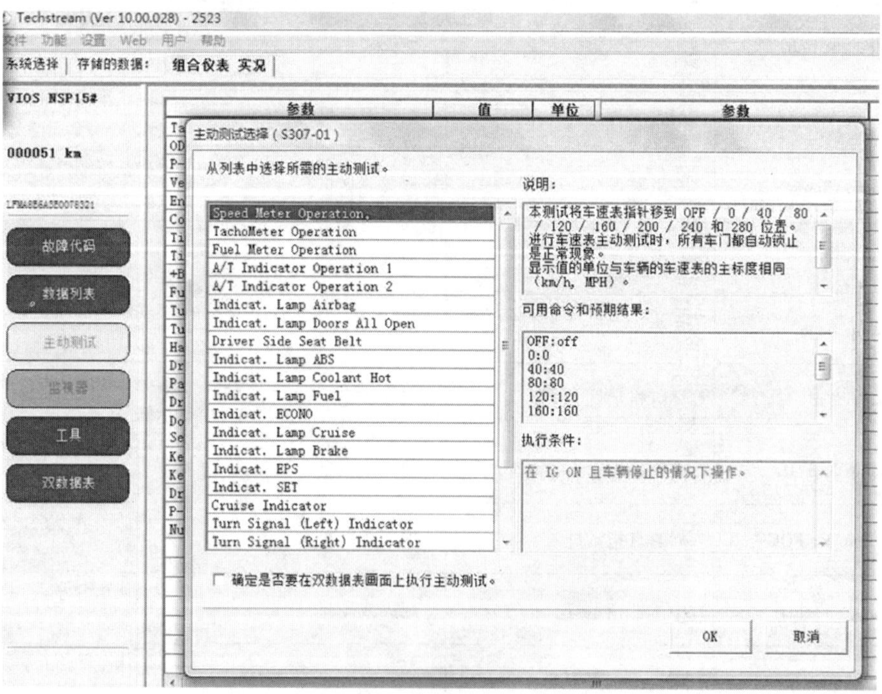

图 1-20 使用丰田 GTS 对车速表进行主动测试

车速表指针指到相应车速位置，如主动测试车速表动作正常，则说明车速表本身是正常的，行驶中车速信号的不正常应是信号输入一侧的故障导致的。图 1-21、图 1-22 分别为使用丰田专用诊断电脑 GTS 对威驰轿车的发动机转速表、燃油表进行主动测试的显示界面。

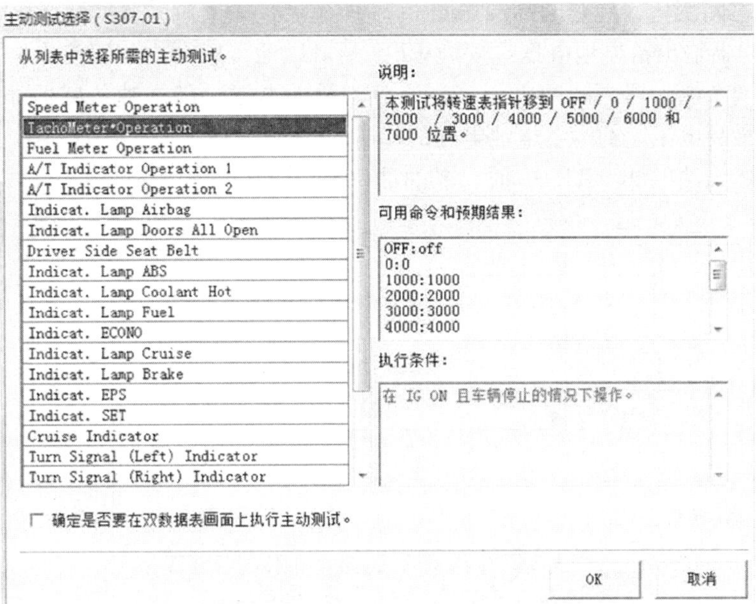

图 1-21　使用丰田 GTS 对发动机转速表进行主动测试

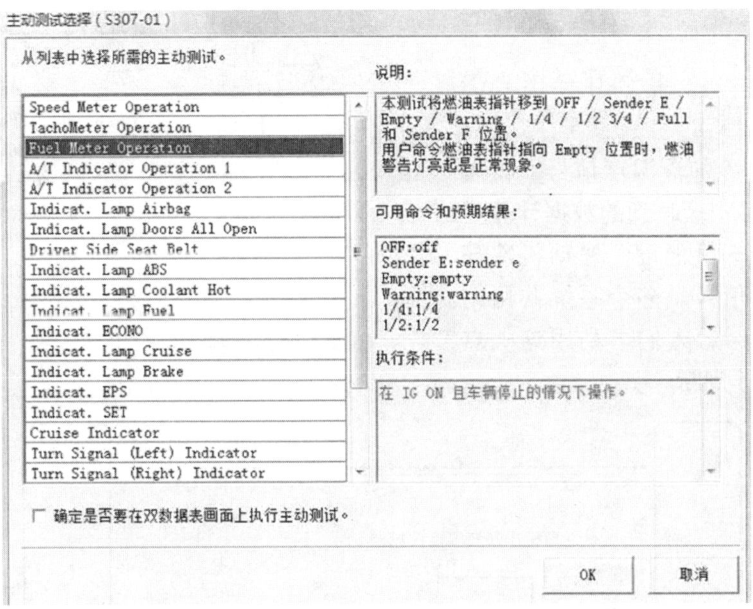

图 1-22　使用丰田 GTS 对燃油表进行主动测试

五、仪表系统主要部件检查

对仪表系统主要部件检查时，应掌握各传感器或信号输入装置的名称、安装部位、功用、结构原理及主要技术参数，如断电状态下的阻值和通电状态下的电位、电流值等，清楚各种输入、输出装置的信号电压是模拟量、脉冲量还是开关量，才能进行有的放矢的检查。

以广汽丰田汉兰达为例，仪表 CPU 使用燃油传感器总成确定燃油箱内的燃油油位，其电路如图 1-23 所示。燃油传感器的电阻将在约 4Ω（浮子处于满位置时）和 110Ω（浮子处于空位置时）之间变化，检查的标准如图 1-24 所示。仪表通过并联安装在仪表 CPU 内部的两个 220Ω 电阻器输出蓄电池电压。仪表 CPU 测量燃油传感器内的可变电阻器与并联安装在仪表内部的两个电阻器之间的电压。在该点测量的电压将随燃油传感器浮子的移动而变化。观测到的最高电压应约为蓄电池电压的一半。

提示：当燃油油位低于 11.0L 时，燃油油位警告灯将亮起。

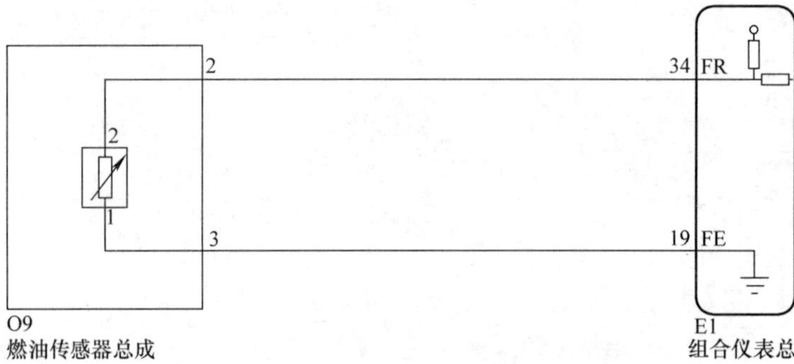

图 1-23　广汽丰田汉兰达燃油传感器电路

图 1-25 为广汽丰田汉兰达的 1AR－FE 发动机冷却液温度信号传送电路示意图。

在该电路中，仪表 CPU 使用 CAN 通信线路（CAN 1 号总线）接收自 ECM 的发动机冷却液温度信号。仪表 CPU 根据从 ECM 接收到的数据计算并显示发动机冷却液温度。发动机冷却液温度传感器信号是多个系统共用的一个传感器信号，人们可利用这一点对系统进行快速判断。

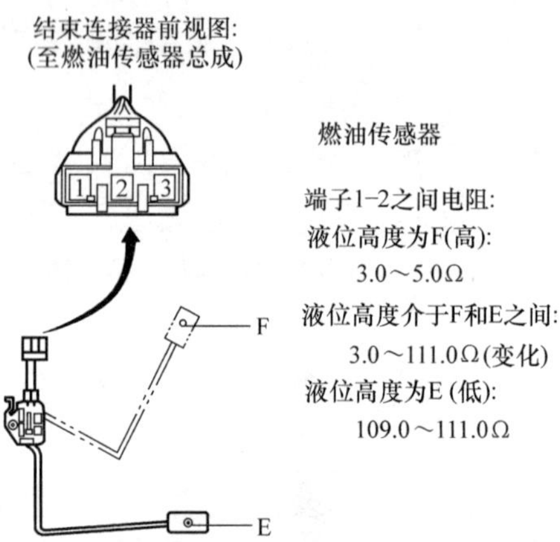

图 1-24　广汽丰田汉兰达燃油传感器检查

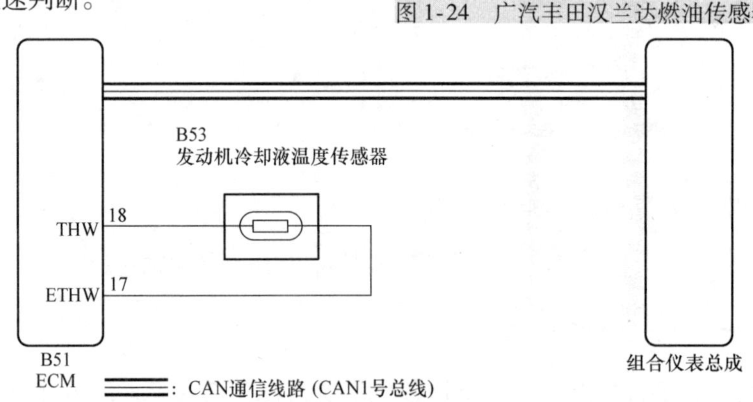

图 1-25　广汽丰田汉兰达的 1AR－FE 发动机冷却液温度信号传送电路示意图

第三节　平视显示系统

平视显示系统是指将各种车辆系统的信息投影显示到扩大的驾驶人视野中的光学系统。如果想了解这些参数，驾驶人不必明显地改变头部位置，只需在端坐的同时将目光投向道路即可。由于头部可以保持在“上部”，只需略微低下，因而此系统得名平视显示（Head－up Display）系统。

将通过组合仪表与通过平视显示系统获得车辆参数相比，平视显示系统具备以下优点：

平视显示位于驾驶人扩大视野中的便利位置，获取显示内容时，驾驶人只需将头低下约5°～10°。而要获取组合仪表的显示内容时，驾驶人必须将头低下20°～25°。

由于平视显示位于驾驶人的扩大视野中，所以在获取显示内容时，人眼不必像查看组合仪表时那样必须对较暗的环境条件做出调整。特别是在日间光线条件下。这样，在获取车辆参数时，就能避免由亮至暗，以及随后由暗至亮的调整适应过程。

由于驾驶人感觉平视显示系统的显示内容处于2～2.5m的距离上，所以眼睛的聚焦时间明显少于观察组合仪表时所需的时间。眼睛需要聚焦时间来调整对相应物体的距离视敏度。

平视显示系统的显示使驾驶人能够快速、精准地获得重要的车辆信息。在带平视显示系统的车辆上使用专门的风窗玻璃可以让人产生这样的感觉：平视显示系统所显示的内容并不是出现在风窗玻璃上，而是出现在离驾驶人2～2.5m的舒适距离上。平视显示内容就像悬浮在发动机罩上方的图像。

由于具有上述优势，驾驶人通过平视显示系统获取所需信息，明显比通过组合仪表获取信息方便很多，视线和注意力偏离道路交通的时间几乎减半。因此，使用平视显示有助于更好地感知交通状况和维护道路交通安全。

以奥迪A7 Sportback的平视显示系统为例，平视显示系统的中心元件是风窗玻璃投影控制单元J898。平视显示系统所需的所有光学、机械和电气元件都安装在这个控制单元中。它位于紧邻组合仪表正前部的位置，如图1-26所示。

图1-26　奥迪A7平视显示系统风窗玻璃投影控制单元J898的安装位置

风窗玻璃投影控制单元J898具有自诊断功能，通过地址码82响应。

提示：只要控制单元 J898 中的一个元件发生故障就必须更换整个控制单元，拆下的控制单元 J898 如图 1-27 所示。

更换控制单元 J898 时，一定要拆卸风窗玻璃。

图 1-28 所示为平视显示的光学系统，系统用一个非常明亮的光源从后部透射一个高分辨率 TFT 显示器。TFT 显示器是一种由薄膜晶体管（Thin Film Transistor）矩阵构成的显示器。

图 1-27 风窗玻璃投影控制单元 J898

光源共由 15 个发光二极管组成，其技术构造类似于一个幻灯片投影仪，所发出的光束通过两面转向镜投射到风窗玻璃上。其中一面转向镜是可调的，用于设置平视显示的高度。

为了使平视显示图像适合座椅位置或驾驶人的身材，这种设置方式发挥着重要的作用。这两面转向镜的另一个作用是纠正由风窗玻璃的曲率造成的图像变形。

系统会使显示图像的光强持续地与当前的环境光线相匹配。为此，控制单元 J898 会分析雨量/光线识别传感器 G397 探测到的环境亮度数值。驾驶人也可以根据自己的需要，通过 MMI 及车灯开关中的显示器和仪表照明基本设置调节器来调节显示亮度。经过适当的设计，用户在阳光直射的条件下也能清晰、准确地读取显示内容。

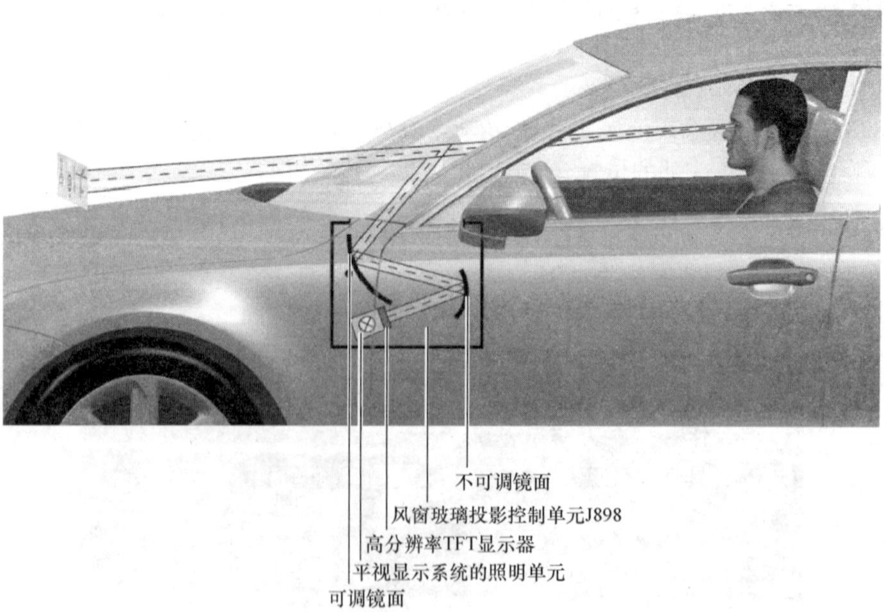

图 1-28 平视显示的光学系统

风窗玻璃是平视显示系统的整套光学系统的重要组成部分。投射的图像在风窗玻璃上发生反射，这使风窗玻璃如同成为第三块镜面。

出于显示清晰度的原因，系统对风窗玻璃的制造误差提出了很高的要求。不带平视显示系统的车辆上安装的标准风窗玻璃，由于其结构上的原因，会形成干扰性的重影。因此，带平视显示系统的车辆安装的是特殊风窗玻璃。

平视显示系统的风窗玻璃与传统风窗玻璃的区别在于，风窗玻璃的两层扁平玻璃中间的PVB膜的厚度不是恒定不变的，而是略微呈楔形。因此，风窗玻璃的厚度从下往上略有增加，如图1-29所示。楔形PVB膜使驾驶人不会看到重影。PVB膜是由聚乙烯醇缩丁醛制成的薄膜。

风窗玻璃投影控制单元是一个具备自诊断功能的控制单元，它通过CAN总线显示和操作，与其他控制单元进行数据交换。使用车辆诊断测试仪时，通过地址码82做出响应。

风窗玻璃投影控制单元上有6个电气插头：两根导线用于接线端30、两根导线用于接线端31、两根导线用于CAN总线显示和操作。

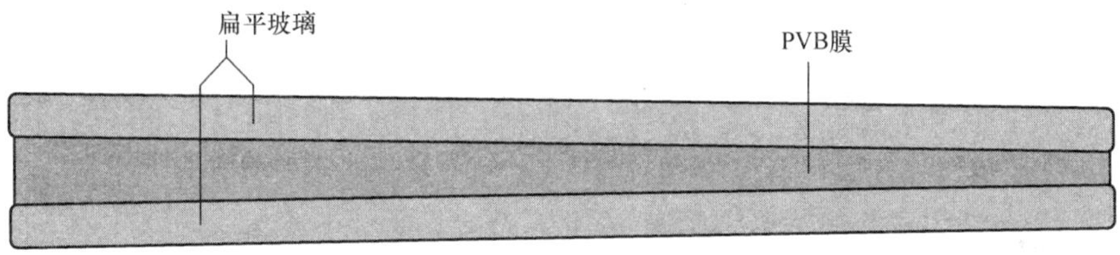

a) 带平视显示系统的车辆的风窗玻璃

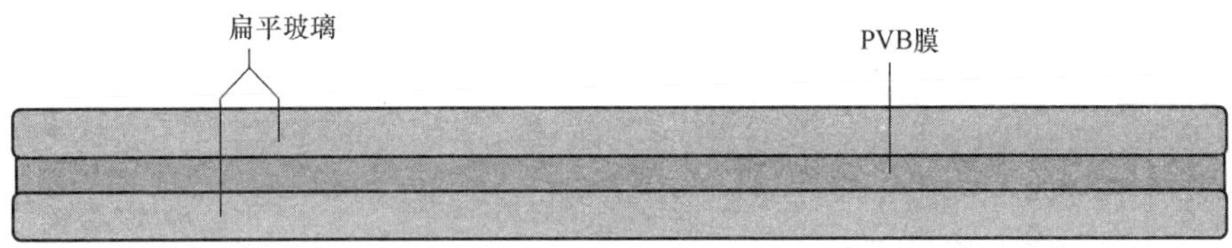

b) 不带平视显示系统的车辆的风窗玻璃

图1-29　平视显示系统的风窗玻璃与传统风窗玻璃的区别

控制单元J898通过组合仪表控制单元J285、信息电子系统1控制单元J794、发动机控制单元J623、图像处理控制单元J851、夜视系统控制单元J853、车距调节控制单元J428、车载电网控制单元J519、带记忆功能的座椅调节和转向柱调节控制单元J136、数据总线诊断接口J533等控制单元，接收用于平视显示系统的信息。

平视显示系统的操作和设置方式可参见原厂技术资料。平视显示的调校需要使用车辆诊断测试仪及专用调校工具，专用工具VAS 6656是针对特定车型的工具，仅用于调校奥迪A7 Sportback上的平视显示系统。其他带平视显示系统的奥迪车型有其相应的工具，工具的VAS编号是连续的。

第二章

天窗控制系统故障的诊断与分析

第一节　天窗控制系统故障的诊断

一、故障现象

天窗控制系统的常见故障现象有：滑动功能和倾斜功能不能操作、滑动功能或倾斜功能不能操作、自动关闭时又打开、工作时振动或有异常噪声、行驶中天窗自动打开等。

二、故障原因

1）DOME、SUNROF、Sun Roof 或 Moon Roof 等相关熔丝不良。

2）滑动天窗 ECU 电源电路不良。

3）滑动天窗控制开关电路不良。

4）滑动天窗控制开关触点或电位器滑动触点接触不良。

5）滑动天窗控制电动机故障。

6）滑动天窗控制机械驱动部分故障或安装不良。

7）断开蓄电池电源或更换滑动天窗滑动天窗电动机后未进行初始化。

8）天窗滑动导向块、导槽脏污导致运动不畅。

9）限位开关或位置传感器安装不正确或损坏。

三、故障诊断与排除的一般步骤

一般可根据故障现象缩小故障范围。

1）如天窗所有功能均不正常，即不能滑动打开也不能倾斜打开，则首先应检查 DOME、SUNROF、Sun Roof 或 Moon Roof 等相关熔丝。如熔丝处供电正常，则在滑动天窗控制电动机连接器处检查电源供应情况，还要考虑连接器处端子是否接触良好。

2）如果天窗工作，但是不正常，开启和关闭位置不对或不具备防夹功能，则应先重新进行电动机初始化，或者电动机零位不正确，应按原厂要求重新安装电动机或更换电动机。

3）如果天窗工作，自动关闭时又打开一部分开度，则可能轨道有异物，引起天窗防夹功能作用，所以天窗无法正常工作，这时应清理轨道上的异物。

4）如果天窗运行时有异响，则应检查轨道中是否有异物、轨道是否缺乏润滑脂、天窗安装支架固定是否正常等。

5）对能使用诊断仪读取故障码与数据流的车辆天窗系统来说，应先使用诊断仪读取故障码与数据流，按故障码与数据流提示进行故障诊断排除。如操作开关时，诊断仪上的开关状态数据没有发生变化，则应检查开关及开关电路。

6）如果行驶中天窗自动打开，一般应检查滑动天窗控制开关触点或电位器滑动触点是否接触不良，在行驶振动过程中发生状态变化。

7）如天窗不能动作但天窗电动机能转动，则应检查天窗电动机后的传动机构，如传动机构的滑动螺杆或传动带损坏等。

8）带有天窗限位开关的电动天窗系统中，如果天窗运行到极限位置时，电动机不能停止工作而发出异响，或者天窗运行的停止位置不正确，则可能是天窗的限位开关位置错乱所致。如在拆检电动天窗后出现此类问题，一般为电动机或天窗与限位开关位置安装不同步所致，应按原厂要求重新装配。有时也会因天窗在导轨中运动不畅（如有异物），在开启或关闭天窗时，天窗与限位开关位置错乱，造成天窗控制失常。限位开关内部接触不良、集电环过度磨损造成限位开关输出的信息错误，从而造成天窗控制失常。

9）如天窗控制系统带有自诊断功能，则可用诊断仪读取系统的故障码与数据流来缩小故障范围。图2-1为使用丰田诊断仪GTS读得的某丰田卡罗拉轿车滑动天窗控制系统的数据流截图。

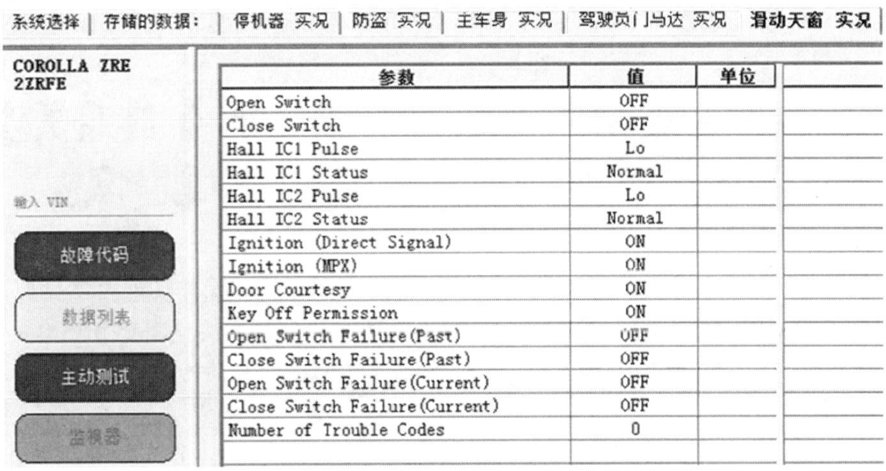

图2-1　丰田卡罗拉轿车滑动天窗控制系统数据流截图

丰田卡罗拉轿车滑动天窗控制系统的数据流显示内容的具体含义与正常状态说明可参见表2-1。

表2-1　丰田卡罗拉轿车滑动天窗控制系统数据流显示内容的具体含义与正常状态说明

检测仪显示	测量项目/范围	正常状态
Open Switch	滑动开关打开信号/ON或OFF	ON：按下SLIDE OPEN开关 OFF：未按下SLIDE OPEN开关
Close Switch	滑动开关关闭信号/ON或OFF	ON：按下TILT UP开关 OFF：未按下TILT UP开关
Hall IC1 Pulse	滑动天窗操作信号/LO或HI	LO：滑动天窗电动机没有工作 HI：滑动天窗电动机正在工作

（续）

检测仪显示	测量项目/范围	正常状态
Hall IC1 Status	滑动天窗操作信号/NORMAL或LOCK	NORMAL：滑动天窗电动机正在工作 LOCK：滑动天窗电动机没有工作
Hall IC2 Pulse	滑动天窗操作信号/LO或HI	LO：滑动天窗电动机没有工作 HI：滑动天窗电动机正在工作
Hall IC2 Status	滑动天窗操作信号/NORMAL或LOCK	NORMAL：滑动天窗电动机正在工作 LOCK：滑动天窗电动机没有工作
Ignition（Direct Signal）	点火开关信号（直接信号）/ON或OFF	ON：点火开关置于ON（IG）位置 OFF：点火开关置于OFF位置
Ignition（MPX）	点火开关信号（MPX信号）/ON或OFF	ON：点火开关置于ON（IG）位置 OFF：点火开关置于OFF位置
Door Courtesy	驾驶人侧车门门控灯开关信号/ON或OFF	ON：驾驶人侧车门打开 OFF：驾驶人侧车门关闭
Key Off Permission	钥匙关闭许可/ON或OFF	ON：点火开关置于OFF位置后43s内没有关闭驾驶人侧车门 OFF：除ON状态外的任何状态
Open Switch Failure（Past）	OPEN开关故障信号（以往）/Fail或Not Fail	Fail：滑动天窗打开信号故障（以往） Not Fail：滑动天窗打开信号没有故障（以往）
Close Switch Failure（Past）	CLOSE开关故障信号（以往）/Fail或Not Fail	Fail：滑动天窗关闭信号故障（以往） Not Fail：滑动天窗关闭信号没有故障（以往）
Open Switch Failure（Current）	OPEN开关故障信号（当前）/Fail或Not Fail	Fail：滑动天窗打开信号故障（当前） Not Fail：滑动天窗打开信号没有故障（当前）
Close Switch Failure（Current）	CLOSE开关故障信号（当前）/Fail或Not Fail	Fail：滑动天窗关闭信号故障（当前） Not Fail：滑动天窗关闭信号没有故障（当前）

第二节 天窗控制系统故障诊断、排除的相关要点

一、熟悉天窗控制功能

不同车型的天窗控制系统设计不同，其控制功能不同，具体操作功能可参见原厂技术文件。2009款丰田卡罗拉轿车的滑动天窗系统的主要功能和操纵方法见表2-2。

表2-2 丰田卡罗拉轿车的滑动天窗系统的主要功能

功能	概 要
手动滑动打开和关闭	当按下SLIDE OPEN开关（或TILT UP开关）不超过0.3s时，该功能使滑动天窗打开（或关闭）。松开开关后滑动天窗立刻停止滑动
自动滑动打开和关闭	当按下SLIDE OPEN开关（或TILT UP开关）不小于0.3s时，该功能使滑动天窗完全打开（或关闭）
手动上倾和下倾	当按下TILT UP开关（或SLIDE OPEN开关）不超过0.3s时，该功能使滑动天窗上倾（或下倾）
自动上倾和下倾	当按下TILT UP开关（或SLIDE OPEN开关）不小于0.3s时，该功能能使滑动天窗上倾（或下倾）
防夹功能	如果在自动关闭操作（或自动下倾操作）过程中有异物卡在滑动天窗中，防夹功能会自动停止滑动天窗，或停止滑动天窗并使它部分地打开（或使它完全上倾）
钥匙关闭操作	如果前门没有打开，钥匙关闭操作功能可以在点火开关置于OFF位置后操作滑动天窗约43s
滑动天窗开启警告	如果在滑动天窗打开时将点火开关从ON（IG）转至OFF位置且驾驶人侧车门打开，则组合仪表中的多功能蜂鸣器会鸣响一次

图 2-2 为 2008 款宝来轿车的滑动/外翻式天窗。其在点火开关打开的情况下可执行各种运行功能，关闭点火开关后还可以继续执行动作功能，直到打开驾驶人侧或前排乘员侧车门为止。利用旋转开关可以对玻璃盖板的滑动及外翻位置进行预选。旋转开关上有用于玻璃盖板滑动和外翻位置的标记。将滑动/外翻式天窗开到舒适位置，以避免完全打开天窗时产生风滞噪声。天窗还具备防夹功能。从外翻和滑动位置开始的关闭过程中如遇到阻碍，天窗会自行重新打开防夹功能。此外还有一个紧急关闭功能。当关闭过程中出现问题，可通过按动预选开关（此时天窗开关必须在“滑动天窗关闭”位置）强迫带玻璃盖板的滑动/外翻式天窗关闭。使用紧急关闭功能时，防夹功能关闭。

运行时间限制装置防止带玻璃盖板的滑动/外翻式天窗的驱动装置过热，保护机构会在连续操作约 2min 后响应，需要经过一段时间冷却后才能重新操作。

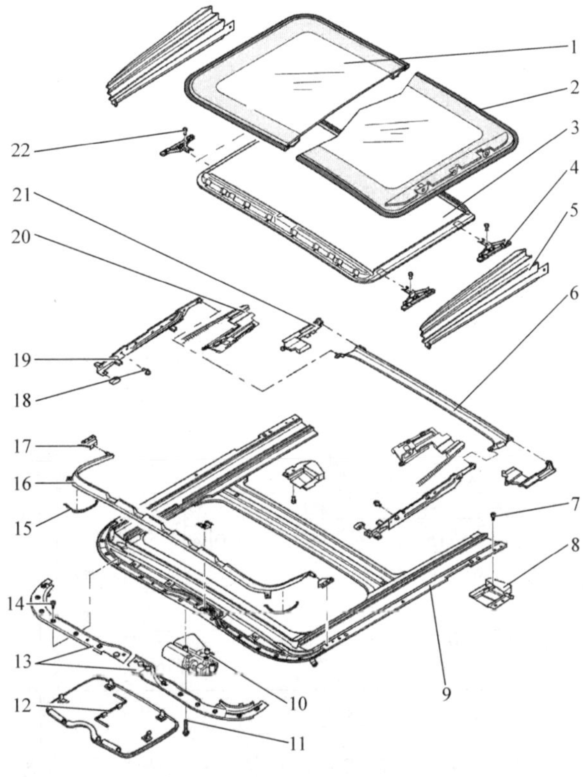

图 2-2　2008 款宝来轿车滑动/外翻式天窗分解图

1—天窗的玻璃盖板（单层安全玻璃）　2—盖板密封条　3—遮阳板　4—弹簧滑块　5—橡胶防尘套　6—排水槽　7、11—螺栓　8—端板　9—装配单元　10—电动驱动器　12—紧急操作用的六角扳手　13—罩盖　14、18—Torx 螺钉　15—弹簧片　16—导流板　17—导流板支架　19—滑板导轨　20—带拉索的滑块　21—雪橇式流水槽　22—沉头螺钉（微密封）

如因某种原因，天窗控制电路故障而需将天窗打开或关闭时，可将六角扳手插入驱动机构中以移动带玻璃盖板的滑动/外翻式天窗。六角扳手位于电动驱动器的罩盖里，夹在驱动器盖板内侧。需先拆卸前部照明设备及控制单元、内部车灯、灯泡和开关；车顶内饰中的照明和开关；拆卸和安装前部车内照明灯。将六角扳手伸入驱动器的螺栓内。向上压扳手（如图 2-3 中箭头所示），转动扳手可移动滑动/外翻式天窗的玻璃盖板。

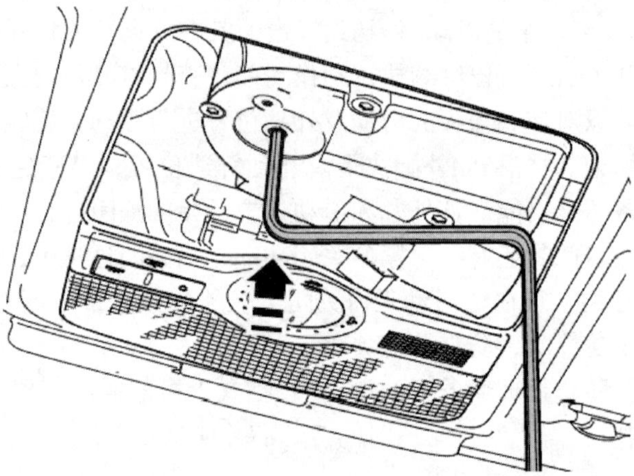

图 2-3 2008 款宝来轿车滑动/外翻式天窗的应急手动操纵

二、典型的天窗控制电路分析

1. 简单天窗控制电路

图 2-4 是本田雅阁轿车曾用到过的滑动天窗控制电路，由图 2-4 可分析其工作情况如下：

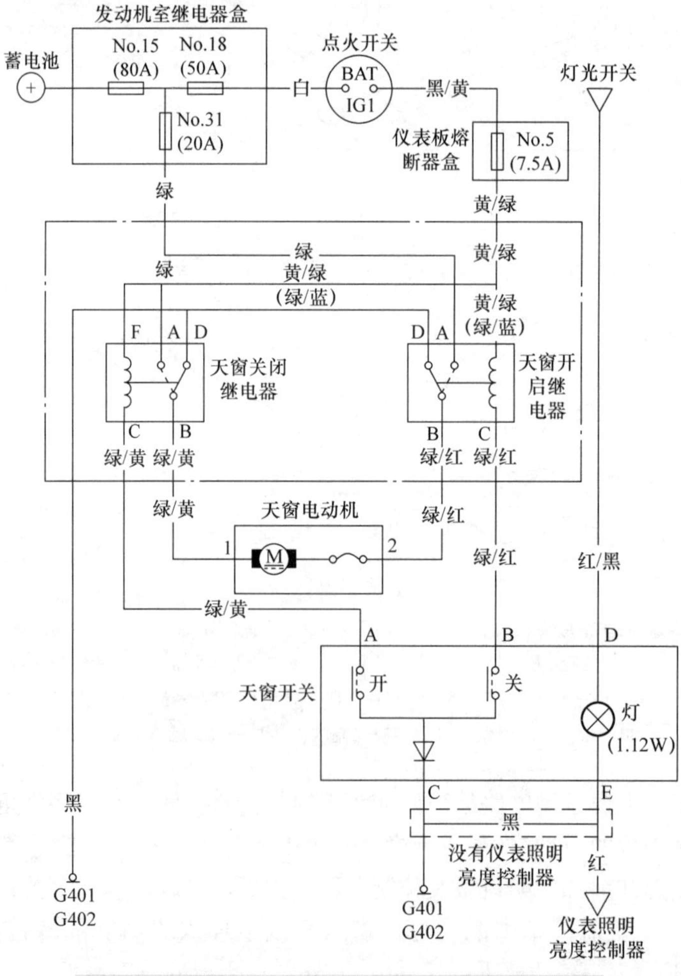

图 2-4 本田雅阁轿车曾用到过的滑动天窗控制电路

当开启开关接通时，开启继电器中的磁化线圈有电流通过，触点闭合，则电动机的电流方向为：蓄电池正极→15 号熔断器→31 号熔断器→天窗开启继电器触点 AB→天窗电动机（2→1）→天窗关闭继电器触点 BD→搭铁，电动机转动，天窗打开。当关闭开关接通时，关闭继电器中的磁化线圈有电流通过，关闭继电器触点 AB 闭合，则电动机的电流方向为：蓄电池正极→15 号熔断器→31 号熔断器→天窗关闭继电器触点 AB→天窗电动机（1→2）→天窗开启继电器触点 BD→搭铁，电动机以相反的方向转动，将天窗关闭。

2. 带有天窗限位开关的电动天窗系统

别克君威 GS 轿车天窗控制系统包括天窗控制开关、天窗限位开关和天窗控制模块，其电路图如图 2-5 所示。

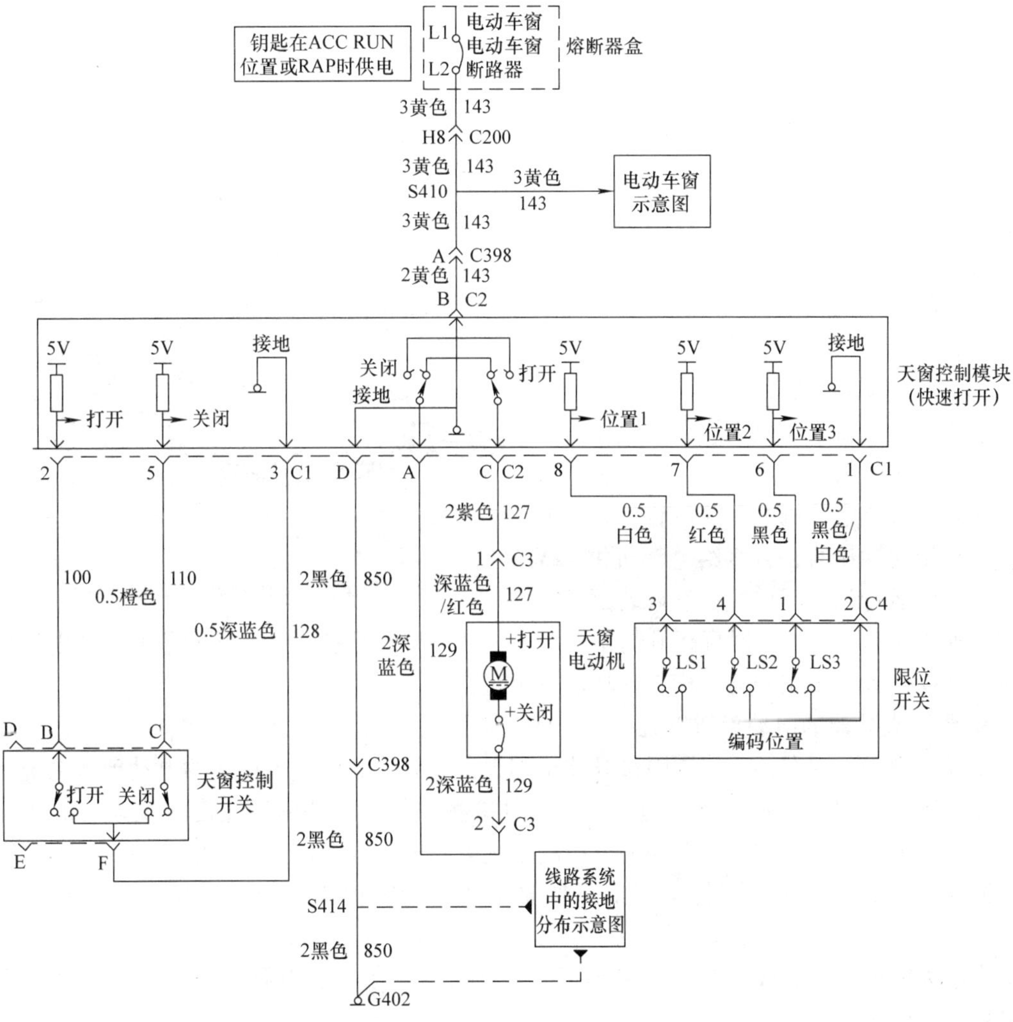

图 2-5　天窗控制系统电路图

天窗控制开关的作用是将操作信号传递给控制模块，限位开关同时将天窗的运行位置信息传递给控制模块。天窗控制模块根据天窗控制开关送来的指令和限位开关送来的位置信息控制天窗电动机的工作，从而使天窗运行或停止到规定的位置。

控制模块的内部包括控制电动机运转的继电器和电子控制元件，它可以执行天窗的

“快开”功能，即在天窗关闭时按一下天窗控制开关的“打开”，然后放松开关，则天窗自动运行到全开位置，然后自动停止。

天窗的控制过程如下：天窗控制模块 C1－2 端向天窗控制开关输出 5V 电压并检测此端的电压信号，当按下天窗控制开关的“打开”时，此端接地。天窗控制模块 C1－5 端向外输出 5V 电压并检测此端的电压信号，当按下天窗控制开关的“关闭”时，此端接地。天窗控制模块由此得知操作指令，通过内部的继电器动作，控制天窗电动机的旋转方向。天窗控制模块通过 C1－6、C1－7、C1－8 端向限位开关输出 5V 电压并检测此端的电压信号，在不同的位置，限位开关使三个端子处于不同的状态：天窗全闭时，限位开关使 C1－8 端接地；全开时，限位开关使 C1－6、C1－7、C1－8 端都接地；在天窗通风位置，限位开关使 C1－7 端接地。天窗控制模块根据限位开关的信息，控制天窗的运行并停止在正确的位置。如果限位开关信息不正确，会出现天窗运行到极限位置后不能停止或在中间位置停止运转。

因天窗不同位置对应着限位开关的不同状态，在将限位开关及电动机安装到天窗总成时有一定的位置要求。限位开关出厂时预设在关闭状态，在顶部安装了位置锁销，以锁定传动齿轮，防止其旋转，如图 2-6 所示。安装限位开关及电动机时，天窗应在关闭位置，安装后拔掉锁销。

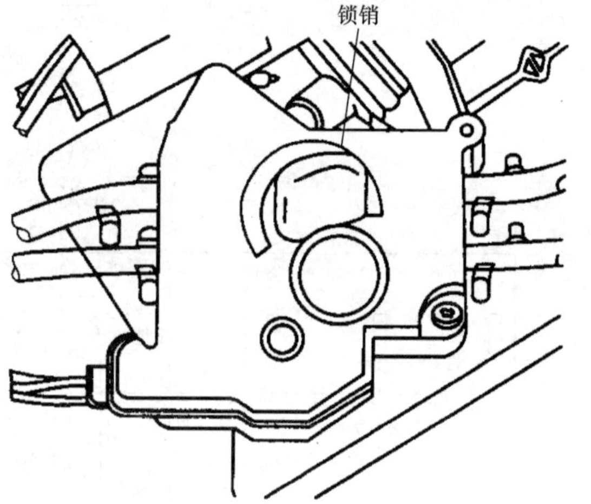

图 2-6 限位开关锁销

如果在车顶修复后，天窗工作不良，出现开启天窗时天窗电动机不能在极限位置自动停转，关闭天窗时，不能停在完全关闭位置，应重点检查电动机的装配位置。首先断开电动机接线插接器，直接给电动机供 12V 电源，天窗运行到全闭位置；然后装配限位开关，使正时齿轮上的正时标记孔与限位开关壳体上时标记孔对齐。将限位开关和电动机安装到位，操作天窗控制开关，检查其功能是否正常。

3. 带防夹功能的电动天窗系统

电动天窗中，现在还有使用限位开关检测天窗所处位置的，但更多的电动天窗系统是通过霍尔传感器检测天窗所处位置的，并且通过检测霍尔信号的脉冲宽度实现天窗的防夹功能。图 2-7 为丰田卡罗拉轿车滑动天窗控制系统电路图。为方便人们对电路的理解和进行故障诊断时缩小故障范围，可将丰田卡罗拉轿车滑动天窗控制系统看成如图 2-8 所示的示意图。

滑动天窗电动机总成将滑动天窗 ECU、电动机、霍尔集成电路集成在一起，其外形结构如图 2-9 所示。

图 2-9 中，霍尔集成电路将蜗杆转动所产生的磁能量转变为脉冲信号，并将其输出到滑动天窗 ECU。为实现防夹控制功能，滑动天窗 ECU 根据来自霍尔集成电路 1 的脉冲信号判定滑动天窗的移动量和卡滞情况，并根据霍尔集成电路 1 和霍尔集成电路 2 脉冲部位的不同判定滑动天窗的移动方向。

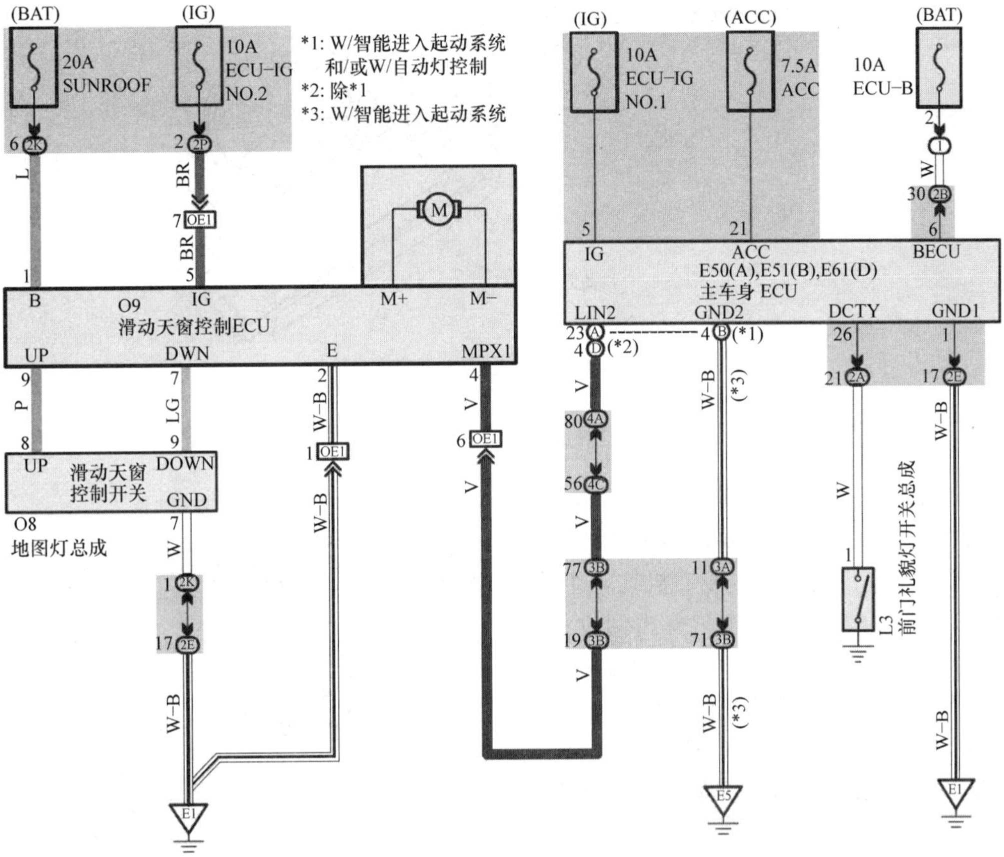

图 2-7　丰田卡罗拉轿车滑动天窗控制系统电路图

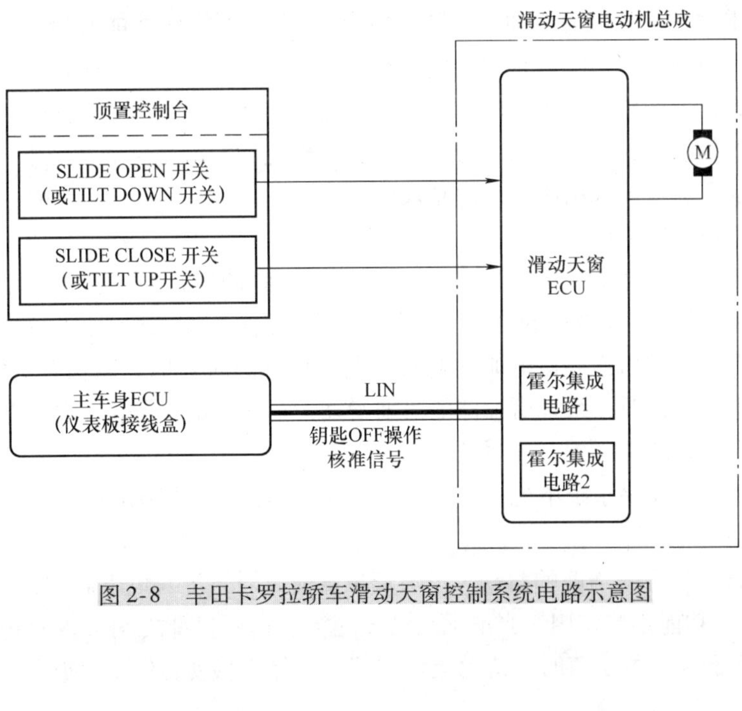

图 2-8　丰田卡罗拉轿车滑动天窗控制系统电路示意图

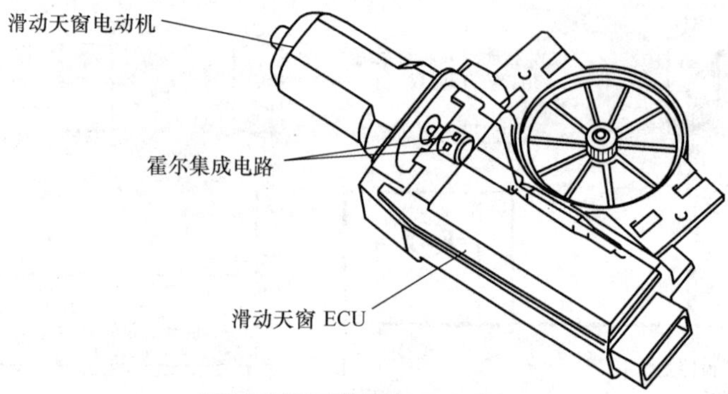

图 2-9 滑动天窗电动机总成

三、电动天窗系统的一般结构、原理

汽车电动天窗主要由滑动机构、驱动机构、开关、控制系统（主要包括 ECU、限位开关或传感器）、电动机、传动机构等组成。图 2-10 所示为老款丰田轿车曾用到过的电动天窗结构图。现新款丰田轿车则多采用同步传送带取代原来的滑动螺杆结构。

现以 2009 款丰田锐志轿车的滑动天窗系统为例，说明新款丰田轿车滑动天窗系统的一般结构原理。

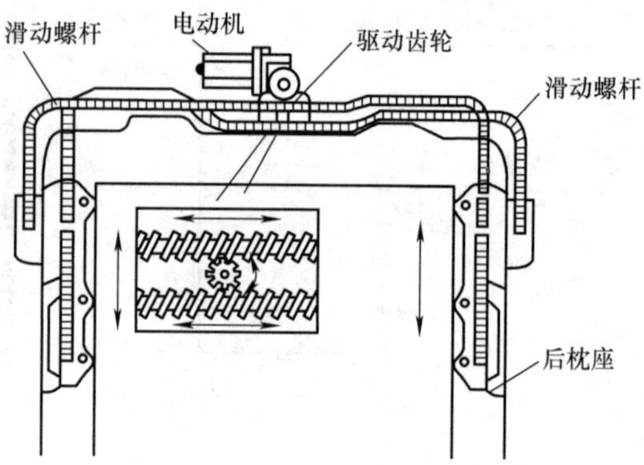

图 2-10 采用滑动螺杆结构的滑动天窗结构

1. 控制功能与原理

2009 款丰田锐志轿车的滑动天窗系统采用具有一触式自动功能、防夹机构等各种功能的“带倾斜和滑动功能的电动滑动天窗”。从点火钥匙断开操作功能开始，设置了警告用户忘记关闭滑动天窗的警告功能、车门钥匙连动/发射器（灵敏锁）连动开闭功能，使用性能极佳。滑动天窗开关安装在地图灯内。用脉冲传感器（霍尔 IC）检测进行系统控制所必需的滑动天窗玻璃位置和移动的方向。另外，在实施检查、调整之后的情况下，有必要进行初始化操作。滑动天窗玻璃采用深灰色隐私玻璃。

（1）滑动天窗系统组成部件（图 2-11）

（2）初始化滑动天窗玻璃位置的必要性　该系统用脉冲传感器，通过电动机的旋转运动，以电子方式读取和滑动天窗玻璃的当前位置有关的信息，并根据该位置信息来控制各种功能。

当检查及保养后重新连接蓄电池（初次接通 + B 电源时）时，或滑动天窗控制 ECU 的连接器断开后重新连接时，系统所存储的当前滑动天窗玻璃的位置信息就会丢失。对此，必须初始化系统，让系统“学习”滑动天窗玻璃的位置。

需要注意的是，如果系统不能“学习”当前的滑动天窗玻璃位置，防夹机构等一部分功能就不会启动。

当系统不能“学习”当前的滑动天窗玻璃位置时，对系统有以下影响：

1）防夹保护功能不起作用。当滑动天窗玻璃与天窗开口部之间夹入异物等，导致滑动天窗玻璃上的负载超过规定值时，滑动天窗玻璃就会停止移动，但不会返回。

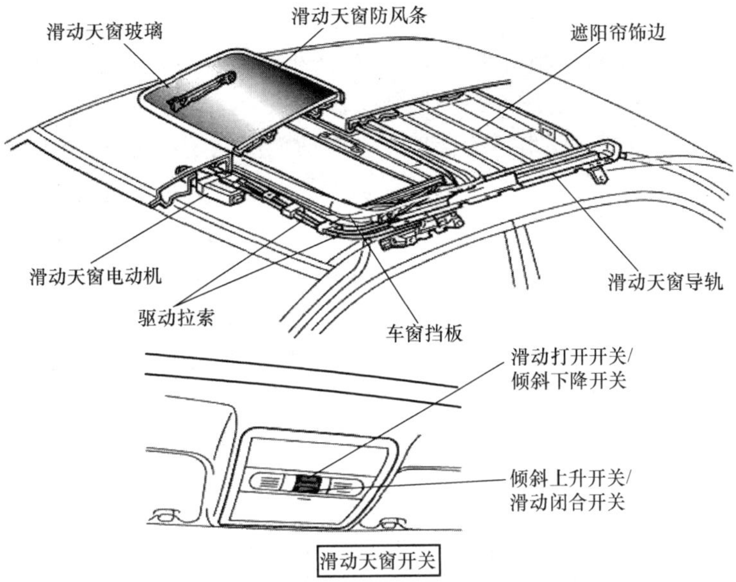

图 2-11　2009 款丰田锐志轿车的滑动天窗系统的组成部件

2）一触式自动功能、点火钥匙断开操作以及车门钥匙连动等功能不起作用。

3）当按下滑动天窗开关时，不能开启滑动天窗玻璃。但是，关闭时即使滑动天窗玻璃到达全闭位置，也不会自动停止。

初始化操作如下：

当滑动天窗玻璃处于打开的位置时，开始时把滑动天窗玻璃开到全闭位置附近。打开点火开关，按住滑动天窗滑动闭合/倾斜上升侧开关不放。在持续按下开关期间，滑动天窗玻璃会以上升（约停顿 1s）→下降→滑动打开→滑动闭合的顺序操作。此后，滑动天窗玻璃停止在全闭位置上。这样就完成了初始化。图 2-12 为初始化操作时天窗玻璃移动情况示意图。

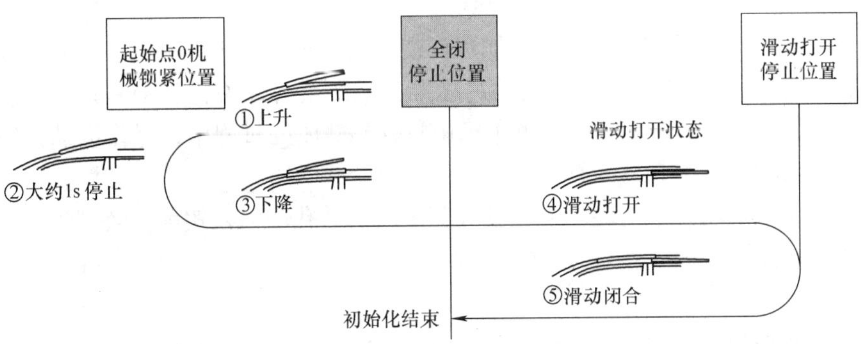

图 2-12　初始化操作时天窗玻璃移动情况示意图

在初始化操作中手如果离开开关，则应重新从头开始进行初始化操作。在初始化操作后，务必检查滑动天窗系统功能。

（3）一触式自动上升（下降）功能　滑动天窗关闭状态下，点火开关置于 ON 位置，如果按滑动天窗开关的倾斜上升/滑动闭合开关约 0.3s，滑动天窗玻璃就会自动进行倾斜上升操作，直至到达全开位置。滑动天窗倾斜打开状态下，点火开关置于 ON 位置，如果按滑动天窗开关的滑动打开/倾斜下降开关约 0.3s，滑动天窗玻璃就会自动进行倾斜下降操作，直至到达全闭位置。

当滑动天窗玻璃处于自动倾斜操作时，如果按下滑动天窗的倾斜上升/滑动闭合开关或滑动打开/倾斜下降开关，就能中断自动倾斜操作。

（4）一触式自动滑动打开/滑动闭合功能 滑动天窗关闭状态下，打开点火开关，按滑动天窗的滑动打开/倾斜下降开关约0.3s，滑动天窗玻璃就会自动进行滑动打开操作，直至滑动天窗玻璃到达全开位置。滑动天窗滑动打开状态下，打开点火开关，按滑动天窗的倾斜上升/滑动闭合开关约0.3s，滑动天窗玻璃就会自动进行滑动闭合操作，直至滑动天窗玻璃到达全闭位置。

当滑动天窗玻璃正在自动滑动时，如果按下滑动天窗的倾斜上升/滑动闭合开关或滑动打开/倾斜下降开关，就能中断自动滑动操作。

（5）手动调整功能 打开点火开关，如果在0.3s内操作各个滑动天窗开关的话，就能手动操作滑动天窗玻璃的各个操作方向。

在自动操作时，按下滑动天窗开关，如果自动操作停止，靠按滑动天窗开关0.3s以内，就能手动操作滑动天窗玻璃的各个操作方向，调整天窗的开启程度。

（6）滑动天窗防夹机构 倾斜下降或滑动闭合时，如果探测到天窗开口部当中夹入异物，就会自动进行反向操作（倾斜上升或滑动开启操作）。防夹机构是靠电动机转速的变化来探测夹入状况的，所以有时候在侧面夹有薄小东西会探测不出，因为它们的夹入不影响电动机的转速。

当传感器发生异常情况等任何原因，系统不能探测到夹入异物时，一触式自动功能不起作用。

倾斜下降时的防夹：不管检测出夹入的位置如何，进行倾斜上升操作直到到达全开（上升到顶）位置。

滑动闭合时的防夹：进行滑动打开操作直至距离检测出夹入的位置约218mm或全开（滑动开足）位置。

（7）点火钥匙断开操作功能 该功能可以使滑动天窗在点火开关从打开到关闭之后，在45s内或在驾驶人侧车门从打开到关闭的过程中，就像点火开关置于ON时一样能够操作滑动天窗。另外，当45s后或使驾驶人侧车门由打开到关闭的过程中，操作滑动天窗时，则在操作结束前，会保持点火钥匙断开功能。

（8）车门钥匙联动开关功能 从驾驶人侧车门钥匙孔中插入钥匙，转到锁定侧或开启侧并保持约2.5s的话，当转到锁定侧时，活动天窗进行关闭操作（防夹机构也进行操作），而当转到开启侧时，活动天窗进行打开操作。

车门钥匙联动功能因为是在把钥匙保持在锁止侧或开启侧时才持续操作的手动操作，所以如果钥匙扳回到中间位置上，操作就会停止。

滑动天窗系统的车门钥匙联动开关功能与电动车窗系统的车门钥匙联动车窗玻璃上升和下降功能联动。

（9）发射器联锁开关功能（配备智能进入和起动系统的车型） 如果持续按发射器的“锁止”或“开启”按钮约2.5s，在按住“锁止”按钮时，滑动天窗进行关闭的操作（防夹机构也进行操作）；在按下“开启”按钮时，滑动天窗进行开启的操作。另外，在操作开始时，无线蜂鸣器会发出声音。

由于发射器联锁操作是在持续按住按钮时的手动操作的操作，因此一旦手松开按钮，该操作就会停止。

滑动天窗系统的发射器联锁开关功能与电动车窗系统的发射器联动车门玻璃上升和下降功能。

（10）滑动天窗忘记关闭警告功能　滑动天窗玻璃在开启状态时，如果 IG 从接通到切断而且打开驾驶人侧车门，靠组合仪表内多功能蜂鸣器发出的 1 次衰减音，发出滑动天窗玻璃忘记关闭的警告。

（11）智能进入和起动系统联动关闭功能　智能车门上锁操作完成后，如果持续按住锁紧开关约 4s，就会与电动车窗上升操作联动，滑动天窗开始进行下降或滑动闭合操作。

进行智能进入和起动系统联动关闭操作时，在持续按下锁止开关的过程中，其实是一个手动操作，因此松开开关后，即会停止该操作。

（12）超载停止功能　在上升或滑动打开时，当滑动天窗玻璃碰到障碍物等、探测到超过规定负载时就会自动停止操作。

在系统还没有初始化时，超载停止功能包括下降或滑动闭合中起作用。

（13）滑动天窗系统控制　滑动天窗控制 ECU 靠从霍尔 IC1 及霍尔 IC2 输入的脉冲信号，把上升侧的机械锁紧位置作为起始点，如图 2-13 所示那样来识别滑动天窗玻璃位置。靠把该位置信息与来自滑动天窗开关的操作信号相认证，来对滑动天窗控制电动机进行控制。

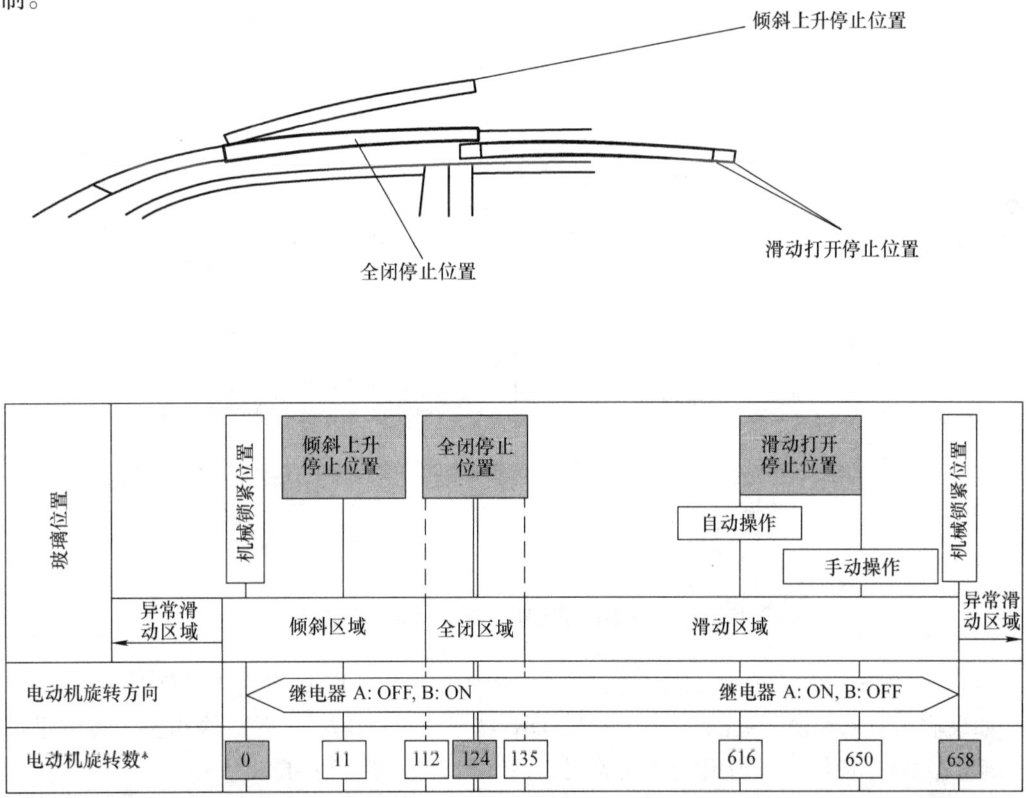

*：滑动天窗电动机的旋转数表示为大致的目标数值，
与实际的测定数据相异的情况。

图 2-13　滑动天窗玻璃位置识别原理

初始化操作：因为滑动天窗控制 ECU 已设别的滑动天窗玻璃位置信息是以上升到顶（机械锁紧位置）作为起始点 0 记忆的，所以当该位置的信息丢失时，有必要进行上升操作使 ECU 重新识别起始点，“学习”滑动天窗玻璃位置信息，进行初始化。

2009 款丰田锐志轿车电路原理图如图 2-14 所示。后述的原理说明可参见此图。

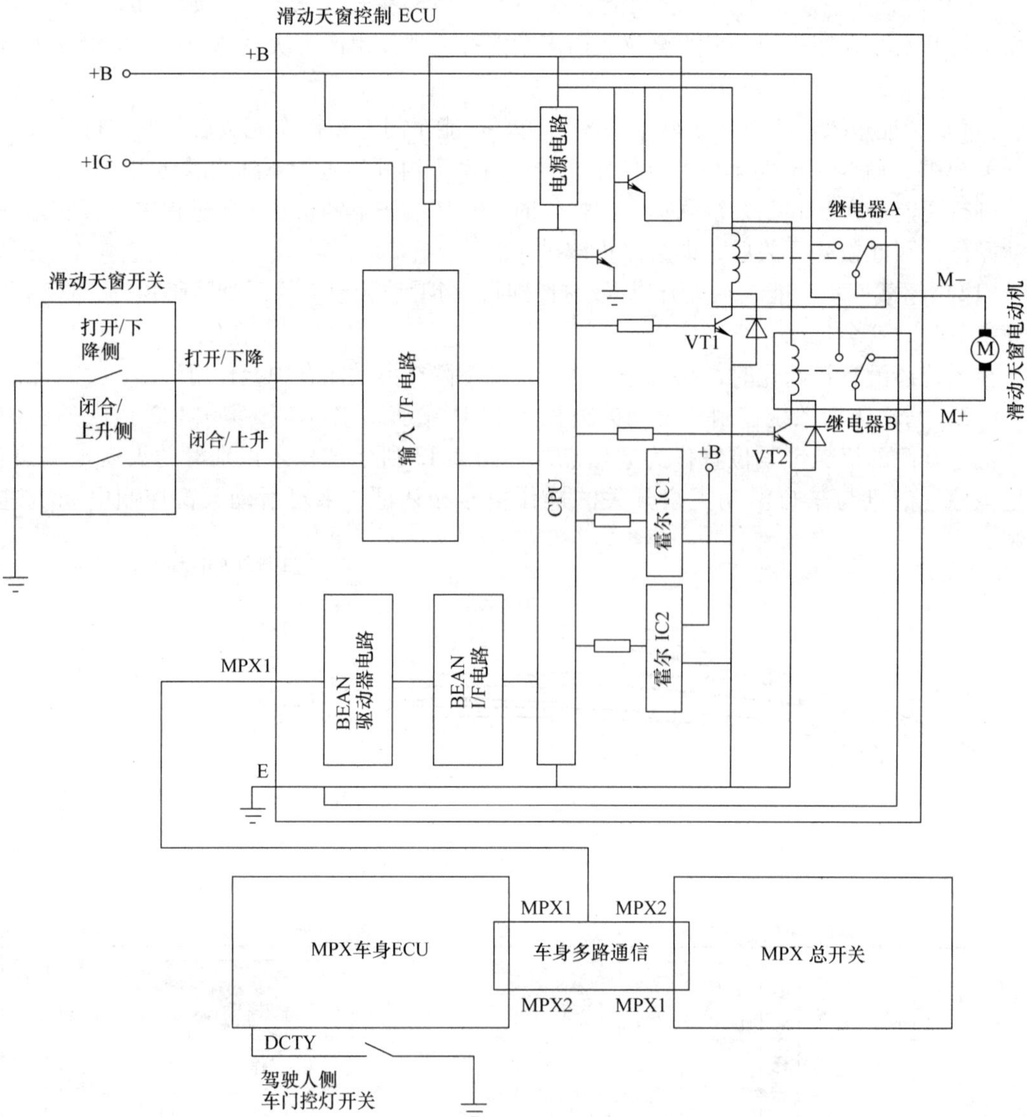

图 2-14　2009 款丰田锐志轿车滑动天窗系统电路原理图

（14）一触式自动上升（下降）操作　在滑动天窗控制 ECU 检测全闭范围（倾斜范围）时，如果输入滑动天窗开关的“TILT UP”ON（“SLIDE OPEN”ON）约 0.3s，接通继电器 A（继电器 B），使滑动天窗电动机朝关闭方向（打开方向）转动。

滑动天窗控制 ECU 处理来自霍尔 IC 的脉冲信号，如果从电动机转速的变化中探测到滑动天窗玻璃到达上升到顶停止位置（全闭停止位置），就关闭继电器 A（继电器 B），使滑动天窗电动机停止转动。另外，在自动操作时，输入了滑动天窗开关“TILT UP”接通

（“SLIDE OPEN”接通）时，也同样切断继电器 A（继电器 B）。

（15）一触式自动滑动打开（滑动闭合）操作　滑动天窗控制 ECU 正在检测全闭范围（滑动范围）时，如果输入滑动天窗开关“SLIDE OPEN”接通（“TILT UP”接通）约 0.3s，接通继电器 B（继电器 A），使滑动天窗电动机朝开启方向（关闭方向）转动。

滑动天窗控制 ECU 处理来自霍尔 IC 的脉冲信号，如果从电动机转速变化中探测到滑动天窗玻璃已到达滑动打开停止位置（全闭停止位置），就关闭继电器 B（继电器 A），使滑动天窗电动机停止转动。另外，在自动操作中，当输入滑动天窗开关“TILTUP”接通（“SLIDE OPEN”接通）时，也同样切断继电器 B（继电器 A）。

（16）电动车窗防夹机构　在下降/滑动闭合操作中（除了滑动天窗开关操作在手动控制当中），滑动天窗控制 ECU 检测出来自霍尔 IC 的脉冲信号的变化（在检测出电动机转速降低时，或者检测出电动机锁紧时），判断滑动天窗玻璃已夹入了异物，要把实时接通的继电器切断，把切断的继电器接通，使滑动天窗电动机反转。

滑动天窗控制 ECU 如果检测到上升到顶位置（下降夹入时）、由于霍尔 IC 的脉冲信号检测出有 218mm 反转的位置或检测到滑动打开到顶位置（滑动闭合夹入时）之中任何一种情况时，会切断继电器，使滑动天窗电动机停止转动。

（17）点火钥匙断开操作　当 IG 由接通到切断后，约 45s 中或驾驶人侧车门控灯开关从接通到切断变化期间，靠来自 MPX 车身 ECU 的双向车身多路通信，“点火钥匙断开操作许可”信号被传给滑动天窗控制 ECU。

滑动天窗控制 ECU 在接收“点火钥匙断开操作许可”信号时，进行与 IG 接通时一样的控制。但是，当信号接收结束时，如果自动操作在进行中或夹物反转操作在进行中，会继续控制直至该操作结束为止。

（18）车门钥匙联动开关操作　如果输入门锁控制开关（钥匙联锁用）的开启侧（锁紧侧）接通约 2.5s，MPX 总开关就会靠双向车身多路通信，把“车门钥匙开启（关闭）”信号送给滑动天窗控制 ECU。

滑动天窗控制 ECU 在接收“车门钥匙连动开启（关闭）操作”信号时，靠接通适当的继电器，来实施开启（关闭）控制。

（19）发射器连锁开关功能（配备智能进入和起动系统的车型）　MPX 总开关如果接收来自 MPX 车身 1 号 ECU 的车门开启信号（车门关闭信号）约 2.5s，靠双向车身多路通信，把“滑动天窗开启（关闭）操作”信号传给滑动天窗控制 ECU。

滑动天窗控制 ECU 在输入开启信号（关闭信号）时，靠接通适当的继电器，来实施开启（关闭）控制。

（20）有关检测车门玻璃位置信息的失效保护　滑动天窗玻璃位置信息异常时：当滑动天窗控制 ECU 判断出滑动天窗玻璃的机械锁紧位置或电动机锁紧检测位置，与来自霍尔 IC 的脉冲计数所记忆的位置信息之间有超过规定的误差时（判断出在异常范围内），应抹去记忆的位置信息，转移到不能“学习”状态的控制上。

传感器（霍尔 IC）异常判断：检测滑动天窗玻璃位置、速度及方向的两个霍尔 IC 当中，无论哪一个发生异常时，应转移到与不能“学习”位置信息时同样的控制上。另外，当两个霍尔 IC 都发生异常时，进行把超载检测功能转换成靠电动机锁紧判断的控制。

（21）电动车窗电动机驱动控制的失效保护　连续操作限制功能：由滑动天窗控制 ECU

控制的电动机驱动时间（继电器接通时间）长时，如果经过约 20s（滑动操作时）或约 3.5s（倾斜操作时），会自动切断继电器来保护电动机及电路。

强制学习操作（取消防夹机构的操作）：万一因防夹机构发生异常，发生滑动天窗玻璃关不紧（在全闭位置不停止）的故障时，可持续按滑动天窗开关“TILT UP”侧约 10s，可强制转移到位置信息不能“学习”状态的控制上。其后，靠进行初始化操作，能进行位置信息的修改。

2. 主要部件结构

（1）滑动天窗玻璃以及侧面装饰（图 2-15） 装饰可减少滑动天窗玻璃与防风条之间的明显差别，使车辆外观漂亮。

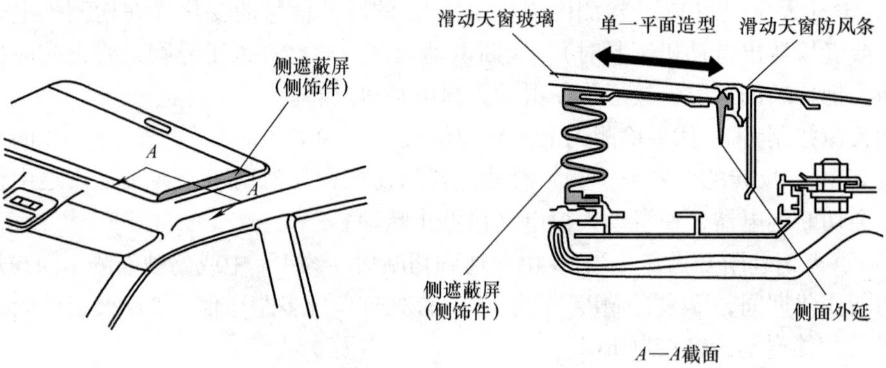

图 2-15 滑动天窗玻璃以及侧面装饰

在滑动天窗玻璃的侧面部位上，设置了侧挡板和侧遮蔽屏（侧饰件），减少倾斜时产生的风噪，保持车内美观。

（2）套管 采用塑料驱动拉索套管以求减少重量。套管的结构如图 2-16 所示。

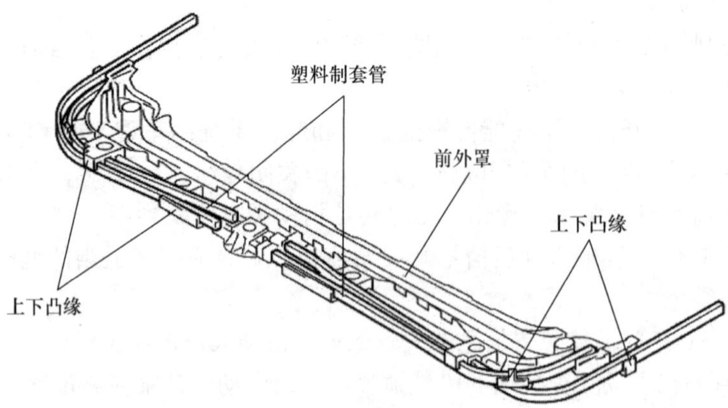

图 2-16 套管的结构

套管的固定方法，是把它嵌入位于前盖侧上设置为上下交错结构的凸缘上，以求简化安装。

（3）滑动天窗电动机总成和驱动拉索 滑动天窗电动机总成由滑动天窗电动机、驱动齿轮（蜗轮组件）及滑动天窗控制 ECU 等组成，如图 2-17 所示。

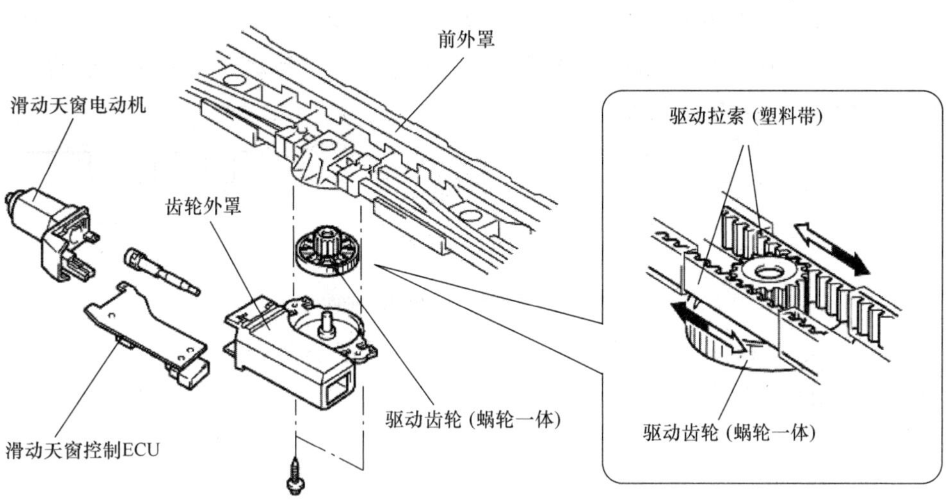

图 2-17　滑动天窗电动机总成和驱动拉索

驱动拉索上采用塑料带，提高了它的滑动性能，以求减少滑动阻力及操作噪声。另外，靠提高转矩传递效率，可降低电动机的转矩，实现了电动机的小型化。

在把齿轮盖与前盖一体化的同时，还把驱动齿轮与蜗轮一体化，以求结构简单化。

霍尔 IC 的安装位置如图 2-18 所示。2 个霍尔 IC 分别把与滑动天窗电动机转动同步的脉冲信号，输出到滑动天窗控制 ECU 内的 CPU 里。

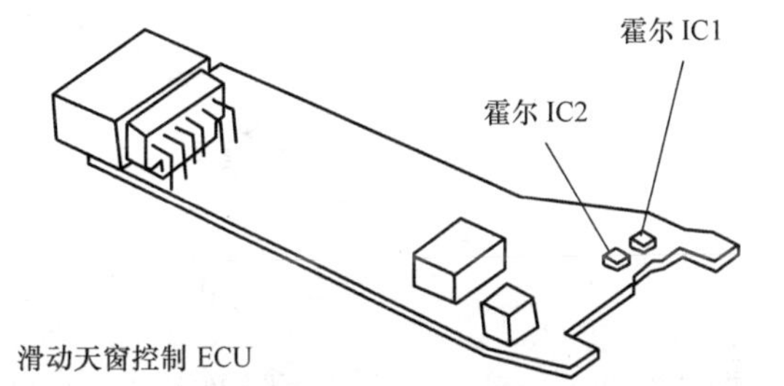

图 2-18　用于滑动天窗电动机转动同步信号检测的霍尔 IC

如图 2-19 所示，CPU 是靠计算霍尔 IC1 输出的电动机旋转轴每转 1 周期的脉冲，来检测滑动天窗玻璃的移动量。与此同时，它靠检测因霍尔 IC2 输出的电动机转动方向不同而不同的脉冲 HI/LO 周期，来检测滑动天窗玻璃的旋转方向，靠那些记忆信息来识别当前滑动天窗玻璃的位置。CPU 以来自这 2 个霍尔 IC 的位置信息为基础，来进行各种功能的控制。

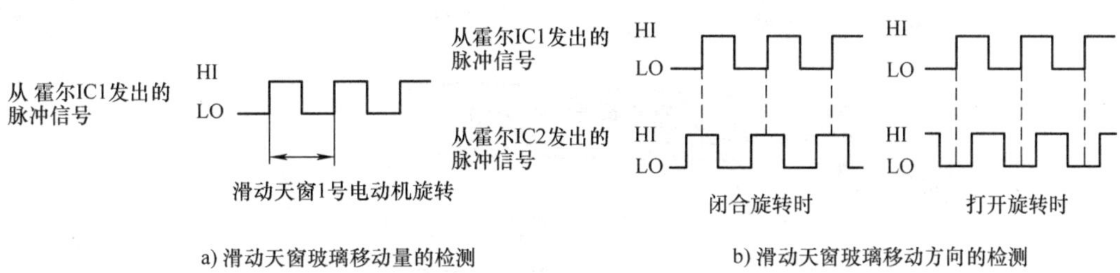

图 2-19　滑动天窗玻璃移动量及移动方向的检测原理

需要注意的是，因为滑动天窗玻璃的位置信息是由 + B 电源支持的，所以如果滑动天窗控制 ECU 的 + B 电源被切断的话，必须重新进行初始化操作。

同时，CPU 是靠霍尔 IC1 输出的脉冲间隔来检测电动机转速的变化，从而检测到滑动天窗玻璃移动速度的变化情况，如图 2-20 所示。因此它能识别滑动天窗玻璃所受的负重，进行防夹机构及超载停止功能的控制。

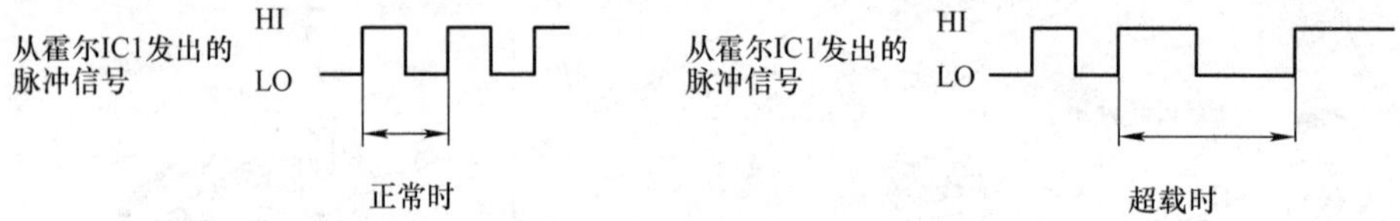

图 2-20　滑动天窗玻璃移动速度的检测原理

（4）功能支架、后滑块及雨滴通路　功能支架、后滑块及雨滴通路在结构上应谋求减少功能支架及后滑块零件的数量，简化它们的结构。功能支架把一般的位于滑动天窗的前滑块做成塑料一体结构，而后滑块是无连接部的结构，同时保证雨滴通道的小型化和轻型化。2009 款丰田锐志轿车滑动天窗的功能支架、后滑块及雨滴通路结构如图 2-21 所示。

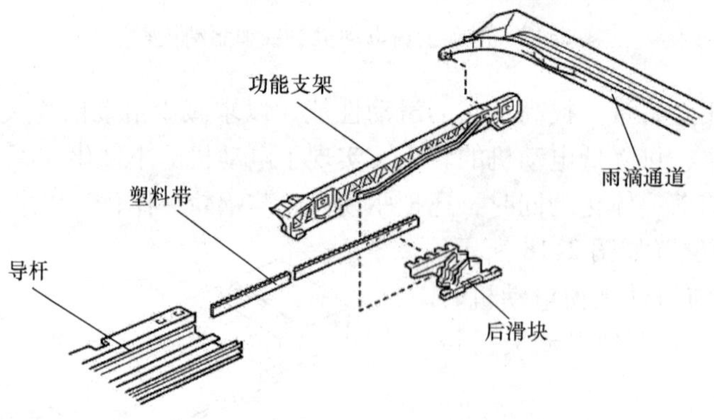

图 2-21　功能支架、后滑块及雨滴通路结构

带动滑动天窗玻璃上升、下降及滑动的传动机构动作原理如图 2-22 所示。

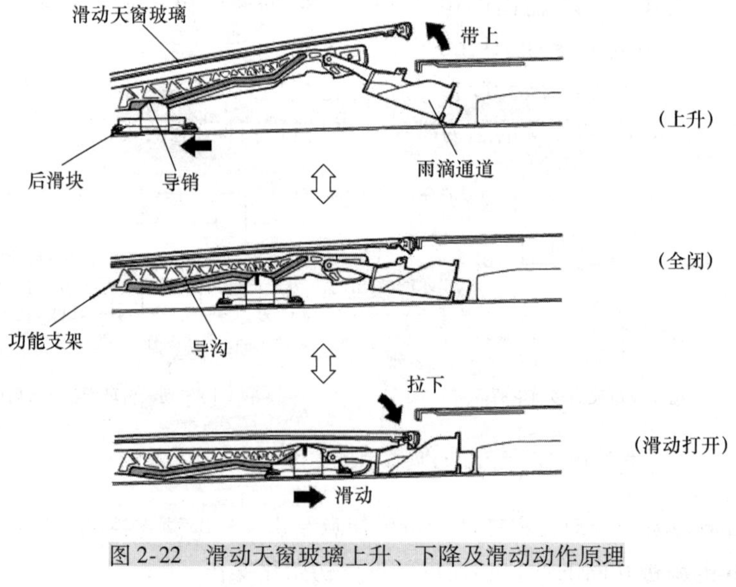

图 2-22　滑动天窗玻璃上升、下降及滑动动作原理

如果后滑块从滑动天窗关闭状态开始向前方移动，后滑块的导销就会沿着功能支架的导槽滑动。功能支架利用导销滑动导槽的形状，举起滑动天窗玻璃。此时，连接在功能支架上的雨滴通道也同时升起。

如果后滑块从滑动天窗关闭状态开始向后方移动，那么与向前方移动一样，后滑块的导销会沿着功能支架的导槽滑动。功能支架利用导销滑动导槽的形状，拉下滑动天窗玻璃后，使它滑动。

四、电动天窗系统的数据分析

图 2-23 为使用丰田诊断仪 IT2 读得的某丰田汉兰达车的滑动天窗控制系统数据流。其显示的数据流的含义可参见表 2-3。

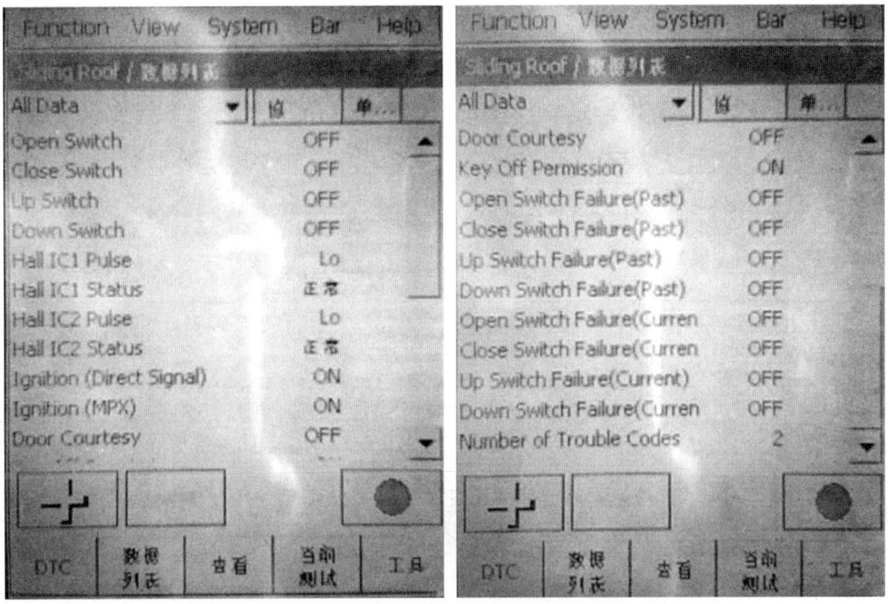

图 2-23 丰田汉兰达车的滑动天窗控制系统数据流

表 2-3 丰田汉兰达车滑动天窗控制系统数据流含义

检测仪显示	测量项目/范围	正常状态
Open SW (Open Switch)	滑动开关打开信号/ON 或 OFF	ON：按下 OPEN 开关 OFF：未按下 OPEN 开关
Close SW (Close Switch)	滑动开关关闭信号/ON 或 OFF	ON：按下 CLOSE 开关 OFF：未按下 CLOSE 开关
Up SW (Up Switch)	倾斜开关上倾信号/ON 或 OFF	ON：按下 UP 开关 OFF：未按下 UP 开关
DOWN SW (Down Switch)	倾斜开关下倾信号/ON 或 OFF	ON：按下 DOWN 开关 OFF：未按下 DOWN 开关
Hall IC1 Pulse (Hall IC1 Pulse)	滑动天窗操作信号/LO 或 HI	LO：滑动天窗电动机不工作 HI：滑动天窗电动机正在工作

（续）

检测仪显示	测量项目/范围	正常状态
Hall IC1 Status (Hall IC1 Status)	滑动天窗操作信号/NORMAL 或 LOCK	NORMAL：滑动天窗电动机正在工作 LOCK：滑动天窗电动机不工作
Hall IC2 Pulse (Hall IC2 Pulse)	滑动天窗操作信号/LO 或 HI	LO：滑动天窗电动机不工作 HI：滑动天窗电动机正在工作
Hall IC2 Status (Hall IC2 Status)	滑动天窗操作信号/NORMAL 或 LOCK	NORMAL：滑动天窗电动机正在工作 LOCK：滑动天窗电动机不工作
IG（Direct Sig） (Ignition（Direct Signal）)	点火开关信号/ON 或 OFF	ON：点火开关 ON（IG） OFF：点火开关 OFF
IG（MPX） (Ignition（MPX）)	点火开关信号（MPX 信号）/ON 或 OFF	ON：点火开关 ON（IG） OFF：点火开关 OFF
D - Door Warn SW (Door Courtesy)	驾驶人侧车门门控灯开关信号/ON 或 OFF	ON：驾驶人侧车门打开 OFF：驾驶人侧车门关闭
Key Off Perms (Key Off Permission)	Key - Off 滑动天窗操作允许信号（当前）/ON 或 OFF	ON：将点火开关置于 OFF 位置后 45s 内没有关闭驾驶人侧车门 OFF：除 ON 状态外的任何状态
Opn SW（P） (Open Switch Failure（Past）)	OPEN 开关故障信号（以往）/Fail 或 Not Fail	Fail：滑动天窗打开信号故障（以往） Not Fail：滑动天窗打开信号无故障（以往）
Cls SW（P） (Close Switch Failure（Past）)	CLOSE 开关故障信号（以往）/Fail 或 Not Fail	Fail：滑动天窗关闭信号故障（以往） Not Fail：滑动天窗关闭信号无故障（以往）
Up SW（P） (Up Switch Failure（Past）)	UP 开关故障信号（以往）/Fail 或 Not Fail	Fail：滑动天窗上倾信号故障（以往） Not Fail：滑动天窗上倾信号无故障（以往）
Down SW（P） (Down Switch Failure（Past）)	DOWN 开关故障信号（以往）/Fail 或 Not Fail	Fail：滑动天窗下倾信号故障（以往） Not Fail：滑动天窗下倾信号无故障（以往）
Opn SW（C） (Open Switch Failure（Current）)	OPEN 开关故障信号（当前）/Fail 或 Not Fail	Fail：滑动天窗打开信号故障（当前） Not Fail：滑动天窗打开信号无故障（当前）
Cls SW（C） (Close Switch Failure（Current）)	CLOSE 开关故障信号（当前）/Fail 或 Not Fail	Fail：滑动天窗关闭信号故障（当前） Not Fail：滑动天窗关闭信号无故障（当前）
Up SW（C） (UP Switch Failure（Current）)	UP 开关故障信号（当前）/Fail 或 Not Fail	Fail：滑动天窗上倾信号故障（当前） Not Fail：滑动天窗上倾信号无故障（当前）
Down SW（C） (Down Switch Failure（Current）)	DOWN 开关故障信号（当前）/Fail 或 Not Fail	Fail：滑动天窗下倾信号故障（当前） Not Fail：滑动天窗下倾信号无故障（当前）
#CODE	故障码数量	故障码数量

五、电动天窗系统的初始化操作

如前所述，有些电动天窗系统在某些情况下需要进行初始化操作，如天窗维修后、断电后，天窗有时不能关闭、在打开后不能完全关闭、起翘后不能完全关闭，自动操作和钥匙关闭操作功能失灵、防夹功能失效等。某些车型把初始化操作也称为编程。车型不同，初始化操作步骤不同，具体应参见维修手册。

1. 丰田卡罗拉轿车滑动天窗初始化操作

当拆下滑动天窗主动齿轮分总成时，需要初始化滑动天窗主动齿轮分总成（滑动天窗控制 ECU）。如果重置没有执行，下列功能将不能运行：自动操作和钥匙关闭操作。

1）将点火开关置于 ON（IG）位置。

2）确定滑动天窗完全关闭。

3）按住 CLOSE/UP 开关直到完成如下操作过程：上倾→约 1s→下倾→滑动打开→滑动关闭。

4）检查并确认滑动天窗停在完全关闭位置。

5）完成初始化。

6）检查并确认 AUTO 操作功能运行正常。

注意：如果在初始化程序期间出现下列情况，则初始化将失败：

1）点火开关置于 OFF 位置。

2）滑动天窗正在操作时，滑动天窗开关松开了。

3）车速为 5km/h 或更高。

4）通信切断。

5）初始化期间打开了另一个开关。

6）初始化期间车辆经受强振动，如砰的一声关上车门。

提示：如果滑动天窗不能完全关闭或其位置没有对准，则再次执行初始化。

如果按住 CLOSE/UP 开关时，天窗玻璃停止运动或开始向相反方向移动，则继续按住该开关 10s 或更长时间，使滑动天窗控制 ECU 返回未初始化状态，然后再次执行初始化程序。

如果在主动齿轮重置后自动操作功能和防夹功能不工作，则更换滑动天窗主动齿轮分总成（滑动天窗控制 ECU）。

2. 长安福特 C307 电动天窗的编程方法

当车辆的蓄电池断开后，或者在更换了新的天窗后，必须为电动天窗重新编程，否则天窗不具备防夹功能。

编程方法如下：按下天窗 CLOSE 开关，将天窗安全关闭。松开后继续按下天窗 CLOSE 开关直至天窗玻璃后端达到最大翘起位置，短暂松开此开关，然后再迅速按下（2s 内）此开关并保持住，直至天窗电动机发出“咯咯”两声提示，然后迅速松开开关，再在 2s 内按下 CLOSE 开关，此时天窗玻璃会自动运行到完全开启位置，然后再运行至完全关闭位置，松开 CLOSE 开关，即完成编程操作。

3. 大众车系天窗初始化操作步骤

大众车系天窗电动机有 MD2 与 MD4 之分，电动机不同，初始化方法不同。

具体初始化方法如下：

（1）装有MD2电动机的天窗初始化方法

1）首先将天窗电动机（MD2电动机，如图2-24所示电动机）断电：先强制关闭天窗，之后取下顶灯盖板（天窗开关的面板），断开电动机线束插头（图2-25）或断开蓄电池负极线，等待10s后再接上线束或电源。

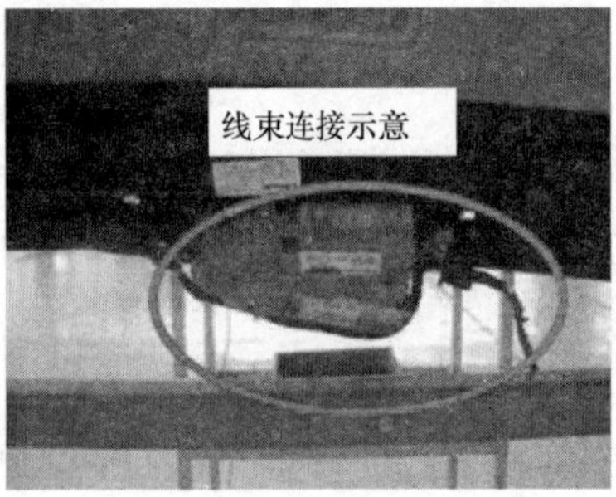

图2-24 找到天窗电动机（MD2电动机）连接器

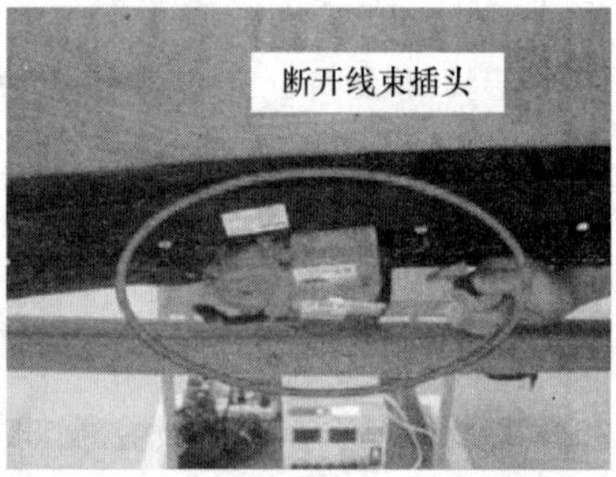

图2-25 强制关闭天窗后断开天窗电动机（MD2电动机）连接器

2）如图2-26所示：将开关由关闭位置旋向开启位置约15°，再迅速旋回到关闭位置，听见电动机有“咯哒”的响声后，按住按扭开关，此时天窗将自动完成一个循环的运行，一个自动循环完成后，表明天窗初始化完成。之后关闭点火开关5~7s，天窗记忆完成。

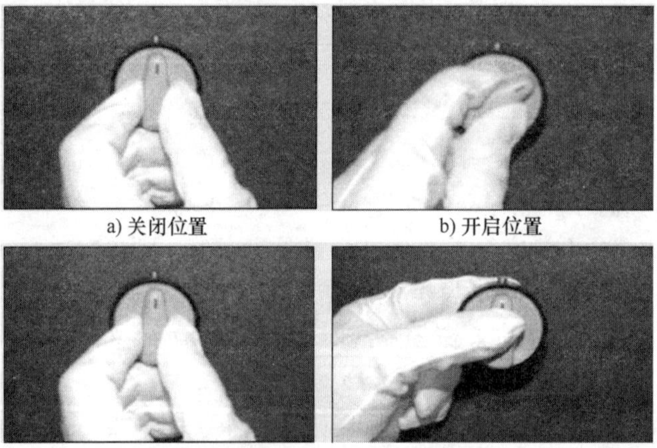

a) 关闭位置 b) 开启位置

c) 快速旋转回关闭位置 d) 按住按钮(平时为强制关闭)

图2-26 操纵开关进行天窗初始化

（2）装有MD4电动机的天窗初始化方法 如图2-27所示，将开关在关闭位置按住，等待25~30s，天窗起翘到最大化。

天窗玻璃会抖动一下，这时松开并再次按住开关，此时天窗将完成下落→开启→关闭一个自动循环，天窗初始完成。

如由于误操作，初始化失败，天窗没有动作，应先关闭车钥匙等待10s，重新按照步骤再操作一次。

（3）两种电动机初始化的差异 MD2电动机初始化前需要先断电，初始化后需关闭点火开关等5~7s，初始化全过程60s；MD4电动机直接按住开关即可初始化，但等待时间较

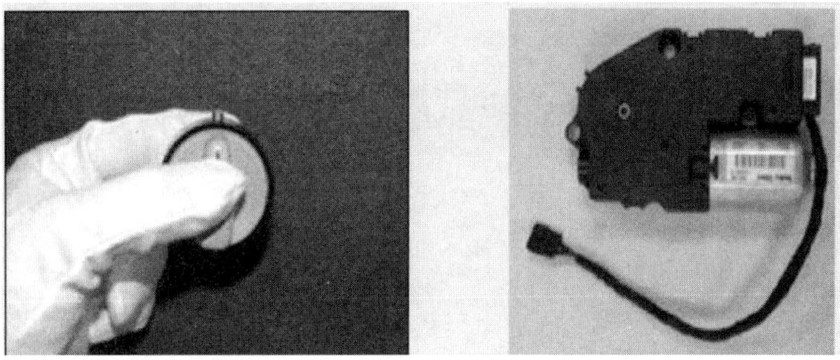

a) 关闭位置按住开关　　b) MD4电动机外形识别

图 2-27　装有 MD4 电动机的天窗初始化

长，初始化全过程需要 70s 左右。

大众品牌天窗电动机 MD2 与 MD4 的区分，以下面的底盘号为限，之前的车辆使用的是 M2 电动机，底盘号之后的车辆使用的是 MD4 电动机：

速腾（Sagitar）A3073380（灰色内饰）、A3070251（米色内饰）；

迈腾（Magotan）A3048927（灰色内饰）、A3049968（米色内饰）；

高尔夫（Golf）A6 A3230545（灰色内饰）、A3230755（米色内饰）；

新宝来（NBora）A3061163（灰色内饰）、A3061161（米色内饰）。

注意：天窗在初始化过程中没有防夹功能，勿将手伸入开启的天窗中。

第三章

安全气囊系统（SRS）故障的诊断与分析

第一节　SRS 故障的诊断

一、故障现象

安全气囊系统也称辅助约束系统（Supplemental Restraint System，SRS）故障的主要故障是 SRS 警告灯常亮、SRS 警告灯完全不亮。

二、故障原因

1）个别气囊传感器不良。

2）个别气囊（如转向盘气囊、前排乘客气囊总成、前排座椅侧气囊总成、窗帘式安全气囊总成等）本身及其连接不良。

3）个别座椅安全带预紧器不良。

4）螺旋电缆故障。

5）中央气囊传感器总成（SRS ECU）不良。

6）线束及线束连接器不良。

7）熔丝不良等。

8）CAN 通信系统故障。

9）组合仪表总成故障。

10）系统电压过低。

11）更换新的 SRS ECU 后未进行编码。

12）气囊被展开后，未更换新的 SRS ECU。

三、故障诊断与排除的一般步骤

1）验证故障现象后进行目视检查：线束插头松动等。

2）读取故障码并记录，然后清除故障码（DTC），再次读取故障码。按当前故障码及历史故障码的提示进行故障检查。

当出现个别气囊碰撞传感器（如左前或右前气囊传感器）不良的故障码时，可先断开蓄电池负极端子电缆，至少等待90s。互换右前、左前气囊传感器，并连接连接器。将负极端子电缆连接到蓄电池上。将点火开关置于ON（IG）位置，至少等待60s。清除存储器中存储的DTC。将点火开关置于OFF位置，然后再次将点火开关置于ON（IG）位置，至少等待60s。再次检查DTC。如果故障码相应改变，则为气囊碰撞传感器本身不良；如故障码仍不改变，则检查气囊传感器电路。

如果清除故障码后不再出现故障码，则应进行模拟法检查，通过晃动气囊系统的各个连接器，或在不平整的道路上驾驶。特别应对先前出现的故障码对应部位进行模拟检查。有的车型提供“检查模式”，则可进入“检查模式”进行故障诊断。

3）如诊断仪不能进行系统，则应检查熔丝、SRS ECU的电源电路及CAN通信系统故障。

对于SRS ECU连接在CAN通信系统上的车辆来说，应检查CAN通信系统是否工作正常。图3-1为用丰田专用诊断仪对卡罗拉轿车进行通信总线检查的显示结果，共有10个ECU正在与CAN总线通信。

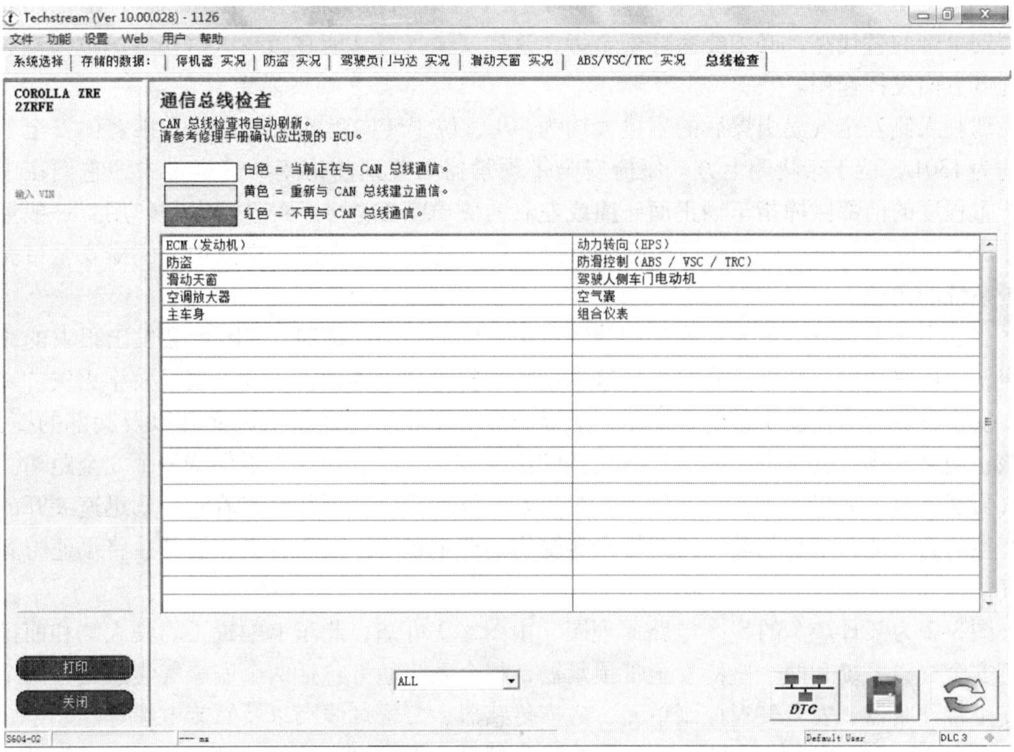

图3-1　用丰田专用诊断仪对卡罗拉轿车进行通信总线检查

4）如果拆装过转向器或转向柱等，怀疑螺旋电缆故障，可检查其他连接于螺旋电缆总成上的系统，如喇叭、巡航系统等，如喇叭不响、巡航系统不工作则应拆检螺旋电缆，可能螺旋电缆因操作不当而断开。

5）在最新的某些车型中，如果气囊被展开了，气囊警告信号灯在主要的检验后继续点亮以便留下记录。在这种情况下，气囊警告信号灯不能被清除，应更换 SRS ECU 及相应的碰撞传感器。

6）如果新换的 SRS ECU 及碰撞传感器，系统并不存在故障码，则新换的 SRS ECU 可能需要进行编码。

7）检查系统电路及各连接器。

8）清除故障码。确认故障指示灯显示正常。

9）如系统部件、电路及各连接器均无故障，则应试更换 SRS ECU。

第二节 SRS 故障诊断、排除的相关要点

一、弄清 SRS 的组成与元件位置

现在很多车型的辅助约束系统（SRS）配备了安全气囊和座椅安全带预紧器，可以在前部碰撞中减少驾驶人和乘客（如果车辆配备乘员侧安全气囊）受伤的危险性和严重程度。设计 SRS 是为了加强驾驶人侧座椅安全带在发生意外时提供保护的能力，它并不是三点式座椅安全带的替代品，必须要系好安全带，这样安全气囊才能在减少人身伤害的危险性和严重程度方面发挥作用。

驾驶人侧安全气囊引爆后的容量大约为 70L，位于转向盘的中心。前排乘客侧安全气囊大约为 130L，位于杂物箱上方。座椅安全带预紧器内置到前排座椅安全带中，它们在中等到严重程度的前部碰撞指车辆正面碰撞或左右两侧 30°之内的正面碰撞中起作用。一般情况下，SRS 在侧面碰撞、后部碰撞和翻滚事故中不会起作用，在这些事故中，座椅安全带充当保护系统的角色。

当安全气囊传感器单元检测到中等到严重程度的前部碰撞时，SRS 就会发出很大的充气噪声，然后释放出一些烟雾和粉尘，这种烟雾和粉尘是无毒的，也并不表示发生火灾。

安全气囊与座椅安全带配合使用，能够减缓对驾驶人和前排乘客面部以及胸部的撞击，应该正确系好座椅安全带，使得驾驶人及前排乘客与转向盘和仪表板保持一个安全距离。安全气囊展开时，如果驾驶人和前排乘客距离安全气囊模块太近甚至挨着它，则迅速展开的气囊产生的力可能会增加驾驶人或前排乘客受伤的严重程度。安全气囊在展开后将迅速将其中的气体释放。

图 3-2 为某日产车的 SRS 电路原理图。由图 3-2 可知，此车上配置了驾驶人侧和前排乘客侧安全气囊系统和两个座椅安全带预紧器，整个系统通常包括两个安全气囊总成、两个座椅安全带预紧器、安全气囊控制单元、碰撞传感器、警告灯线束以及螺旋电缆等。

1）安全气囊诊断传感器单元：本单元包括两个传感器、一个诊断电路和一个工作电路。诊断电路检测安全气囊是否展开，以及安全气囊系统中有无记录电气故障并激活警告灯。

如果当点火开关置于 ON 接通位置，并且车速超过大约 19km/h 时，两个传感器同时激活工作电路，向安全气囊模块提供电流，使气囊展开。

控制单元由辅助电源电路供电，因此即使主电源在碰撞中不起作用，SRS 也能正常

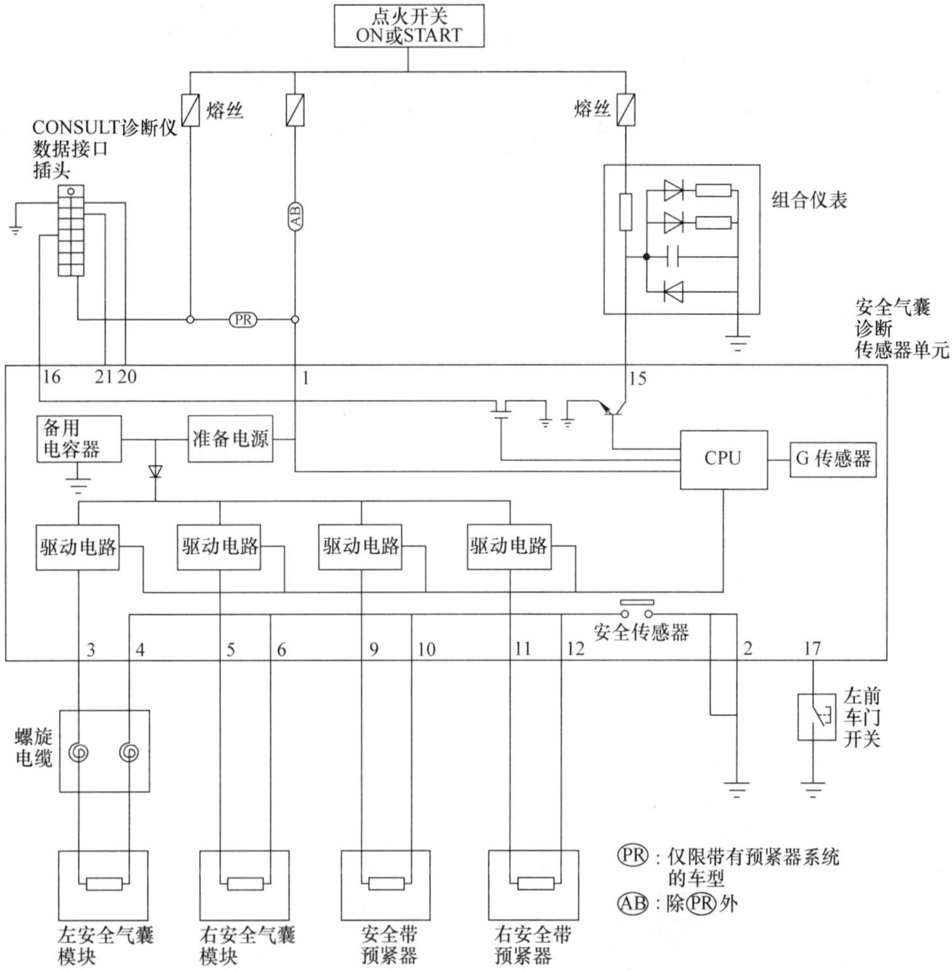

图 3-2　某日产车的 SRS 电路原理图

工作。

2）传感器：两个传感器封装在安全气囊传感器单元中，该单元位于乘客舱的地板上，G 传感器和安全传感器串联，当两个传感器同时检测到发生碰撞时，安全气囊系统就被触发并且展开，这样可以防止安全气囊意外展开。

3）G 传感器：G 传感器检测车辆的减速度并向 CPU 发送一个电压信号。CPU 接收到信号，并且通过与预设置电压电平进行比较确定减速度是否由前部碰撞引起，与此同时，如果安全传感器接通，则驱动电路中的电气开关接通使安全气囊展开。

4）安全传感器：安全传感器由磁簧开关弹簧和磁铁组成，如图 3-3 所示。当车辆在超过预设置的车速行驶时，发生前部碰撞，磁铁开始移动并压缩弹簧，磁铁移动到某一点时磁力将磁簧开关的触点闭合使开关接通。

5）安全气囊模块：安全气囊模块位于转向盘的中央及杂物箱的上方。

安全气囊中使用固态燃料叠氮化钠，叠氮化钠就是一种在固态下剧毒的物质，但这种燃料点燃后则产生无害的氮气。叠氮化钠与氧化剂一起压缩成小药片，这样就可以在燃烧时不

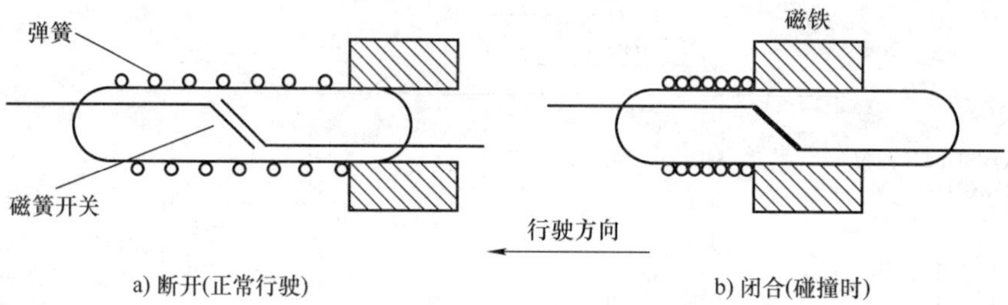

图 3-3 某日产车型的安全传感器

再需要额外的氧气。小药片由称为引爆装置的电子点火装置点燃，引爆装置点燃助燃燃料硝酸钾、硝酸钡，然后点燃药片，药片燃烧后产生的气体将安全气囊展开。

安全气囊由厚度大约为 0.45mm 的尼龙制成，为了防止炙热的微粒在尼龙袋上烧出孔洞，气囊的内层上有一层氯丁橡胶涂层。在释放气体的同时，安全气囊中还会释放出烟雾，这是无害的烟尘，将其放入尼龙袋中是为了润滑。释放气体的出气孔位于安全气囊的后部并且设计时考虑到在释放气体的过程中不会伤害到驾驶人或乘客。

日产 S14 车型上使用的座椅安全带预紧器系统包括气体发生器、气缸以及带有拉索的活塞，该拉索连接到卷缩器的卷轴上，如图 3-4 所示。

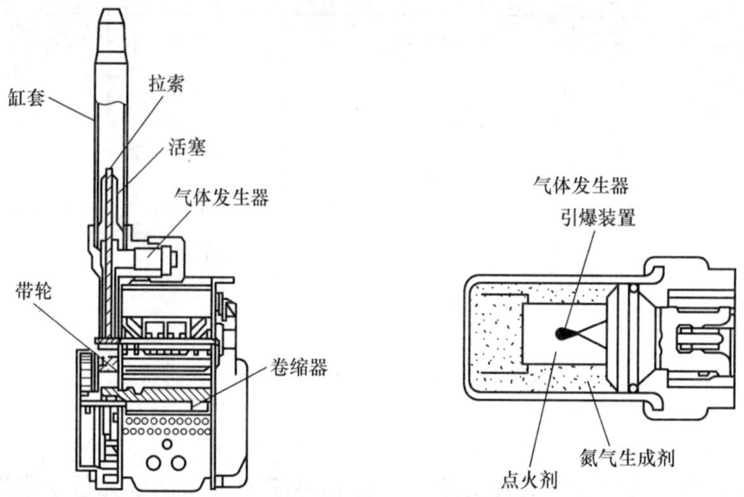

图 3-4 日产 S14 车型上使用的座椅安全带预紧器

预紧器用于消除由衣服厚度引起的座椅安全带的松弛。当位于安全气囊诊断传感器单元中的 G 传感器和安全传感器确定发生碰撞时，座椅安全带预紧器里的气体发生器就会被引爆，就会生成氮气推动气缸中的活塞，与活塞连接的拉索就转动卷缩器的卷轴最大约为 120mm，如图 3-5 所示。

由于侧面碰撞的存在，相应也就出现了侧面安全气囊。还有保护驾乘人员头部的帘式气囊、保护膝部的气囊等。车型不同，SRS 的配置也差异较大，部件的位置也不完全相同，所以人们在诊断、维修 SRS 故障时，先弄清楚 SRS 的组成和了解其元件位置就显得必要了。

图 3-6 为雷克萨斯 LS460 轿车 SRS 部件位置图，包括驾驶人气囊、前排乘客气囊、驾驶人侧气囊、前排乘客侧气囊、驾驶人膝部气囊、前排乘客膝部气囊、后侧气囊、SRS 坐垫气囊及窗帘式气囊数个气囊，带有安全带预紧器。中央气囊传感器总成（SRS ECU）装于地板

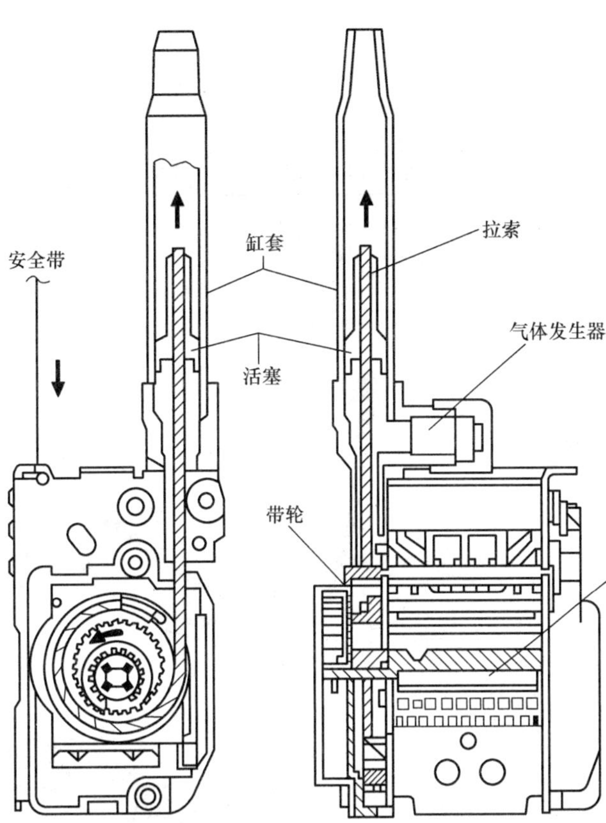

图 3-5　座椅安全带预紧器的工作原理

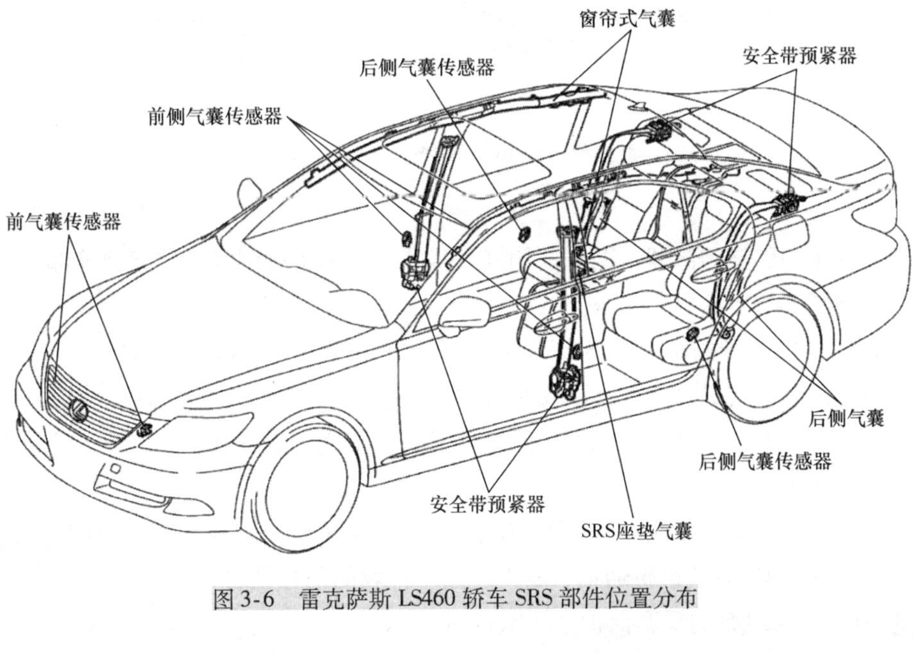

图 3-6　雷克萨斯 LS460 轿车 SRS 部件位置分布

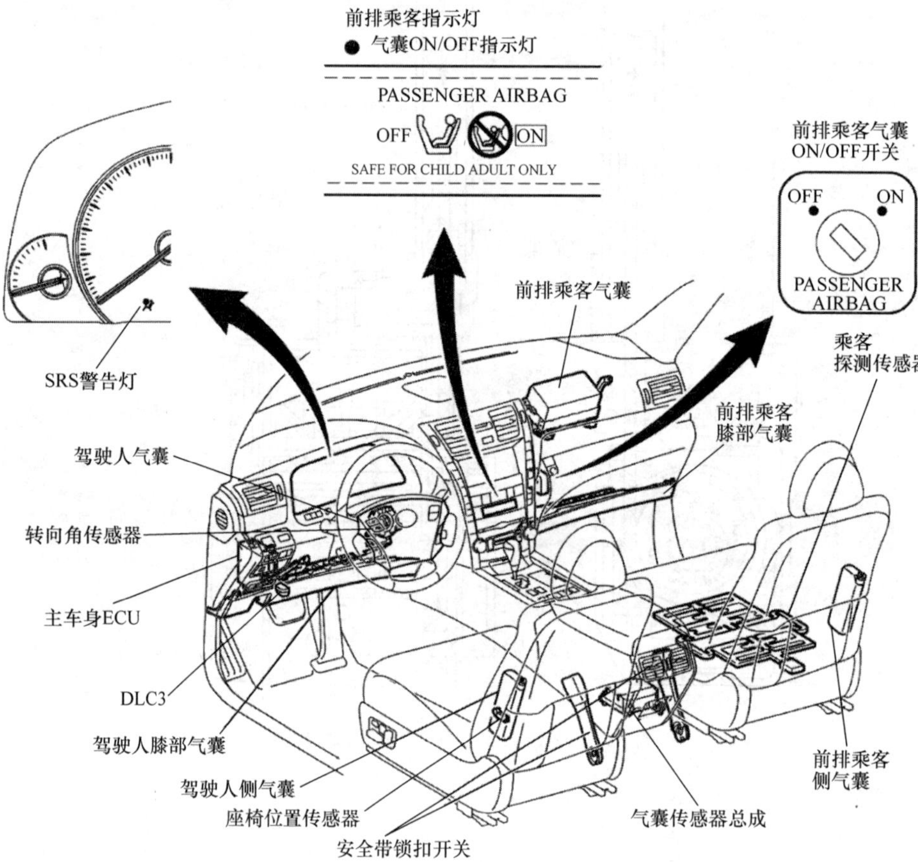

图 3-6 雷克萨斯 LS460 轿车 SRS 部件位置分布（续）

中部，还有两个前气囊传感器、两个前侧气囊传感器、两个后侧气囊传感器等部件。其系统组成示意图如图 3-7 所示。

图 3-8 为丰田卡罗拉轿车 SRS 部件位置图，包括驾驶人气囊、前排乘客气囊、驾驶人侧气囊、前排乘客侧气囊帘式气囊、安全带预紧器、中央气囊传感器总成（SRS ECU）、两个前气囊传感器、两个侧气囊传感器、两个后气囊传感器、螺旋电缆等部件。其系统组成示意图如图 3-9 所示。

丰田卡罗拉轿车 SRS 的中央气囊传感器总成（SRS ECU）与发动机 ECM、组合仪表 ECU 之间采用了 CAN 总线进行通信，其上发送、接收的信号见表 3-1。

图 3-10 为 Audi Q5 的乘客保护系统示意图。

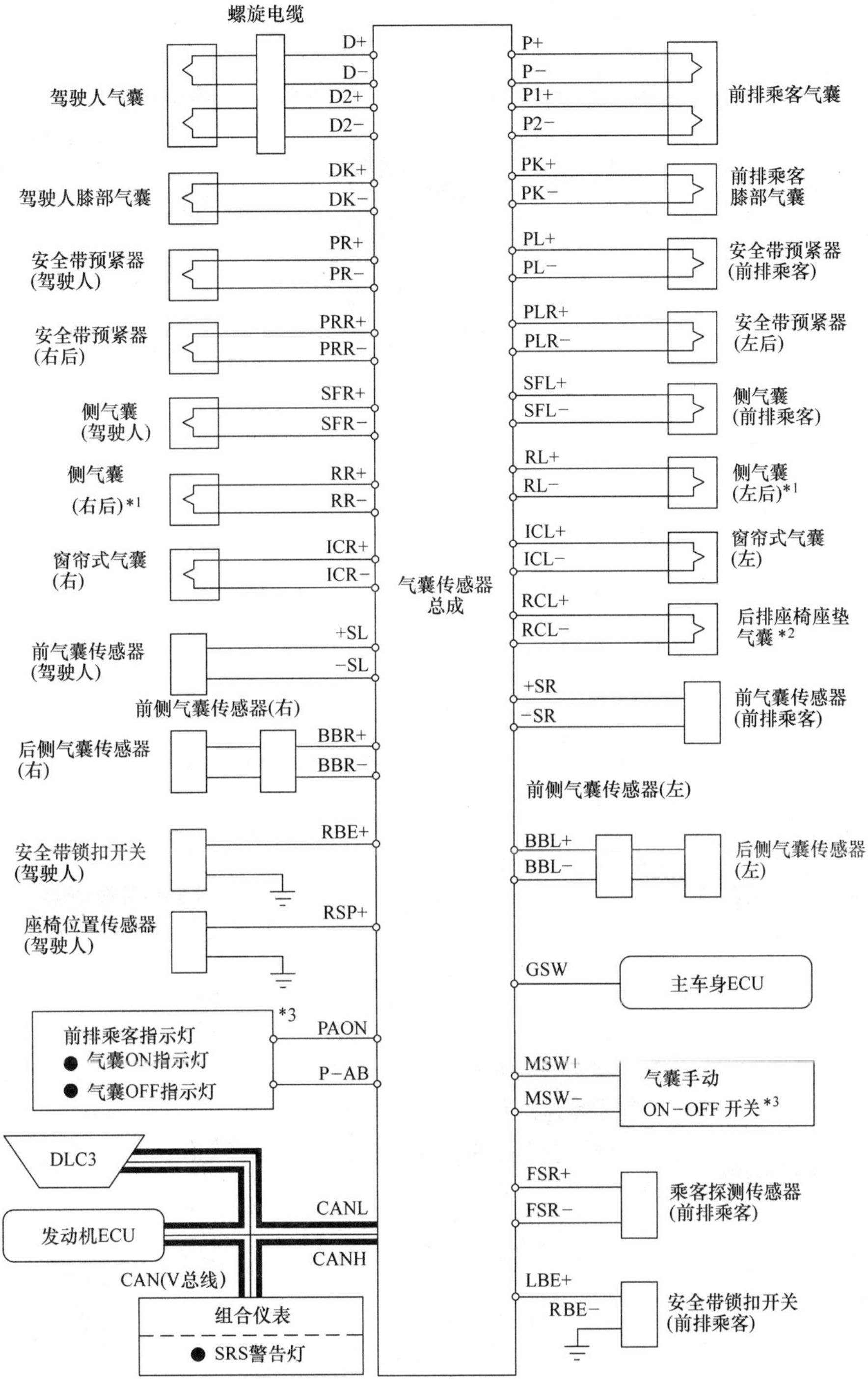

*1：为加长车身车型的标准配置和标准车身车型的选装配置

*2：为加长车身右驾驶车型的标准配置和加长车身左驾驶车型的选装配置

*3：欧洲车型

图 3-7　雷克萨斯 LS460 轿车 SRS 组成示意图

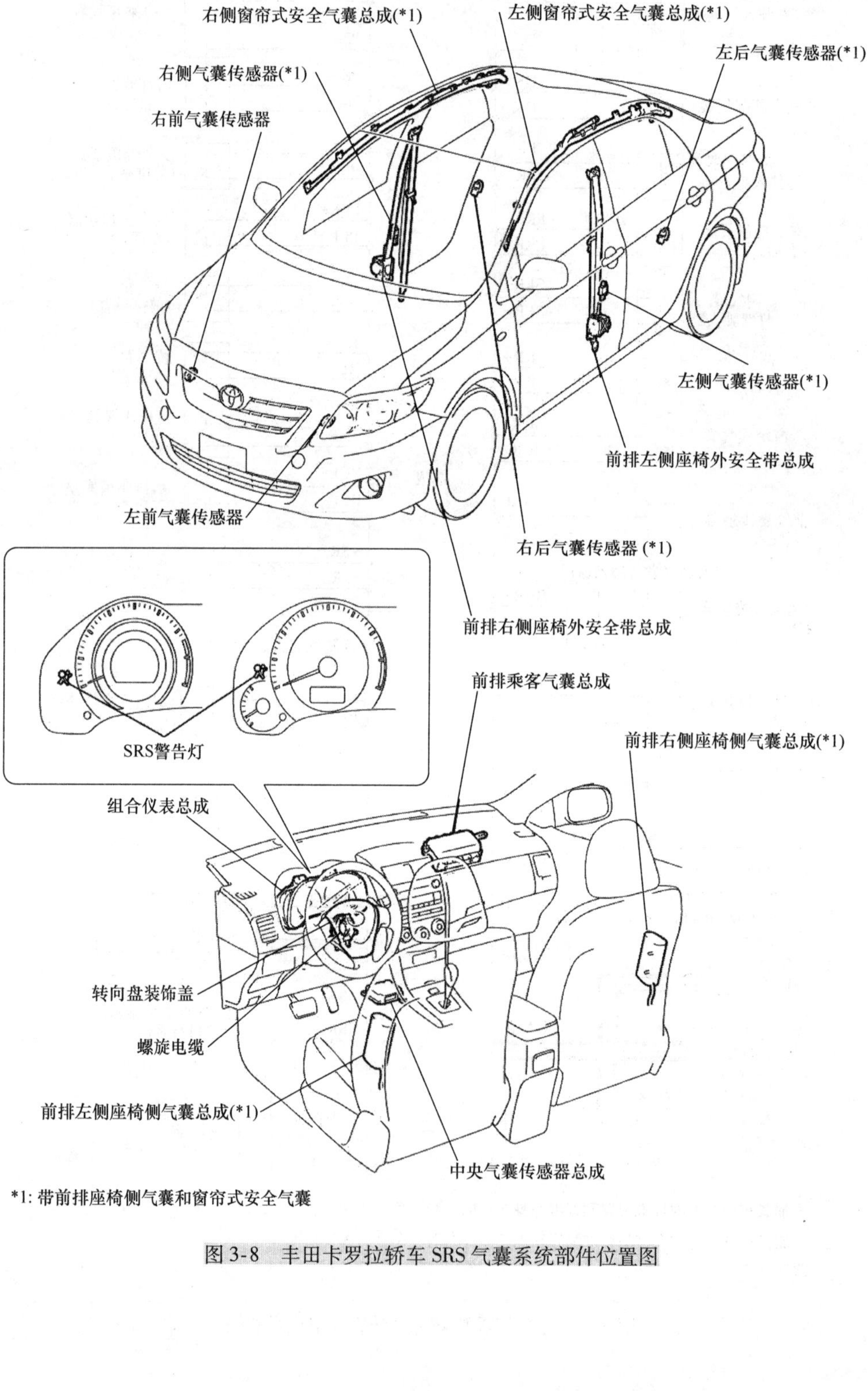

*1: 带前排座椅侧气囊和窗帘式安全气囊

图 3-8 丰田卡罗拉轿车 SRS 气囊系统部件位置图

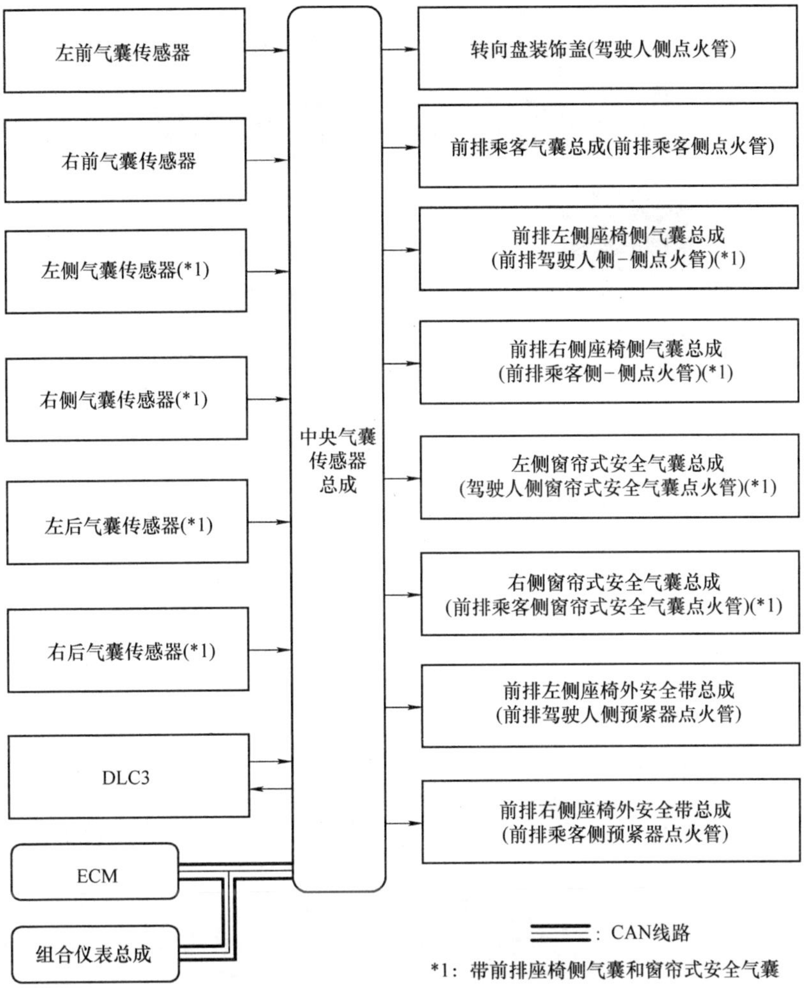

图 3-9　丰田卡罗拉轿车 SRS 组成示意图

表 3-1　气囊系统的 CAN 通信信号

发射 ECU（发射器）	接收 ECU	信号	通信方法
中央气囊传感器总成	ECM	碰撞检测信号	CAN
中央气囊传感器总成	组合仪表总成	• SRS 警告灯亮起请求信号 • SRS 警告灯闪烁请求信号 • 诊断信号（DTC）	
组合仪表总成	中央气囊传感器总成	• 车速信号 • 仪表诊断轮询信号	
ECM	中央气囊传感器总成	• 发动机转速信号 • 节气门开度信息 • 节气门开度信号 • 变速杆位置信号 • 测试模式信号 • 停止信号	

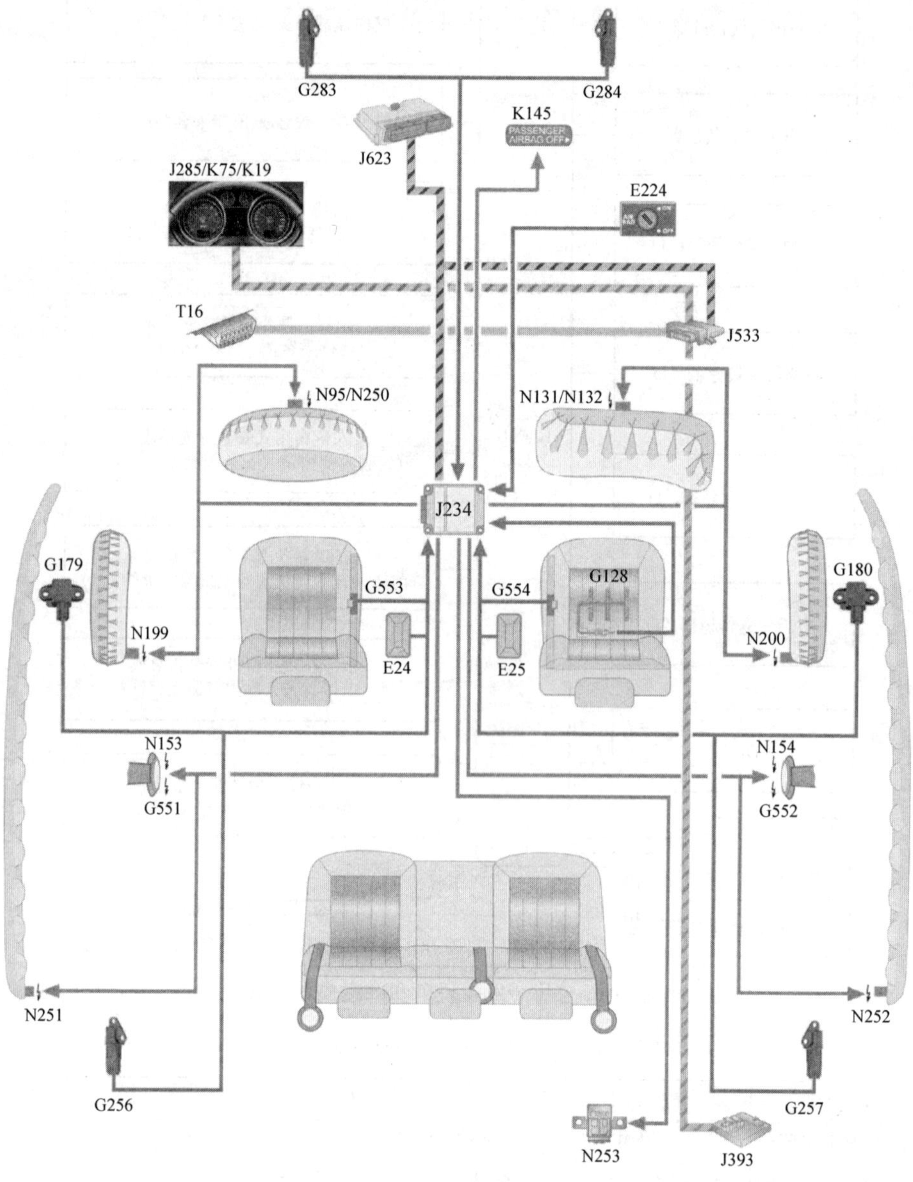

图 3-10 Audi Q5 的乘客保护系统

E24—驾驶人安全带开关 E25—前排乘客安全带开关 E224—前排乘客安全气囊关闭钥匙开关（选装） G128—前排乘客座椅占用传感器 G179—驾驶人一侧的侧面安全气囊碰撞传感器（驾驶人侧车门） G180—前排乘客一侧的侧面安全气囊碰撞传感器（前排乘客侧车门） G256—左后座侧面安全气囊碰撞传感器（C－柱） G257—右后座侧面安全气囊碰撞传感器（C－柱） G283—驾驶人正面安全气囊碰撞传感器（左侧车头） G284—前排乘客正面安全气囊碰撞传感器（右侧车头） G551—驾驶人安全带限力器 G552—前排乘客安全带限力器 G553—驾驶人座椅位置传感器 G554—前排乘客座椅位置传感器 J234—安全气囊控制单元 J285—组合仪表内控制单元 J393—舒适系统中央控制单元 J533—数据总先诊断接口（网关） J623—发动机控制单元 K19—安全带警告指示灯 K75—安全气囊指示灯 K145—前排乘客安全气囊关闭指示灯（PASSENGER AIRBAG OFF）（选装） N95—驾驶人安全气囊点火器 N131—前排乘客安全气囊点火器 1 N132—前排乘客安全气囊点火器 2 N153—驾驶人安全带预紧器点火器 1 N154—前排乘客安全带预紧器点火器 1 N199—驾驶人侧面安全气囊点火器 N200—前排乘客侧面安全气囊点火器 N250—驾驶人安全气囊点火器 2 N251—驾驶人头部安全气囊点火器 N252—前排乘客头部安全气囊点火器 N253—蓄电池切断装置点火器 T16—16 孔插头，诊断接口

二、熟悉各部件的结构和工作原理

1. 气体发生器（充气机）和气囊

（1）供驾驶人用（在转向盘内） 驾驶人 SRS 气囊总成保存在转向盘内。SRS 气囊总成不能拆开。它由充气机、气囊和转向盘垫等组成。

驾驶人 SRS 气囊的气体发生器（充气机）有两种：单级型气体发生器和两级型气体发生器。其工作原理如图 3-11 所示。

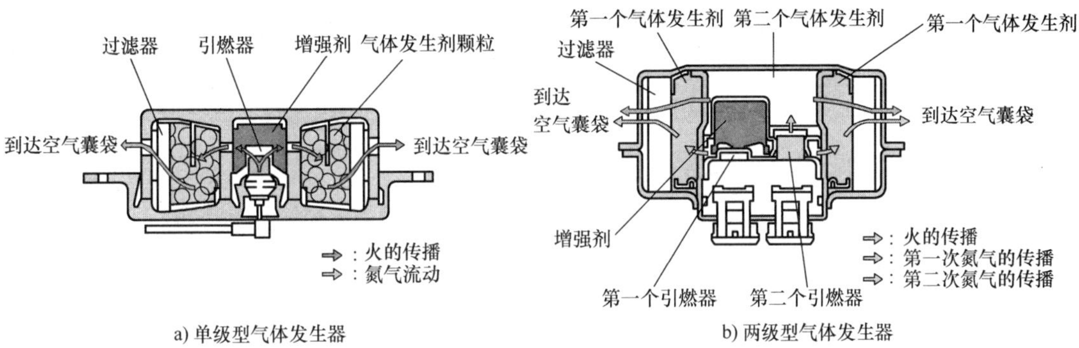

图 3-11 单级型气体发生器和两级型气体发生器的工作原理

由于严重的正面碰撞，气囊传感器被触发。电流流入位于充气机中的引燃器对它点火。火焰即刻传播到推进剂药柱，由此产生大量氮气。气体流过过滤器，将灰烬去除，在充填气囊前冷却。随着气囊的膨胀，气囊会撕开转向盘垫的外层进一步的膨胀，并协助抑制驾驶人头部受到的撞击。

两级型气体发生器可控制气囊按两个级别展开。按座位的滑移位置、安全带是否被扣紧和碰撞的强度，它控制空气囊的最佳使用。

（2）前排乘客气囊（在仪表板内） 如图 3-12 所示，前排乘客气囊充气机由引燃器、抛射体、封闭盘、气体发生剂颗粒、高压气体等组成，气囊由来自充气机的高压气体膨胀。充气机和气囊被组合在一个盒子中，它位于乘客侧面的仪表板中。

如果气囊传感器被发生正面碰撞时所引起的减速所触发，电流将流入充气机中的引燃器并将其点燃，引燃器的点火又使抛射体点燃，它随后突破封闭圆盘并撞向动作活塞，引起起爆剂点火。起爆剂的火焰瞬间传播到点火升压器和气体发生剂颗粒。气体发生剂颗粒点火后产生热使气体膨胀，使之经气体泄放孔流入气囊，使气囊膨胀。气囊推开气囊门进一步膨胀，协助抑制前排乘客头部和胸部受到的撞击。

两级型充气机可控制气囊按两个级别展开，有两套引燃器和气体发生剂颗粒，按碰撞的强度采用最佳的展开速度展开。撞击强度通过气囊传感器系统检测，当撞击强度大时，引燃器 A 和 B 被同时点火；当撞击强度小时，B 的点火时间被延迟，气囊以比单级型更柔和的速度展开。

（3）侧面气囊 侧面气囊的基本结构和前排乘客气囊一样。侧面气囊总成被集成在一个盒子里，位于座位背的外侧。侧面气囊装置有引燃器、气体发生剂药柱、高压气体和密封隔框，如图 3-13 所示。

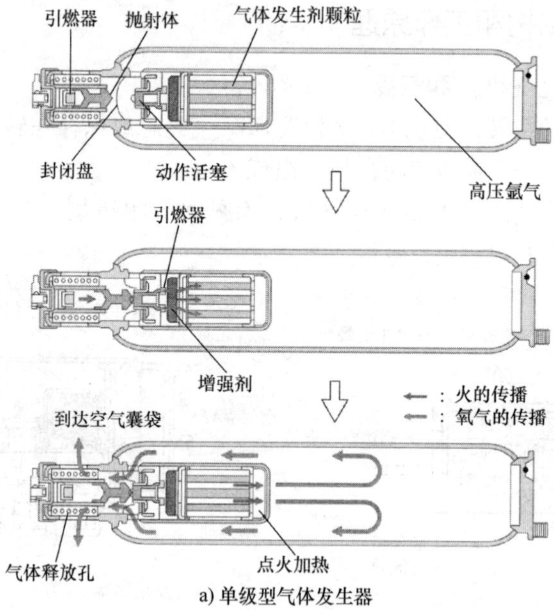

a) 单级型气体发生器

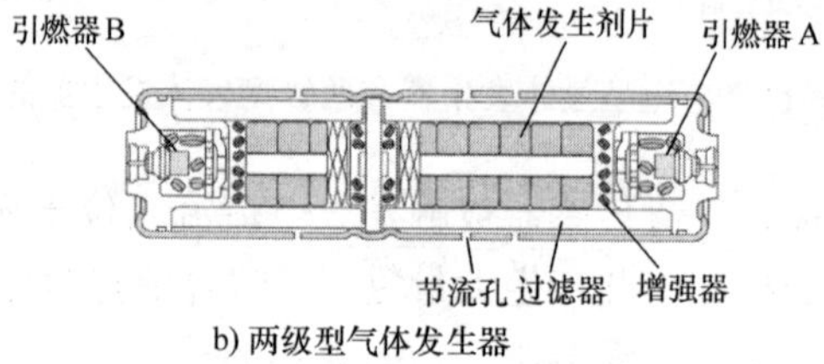

b) 两级型气体发生器

图3-12 前排乘客气囊气体发生器

如果气囊传感器被由于侧面碰撞所引起的减速而触发，电流将流入位于充气机中的引燃器并使之点火。气体发生剂颗粒燃烧产生的燃烧气体将撕破密封隔框，并使高压气体膨胀。高压气体膨胀产生的压力撕破限制盘，让瓶中高压气体吹到气囊里面，使气囊立即膨胀。

（4）帘式气囊 帘式气囊总成的充气机安装在后或前支柱上。帘式气囊总成的压缩袋安装在顶板上。帘式气囊总成包括点火器、支架、钉、损坏衬垫、气囊等，如图3-14所示。

中央气囊传感器总成的点火信号使电流流入点火器并使之点火。点火引起发生器气体燃烧并破坏损坏衬垫。然后高压气体经导出孔吹进气囊，气囊随即展开。

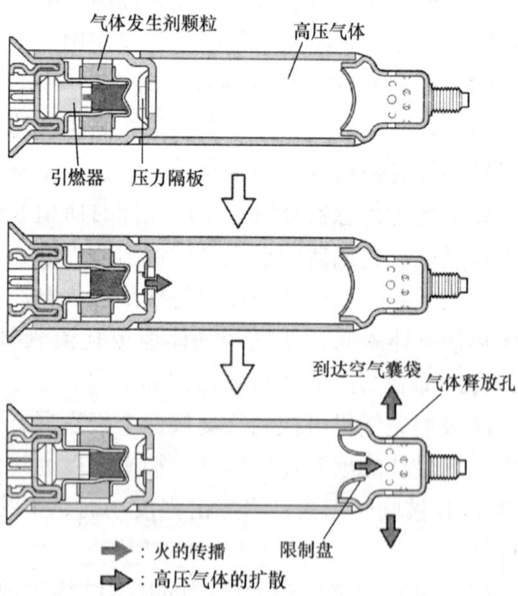

图3-13 侧面气囊充气机

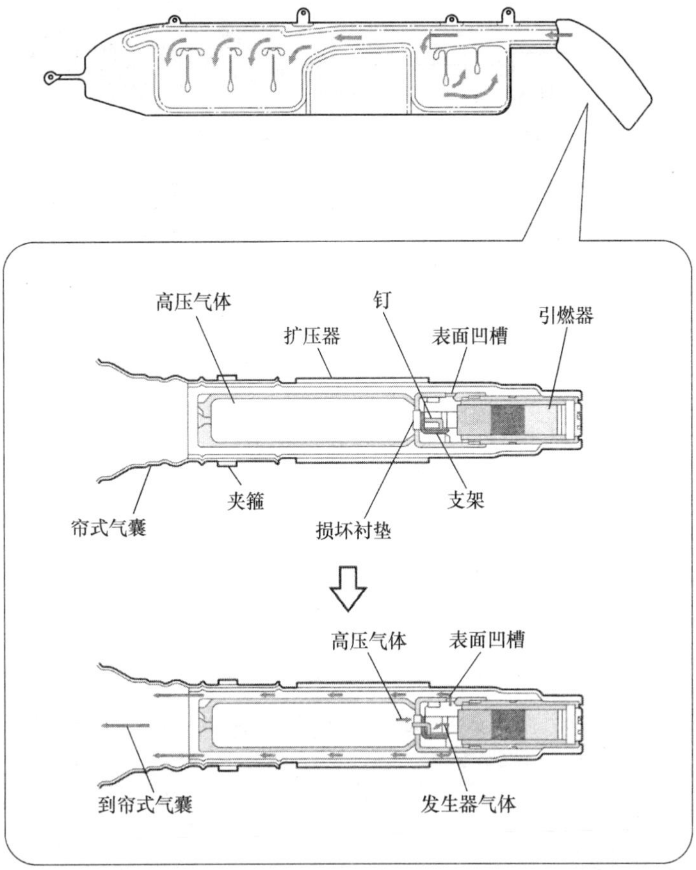

图 3-14　帘式气囊充气机

2. 中央气囊传感器总成（空气囊传感器总成）

中央气囊传感器总成装配在仪表盘下面中间地板下，它由诊断电路、点火控制电路、减速传感器、安全传感器等组成，其与前气囊和座椅安全带预紧器部分的电路原理示意图如图 3-15 所示。与侧面和帘式气囊部分的电路如图 3-16 所示。

（1）诊断电路　此线路不断地诊断该系统是否有故障。当检测到故障时，点亮或闪烁 SRS 警告灯，对驾驶人进行警告。

（2）点火控制电路　点火控制电路根据气囊传感器总成和前气囊传感器总成的减速传感器执行预定的计算。如果计算结果大于预定值，触发点火操作。

（3）减速传感器　车辆正面碰撞时引起的减速会引起传感器的动作，这种动作被转换成一个电信号。此信号是减速率的一种线性表示。

（4）安全传感器　安全传感器内置于中央气囊传感器总成中，如果碰撞产生的减速力大于预设值时被导通。

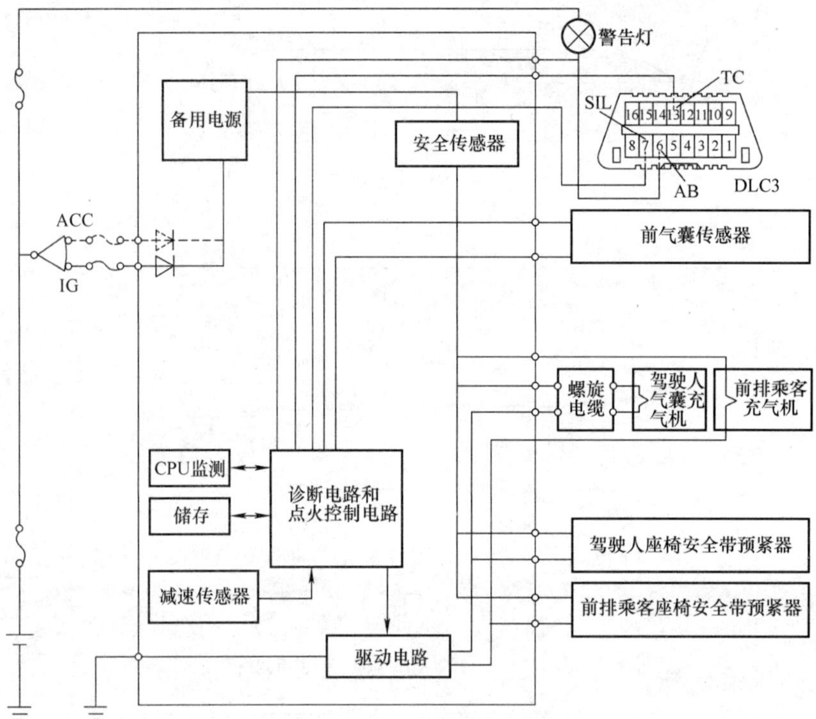

图 3-15 中央气囊传感器总成电路示意图（前气囊和座椅安全带预紧器部分）

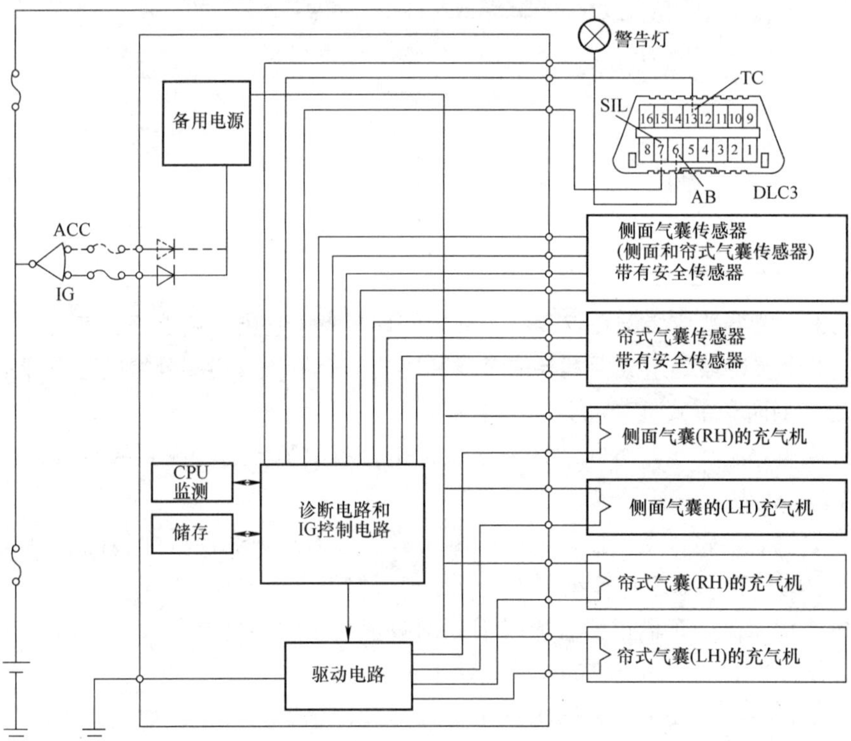

图 3-16 中央气囊传感器总成电路示意图（侧面和帘式气囊部分）

（5）备用电源　备用电源由电源电容器和直流－直流变换器组成。万一在碰撞期间电源系统发生故障，电源电容器放电并向系统提供电力。当电池电压降低到某一程度时，直流－直流变换器是增压变压器。

（6）存储电路　当诊断电路检测到故障时，故障被编成故障码并保存在存储电路中。以后故障码可以被检索，用以确定故障的位置并进行迅速的故障检修。根据车型，存储电路有两种，一种在电源断开时存储内容被擦掉，另一种即使电源中断也能保持存储内容。

在某些车型上，中央气囊传感器总成把气囊展开信号传输到车身 ECU 并打开所有车锁，以便发生事故时让乘客离开车辆或遇救。

此时中央气囊传感器总成还要传输信号到发动机 ECU，使燃油泵停止工作。

3. 前气囊传感器

前气囊传感器被安装在左右前侧梁上。传感器不能被分解。

前气囊传感器从前面检测撞击并将减速信号发送到中央气囊传感器总成。减速传感器安装在前气囊传感器中。

有两种减速传感器：一种型号由半导体制成，如图 3-17 所示；另一种为运用偏心转子的机械类型。

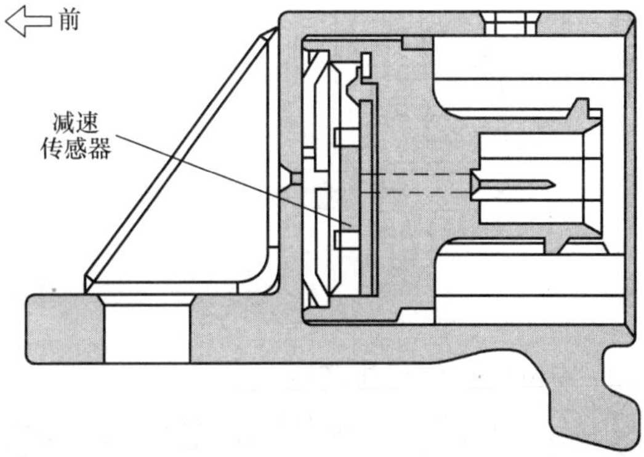

图 3-17　前气囊传感器

4. 侧面气囊传感器（侧面和帘式气囊传感器）

侧面气囊传感器（侧面和帘式气囊传感器）安装在右和左中柱上，帘式气囊传感器被安装在左、右后柱上。

侧面气囊传感器（侧面和帘式气囊传感器）和帘式气囊传感器由减速传感器、安全传感器、点火控制电路和诊断电路组成。

提示：有两种侧面气囊传感器（侧面和帘式气囊传感器）和帘式气囊传感器：一种带有内装安全传感器，一种没有，如图 3-18 所示。

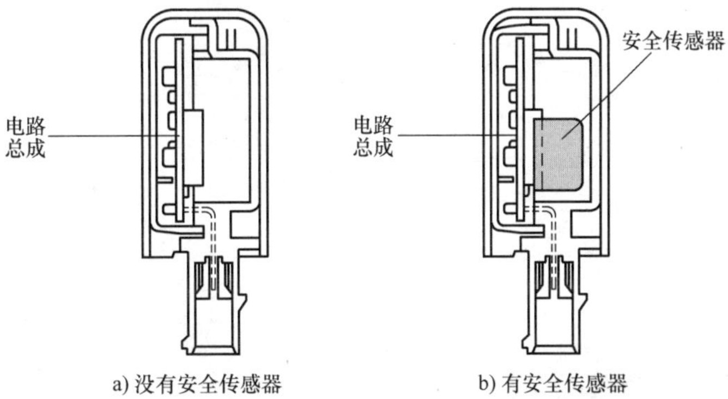

图 3-18　侧面和帘式气囊传感器

侧面气囊传感器（侧面和帘式气囊传感器）从侧面检测撞击并将减速信号发送到中央

气囊传感器总成。中央气囊传感器总成根据来自侧面空气囊传感器的减速信号，触发侧面气囊和帘式气囊。

帘式气囊传感器检测来自侧面的撞击，并将减速信号发送到中央气囊传感器总成。中央气囊传感器总成根据来自帘式气囊传感器的减速信号触发帘式气囊。

5. 侧门传感器

侧门传感器只被装入带有侧面气囊的二门或三门掀背式车上，安装在前门内部。

侧门传感器的结构与工作原理如图 3-19 所示。侧门传感器检测来自侧面的碰撞并发送减速信号到中央气囊传感器总成。根据信号，中央气囊传感器装置触发侧面气囊和帘式气囊。

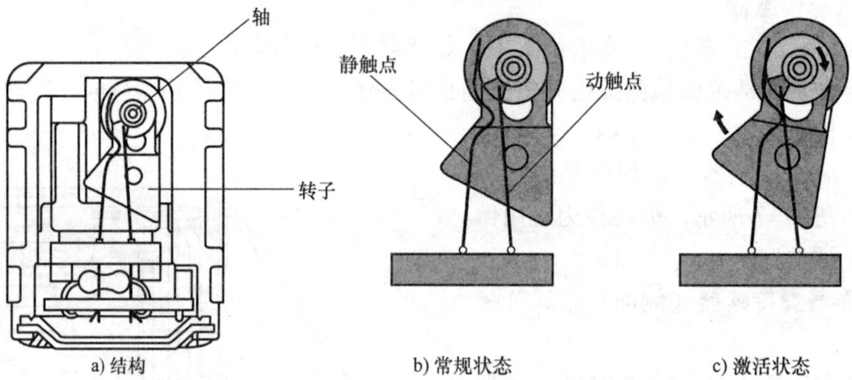

图 3-19 侧门传感器的结构与工作原理

6. 座位位置气囊传感器

由于驾驶人气囊采用两级充气机，故使用座位位置气囊传感器。座位位置气囊传感器被安装在驾驶人座椅下的座椅固定支架上，如图 3-20 所示。它按照座位的滑移位置检测驾驶人的身体位置并将信号发送到中央气囊传感器总成。当座位位置向前并且减速慢时，中央空气囊传感器装置逐渐地展开气囊。

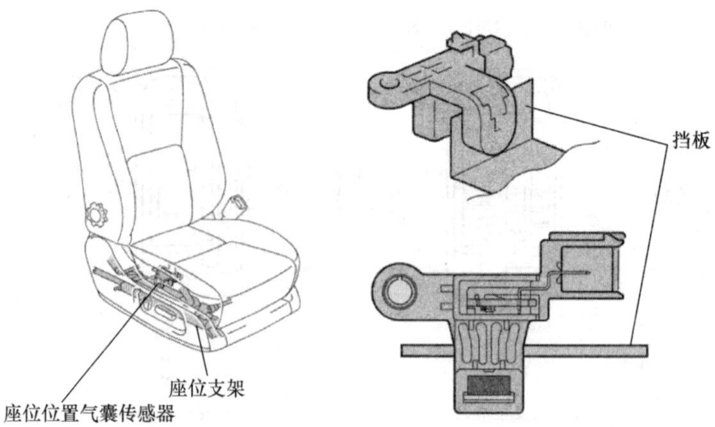

图 3-20 座位位置气囊传感器

座位位置气囊传感器通过安装在座椅支架背后的挡板检测两个位置：磁力线被切割（座位向后）和没有切割（座位向前）。

7. 乘客检测传感器

装在前排乘客座椅座垫中的乘客检测传感器用于检测前排乘客座椅是否坐有人。

图 3-21 中所示的是传感器结构，它用两片电极夹住一块隔片。当乘客坐在座椅中时，电极片通过垫片的孔彼此接触，这样允许电流流动，结果中央气囊传感器总成检测到有乘客。使用这信号，某些车型在前排乘客座椅无人时不操作此气囊。这信号也控制前排乘客座椅的安全带警告信号灯（当没有人时，警告信号灯不点亮）。

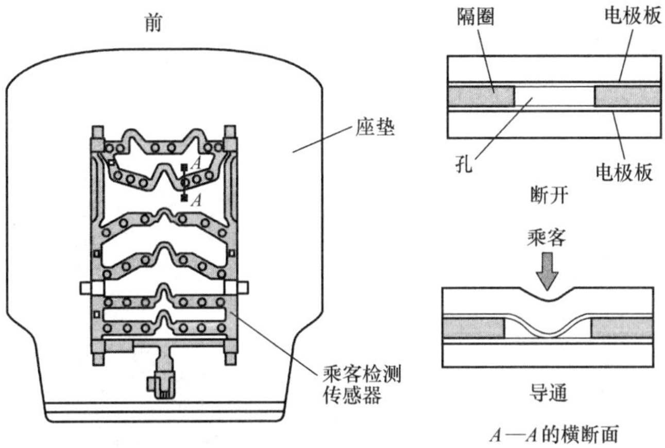

图 3-21　乘客检测传感器

有的车型有气囊手动启闭开关，如北美洲规格车辆，气囊手动启闭开关可以根据用户的意愿禁止或允许使用气囊。

8. SRS 警告灯

SRS 警告灯位于组合仪表上，如图 3-22 所示。

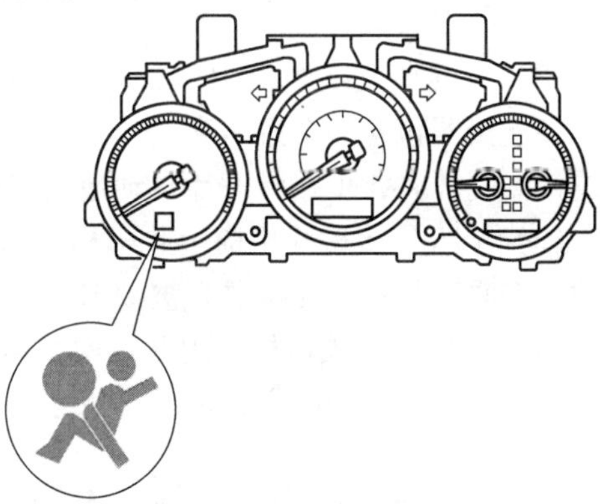

图 3-22　SRS 警告灯

当中央气囊传感器总成检测到气囊系统的任何故障时，它打开 SRS 警告灯并通知驾驶人。在正常工作状态，当点火开关置于 ON 位置时，此灯点亮 6s 后熄灭。

在一些旧车型上，点火开关置于 ACC 位置时，SRS 警告灯点亮。

9. 螺旋电缆

从车身到转向盘使用一螺旋电缆作为电气插头。螺旋电缆（图 3-23）由旋转器、外壳、电缆、取消凸轮等组成。外壳安装在组合开关总成中。旋转器和转向盘一起转动。

电缆长 4.8m 并盘放在外壳内部，因此比较松弛。电缆的一端被固定到外壳上，而另一端被固定到旋转器上。当转向盘向右或左转动时，因为电缆有松弛的余量，螺旋电缆可转动 2.5 圈左右（按照车型，有所不同）。

10. 连接器

SRS 气囊中的所有连接器均漆成黄色，以便与其他连接器有所区别。

以下有特殊功能并特别设计用于SRS 气囊的连接器分别在不同的位置使用，确保高度可靠。连接器使用耐用的镀金端子。

（1）端子双锁机构 如图 3-24 所示，连接器由外壳和扣板两部分组成。这种设计通过两部分锁止装置（挡板和矛件）固定端子防止端子断开。

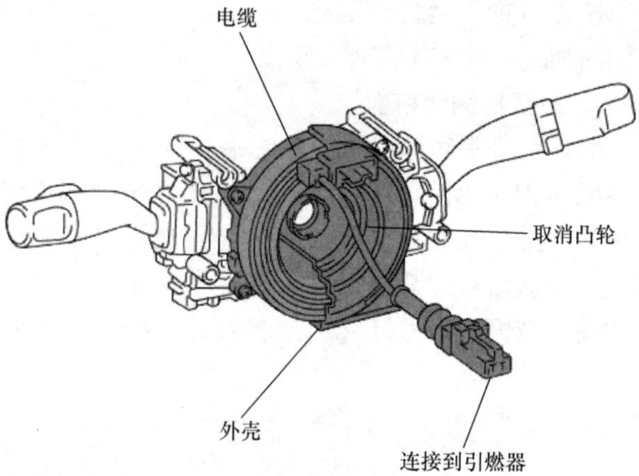

图 3-23 螺旋电缆

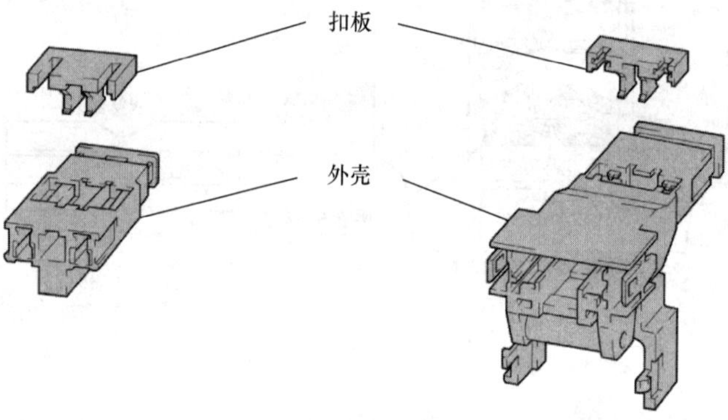

图 3-24 端子双锁机构

（2）气囊触发阻止机构 如图 3-25 所示，气囊触发阻止机构也就是气囊防误触发机构，各连接器包含一个短路弹簧片，用于各气囊气体发生器点火器、螺旋电缆的连接器等。当连接器脱开时，短路弹簧片自动地连接引燃器的正（+）端子和负（-）端子。

（3）电气连接检验机构 此机构检验连接器的连接是否正确和畅通。电气连接检验机构的工作原理是：当连接器壳被锁定时，断开检测销与诊断端子相连接，如图 3-26 所示。

（4）连接器双锁机构 用此机构，连接器（凸凹模连接器）被两个锁定装置锁定，增加连接的可靠性。如果主锁锁定不完全，凸缘会有妨碍，并阻止副锁无法使用，如图 3-27 所示。

（5）防止半连接机构 如图 3-28 所示，如果连接器不完全连接，由于该弹簧运行到不存在连续性的程度，连接器被断开。

（6）连接器锁定机构 如图 3-29 所示，锁定此连接器锁定机构可靠地使连接器连接。

11. 带有预紧器与力量限制器的座椅安全带

带有预紧器与力量限制器的座椅安全带由紧急锁止回缩器（ELR）锁定机构、预紧器机构、安全带收缩机构、力量限制器机构和充气机组成。在预紧器机构中，来自充气机的气体压力通过离合器机构传输到收缩装置轴收缩座椅安全带。其功能说明如图 3-30 所示。

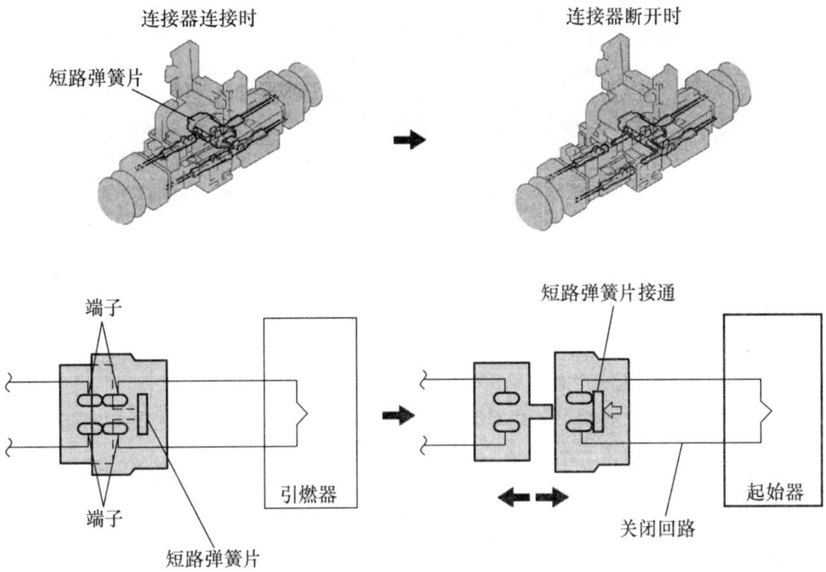

图 3-25 气囊触发阻止机构

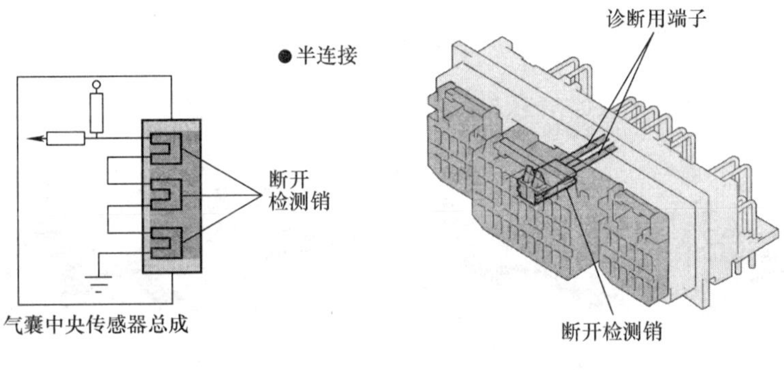

图 3-26 电气连接检验机构

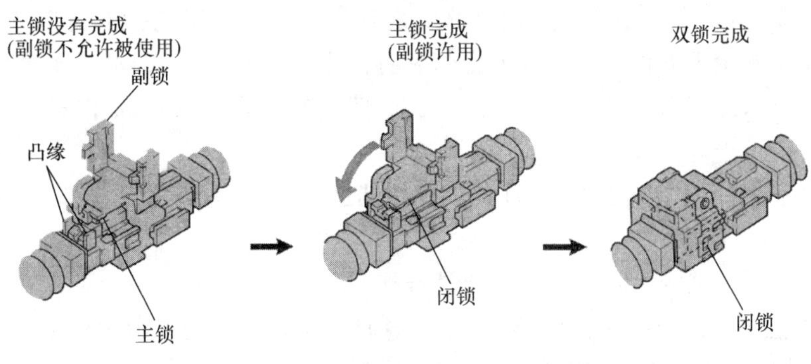

图 3-27 连接器双锁机构

带有拉力限制器的安全带预紧器：在遇到强烈冲击时，例如前面碰撞时，则预紧器会通过即时收缩安全带提高了座椅安全带的效果。在预紧器工作后，如果惯性使乘客移动，其在

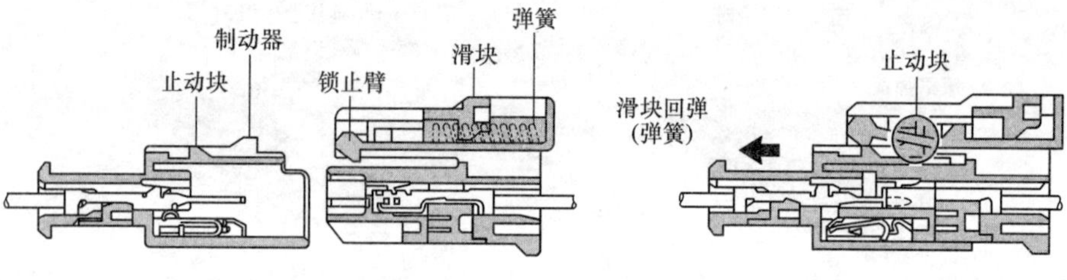

图 3-28 防止半连接机构

安全带上产生的力超过了规定值，则拉力限制器就起作用。随着乘客的移动，它就释放安全带，以缓冲在乘客胸部产生的冲击力。

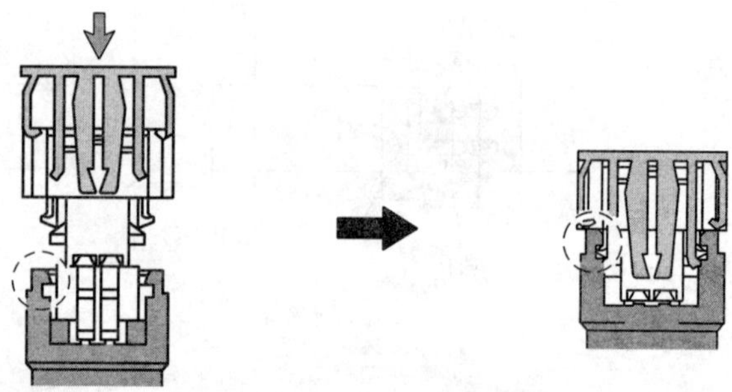

图 3-29 连接器锁定机构

ELR：当突然制动或发生碰撞时，此装置可以锁定安全带，防止座椅安全带拉出。正常情况下，此装置允许座椅安全带随乘客的移动而拉出或回缩。

力量限制器：当安全带到达规定值时，力量限制器伸展安全带，保持力量在规定值，以便减少施加到胸部的力量。

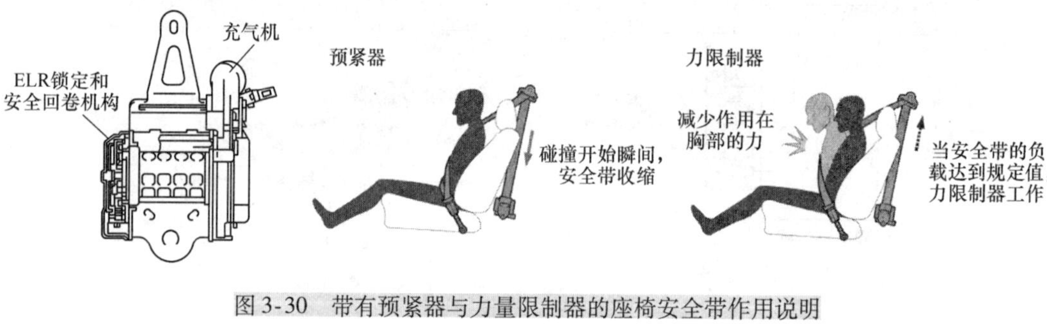

图 3-30 带有预紧器与力量限制器的座椅安全带作用说明

(1) 预紧器 在发生撞车时，安全带预紧器会逆着安全带的拉伸方向来收卷安全带。这样就可以缩小安全带的松弛程度（安全带和身体之间的空隙）。由此，乘客可以通过安全带自动卷带装置来提前阻止身体向前移动。安全带预紧器能在约 13ms 内最多将安全带卷起约 130mm。

如果安全带上作用着的反作用力大于安全带预紧器的力，那么安全带预紧过程就结束了。

按结构和作用原理的不同，安全带预紧器有下面几种：

1）球式安全带预紧器。如图 3-31 所示，这种安全带预紧器是由球来驱动的，这些球是放在存放管内的。车辆发生碰撞时，安全气囊控制单元会点燃燃料。

如果点燃了燃料，那么膨胀的气体就会使得这些球发生移动，球通过齿轮就进入了球容器中。

由于安全带卷轴与这个齿轮是刚性连接在一起的，因此这些球的运动就会带动卷轴也运

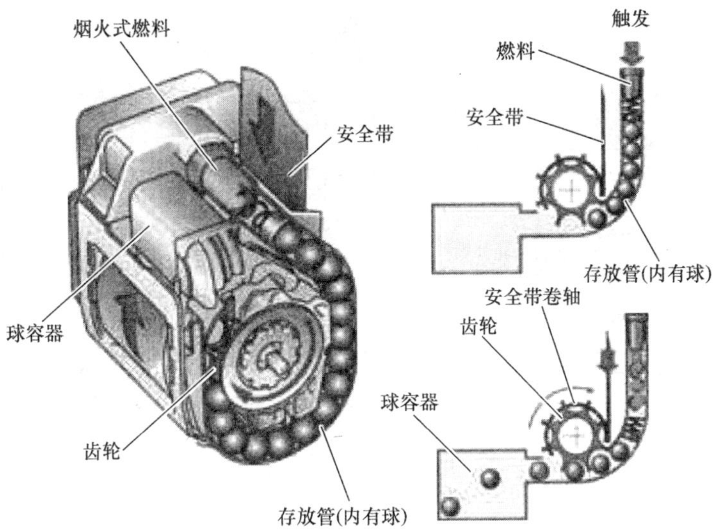

图 3-31　球式安全带预紧器

动，于是安全带就收紧了。

2）转子式（汪克尔式）安全带预紧器。这种安全带预紧器按旋转活塞原理来工作。这种安全带预紧器多数是用在后座椅上的。其工作过程如图 3-32 所示。

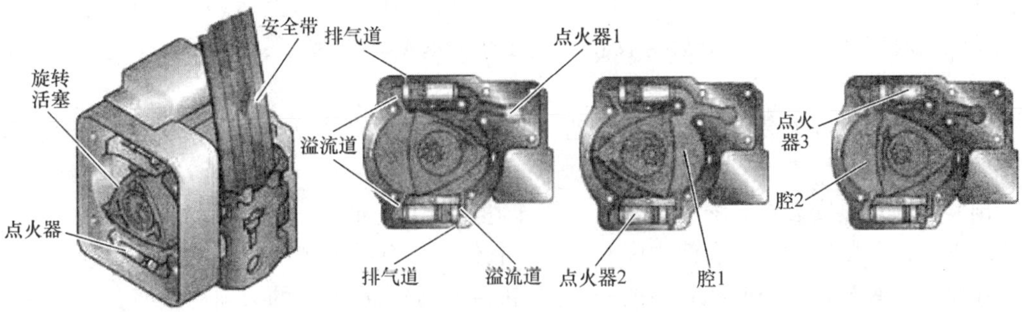

图 3-32　转子式（汪克尔式）安全带预紧器

点火器 1 被电控触发。膨胀的气体使得旋转活塞转动。由于旋转活塞与安全带轴是连在一起的，于是安全带就收紧了。

转角达到一定值时，旋转活塞就会打开通向点火器 2 的溢流道。腔 1 内的工作压力会使点火器 2 点火，于是旋转活塞就继续转动。腔 1 中的气体经排气道排出。

到达溢流道 2 时，工作压力会使得点火器 3 点火，于是旋转活塞就继续转动。腔 2 中的气体经排气道排出。

3）齿条式安全带预紧器。齿条式安全带预张紧器与安全带自动卷带装置合成一体。齿条式安全带预紧器可用于驾驶人座椅和前排乘客座椅。

其结构原理如图 3-33 所示。

安全气囊控制单元的信号将气体发生器的燃料点燃，所产生的压力会推动与齿条相连的活塞向上移动。齿条通过小齿轮来让齿轮 1 和 2 转动。齿轮 2 与转轴单向离合器的外环是刚

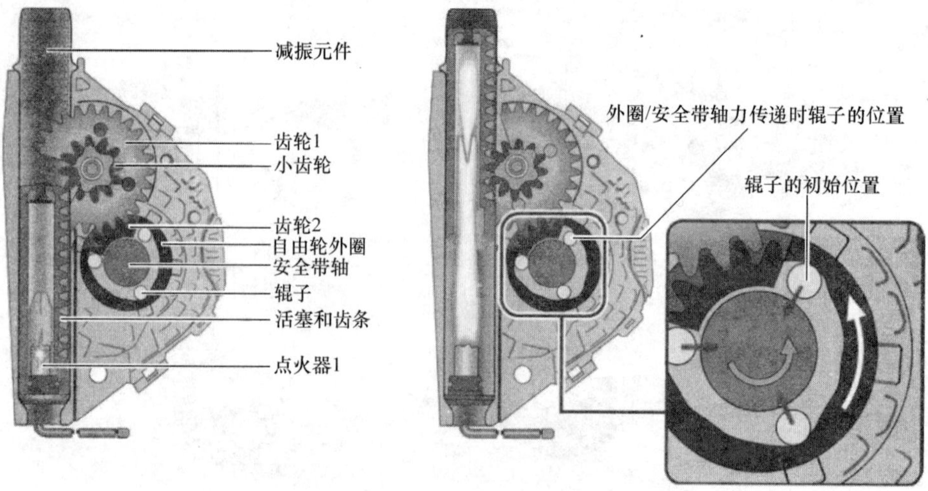

图 3-33 齿条式安全带预紧器

性连接的，如果这个外环扭转了，那么就会将滚子向内压，直至滚子卡在外环和扭力轴之间，于是就可传递力了。这个转动就被传递到扭力轴上了，安全带开始收紧了。

4）拉索式安全带预紧器。拉索式安全带预紧器与安全带自动卷带装置合成一体。拉索式安全带预紧器可用于驾驶人座椅和前排乘客座椅。气体发生器在被引燃时会产生混合气体，这个混合气体会推动活塞（活塞上固定有拉索）在管内向上运动。由于拉索绷紧了，因此拉索也就在接合盘（这个盘与收卷轴连接在一起）上收紧了，带动该盘就向收卷方向转动了。

预紧器机构由收缩装置轴、预紧器轴、卷筒、钢索、驱动板、活塞、气缸、充气机等组成，如图 3-34 所示。

预紧器轴直接安装在收缩装置轴上（用于卷座椅安全带），并且装入卷筒内部。因为正常情况下，在预紧器的轴与卷筒之间有间隙，它们之间并彼此不接触。

卷筒上装有弹簧。当旋绕卷筒的钢索抽出时，卷筒通过产生的力向内收缩。

卷筒的一端安装有驱动板，它与卷筒一起转动。

钢索被旋绕在圆筒上。一头固定在驱动板上，另一头通过活塞固定在气缸上。

拉索式安全带预紧器的工作过程如图 3-35 所示。

当发生的撞击超过规定值时，按照来自中央气囊传感器的信号充气机被点火，并产生高压气体。此高压气体强烈地推动气缸中的柱塞。结果，钢索被收缩。然后卷筒向间隙的中心方向收缩，并压在预紧器轴上与它变成一体。固定驱动板的共用销被剪切掉，导致卷筒、驱动板和预紧器轴成为一体，向盘绕方向旋转，并收缩座椅安全带约束乘客。

提示：活塞移动距离两倍的行程便是钢索被拉的长度。

5）带式安全带预紧器。带式安全带预紧器用在 Audi TT Coupe 07 车的驾驶人座椅和前排乘客座椅。

如果 Audi TT Coupe 07 车的后座椅上配备有儿童座椅的 Isofix 固定装置，那么这样的座椅也可以使用带式安全带预紧器。

带式安全带预紧器安装在安全带自动卷带装置侧面。工作过程如图 3-36 所示。

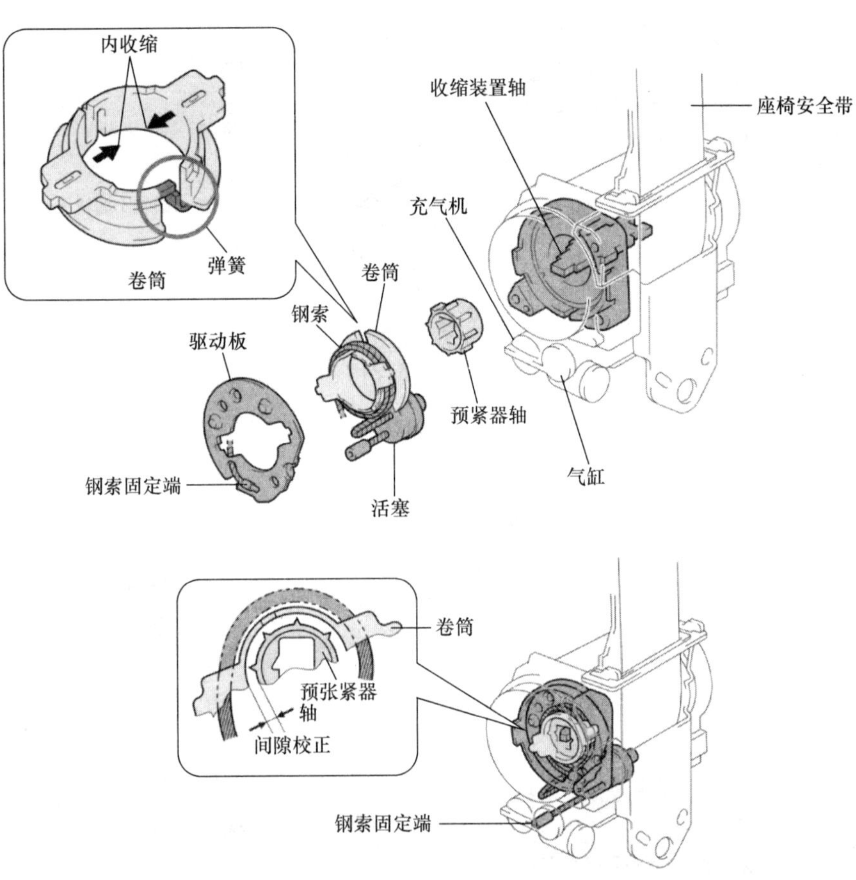

图 3-34　拉索式安全带预紧器的结构

金属带缠绕在自动卷带装置的安全带轴上，金属带的两个自由端都连接在安全带轴上。金属带的封闭端做成环状，套在带式安全带预紧器的点火器上。

带式安全带预紧器的点火器位于金属带环内。如果安全气囊控制单元激活了这个点火器，那么所产生的压力会使得金属带环变大。金属带的运动同时会拉动安全带轴，该轴随之就转动，因此安全带就拉紧了。壳体和壳盖（金属带就在这两者之间运动）表面有硅涂层。如果金属带运动了，它就会将这个硅涂层的一部分推至其前部，就起到密封作用了。密封可以降低压力损失。

（2）力量限制器机构　收缩装置、力量限制器和钢索轴被结合在一起，成为一体进行旋转。

如果在一次碰撞中，由于乘客的运动对座椅安全带施加了比规定值大的负载，力量限制器板通过钢索轴的旋转力并绕轴卷动改变形况（吸收能量），如图 3-37 所示。结果，座椅安全带被释放。力量限制器板可以被变形直到钢索轴转动大约 1.3 圈。

有各种类型的力量限制器，比如使用扭杆代替力量限制器板的类型等。

（3）气体发生器　安全带预紧器的气体发生器结构如图 3-38 所示。气体发生器包括放在金属容器中的引燃器和气体发生器颗粒。当气囊传感器导通，电流便施加到引燃器并随后立即点燃它。

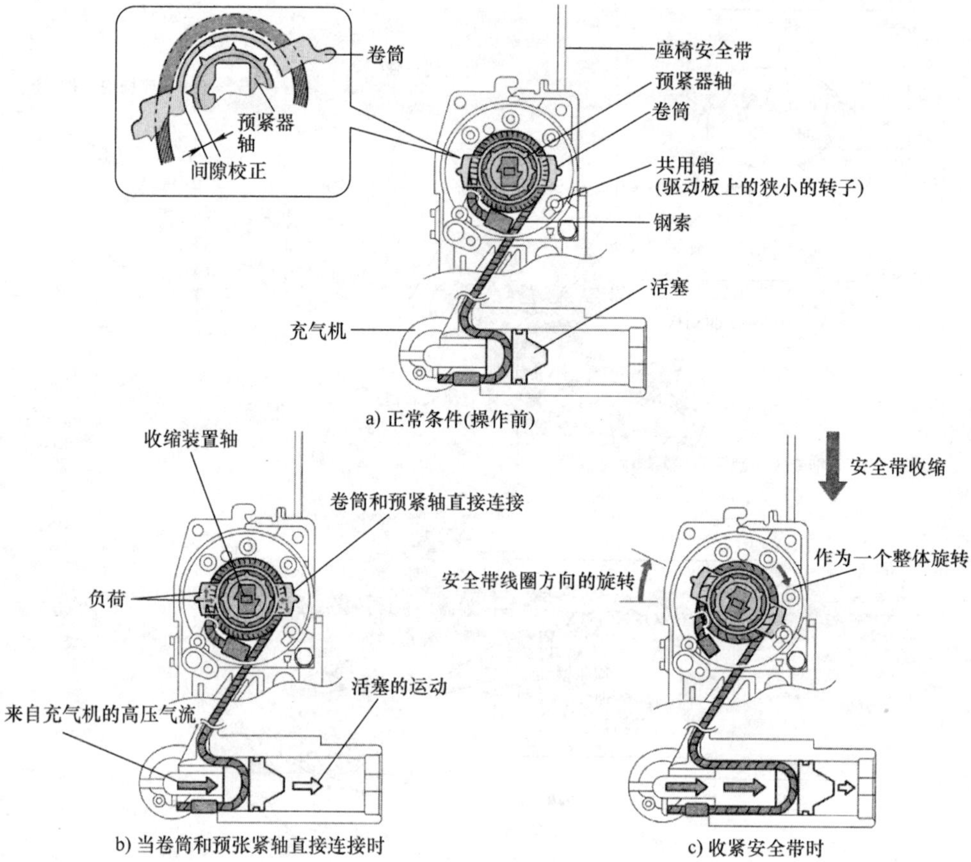

图 3-35 拉索式安全带预紧器的工作情况

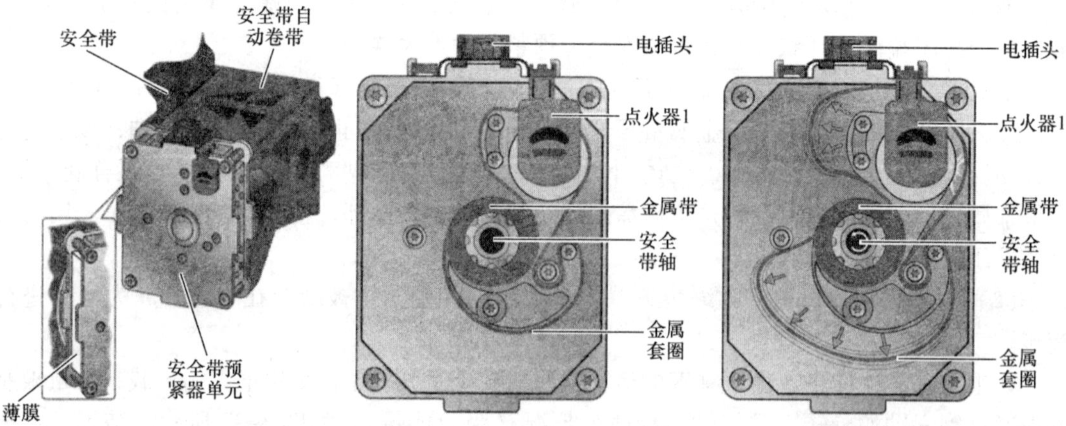

图 3-36 带式安全带预紧器

点火将在极其短的时间内传输到气体发生器颗粒放出高压气体。

警告：即使弱电流，引燃器也会被点燃。这很危险，因此绝对不得用电压表/电阻表等来测量引燃器的电阻。

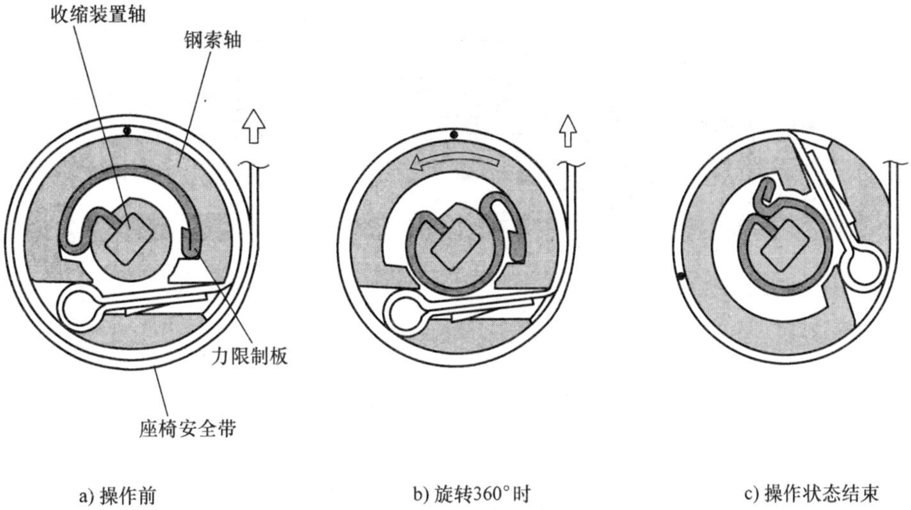

图 3-37　力量限制器机构

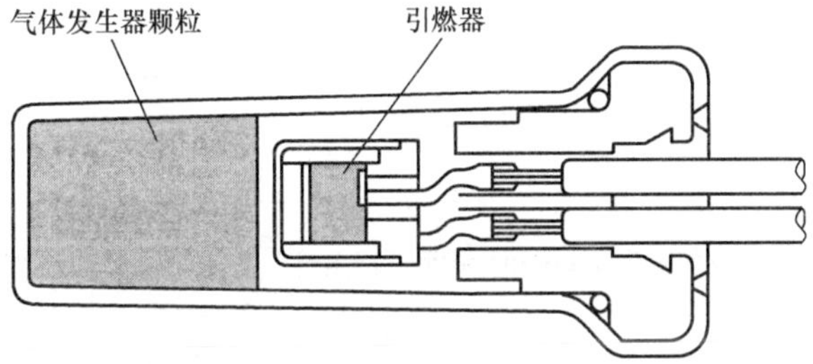

图 3-38　安全带预紧器的气体发生器

三、SRS 触发条件

如果车辆碰撞且冲击力大于规定值，SRS 将自动激活。现以丰田车系的 SRS 为例说明 SRS 的触发条件。值得注意的是，打开中央气囊传感器总成中的安全传感器的减速率比打开减速度传感器的减速率更低。

1. 前面碰撞

如图 3-39 所示，当减速传感器和中央气囊传感器总成中的安全传感器均触发时，驾驶人气囊、前排乘客气囊和安全带预紧器将点火。

中央气囊传感器总成按照来自前气囊传感器（前面卫星传感器）的信号转换应该触发的门限水平。

中央气囊传感器总成的安全传感器，设计成能由比减速传感器更小的减速触发的门限水平。

过去有一种三传感器类型，当前气囊传感器、中央气囊传感器总成中的减速传感器以及中央气囊传感器总成中的安全传感器触发时，驾驶人气囊、前排乘客气囊和安全带预紧器将被点火，如图 3-40 所示。

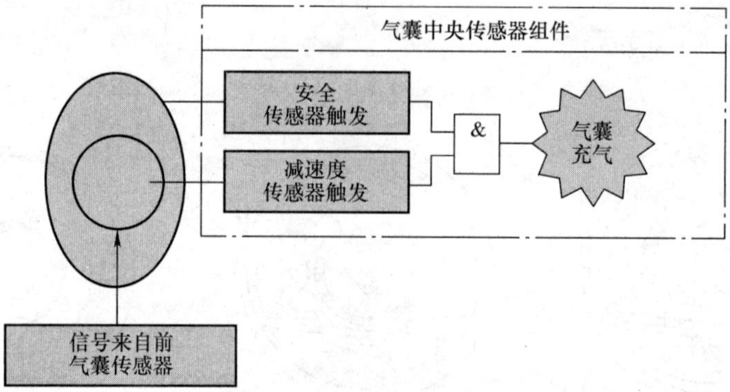

图 3-39　前面碰撞时气囊展开条件

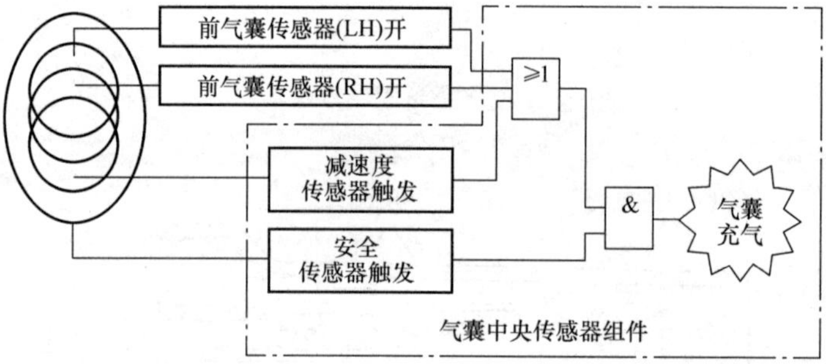

图 3-40　前面碰撞时气囊展开条件（三传感器类型）

2. 前侧面碰撞

中央气囊传感器总成的安全传感器被设计成能被比侧面气囊传感器的减速传感器小的减速率触发。如图 3-41 所示，当安全传感器和减速传感器同时触发，电流流到引发器时，将导致侧面气囊和帘式气囊点火。

提示：某些带有 E 型 SRS 气囊的车型在侧面气囊传感器中有安全传感器。

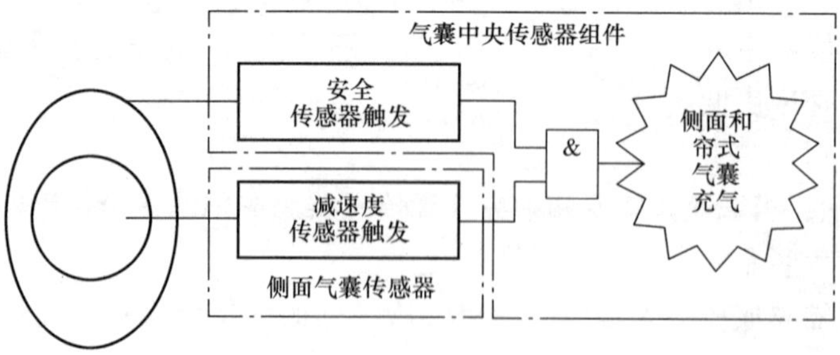

图 3-41　前侧面碰撞时气囊展开条件

带有侧门传感器的车：如图 3-42 所示，当中央气囊传感器总成的安全传感器触发，并且侧门传感器或侧面气囊传感器中的减速传感器开通，侧面气囊和帘式气囊将展开。

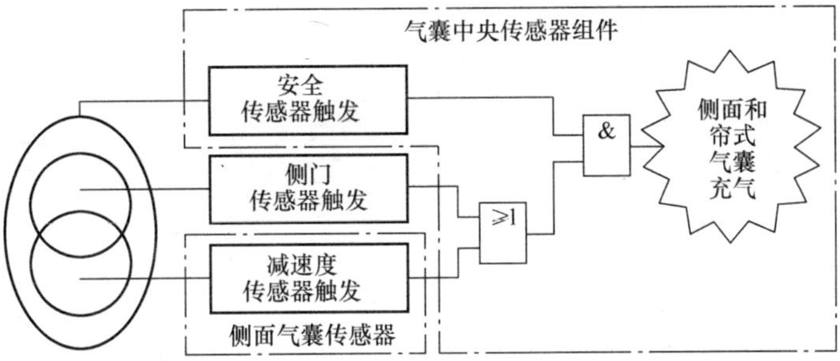

图 3-42 带侧门传感器的车前侧面碰撞时气囊展开条件

3. 后侧面碰撞

如图 3-43 所示，当帘式气囊传感器中的安全传感器和减速传感器均被触发时，帘式气囊将被展开。

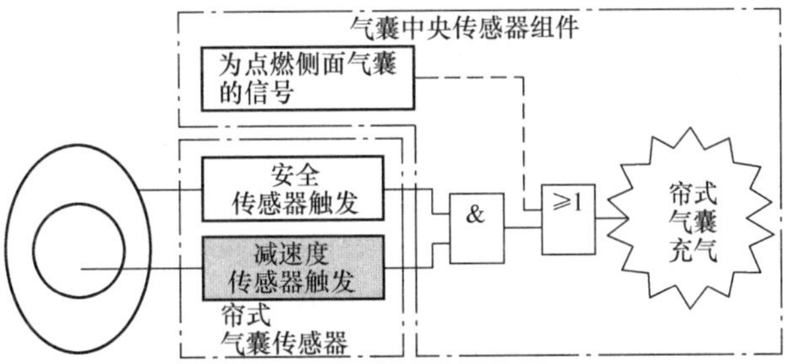

图 3-43 后侧面碰撞时气囊展开条件

某些车型在帘式气囊传感器外面有安全传感器并用中央气囊传感器总成中的安全传感器控制。

四、SRS 诊断、维修注意事项

不以正确的顺序执行维修操作，会导致在维修期间辅助紧束装置发生意外展开，这可能会导致严重事故。此外，如果辅助紧束装置在维修中出错，则可能当需要 SRS 系统工作时无法展开。在维修前（包括拆卸设备零件、检查或更换），遵循有关修理手册中描述的正确步骤进行。在诊断、维修 SRS 时，一般应注意以下事项：

1. 诊断系统故障时的注意事项

1）由于 SRS 系统的故障症状很难确认，因此在故障排除时，故障码（DTC）是最重要的信息源。在对 SRS 系统进行故障排除时，必须在断开蓄电池之前检查 DTC。

2）如果中央气囊传感器总成（SRS ECU）连接在车载网络通信系统，在排除故障前确保检查并确认车载网络通信系统无故障。

3）应使用高阻抗（最小 10kΩ/V）的电压/电阻表，执行电路故障排除。

4）不得测量气囊引燃器的电阻。（可能引起气囊胀开，这非常危险。）

5）必要时进行症状模拟，以重现故障。

6）即使故障已经修理完毕之后，当点火开关置于 ON 位置时，警告灯依然不会熄灭，除非存储的故障码被清除掉。清除存储故障码的步骤根据存储电路的类型有所不同。一般应使用专用诊断仪进行故障码清除操作。

7）注意线路连接器中的防误点火的短路片结构，为解除防激活机构，在端子和短接弹簧之间插入一张与阳端子（约0.5mm）厚度相同的纸片，以断开连接，以便检查线路，如图3-44所示。

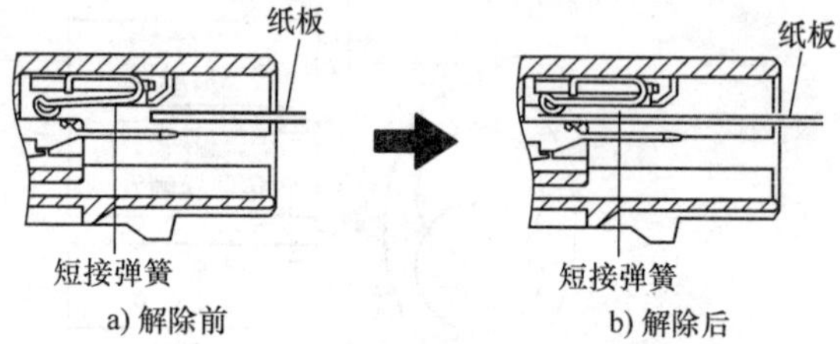

图3-44 解除防激活机构作用

2. 维修操作的注意事项

必须当点火开关置于LOCK位置并且从蓄电池断开负（-）电缆端子90s后方可开始操作。此辅助紧束装置安装有备用电源，因此如果在从蓄电池拆开负（-）电缆端子后90s内开始工作，SRS可能展开。当电缆负端子从蓄电池断开时，时钟和音响系统的存储将被擦掉，因此开始工作前，记录保存在各存储系统中的内容。当工作结束时，如以前一样重新设置时钟和音响系统。要避免擦掉各存储系统的存储内容，不得使用另外的备用电源。

如果转向盘底垫、前排乘客气囊装置、侧面气囊装置、帘式气囊装置、中央气囊传感器装置、前气囊传感器、侧面和帘式气囊传感器或帘式气囊传感器曾跌落，如果在外壳、支架或连接器上有裂纹、凹痕或其他缺陷，用新件更换。

即使在轻微碰撞未导致SRS展开的情况下，也应该检查SRS零件。

如果操作时可能会对气囊传感器产生冲击，应在开始维修前拆下气囊传感器。

切勿使用其他车辆上的SRS零件，要用全新零件更换旧零件。

切勿拆解或维修SRS的任何零件并将其投入重复使用。如果这些零件曾经跌落或在壳体、支架或连接器中发现任何缺陷（例如，裂纹、凹痕或其他缺陷），则换上一个新的零件。

信息标签粘贴在SRS零件附近，应遵循注意事项中的说明。

对SRS的工作结束后，执行SRS警告灯检查。

（1）针对SRS气囊和座椅安全带预紧器的注意事项（图3-45） 坚持将拆除的或新的SRS气囊装置朝上存放。让气囊装置表面朝下放置，或放在某些东西上时，如果气囊意外地膨胀，可能引起事故。

不得测量气囊引燃器的电阻。（这可能引起气囊膨胀，非常危险。）

不应对SRS气囊装置使用润滑脂，气囊不应该用任何种类的清洁剂清理。

将气囊装置存储在环境温度93℃以下，无高湿度或电气干扰的地方。

当弃置车辆或单独弃置气囊装置时，在处理前气囊应该用双离合器（SST）事先展开。在远离电气干扰的安全地方执行此操作。

（2）针对气囊中央传感器总成的注意事项 如果SRS系统在碰撞中已经展开过，决不可再使用此中央气囊传感器装置。

应该在中央气囊传感器装置安放在地板上的情况下，从中央气囊传感器装置连接或脱开到传感器的连接器。如果中央气囊传感器没有安放在地板上，连接或拆开连接器会引起不希望的SRS系统点火。

必须在点火开关置于LOCK位置并蓄电池电缆负（-）端子脱开90s后再开始工作，即使只松开中央气囊传感器装置的定位螺栓也必须这样。

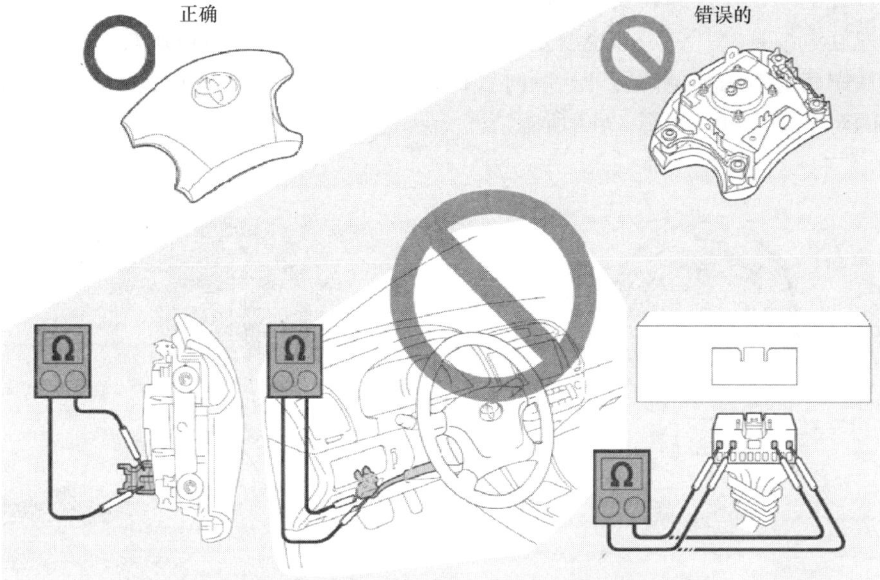

图 3-45 检查 SRS 气囊和座椅安全带预紧器时的注意事项

（3）针对线束及连接器的注意事项 SRS 线束和仪表面板线束装置结合在一起。如果由于事故，SRS 线束脱开或连接器损坏，进行修理或替换。

修理前，必须充分了解前述的连接器一些特殊设计的结构，以免检修时损坏连接器。断开 SRS 连接器时应注意方法，如断开丰田车的转向盘装饰盖、前排乘客气囊总成（点火管侧）、帘式安全气囊总成和前排座椅外安全带总成的连接器时，应如图 3-46 所示使用一把螺钉旋具进行操作，使用螺钉旋具之前，应在螺钉旋具头部缠上胶带。用螺钉旋具松开连接器锁止按钮（黄色部分）。然后将螺钉旋具头部插入连接器和底座中间，然后撬起连接器。

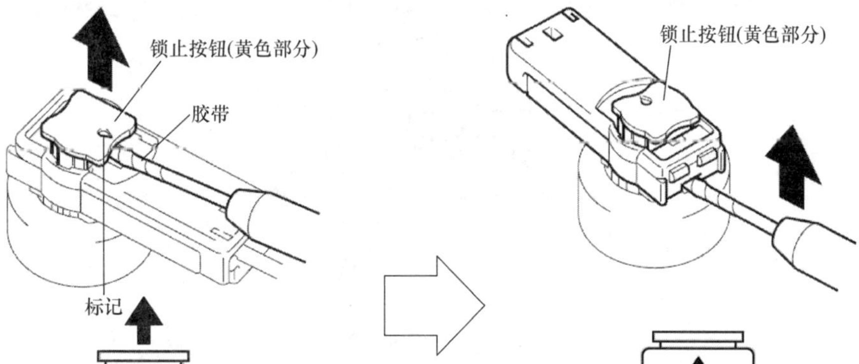

图 3-46 断开气囊总成连接器的操作

（4）针对螺旋电缆的注意事项 转向盘必须在中间位置正确地装配到带有螺旋电缆的转向管柱，否则在转动转向盘时可能会使螺旋电缆断裂。

安装螺旋电缆以及拆卸和安装转向盘时，确保使螺旋电缆处于中心位置。一般先逆时针轻轻转动螺旋电缆直到其锁定，也就是极限位置。螺旋电缆最多可以旋转5圈。

然后从螺旋电缆的锁定位置开始顺时针回转2.5圈左右，并且对正插图中的中心标记。螺旋电缆的对中操作过程如图3-47所示。

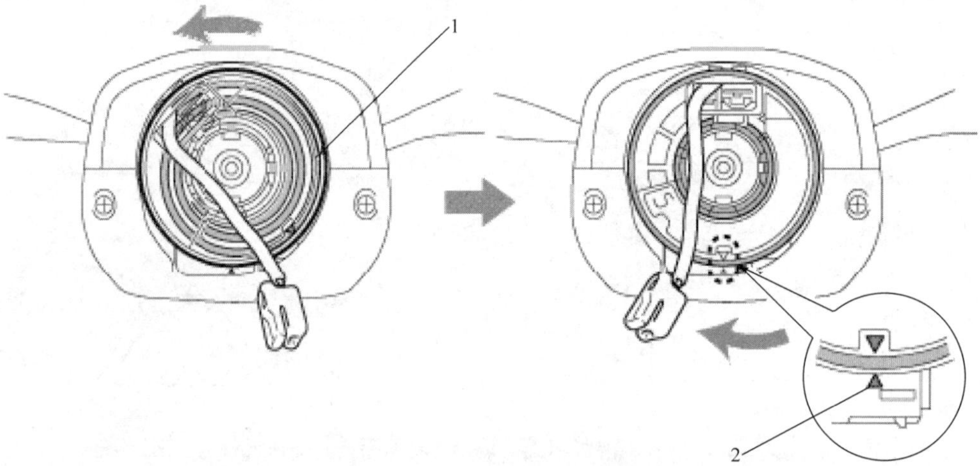

图3-47 螺旋电缆的对中操作

1—逆时针转动螺旋电缆直到其锁定 2—顺时针回转约2.5圈，并且对正中心标记

同样在拆分转向器或转向器中间传动轴的情况下，应注意固定转向盘，固定转向盘时可将座椅安全带穿过转向盘，以防止气囊的螺旋电缆断裂，如图3-48所示。

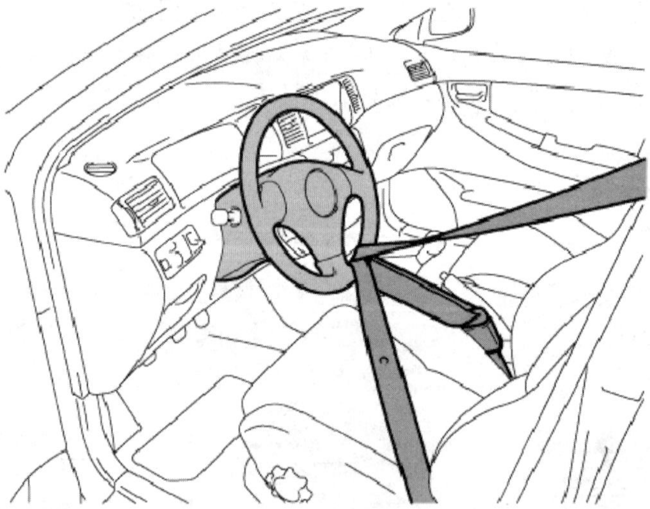

图3-48 用座椅安全带固定转向盘

（5）针对气囊碰撞传感器的注意事项

1）前气囊传感器：决不可再利用在事故中触发过的SRS前气囊，或安全带预紧器的前气囊传感器，务必和中央空气囊传感器装置一起更换左右前气囊传感器。安装前气囊传感器时，使箭头标记朝向车辆前方，如图3-49所示。

前气囊传感器固定螺栓已经进行过防锈处理。当前气囊传感器被拆卸和装回原位时，一定要用新的安装螺栓或螺栓和螺母。

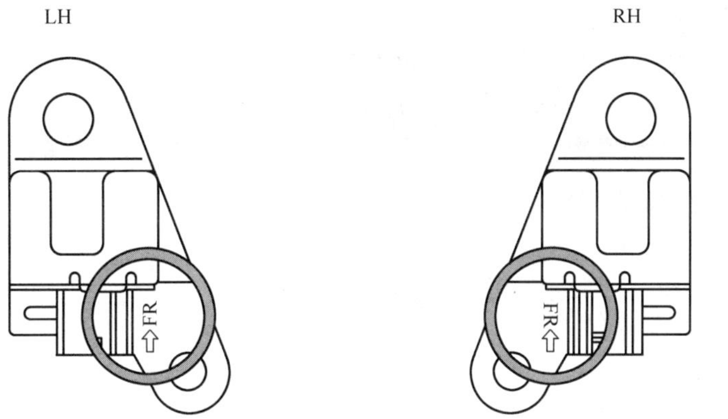

图 3-49　前气囊传感器的箭头标记

2）侧面气囊传感器（侧面和帘式气囊传感器）：决不可再利用在事故中触发过的 SRS 侧面气囊或帘式气囊的侧面气囊传感器。务必在更换中央气囊传感器总成时，一并更换碰撞侧的侧面气囊传感器。

3）帘式气囊传感器：决不可再利用在事故中触发过的 SRS 帘式气囊的帘式气囊传感器。务必在更换中央气囊传感器装置时，一并更换碰撞侧的帘式气囊传感器。

五、大众车系安全气囊控制单元索引号与编码之间对应关系

在大众车系的维修中，尤其是碰撞事故车辆维修需要更换安全气囊控制单元时，编码问题经常困扰着维修人员，究其原因是有相当多的维修人员、配件计划管理员不了解或不熟悉索引号的作用。零件号相同的安全气囊控制单元具有多种索引号，维修中更换相同零件号，但索引号各异的控制单元，按原车记录下来的编码数编码，控制单元将不会接收，这种情况带来的直接后果是车辆无法及时交付。

大众车系安全气囊控制单元 J234 的索引号由两位字符组成，这两位字符可以是阿拉伯数字的组合，也可以是英文字母的组合或阿拉伯数字/英文字母的组合。索引号表明了车辆安全气囊系统配置（安全气囊数目、燃爆式安全带数目等）的基本特征，与编码数存在对应关系。探寻这一关系，对指导维修有着实际意义。

在新的安全气囊控制单元包装盒的标签上，零件号后缀的两个字符为索引号，如图3-50所示。索引号也可通过大众 VAS505X 或 VAS6150 故障诊断仪，读取控制单元版本信息中获取，如图 3-51、图 3-52 所示，当然，前提条件是安全气囊控制单元可以被访问。

从大众车型索引号与控制单元编码的对应关系表，经过多次计算验证，可以确定索引号是安全气囊控制单元十六进制编码数的一种表现方式。

图 3-50　安全气囊控制单元包装盒标签的索引号

用键盘向电脑输入字符 A，敲下 A 键，实际向电脑传输的是一个十六进制数 41，转换成计算机可以识别的机器语言二进制数码为 01000001，这是由 ASCII（美国标准信息交换

码）的规定决定的。

与索引号有关的字符由 0 ~ 9 十个阿拉伯数字和 26 个英文字母构成，共计 36 个，每个字符对应于一个十六进制（Hex）字节，见表 3-2。

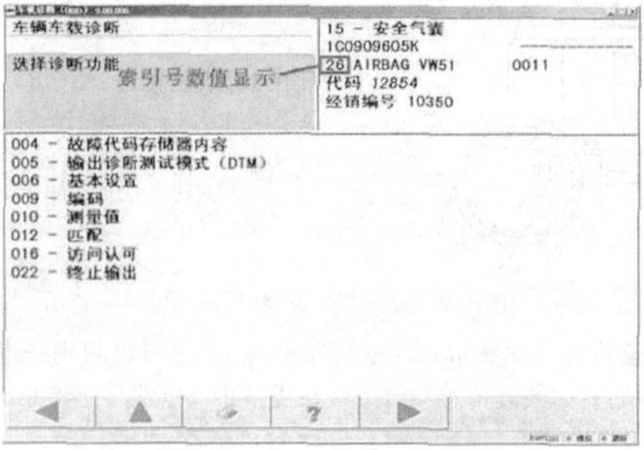

图 3-51 从控制单元识别功能中获取索引号

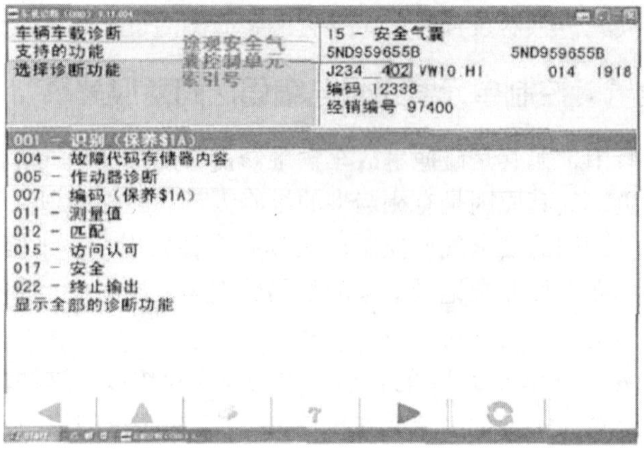

图 3-52 途观 1.8TSI 车安全气囊控制单元索引号显示在控制单元识别栏中

表中对应的 Hex 字节值很容易记忆，字符 0 ~ 9 排列的 Hex 字节值从 30 开始，到 39 为止，字符 A ~ Z 排列的 Hex 字节值从 41 起，到 5A 为止。根据这一规律加以熟记，可无须查表。

表 3-2 ASCII（美国标准信息交换码）中部分字符与 Hex 字节的对应关系

字符	Hex 字节	字符	Hex 字节	字符	Hex 字节	字符	Hex 字节
0	30	9	39	I	49	R	52
1	31	A	41	J	4A	S	53
2	32	B	42	K	4B	T	54
3	33	C	43	L	4C	U	55
4	34	D	44	M	4D	V	56
5	35	E	45	N	4E	W	57
6	36	F	46	O	4F	X	58
7	37	G	47	P	50	Y	59
8	38	H	48	Q	51	Z	5A

图3-50中的索引号1E在表里得到的两个Hex字节分别是31与45，将两个字节合在一起构成一个十六进制的数。实际维修中可知，这就是以十六进制为基数的控制单元编码值。将这个十六进制数转换成十进制数，即可完成对控制单元编码。

数制转换的方法可以从人们熟悉的十进制表达方式通过归纳推理得到。

如一个十进制数1234，可以表达为$1\times10^3+2\times10^2+3\times10^1+4\times10^0$的幂指数展开式，同理，十六进制数3145的幂指数展开式是$3\times16^3+1\times16^2+4\times16^1+5\times16^0$，将式中的各项值计算相加，即得到十六进制数3145的十进制数值。

如图3-50显示的安全气囊控制单元索引号1E，根据表3-2的对应关系，第一个的字符1对应一个十六进制的字节31，第二个字符E对应45，得出索引号1E的十六进制数为3145，将其转换成十进制数为

$3145(16)=3\times16^3+1\times16^2+4\times16^1+5\times16^0=3\times4096+1\times256+4\times16+5\times1=12613(10)$

12613是索引号1E的控制单元十进制编码数。

上海大众帕萨特领驭1.8T自动尊贵版轿车安全气囊控制单元的索引号为23，根据表3-2的对应关系，第一个字符2对应一个十六进制的字节32，第二个字符3对应33，得出索引号23的十六进制数为3233，将其转换成十进制数为

$3233(16)=3\times16^3+2\times16^2+3\times16^1+3\times16^0=3\times4096+2\times256+3\times16+3\times1=12851(10)$

12851是上海大众帕萨特领驭1.8T自动尊贵版轿车安全气囊控制单元的十进制编码数。

一汽大众速腾某一款车型的安全气囊控制单元索引号为48，同理得到的十六进制数为3438，将其转换成十进制数为

$3438(16)=3\times16^3+4\times16^2+3\times16^1+8\times16^0=13368(10)$

13368是一汽大众速腾某一款车型的安全气囊控制单元的实际值编码数。

某一款大众车型的安全气囊控制单元索引号为DB，从表查得对应的十六进制数为4442，将其转换成十进制数为

$4442(16)=4\times16^3+4\times16^2+4\times16^1+2\times16^0=17474(10)$

17474是这款大众车型安全气囊控制单元的十进制编码数。

订购新的安全气囊控制单元时，维修人员不能仅仅将零件号报给配件库，还需把故障诊断仪读取到的索引号或安全气囊控制单元的实际编码数转换为十六进制数，查表3-2得出索引号一并提交配件计划员，以确保配件订购一次成功。

安全气囊采用UDS诊断协议的新款车可以直接从编码界面中读取十六进制编码数，如图3-53所示是新帕萨特1.8TSI轿车安全气囊十六进制编码数3033（图中16字节以前的各字节编码数均为00）来确定索引号为03，其对应的十进制编码数为12339。

如求十进制编码数为12854的安全气囊控制单元的索引号，首先需将12854转换成十六进制数。与十进制数转换二进制类似，方法是除以16倒取余数，如图3-54所示，十进制数12854除以16，得到的商为整数及余数，整数继续去除16，直到小于16为止，如图所示，倒取余数即为十六进制数3236。值得注意的是，小于16的余数中，10~15是由A、B、C、D、E、F表示的，余数为13时，应写作D，依此类推。另一种方法是以二进制为桥梁，先将12854转换成二进制，再转换为十六进制数。

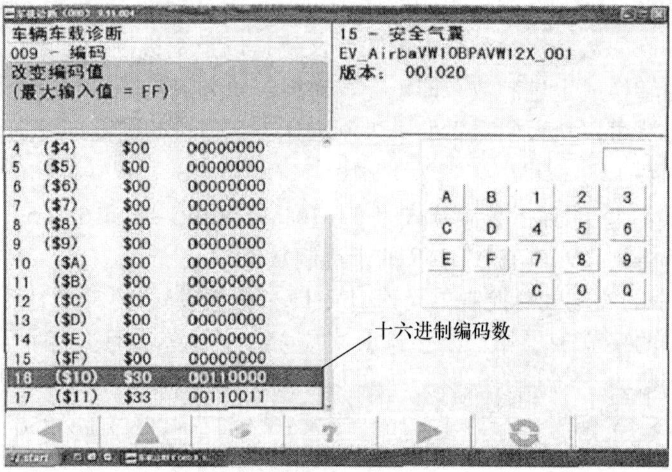

图 3-53 采用 UDS 诊断协议的新帕萨特安全气囊控制单元编码界面

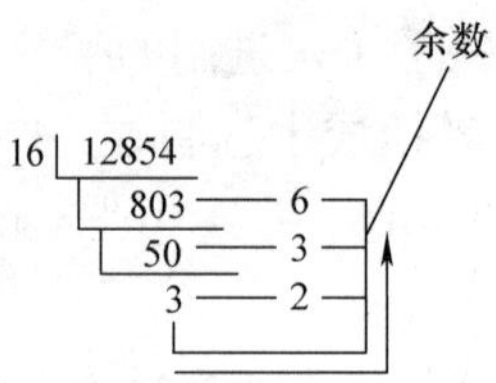

图 3-54 十进制数转换为十六进制数的方法

十进制数 12854 转换为十六进制数 3236 后，查表 3-2 可知该控制单元的索引号为 26。

第四章 驻车辅助系统故障的诊断与分析

第一节 驻车辅助系统故障的诊断

一、故障现象

驻车辅助系统不能正常工作。

二、故障原因

1）驻车辅助主开关或其电路不良。

2）驻车辅助系统熔丝熔断。

3）个别侦测超声波传感器不良。

4）驻车辅助系统间隙警告 ECU 不良。

5）超声波传感器安装时角度定位不正确。

6）间隙警告蜂鸣器电路不良。

7）传感器潮湿或冻结。

8）驻车档/空档位置开关电路（A/T）或倒档信号电路不良。

9）转速信号电路不良。

10）驻车辅助系统控制单元编码不正确。

11）转向角度传感器不良。

12）电视摄像机总成不良。

13）CAN 通信系统等车载网络通信系统不良。

14）需要协同工作的各子系统存在故障，如电控机械式助力转向系统、带 ABS 和 ESP 的制动系统、信息娱乐系统等。

三、故障诊断与排除的一般步骤

根据各汽车公司车型配置不同，驻车辅助系统的类型不尽相同，有的是简单的倒车距离报警系统，有的是倒车影像或监视系统，有的则是前后均有超声波传感器的驻车辅助系统，更为先进的则是驻车辅助转向系统、自动泊车系统。

（1）验证故障现象 如果驻车辅助系统指示灯不亮且完全不工作，则检查驻车辅助主开关、驻车辅助系统熔丝是否熔断、间隙警告 ECU 或驻车辅助系统控制单元主电源电路。

对于连接在车载网络上的驻车辅助系统来说，很多车型可以通过诊断的总线检查功能来显示各控制单元拓扑图，并显示各控制单元的应答状态。图 4-1 为宝马 525Li 轿车专用诊断仪显示的控制单元树。

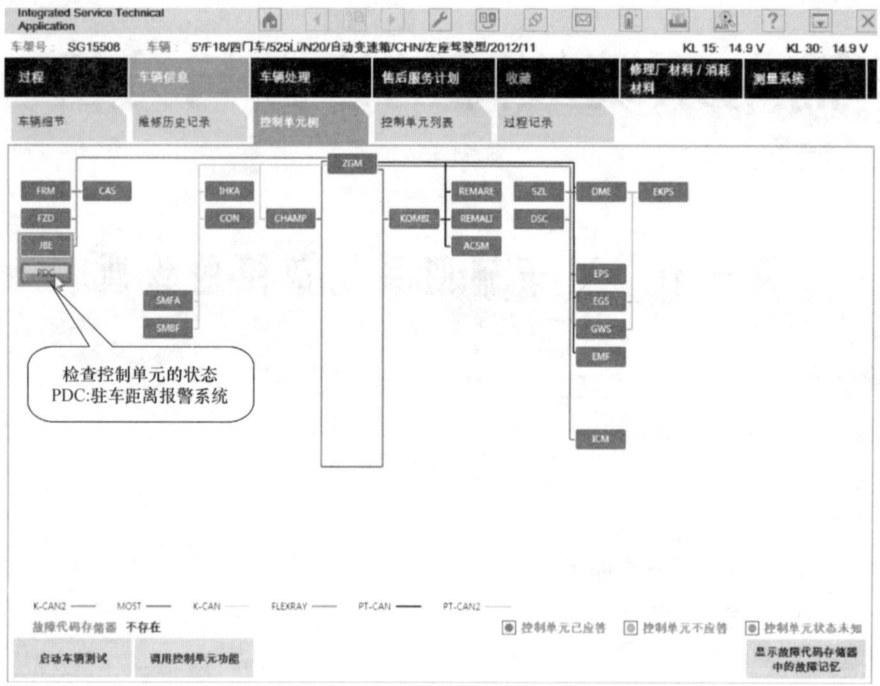

图 4-1 宝马 525Li 轿车专用诊断仪显示的控制单元树

（2）基本检查 目视检查系统指示灯或显示屏上显示的故障信息，按提示进行相应的检查；检查线束插头是否松动、脱落等；从外部对各传感器的安装情况进行观察比较，观察是否有明显的安装错误或部件错用的现象。如有些传感器安装时有较严格的安装角度定位，安装角度不正确会导致系统工作不正常，故发现明显的安装错误则应予以重新正确安装。驻车辅助系统所用超声波传感器与驻车转向辅助系统所用超声波传感器是有区别的，有的从外表就能分辨出来，而有的车型的超声波传感器其外表、大小可能都完全一样，但是实际的功能却有很大的区别，故应比较是否错误使用。在激活驻车辅助系统后，用手指触摸传感器表面，比较各个传感器的脉动感觉，如某个传感器明显有别于其他传感器，则应检查该传感器。

（3）读取故障码与数据流，按提示进行检查 利用专用诊断仪进入系统，读取相关的故障码及数据流，再按照故障码与数据流的提示来排除故障。读取数据流时可激活驻车辅助系统，人为给各距离传感器施加一个障碍物信息，观察数据的变化，以判断各距离传感器的性能。

图 4-2 为宝马 525Li 轿车的驻车距离报警系统可能显示的数据组，包括前、后部距离等。

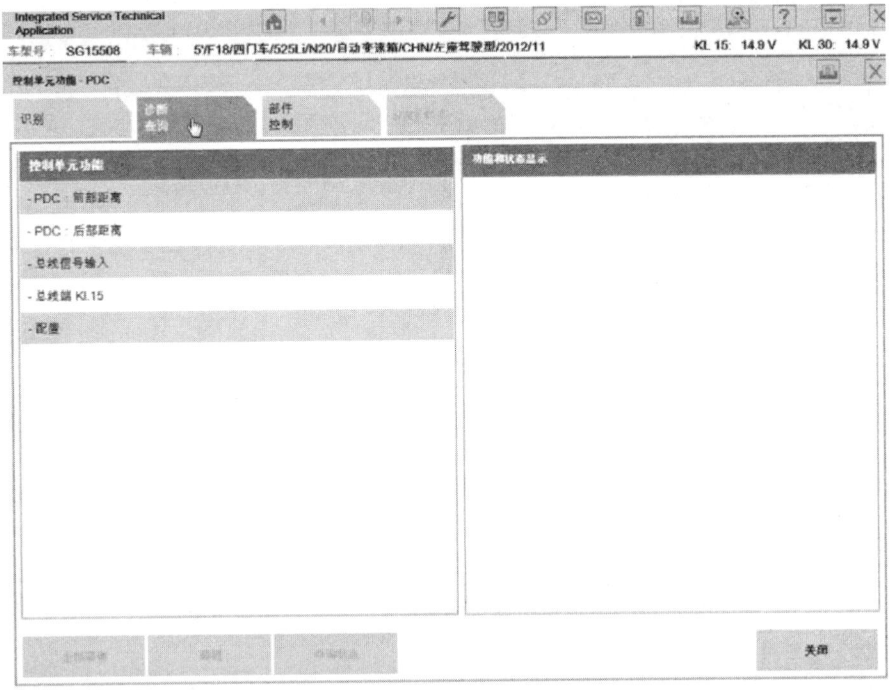

图 4-2　宝马 525Li 轿车的驻车距离报警系统可能显示的数据组

宝马 525Li 轿车的驻车距离报警系统后部距离数据显示如图 4-3 所示，分别由 4 个传感器获取距离数据。

图 4-4 为宝马 525Li 轿车的驻车距离报警系统前部 4 个传感器传送的距离数据。

（4）驻车辅助系统控制单元编码不正确　有时由于新换的控制单元却没有正确进行编码，或者是编码错误，这都将使系统无法正常使用。

（5）检查超声波传感器安装时角度定位不正确及配件的正确性　此时一般应拆下保险杠进行检查。

（6）检查超声波传感器的电源供应及信号波形　超声波传感器发出短促的超声波脉冲，当脉冲遇到障碍物时发生反射，接收器根据发射与接收脉冲之间的时间间隔，计算出传感器与障碍物之间的距离。这些超声波传感器都是必须有电源和回路才能正常工作的传感器，故应认真检查各个超声波传感器的电源供应及信号波形。如有可能，也可以将左、右侧或者前、后的传感器进行调换试验，观察故障是否转移来判断故障位置，如果发现故障转移了，则说明原传感器应有故障。

（7）检查各输入开关信号　如驻车档/空档位置开关电路（A/T）或倒档信号等。

（8）检查此系统的其他传感器信号　如转速信号、转向角度传感器信号等。

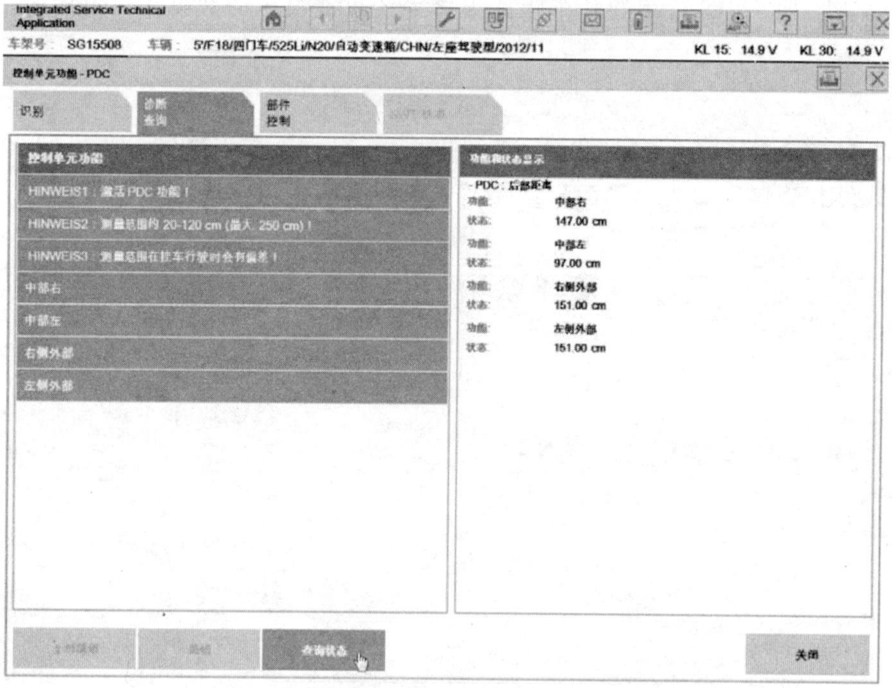

图 4-3　宝马 525Li 轿车驻车距离报警系统后部距离数据显示

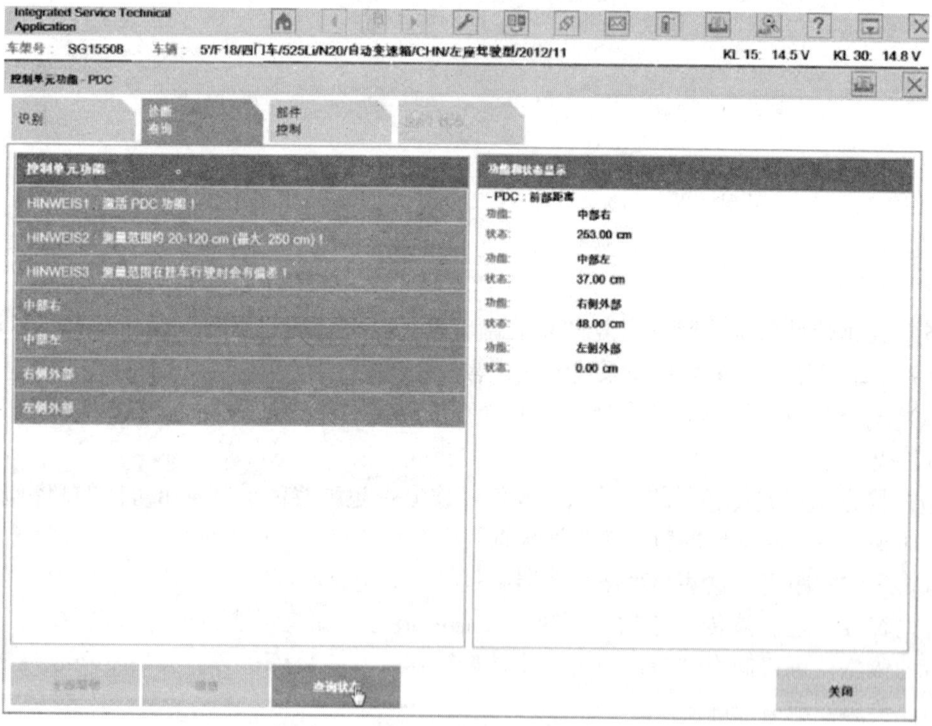

图 4-4　宝马 525Li 轿车驻车距离报警系统前部距离数据

（9）检查 CAN 通信系统等车载网络通信系统及需要协同工作的各子系统存在故障　如电控机械式助力转向系统、带 ABS 和 ESP 的制动系统、信息娱乐系统等。

（10）检查间隙警告蜂鸣器　如果间隙警告蜂鸣器音量过小，可能是蜂鸣器音量调整不当导致的。如丰田卡罗拉车的间隙警告 ECU 上有一个音量调整旋钮，如图 4-5 所示，可旋转间隙警告 ECU 上的旋钮进行调整。

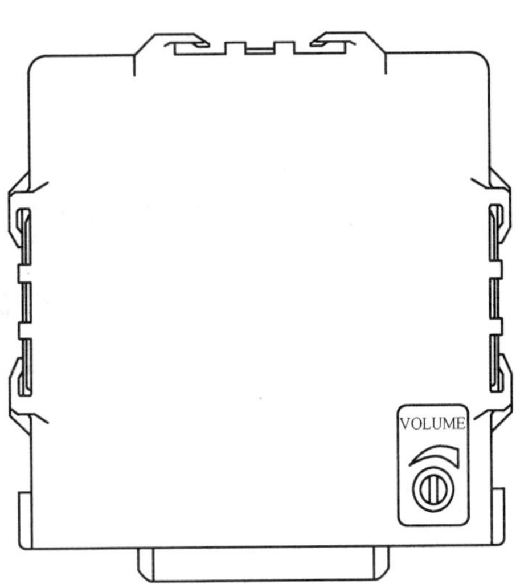

图 4-5　丰田卡罗拉车间隙警告 ECU 音量调整旋钮

第二节　驻车辅助系统故障诊断、排除的相关要点

一、超声波传感器的原理

1. 基本原理

声波是指从声源出发、造成周围空气密度和压力以波形方式发生的变化。声音传播速度取决于传播声音的介质密度。在标准大气压（101.325kPa）下且温度为 20℃时声音在空气中的传播速度为 343m/s，在 0℃的水中传播速度为 1407m/s。

超声波是指人能听到的声波范围（20kHz～1000MHz）之上的声波。更高频率的声波称为特超声波。人听不到的低频声波称为次声波。超声波在气体、液体和固体中的传播速度不同。

超声波的传播速度取决于温度，15℃时在空气中的传播速度约为 340m/s。

声音传播速度取决于温度是将车外温度传感器信号作为校正参数纳入系统控制的原因。

人无法听到超声波，因为人耳无法听到频率超过 20kHz 的声波。许多动物，例如狗、海豚和某些昆虫可以听到超声波。蝙蝠的听觉能力最强，这种动物不仅能听到超声波，而且可以发出超声波并借助回声确定方位。

超声波传感器的原理如图4-6～图 4-9 所示。

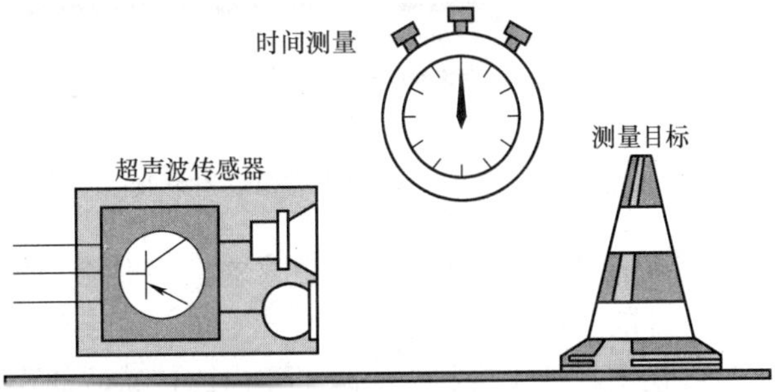

图 4-6　超声波传感器发出超声波信号的初始时刻

发射模式：处于发射模式时，超声波传感器的作用相当于“扬声器”。

所选择的超声波频率为(40～50)kHz，在这个频率范围内对人和家畜无害。超声波传感

图 4-7　超声波信号到达障碍物的时刻

图 4-8　超声波信号返回到超声波传感器的时刻

图 4-9　通过超声波信号传播时间确定距离

器电子装置通过电脉冲使压电陶瓷移动（将电能转化为机械能）。压电陶瓷位于外部隔膜的内侧。外部隔膜以共振频率振动并产生超声波。短脉冲序列碰到障碍物后反射回来。

接收模式：处于接收模式时，超声波传感器的作用相当于“话筒”。

外部隔膜振荡衰减后（约 1ms），超声波传感器接收到障碍物反射回来的超声波。外部隔膜和压电陶瓷受激振动并向超声波传感器电子装置发送电脉冲（将机械能转化为电能）。电气测量信号进行数字化处理后传输给控制单元。

在控制单元内对数据进行处理并计算出至障碍物的距离。通过开始发射的时间和接收到回声的时间可计算出回声传播时间。根据超声波在空气中传播的速度和回声传播时间可计算出至障碍物的距离。

如果声波射到物体（例如墙壁）上，就会根据墙壁特性或多或少反射回来，声波再次返回到传感器处并由传感器利用一个传声器接收。此时传感器测量发射与接收反射的超声波之间经过的时间，根据这个传播时间测量结果，驻车辅助系统就可以确定至某一物体的距离。

2. 距离计算

测量距离时最多同时使用三个超声波传感器。采用多个传感器测量距离时称为三边测量（每两个传感器之间形成一个三边测量），如图 4-10 所示。

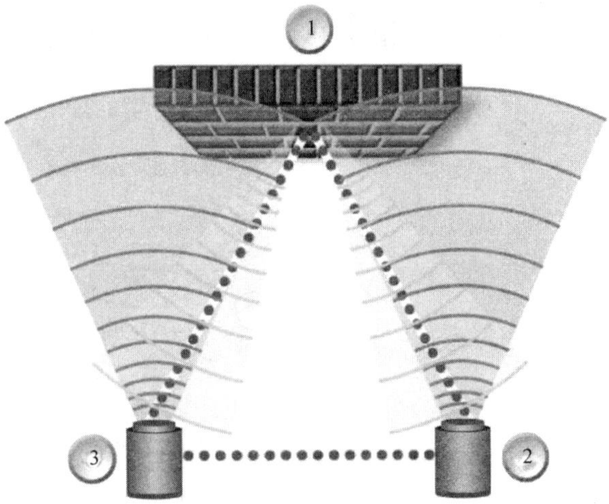

图 4-10　三边测量距离
1—障碍物　2、3—超声波传感器

超声波传感器根据 PDC 控制单元的要求发射超声波脉冲，短时间（隔膜振动衰减时间，约 1ms）后可以接收回声。与此同时，位于旁边的超声波传感器作为接收器被接通。

受技术（物理）条件所限，可接收回声的最早时刻相当于可测量的最短障碍物距离（约 25cm）。

超声波信号的传播时间是超声波传感器与障碍物之间距离的两倍。

该距离根据以下公式计算得出：

$$d = v_s t/2$$

式中，d 为超声波传感器至障碍物的距离；t 为从接到发射指令到接收到回声时的测量时间；v_s 为声波在空气中的传播速度（取决于温度），15℃时约为 340m/s。

v_s 根据以下公式计算得出：

$$v_s = 331.2 + 0.6t_1$$

式中，v_s 的单位为 m/s；t_1 为温度，单位为℃。

计算距离时还要使用车外温度。计算出的距离要利用与车外温度相应的系数校正。

二、丰田驻车辅助传感器系统

现以 2007 款丰田卡罗拉轿车为例，介绍丰田驻车辅助传感器系统。

1. 丰田驻车辅助传感器系统的组成

零件位置如图 4-11、图 4-12 所示。

系统组成示意图如图 4-13 所示。

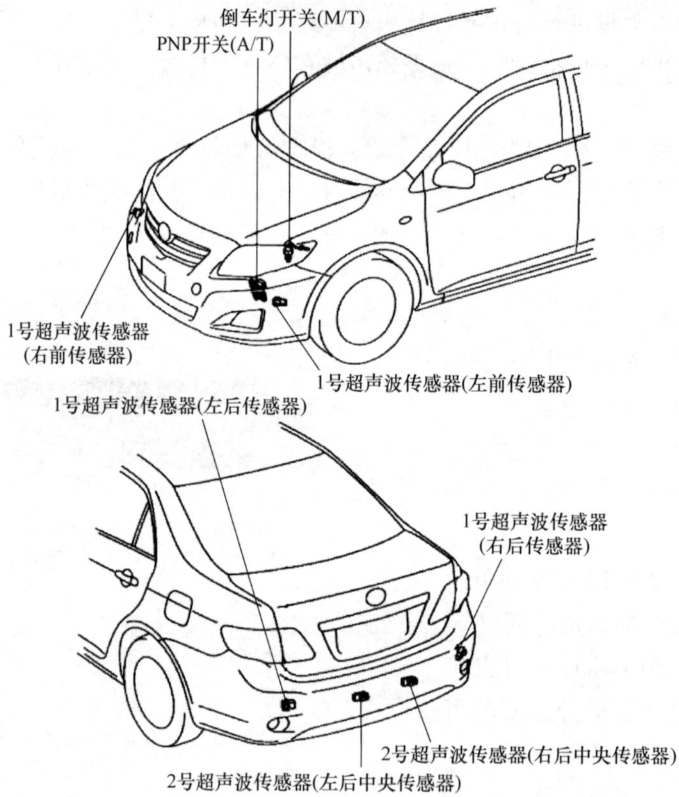

图 4-11 2007 款丰田卡罗拉轿车驻车辅助传感器系统的零件位置 1

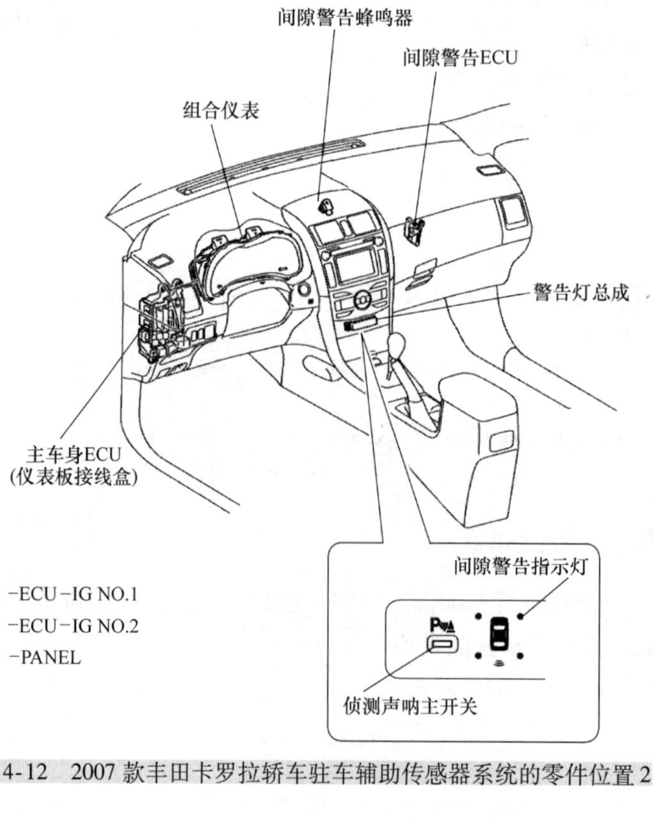

图 4-12 2007 款丰田卡罗拉轿车驻车辅助传感器系统的零件位置 2

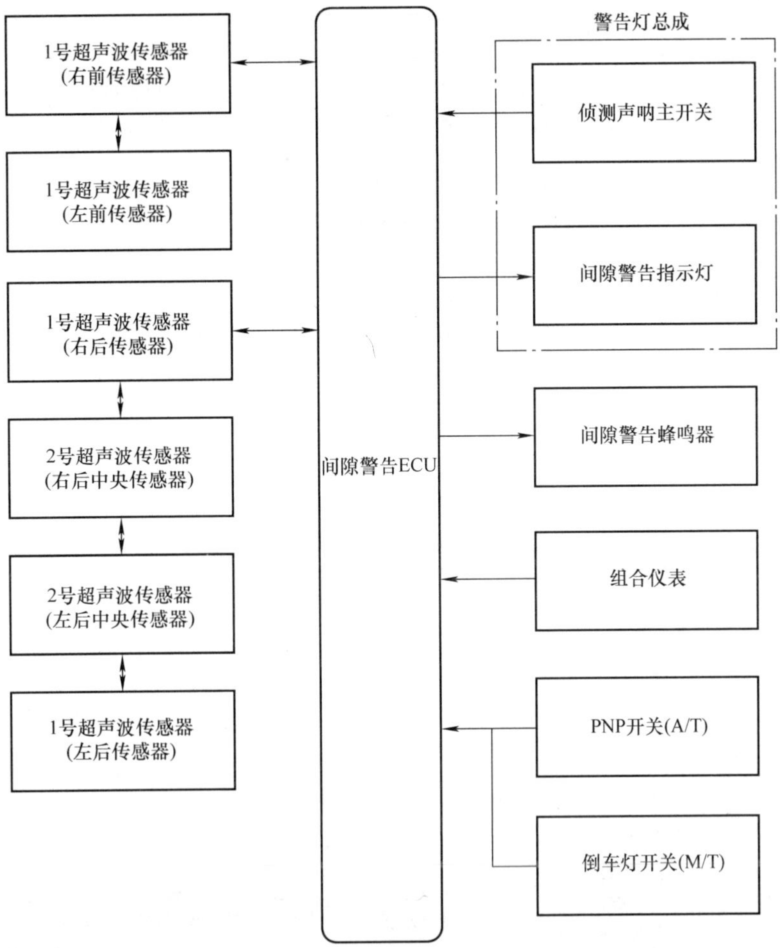

图 4-13　2007 款丰田卡罗拉轿车驻车辅助传感器系统组成示意图

本系统使用超声波传感器来探测转弯处及车辆后方的障碍物，然后通过在多信息显示屏上显示并鸣响蜂鸣器，来告知驾驶人传感器和障碍物之间的距离及障碍物的位置。

2. 零部件功能

零部件功能见表 4-1。

表 4-1　2007 款丰田卡罗拉轿车驻车辅助传感器系统零部件功能

零部件	功　能
超声波传感器	超声波传感器包括一个发送和接收超声波的传感器部分和一个将超声波放大的预放大器。超声波传感器将超声波发送和接收的信号输出至间隙警告 ECU
警告灯总成 • 侦测声呐主开关 • 间隙警告指示灯	• 打开和关闭侦测声呐系统 • 显示障碍物的位置和车辆与障碍物之间的大致距离
间隙警告蜂鸣器	发出间歇性声音，以通知驾驶人 ECU 检测到在预定的范围内有障碍物

（续）

零部件	功　　能
间隙警告 ECU	根据来自超声波传感器的信号，判定车辆和障碍物之间的大概距离，并将显示信号发送至侦测声呐指示灯，将蜂鸣器信号发送至间隙警告蜂鸣器
转速传感器	检测每个车轮的转速并通过组合仪表将数据输入至间隙警告 ECU
驻车档/空档位置开关（A/T）	变速杆移至 P 位置或 R 位置时打开
倒车灯开关（M/T）	变速杆移至倒档位置时打开
尾灯继电器	灯控开关转至“TAIL”或“HEAD”位置时接通。间隙警告 ECU 接收到尾灯继电器 ON 信号时，使侦测声呐显示屏变暗

3. 操作说明

各超声波传感器的工作条件根据表 4-2 所示的安装位置而有所不同。

表 4-2　安装位置不同的各超声波传感器的工作条件

安装位置	工作条件
前车角	• 点火开关置于 ON（IG）位置 • 侦测声呐主开关置于 ON 位置 • 车速为大约 10km/h 或更低。当车速超过 15km/h 时，传感器停止工作 当车速降至低于 10km/h 时，传感器开始工作
后车角	• 点火开关置于 ON（IG）位置 • 侦测声呐主开关置于 ON 位置 • 变速杆在倒档位置
后中央	• 点火开关置于 ON（IG）位置 • 侦测声呐主开关置于 ON 位置 • 变速杆在倒档位置

系统运行时，间隙警告 ECU 从超声波传感器发送超声波。如果这些超声波在一个或多个传感器范围内遇到障碍物，就会被反射回传感器，然后传感器将其发送至间隙警告 ECU。根据这些信息，间隙警告 ECU 发送信号至指示灯和间隙警告蜂鸣器，然后指示车辆和障碍物之间的相应距离并鸣响蜂鸣器。

4. 零部件通信信号

分配是指间隙警告 ECU 为传感器分配 ID 的过程。车辆将传感器分为两组，有一个前系列和一个后系列。传感器以“菊花链”的形式进行连接。

（1）初始化模式（图 4-14）　每个传感器分配一个 ID，以执行传感器诊断。

1）当满足以下任一条件时，间隙警告 ECU 向各系列中的第一个传感器（右前传感器和右后传感器）供电：

- 点火开关置于 ON（IG）位置。
- 传感器工作条件（上述条件）已满足且侦测声呐主开关打开。
- 车速低于 10km/h。

2）供电后，右前传感器和右后传感器进入待机模式。特定时间后，ECU 向这些传感器发送一个 ID 分配信号。

3）右前传感器和右后传感器从 ECU 接收 ID 分配信号，并执行自诊断。当传感器完成自诊断时，ECU 向传感器发送一个 ID 分配确认信号。

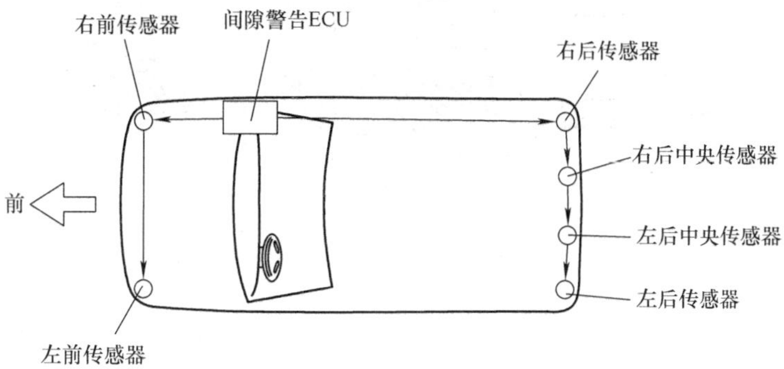

图 4-14　初始化模式时的通信

4）确认 ID 分配后，ECU 通过第一个传感器向各系列中的第二个传感器（左前传感器和右后中央传感器）供电。通过与第一个传感器相同的方式，第二个传感器进入待机模式。特定时间后，ECU 向第二个传感器发送一个 ID 分配信号。

5）将重复上述操作，直至 ID 被分配到后系列中的最后一个传感器（即左后传感器）。向所有超声波传感器分配完 ID 后，初始化结束。

（2）检测模式　完成初始化模式后，系统切换到检测模式。在检测模式中，间隙警告 ECU 向超声波传感器发送信息请求信号和传感器激活信号，并从传感器接收检测结果信号。

1）间隙警告 ECU 按照程序，定时向超声波传感器发送 ID 信号、信息请求信号和传感器激活信号。

2）特定时间后（传感器检测操作完成），间隙警告 ECU 向传感器发送一个 ID 信号以接收检测结果信号。

3）超声波传感器向 ECU 发送检测结果信号或检测信息信号。

4）对各超声波传感器都要重复执行上述操作。

5. 工作情况检查

（1）探测范围测量和指示灯检查

1）将点火开关置于 ON（IG）位置。

2）将变速杆移到倒档位置。应注意牢牢拉紧驻车制动器，使车辆不能移动。

3）接通侦测声呐主开关。

4）在传感器附近移动一个 60mm 的柱子以测量其探测范围。其探测范围如图 4-15 所示。

5）当后声呐传感器检测到障碍物时，检查指示灯和蜂鸣器的鸣响。其指示灯和蜂鸣器的鸣响状态如图 4-16 所示。

6）当后侦测声呐传感器检测到障碍物时，检查指示灯和蜂鸣器的鸣响。其指示灯和蜂鸣器的鸣响状态如图 4-17 所示。

7）当前侦测声呐传感器检测到障碍物时，检查指示灯和蜂鸣器的鸣响。其指示灯和蜂鸣器的鸣响状态如图 4-18 所示。

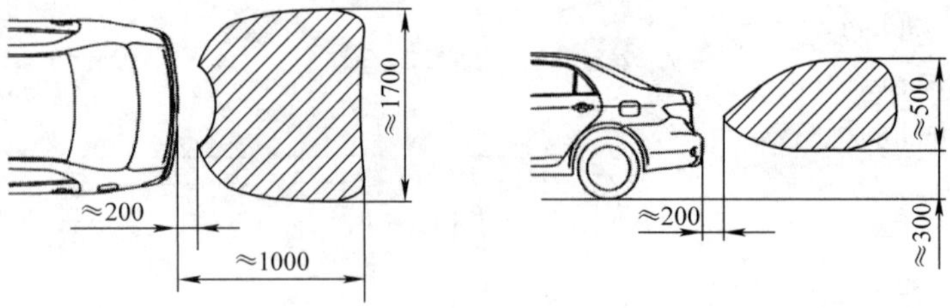

a) 后声呐探测范围

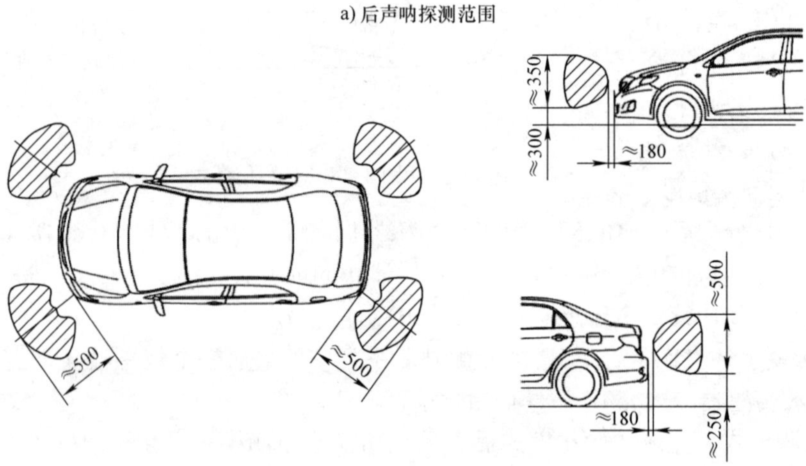

b) 侦测声呐探测范围

图 4-15　各超声波传感器的探测范围

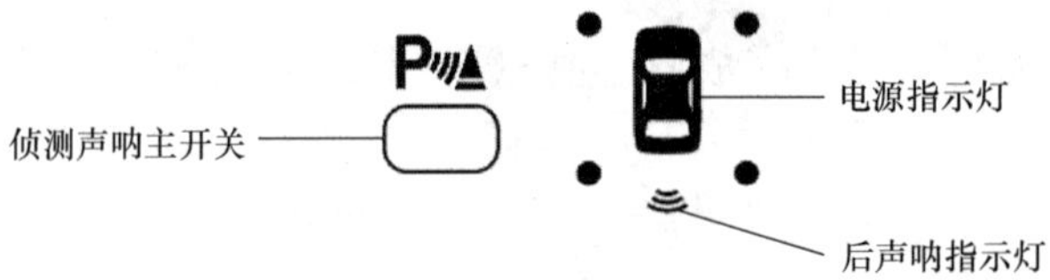

a) 后声呐指示灯

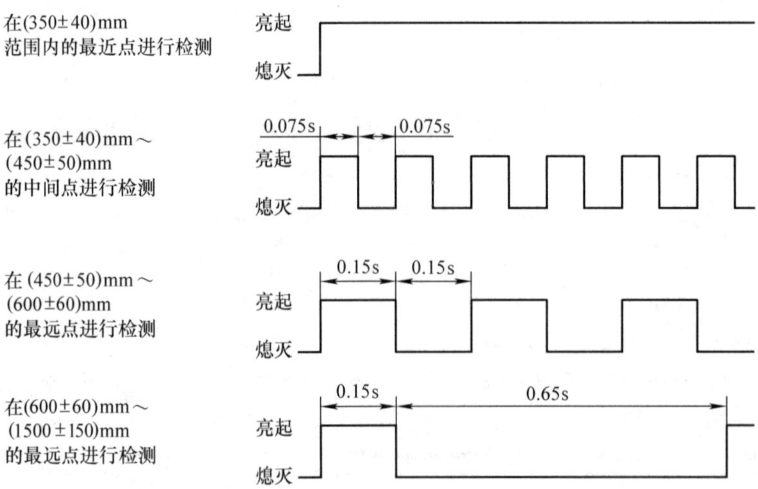

b) 蜂鸣器的鸣响状态

图 4-16　后声呐传感器检测到障碍物时指示灯和蜂鸣器的鸣响状态

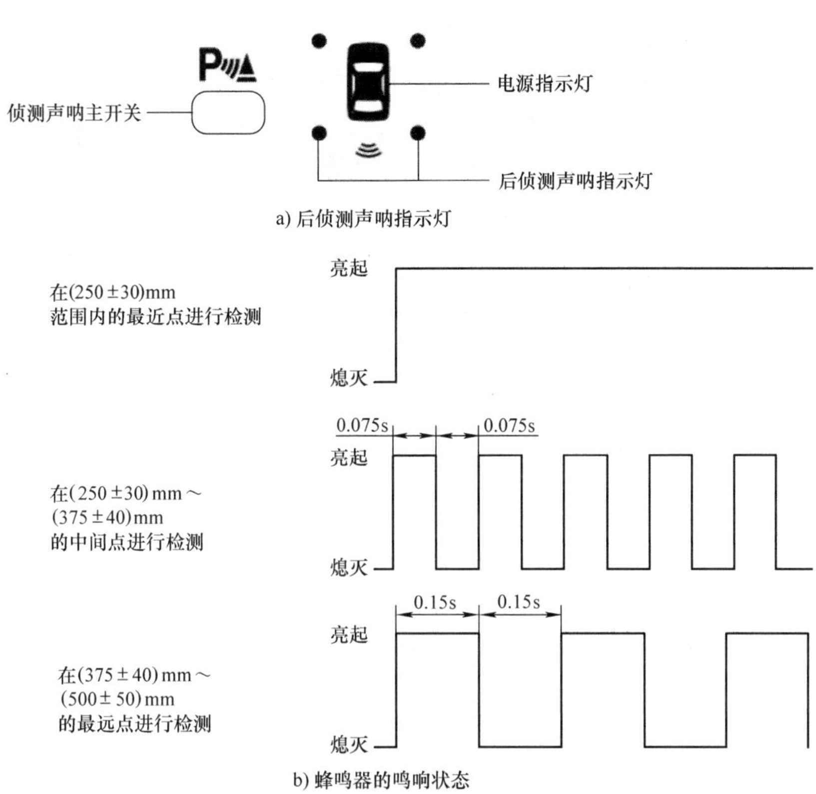

图 4-17　后侦测声呐传感器检测到障碍物时指示灯和蜂鸣器的鸣响状态

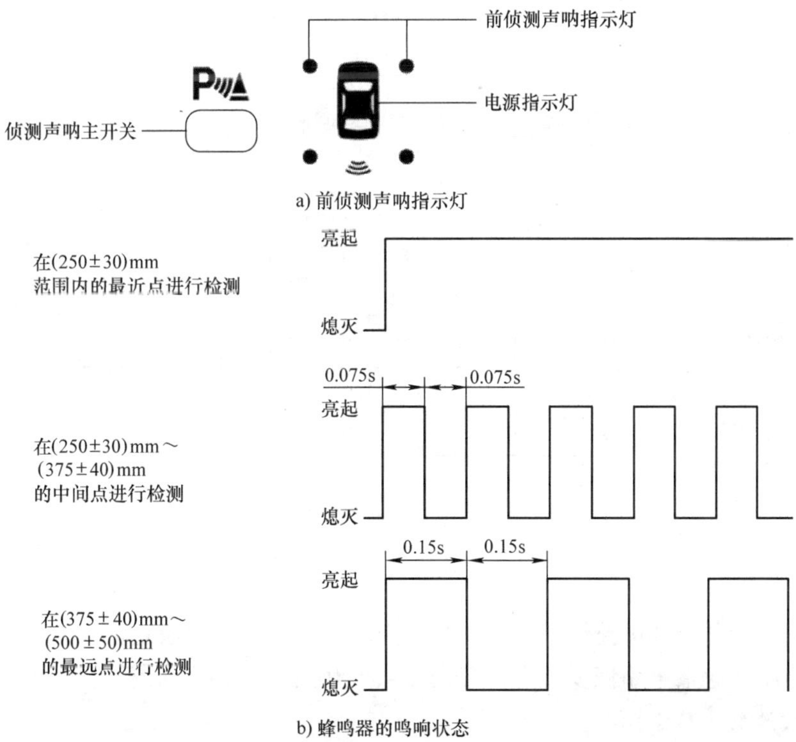

图 4-18　前侦测声呐传感器检测到障碍物时指示灯和蜂鸣器的鸣响状态

（2）检查初始检查功能

1）将点火开关置于 ON（IG）位置，并将侦测声呐主开关置于 ON 位置。

如图 4-19 所示，在将主开关置于 ON 位置后约 0.4s，所有 LED 亮起且蜂鸣器鸣响（1 ±0.3）s。然后，后声呐传感器和侦测声呐传感器转变为探测模式。

2）将侦测声呐主开关置于 ON 位置，并检查指示灯（LED）和蜂鸣器的鸣响。

如果系统检测到任何传感器电路断路或任何传感器不工作（由于传感器潮湿或冻结而不能进行检测），LED 和蜂鸣器会按图 4-20 所示工作。

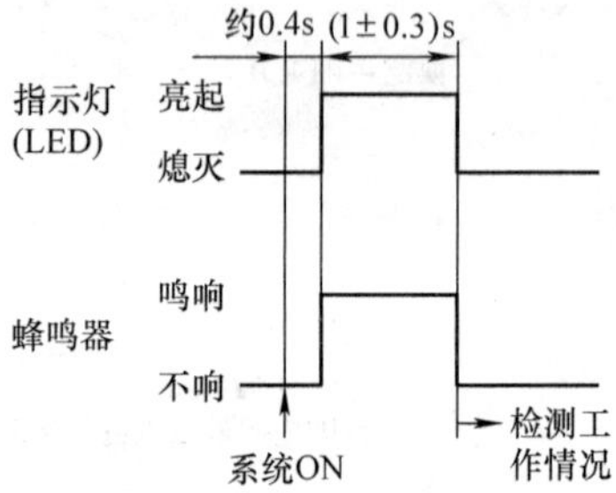

图 4-19 指示灯和蜂鸣器的自检

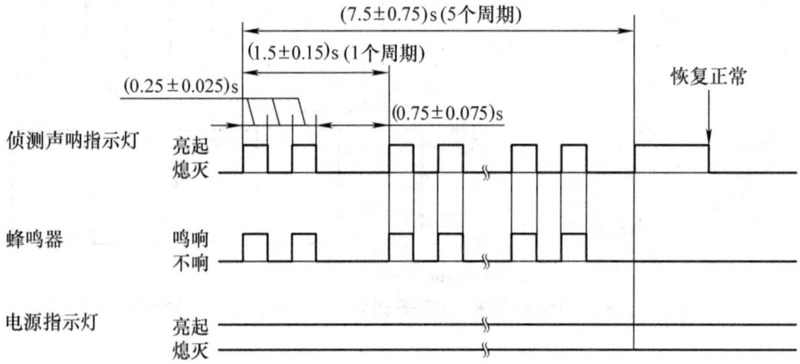

a) 故障指示

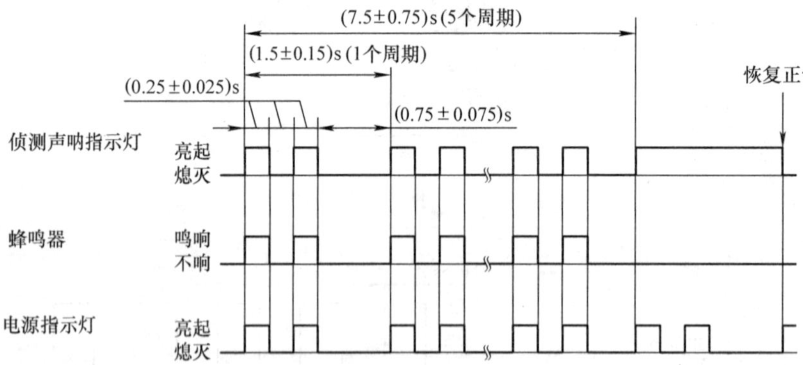

b) 冻结指示

图 4-20 故障指示和冻结指示

如果侦测声呐传感器电路恢复正常，侦测声呐传感器会自动恢复正常工作。

如果后声呐传感器电路恢复正常，在先将点火开关置于 OFF 位置再置于 ON 位置后，后声呐传感器会恢复正常工作。

（3）检测传感器

图 4-21 显示了间隙警告 ECU 和 1 号超声波传感器间（左、右前侦测声呐传感器）的传

感器电源、传感器搭铁和传感器信号线路。图 4-22 分别显示了间隙警告 ECU、1 号超声波传感器（左、右后侦测声呐传感器）和 2 号超声波传感器间（左、右后中央声呐传感器）的传感器电源、传感器搭铁和传感器信号线路。1 号超声波传感器和 2 号超声波传感器均是数字传感器，是同一类零件。

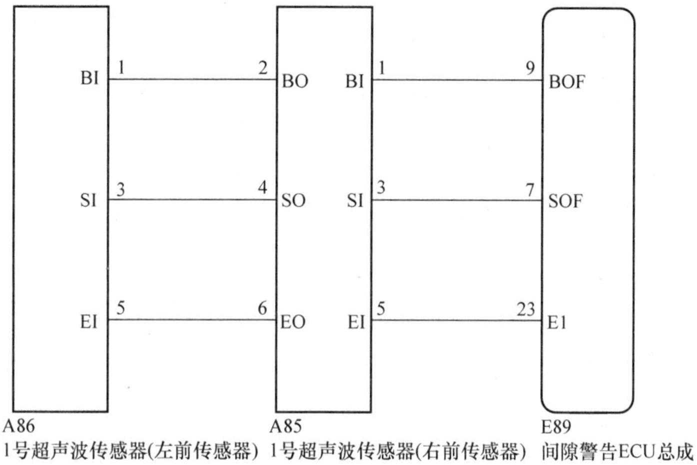

图 4-21　1 号超声波传感器（左、右前侦测声呐传感器）线路

检查前后传感器电路电源，当点火开关置于 OFF 位置时，电压应低于 1.5V；当点火开关置于 ON（IG）位置，侦测声呐主开关置于 ON 位置时，传感器电路电源电压应为 7.2 ~ 8.8V。

检查前、后传感器通信信号（SOF – E、SOR – E）之间，在点火开关置于 ON（IG）位置，侦测声呐主开关置于 ON 位置时应产生脉冲，用示波器检测其波形应如图 4-23 所示。必要时可调换左右传感器以确认传感器功能是否正常。

三、丰田驻车后视野监视系统

现以丰田卡罗拉轿车为例，介绍丰田驻车后视野监视系统。

1. 系统组成

该系统在行李箱门上安装有电视摄像机，以在多功能显示屏上显示车辆的后视野。同时，显示面板也显示由后视野和驻车标线组成的复合视野，以帮助驾驶人通过监视后视野来驻车。

该系统由以下零部件组成：电视摄像机 ECU、电视摄像机、导航接收器总成、倒车灯开关、组合仪表和转向角传感器。各零部件的分布如图 4-24、图 4-25 所示。

此系统配备有自诊断系统，可通过显示面板上的专用窗口进行操作，与导航系统相似。

系统组成示意图如图 4-26 所示。

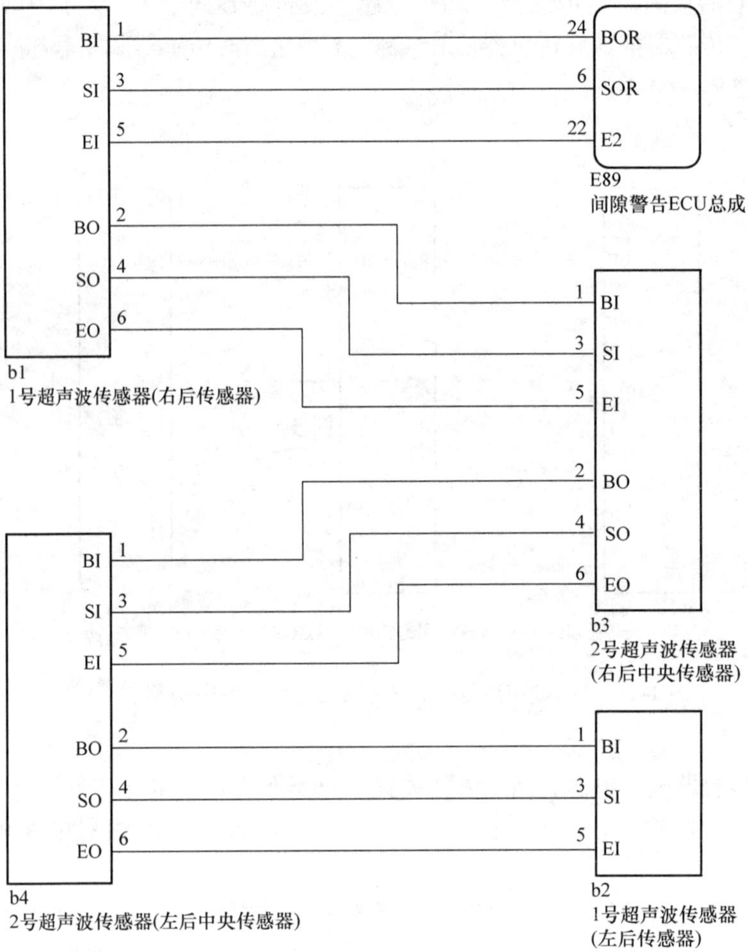

图 4-22 后传感器线路

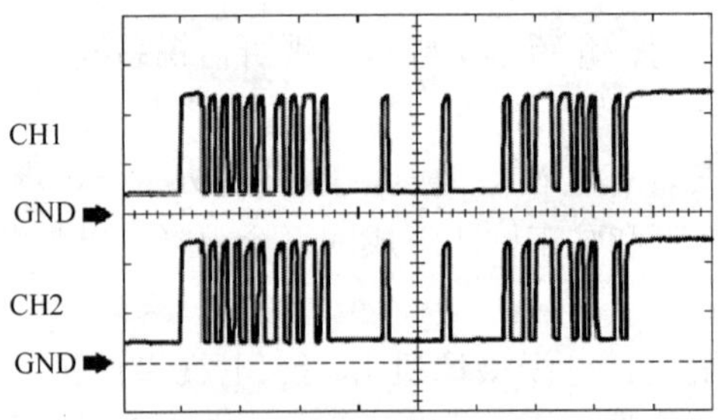

图 4-23 前、后侦测声呐传感器通信信号波形

CH1：SOF－E：前侦测声呐传感器通信信号 CH2：SOR－E：后侦测声呐传感器通信信号

注：示波器设置：2V/格，200μs/格。

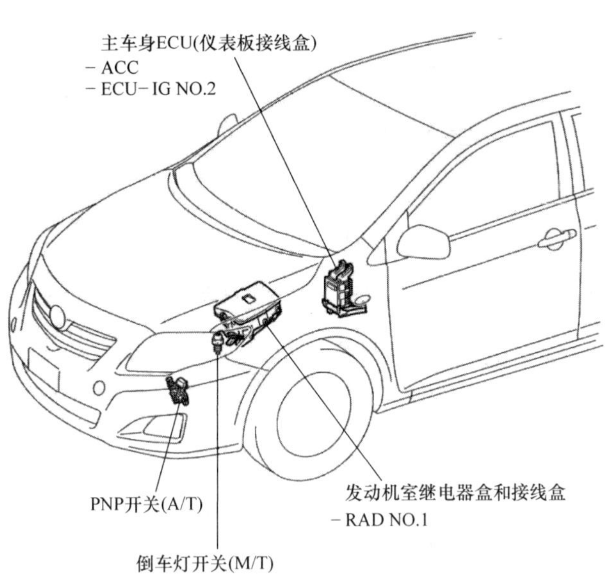

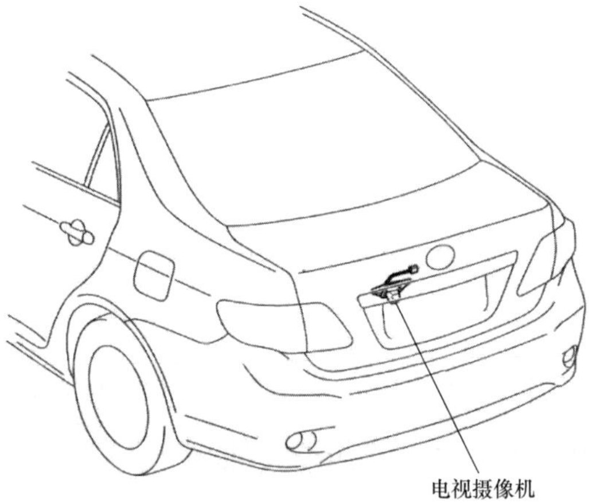

图 4-24　2007 款丰田卡罗拉轿车驻车后视野监视系统的零部件位置 1

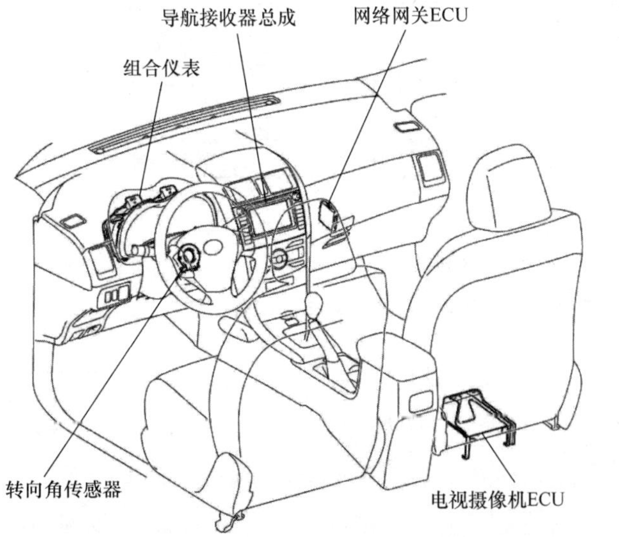

图 4-25　2007 款丰田卡罗拉轿车驻车后视野监视系统的零部件位置 2

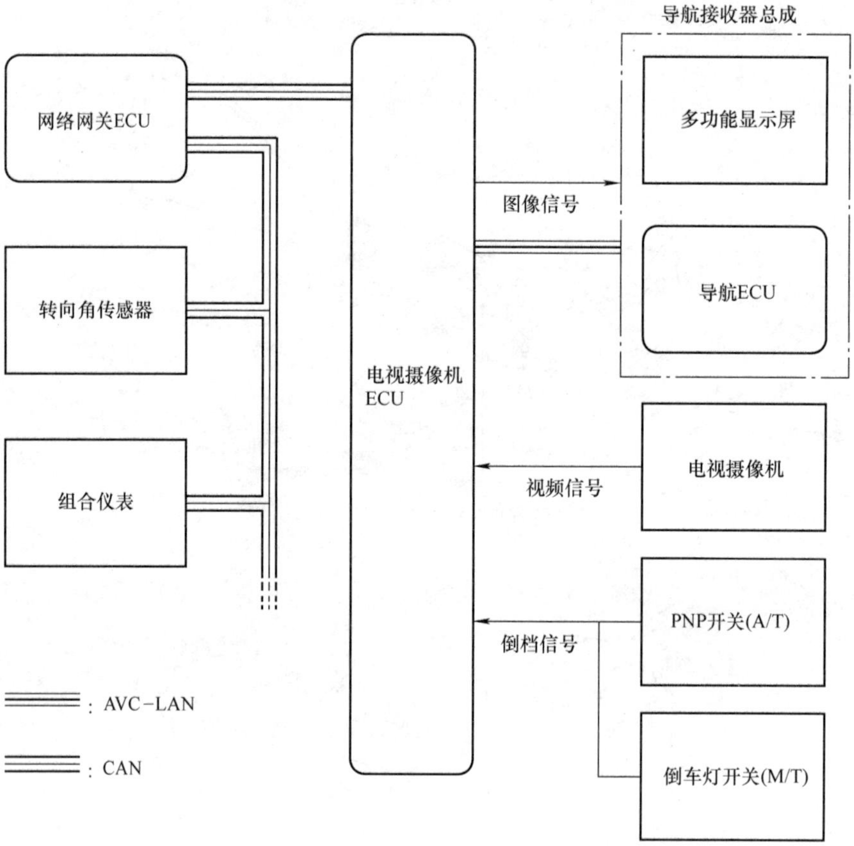

图 4-26 2007 款丰田卡罗拉轿车驻车后视野监视系统组成示意图

由丰田卡罗拉轿车驻车后视野监视系统组成示意图可知，该系统的各个 ECU 的输入和输出信号通信方法等见表 4-3。

表 4-3 丰田卡罗拉轿车驻车后视野监视系统各个 ECU 的输入和输出信号

发射 ECU（发射器）	接收 ECU	信号	通信方法
导航接收器总成	电视摄像机 ECU	车辆姿态信号	AVC - LAN
转向角传感器	电视摄像机 ECU	转向角信号	CAN
组合仪表	电视摄像机 ECU	车速信号	CAN

2. 零部件功能

丰田卡罗拉轿车驻车后视野监视系统的零部件功能见表 4-4。

表 4-4 丰田卡罗拉轿车驻车后视野监视系统的零部件功能

项目	功能
电视摄像机	• 安装在行李箱门上，将车辆的后视野发送至电视摄像机 ECU • 采用了电荷耦合器件（CCD）和广角镜头的彩色摄像机
电视摄像机 ECU	• 将包含电视摄像机拍摄的车辆后视野和驻车辅助标线的视频信号发送至多功能显示屏 • 通过接收来自传感器和多功能显示屏的信号影响系统的全面控制

（续）

项目	功能
多功能显示屏（导航接收器总成）	接收视频信号并显示在显示面板上，这些信号包含来自电视摄像机 ECU 的车辆后视野和驻车辅助指引的组合场景
导航 ECU（导航接收器总成）	使用内置于导航 ECU 的陀螺仪传感器检测到的横摆率将车辆的运动传送给电视摄像机 ECU
转向角传感器	检测转向盘的角度，并通过 CAN 通信将结果信号发送至电视摄像机 ECU
组合仪表	发送车速信号

3. 操作说明

变速杆移至倒档位置时，倒档位置信号输入到 PNP 开关（A/T）或倒车灯开关（M/T）系统。接收到倒档位置信号后，电视摄像机 ECU 将多功能显示屏的当前画面切换为驻车辅助监视画面。

在纵列式驻车辅助模式中，合适的转向角和定时信息可以在纵列式驻车时提供给驾驶人。这种功能是基于转向角传感器信号和发送给电视摄像机 ECU 的车辆角度数据信号的信息来实现的。

在手动辅助模式中，不使用转向角传感器信号与车辆角度数据信号来控制驻车辅助操作，需要车速信号以调整转向角中心点。

4. 通信系统

驻车辅助监视系统通过 AVC－LAN[⊖] 在零部件间进行通信。另外，纵列式驻车辅助模式判断从导航接收器总成通过 AVC－LAN 传送来的车辆角度数据（通过对内置于导航接收器总成的陀螺仪传感器的横摆率进行积分，由导航接收器总成来计算该数据）。

5. 诊断功能

驻车辅助监视系统具有诊断功能（显示在导航接收器总成的“导航系统”上）。

在组成 AVC－LAN 的每个零部件中设置一个 3 位数的“单元代码（物理地址）”编码（十六进制表示）。

在组成 AVC－LAN 的零部件的每一功能中设置一个 2 位数的“逻辑地址”编码（十六进制表示）。

6. 故障症状表

当系统出现故障时，可按表 4-5 所示的故障症状表进行检查。

表 4-5　故障症状表

症状	故障原因或可疑部位
变速杆在倒档位置时，不显示驻车辅助监视器图像（屏幕不是黑色）	电视摄像机 ECU 电源电路
	倒档信号电路
	电视摄像机 ECU
	导航接收器总成

⊖ AVC－LAN 是“AudioVisual Communication LocalArea Network（音频/视频通信局域网）”的缩写，它是由丰田汽车公司所属制造商开发的一种统一标准。该标准涉及音频/视频信号以及开关和通信信号。

（续）

症状	故障原因或可疑部位
变速杆在倒档位置时，不显示驻车辅助监视器图像（屏幕是黑色）	电视摄像机 ECU 和导航接收器总成之间的显示信号电路
	电视摄像机 ECU 和电视摄像机总成之间的显示信号电路
	电视摄像机总成
	电视摄像机 ECU
变速杆不在倒档位置时，显示驻车辅助监视器图像	倒档信号电路
	电视摄像机 ECU
手动辅助模式屏幕正常，但是通过按下开关来变成纵列式驻车辅助模式时屏幕没有变化	导航接收器总成
	电视摄像机 ECU
驻车辅助监视器图像故障（颜色、图像不清晰）	电视摄像机 ECU 和电视摄像机总成之间的显示信号电路
	电视摄像机 ECU 和导航接收器总成之间的显示信号电路
	电视摄像机总成
	电视摄像机 ECU
	导航接收器总成
用“纵列式驻车辅助”模式进行车辆驻车时，即使车辆开始行驶，屏幕也没有变化	以非常低的速度倒车时，可能发生这种情况
显示“SYSTEM INITIALIZING”	转向角中心点
不显示投影行驶方向引导线	CAN 通信系统
	电视摄像机 ECU

当显示屏上显示“SYSTEM INITIALIZING”时，应进行转向角中心点的校正。使用以下任一方法校正转向角中心点。

1）将转向盘向左和向右打到底。

2）在交通畅通的直路上以 20km/h 以上的车速驾驶车辆，时间在 5min 以上。

将车辆停止，并检查是否存储了中心点。如果尚未存储，则驱车再行驶一段时间（当车辆直行时，中心点才会被保存）。

提示：车辆以匀速行驶时，ECU 会识别出转向角变化最小的点，并将这一点作为转向角中心点保存。

当更换电视摄像机、电视摄像机的安装发生改变、车辆的实际路径偏离预期路径（黄色引导线）时，就应进行调整电视摄像机光轴（摄像机位置设置）。更换电视摄像机 ECU 后，则应使之存储器中的转向角中心点、存储左右最大转向角及电视摄像机光轴位置，即进行转向角中心点的校正与摄像机位置设置。调整电视摄像机光轴（摄像机位置设置）的具体调整步骤请读者参见原厂维修手册。

四、大众自动泊车系统

第三代自动泊车辅助系统（2.0 版）首次安装在 2011 款 Touran 和 Sharan 上。与前两代自动泊车辅助系统（1.0 版）和（1.5 版）相比，2.0 版的系统在各方面又有了显著的提高。

第三代自动泊车系统不仅能辅助车辆停入更小的平行于车道的车位（平行泊车），而且还能将车辆停入横置于车道上的车位（垂直泊车）。这两种停车过程都是通过多次移位来实现的。

与前两代自动泊车辅助系统相比，第三代系统中植入了一个主动的制动干涉，以避免在泊车过程中可能出现的车辆损坏。此外，该功能还能辅助车辆驶出平行泊车位。

2007 款 Touran 首次采用了自动泊车辅助（PLA）系统。自动泊车辅助系统可以在泊车时为驾驶人提供帮助，它能自主进行转向运动，驾驶人仅需控制节气门、制动以及挂档，并且驾驶人可以随时接管转向盘，停止系统作用。

自动泊车辅助系统 2.0 版可以帮助车辆进入更短的平行泊车位。除了新增的垂直泊车功能，在平行泊车方面也增添了新功能，比如，可使车辆部分或全部停在路沿上，在其他障碍物（树、灌木丛或摩托车）之间停车，以及在弯道停车。此外还能帮助车辆驶出泊车位。

自动泊车辅助（PLA）系统的功能包括：

1）泊车辅助系统也被称为泊车距离控制（PDC）系统。可单独使用泊车距离控制系统，但前提是要启动 PLA 功能（如在前进泊车时）。

2）泊车过程中的自动转向功能。

系统比较：通过前后各 6 个传感器以及对系统网络的扩展和对软件的更新，实现了自动泊车辅助系统 2.0 版的功能。表 4-6 为大众自动泊车辅助系统 1.0 版、1.5 版和 2.0 版的比较。

表 4-6　大众自动泊车辅助系统 1.0 版、1.5 版和 2.0 版的比较

		自动泊车辅助系统 1.0 版（第一代）	自动泊车辅助系统 1.5 版（第二代）	自动泊车辅助系统 2.0 版（第三代）
传感器		前端 6 个传感器 后端 4 个传感器	前端 6 个传感器 后端 4 个传感器	前端 6 个传感器 后端 6 个传感器
测量停车位		始终测量，即使 PLA 关闭	始终测量，即使 PLA 关闭	始终测量，即使 PLA 关闭
泊车	平行泊车	平行泊车位 路沿 泊车位长度 = 车身长度 +1.4m 泊车过程：一次移车入位 寻找车位时的最大限速：30km/h	平行泊车位 路沿 泊车位长度 = 车身长度 +1.1m 泊车过程：一次移车入位或多次移车入位 寻找车位时的最大限速：30km/h	平行泊车位 路沿 弯道 树或其他障碍物之间 泊车位长度 = 车身长度 +0.8m 泊车过程：一次移车入位或多次移车入位 寻找车位时的最大限速：40km/h
	垂直泊车			垂直泊车位 泊车位宽度 = 车身宽度 +0.7m 泊车过程：一次移车入位或多次移车入位 寻找车位时的最大限速：20km/h

（续）

	自动泊车辅助系统1.0版（第一代）	自动泊车辅助系统1.5版（第二代）	自动泊车辅助系统2.0版（第三代）
驶出泊车位			从平行泊车位中驶出 泊车位长度＝车身长度＋0.5m 驶出过程：一次移车出位或多次移车出位
制动辅助			在泊车时速度过高或有碰撞隐患时启用ESP系统以减少损伤

大众自动泊车辅助系统2.0版的组成如图4-27所示。要实现自动泊车这样一个复杂的功能，需要车辆的各个子系统协同工作。系统示意图展示了CAN数据总线中的联网关系。图中，E266为泊车辅助系统按键；E581为自动泊车辅助系统按键；G203为左后泊车辅助系统传感器；G204为后部左中泊车辅助系统传感器；G205为后部右中泊车辅助系统传感器；G206为右后泊车辅助系统传感器；G252为右前泊车辅助系统传感器；G253为前部右中泊车辅助系统传感器；G254为前部左中泊车辅助系统传感器；G255为左前泊车辅助系统传感器；G568为左前自动泊车辅助系统传感器；G569为右前自动泊车辅助系统传感器；G716为左后自动泊车辅助系统传感器；G717为右后自动泊车辅助系统传感器；H15为后部泊车辅助系统警告蜂鸣器；H22为前部泊车辅助系统警告蜂鸣器；J791为自动泊车辅助系统控制单元；K136为泊车辅助系统指示灯；K241为自动泊车辅助系统指示灯。

电控机械式助力转向系统组成如下：G85为转向角传感器；G269为转向力矩传感器；J500为助力转向控制单元；V187为电控机械式助力转向器的电动机。

制动系统组成如下：F为制动灯开关；G44为右后车轮转速传感器；G45为右前车轮转速传感器；G46为左后车轮转速传感器；G47为左前车轮转速传感器；J104为ABS控制单元。

发动机和变速箱管理系统组成如下：F4为倒车灯开关；F416为起动/停止装置按键（仅限配备起动/停止装置的车辆）；J217为自动变速箱控制单元（仅限配备自动变速箱的车辆）；J623为发动机控制单元；J519为车载电网控制单元。

组合仪表和转向柱电子装置组成如下：E2为转向灯开关；E86为多功能显示器调用按键；G17为车外温度传感器；J285为组合仪表内的控制单元；J527为转向柱电子装置控制单元；J533为数据总线诊断接口

挂车识别装置（仅限配备挂车挂钩和挂车识别装置的车辆）组成如下：J345为挂车识别控制单元；U10为挂车运行插座。信息娱乐系统包括R，即收音机/导航系统。

现将大众自动泊车辅助系统2.0版的工作原理介绍如下：

1. 泊车

使用自动泊车辅助系统2.0版倒车入位的过程可分为如下几个阶段：测量泊车位长度→启动自动泊车辅助系统→在自动泊车辅助系统帮助下进行泊车。

（1）测量泊车位长度　自动泊车辅助系统在向驾驶人提供转向帮助之前，必须先对泊车位进行测量，并识别车辆相对于泊车位的位置。

即使自动泊车辅助系统2.0版未开启，传感器（G568和G569）仍保持工作状态。这样在车辆前行过程中，当车速低于40km/h（平行泊车位）或低于20km/h（垂直泊车位）时，

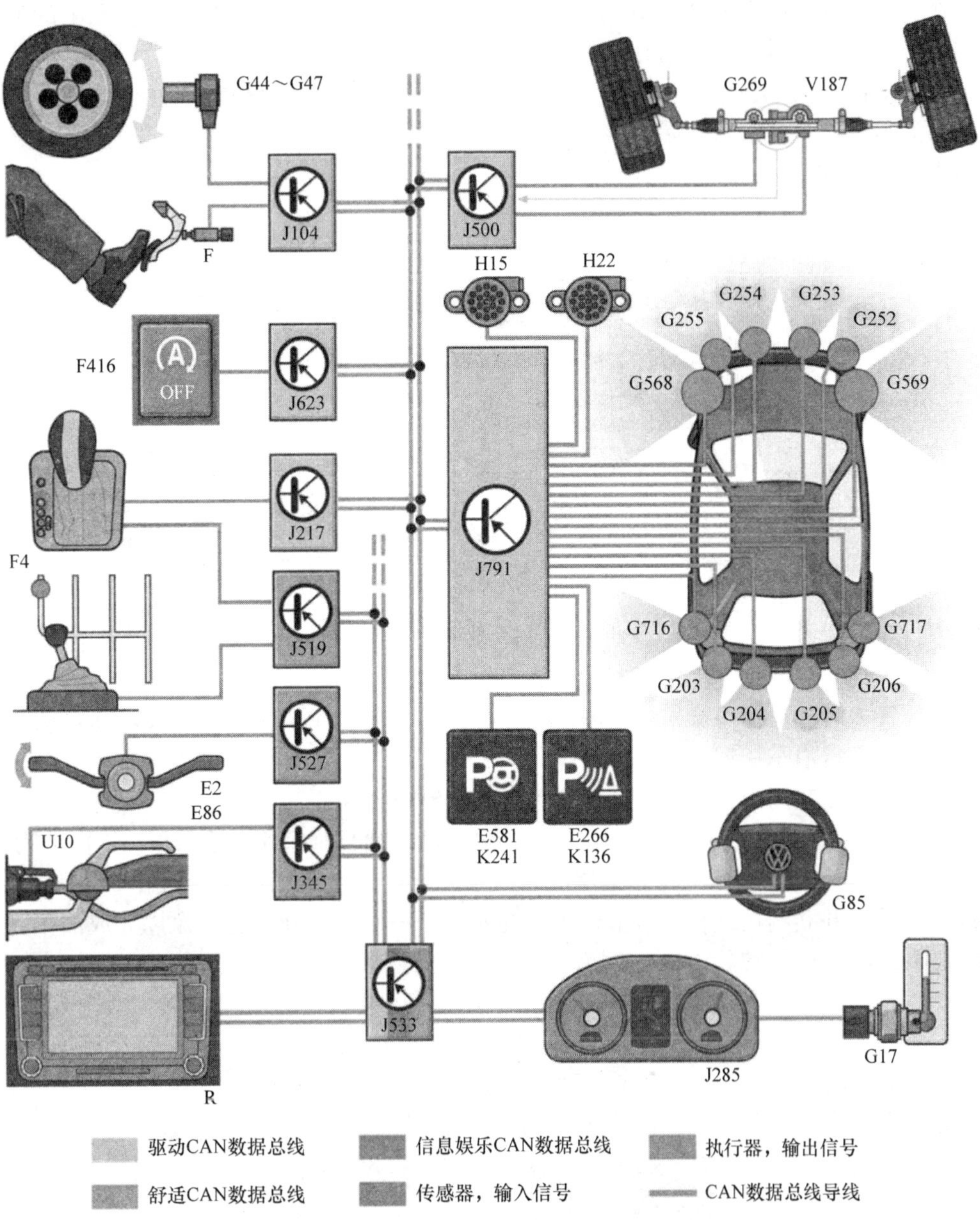

图 4-27　大众自动泊车辅助系统 2.0 版

两个位于车前端的传感器便会测量车两侧所有可停入的泊车位。这两个传感器的探测范围在 4.5m 左右。

通过上述方法还能找到并识别出在转弯处或弯道上的泊车位，与在笔直道路上没有差别。除车辆以外，系统还能识别到其他物体以及某一物体后的或是两个物体之间的泊车位。如果 PLA 没有识别出泊车位前面较小的物体，当车辆靠近这些物体时，会由泊车距离控制系统发出警告声。

无论泊车位在道路的左边还是右边，最后一个被测泊车位的数据会临时存储在自动泊车辅助系统的控制单元中。当发现新的泊车位或车辆已远离上一个泊车位（驶离平行泊车位超过 15m，垂直泊车位超过 8m）时，关于上一个泊车位的数据就会被删除。

若在有效范围内按下 PLA 按键开启了自动泊车辅助系统，记录在控制单元中的泊车位就会在组合仪表显示器上显示为在长方形阴影中的一段空白区域。

关闭发动机（发动机停止）以后，存储在自动泊车辅助系统控制单元里的泊车位就会被删除，泊车位测量会重新开始。

图 4-28 为在道路右边测量泊车位的过程。

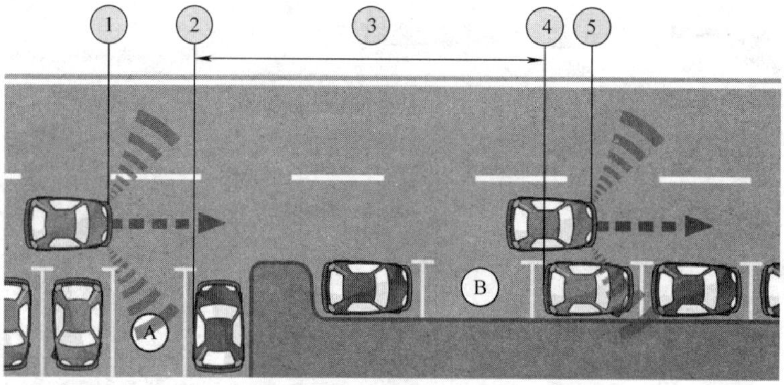

图 4-28 在道路右边测量泊车位的过程

图中，在位置 1 处，未开启自动泊车辅助系统的车辆以低于 20km/h 的速度行驶（在此速度下，平行泊车位和垂直泊车位都能被找到）。

到达位置 2 时，泊车位（A）将被暂存在控制单元中，如果此时驾驶人启动自动泊车辅助系统，就可进行泊车。

在位置 3 这段范围内，泊车位（A）仍存在控制单元中。

到达位置 4 时，下一个可用泊车位（B）被测量并被暂时保存，泊车位（A）被删除。

到达位置 5 处，驾驶人驶过泊车位（B）并按下自动泊车辅助系统按键，泊车位（B）被存入控制单元并立刻在组合仪表显示屏上显示出来。车辆所在位置不足以完成泊车。系统要求驾驶人继续向前行驶。

以下因素会影响泊车位的识别：界定泊车位的物体类型（如汽车、树、摩托车等）；泊车位的长度与深度；路沿；车辆经过泊车位时的速度；天气情况（如下雪、冰冻、暴雨、暴风等）；地面情况（如落叶、井盖、碎石路面等）。

测量平行泊车位相关参数如图 4-29 所示。

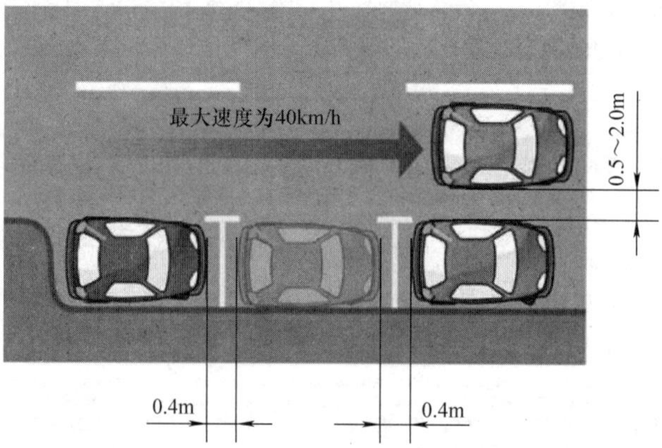

图 4-29 测量平行泊车位的相关参数

测量泊车位时，符合要求的平行泊车位长度应大于车身长度加上机动距离与安全距离（前后至少各留有0.4m）。驶过泊车位时的车速要低于40km/h。车辆的最佳起始位置应在平行泊车位旁，处于行驶方向，且车辆侧面与已停放好的车辆之间的距离为0.5～2.0m。

测量垂直泊车位的相关参数如图4-30所示。

测量泊车位时，符合要求的垂直泊车位长度应大于车身长度加上机动距离与安全距离（左右至少各留有0.35m）。驶过泊车位时的车速要低于20km/h。车辆所在的最佳位置应在垂直泊车位旁，处于行驶方向，且车辆侧面与已停放好的车辆之间的距离为0.5～2.0m。

一旦泊车位被确定，自动泊车辅助系统就会通过组合仪表显示屏上的阴影部分要求驾驶人继续前行，驶过泊车位，直至达到一个适合泊车起始位置。

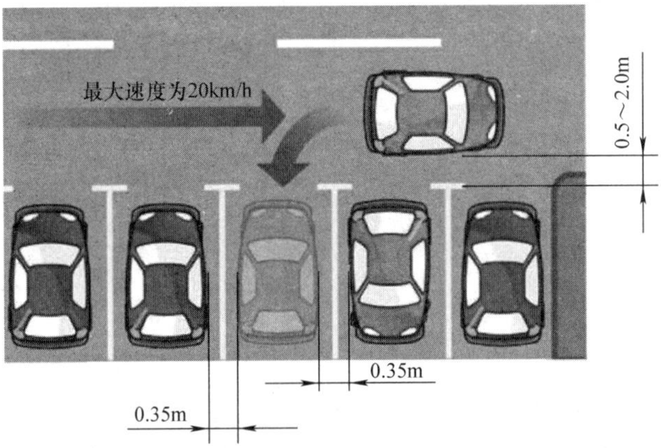

图4-30　测量垂直泊车位的相关参数

测量泊车位功能的关闭：

当车速为40～50km/h（针对平行泊车位）或20～50km（针对垂直泊车位）时，自动泊车辅助系统切换至被动模式（待机模式），驾驶人可以在组合仪表显示屏上看到指示。当车辆速度再次低于40km/h或20km/h时，无需重新按键启动系统，传感器就会开启并开始探测泊车位。

在车辆速度超过50km/h时，测量泊车位的传感器会完全关闭，并且之前保存的数据会被删去。自动泊车辅助系统必须重新启动。

当车辆停止行驶超过30s时，传感器也会暂时关闭。一旦车辆再次启动，传感器会重新启动。

（2）启动自动泊车辅助系统　每次进行泊车过程前，都需要通过按键E581来启动自动泊车辅助系统。亮起的自动泊车辅助系统指示灯K241表示系统已开启。

组合仪表显示器上可能会显示已存在存储器里的泊车位，也可能还未确认和保存任何泊车位，然后就会要求驾驶人继续行驶。

根据按键次数的不同，可以在要进行泊车时选择以下不同的功能：

第1次按键：开启自动泊车辅助系统，并自动在显示屏上显示车辆右侧的平行泊车位。

第2次按键：自动在显示屏上显示车辆右侧的垂直泊车位。

第3次按键：关闭自动泊车辅助系统。

如果驾驶人想在道路左侧泊车，只需在按下自动泊车辅助系统按键后，打开左转向灯来进行切换。

原则上自动泊车辅助系统默认左置转向盘车辆应在道路右侧停泊。在这种情况下，驾驶人不需要给予车辆其他指令。右置转向盘车辆默认应在道路的左侧停泊。

安装有起动/停止装置的车辆，在开启自动泊车辅助系统后，发动机不会停止运转。

(3) 通过自动泊车辅助系统进行泊车　在测量到合适的泊车位且确定车辆位置恰当后，便可以开始泊车。在驾驶人开始进行自动泊车之前，必须先挂入倒车档，并在静止约0.5s后开动车辆。静止时间是指从挂入倒车档后到车辆真正开动的时间。在这段时间里，所有相关系统都会启动，并开始计算行驶路线。

在自动泊车过程中无需驾驶人操控转向盘。由自动泊车辅助系统来控制对方向的操作，并按照计算好的行驶路线驶入泊车位。在多次移车入位的过程中，驾驶人可以在组合仪表显示屏上看到前行或后退的操作提示。位于后部的两个轮速传感器G44和G46可以识别车辆是在前行还是后退。

此外，在倒车过程中还将额外用到8个泊车辅助系统传感器（4前4后）和4个侧面自动泊车辅助系统传感器（2前2后）来监控距离。当泊车过程结束后，组合仪表显示屏会提示自动转向辅助已完成。

如果在自动泊车过程中识别到车辆所处位置有危险情况，或驾驶人介入了转向盘控制，自动泊车就会中止。

1）泊入平行泊车位。

① 泊入正常的平行泊车位（图4-31）。驾驶人按下自动泊车辅助系统键选择平行泊车功能。相应的图示会显示在组合仪表显示屏上。平行泊车可以通过多次移位完成。

泊车时：从泊车起始位置到进入泊车位前的最高车速为9km/h（直线行驶）；在驶入泊车位的过程中，最大速度为7km/h（在转向盘转动后）。

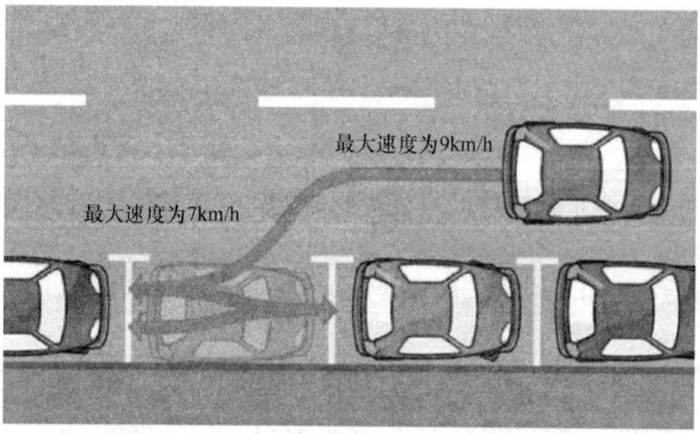

图4-31　泊入正常的平行泊车位

② 泊入障碍物之间（图4-32）。自动泊车辅助系统2.0版不仅能识别车辆，还可以识别其他物体。系统可以对如房屋墙面、围墙或路沿等进行定位。另外它还可以帮助驾驶人在如树木、垃圾桶、灌木丛或摩托车等障碍物间泊车。

如果识别到路沿，则会在距离路沿边缘15cm处以“通过路沿定位”的方式进行泊车。如果识别不到路沿，则会将车辆与停泊在障碍物前的其他车辆停成一排。

③ 部分或全部泊在路沿上（图4-33）。系统首先识别出路沿的边缘以及车辆与路沿边

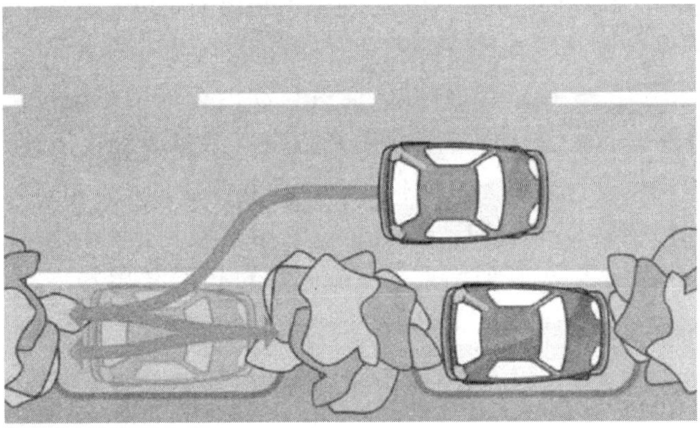

图 4-32　泊入障碍物之间

缘之间的距离。此外还要测量其他停着的车辆或物体，以此得出泊车位的长度与深度。

在泊车过程中，系统总是以其他车辆的位置为基准（通过车辆定位）。如果停着的车辆有部分停泊在路沿上，那么待泊车辆也可部分停泊在路沿上。

如果两辆车的停泊方式不同，如一辆车部分停泊在行车道上，而另一辆车则全部停泊在人行道上，那么待泊车辆就与停在前面的车辆同排停泊。

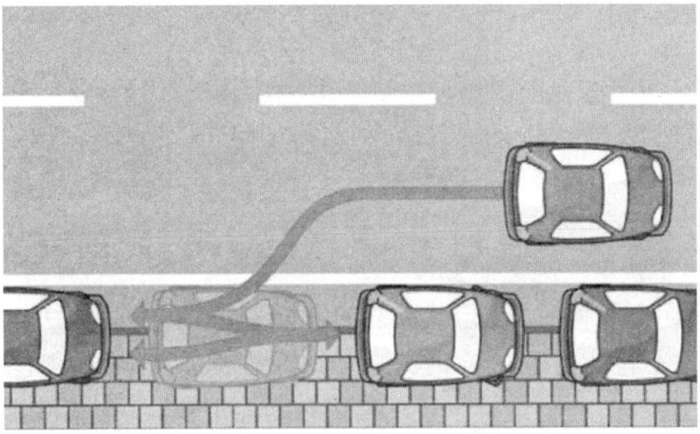

图 4-33　部分或全部泊在路沿上

④ 泊于弯道上（图 4-34）。系统还可以辅助在弯道上进行泊车。在其他条件不变的情况

图 4-34　泊于弯道上

下，系统可在半径超过20m的曲折道路上或弯道上识别出泊车位，过程与在直路上没有区别。

弯道的半径关系到行驶路线和最终停泊位置的计算。

2）泊入垂直泊车位（图4-35）。驾驶人通过自动泊车辅助系统按键，选择垂直泊车功能。相应的图示会在组合仪表显示屏上显示出来。垂直泊车过程可以通过多次移位来完成。为使两侧车门可以相同程度打开，系统会控制车辆停在车位的正中间。

位于车辆后侧的传感器G716和G717就是主要用来控制车辆，使其位于在车位的中间的。这两个传感器的探测范围与其他用来感应障碍物的PDC传感器一致。

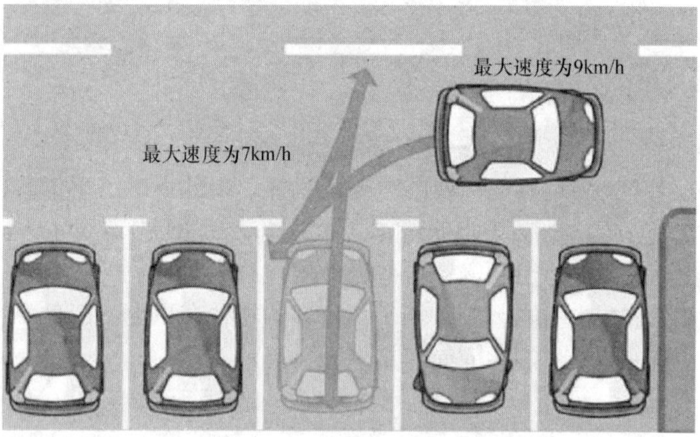

图4-35 泊入垂直泊车位

从泊车起始位置到进入泊车位前的最高车速为9km/h（直线行驶）；在驶入泊车位的过程中，最高车速为7km/h（在转向盘转动后）

（4）制动辅助 制动辅助有两个作用：在超过泊车限速时减速；在与障碍物有碰撞危险时，制动车辆至静止状态以避免损失。

1）在泊车过程中减速（图4-36）。在超过限速范围时，即 $v>9$km/h（直线行驶）或 $v>7$km/h（在驶入泊车位的过程中）时，自动泊车辅助系统会要求电子稳定程序（ESP）系统执行减速。然后泊车过程会继续，也就是说自动泊车辅助系统始终保持开启状态。

如果车辆继续加速至超过10km/h，自动泊车辅助系统将停止工作。

2）制动至静止状态（图4-37）。开始自动泊车后，在行驶路线上发现有障碍物且驾驶

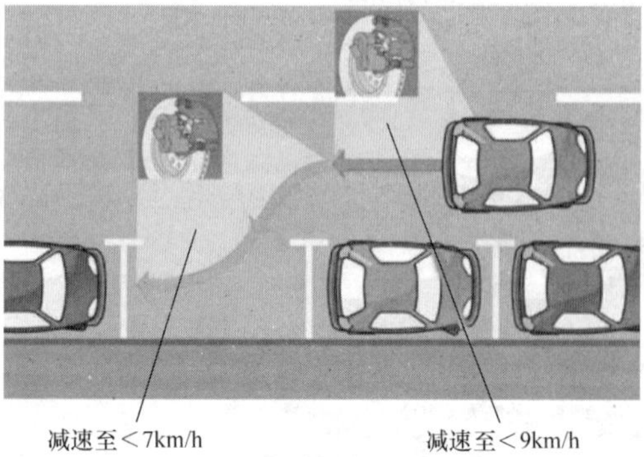

图4-36 在泊车过程中减速

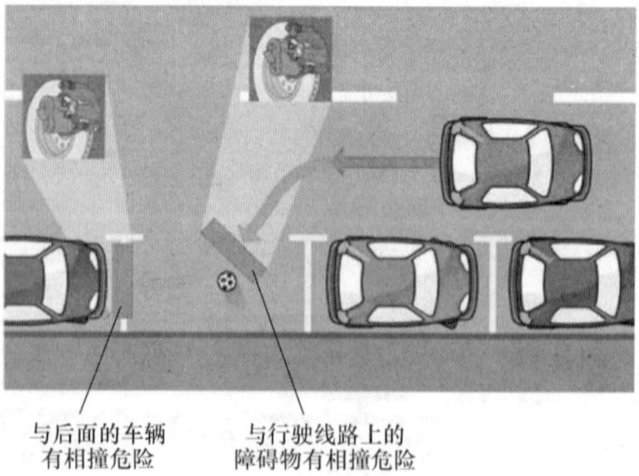

图4-37 制动至静止状态（有碰撞危险时）

人未能及时发现进行制动，或 PLA 系统发现与障碍物有相撞危险时，系统会进行制动直至车辆停止。该功能只有在车速不超出限速上下各 1.5km/h 的范围内时才可用。车辆被制动至静止状态后，自动泊车过程终止。

再次启动自动泊车辅助系统后，必须重新识别泊车位。

以上自动泊车辅助系统的制动功能仅用于减少损失或减少事故危害，不能作为安全系统来使用。

在理想条件下可以避免事故，但是不确保一定能在障碍物前停下。驾驶人仍然要注意对节气门、离合器和制动过程的控制。

（5）组合仪表显示屏上的图示　在自动泊车过程中，驾驶人会得到多个提示。驾驶人根据泊车距离控制器的提示音和组合仪表显示屏上的驾驶指示将车辆泊入车位。驾驶人在泊车过程中会在显示屏上看到如图 4-38 所示的一系列信息。

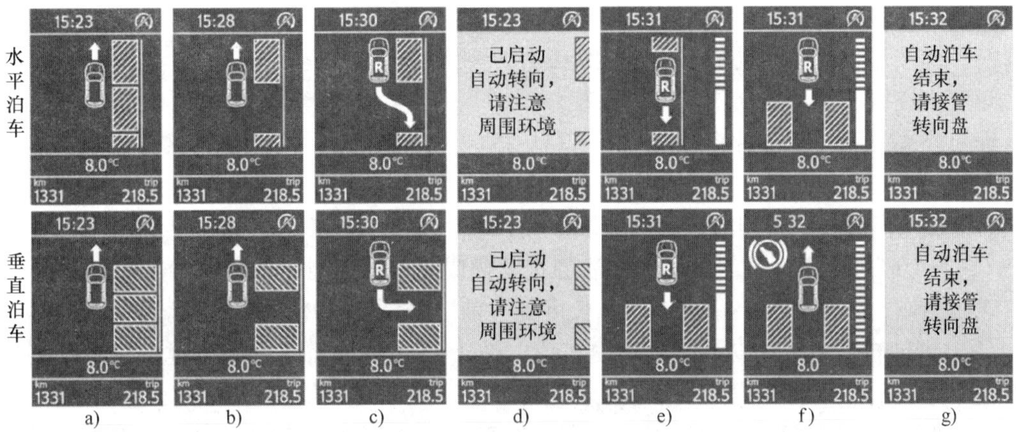

图 4-38　组合仪表显示屏上的图示

寻找泊车位：未找到任何泊车位，且自动泊车辅助系统内也未存储任何泊车位。驾驶人被要求继续向前行驶。显示如图 4-38a 所示。

位置调整：找到一个泊车位，但是车辆所在的泊车起始位置不满足进行泊车的条件。驾驶人被要求继续向前行驶。显示如图 4-38b 所示。

自动泊车辅助系统准备完毕：找到一个泊车位并且车辆处于最佳位置。现在系统要求驾驶人制动至车辆至静止、挂入倒车档，并在静止时间（0.5s）后开动车辆。显示如图 4-38c 所示。

自动转向已启动：组合仪表显示屏上显示的“自动转向已启动，请注意周围环境”提示驾驶人，自动转向干预已开始，驾驶人应注意周边环境，以便在不确定或有危险的情况下手动中止泊车过程。显示如图 4-38d 所示。

倒车提示：在挂入倒车档后，自动泊车辅助系统开始控制转向盘（自动转向），就是说系统会按照计算好的行驶路线帮助车辆驶入泊车位。侧边的行进条显示了车尾距离泊车位底线的距离。显示如图 4-38e 所示。

前行提示：如果系统响起持续音或行进条显示为空，制动图标就会出现，并要求将档位切换至前进档。因为在每次换档时，车轮都需要通过自动转向转至规定的角度，在这个过程中，系统会通过点亮制动图标提示驾驶人将脚置于制动踏板之上。驾驶人可以随时通过变换档位来改变行车方向。显示如图 4-38f 所示。

结束自动转向：如果车辆已停入泊车位的最佳位置，则泊车过程结束，组合仪表显示屏上显示“自动泊车结束，请接管转向盘”。除提示信息外，系统还会发出提示音。显示如图 4-38g 所示。

2. 驶出泊车位

在自动泊车辅助系统 2.0 版的帮助下向前驶出平行泊车位包括如下步骤：启动自动泊车辅助系统→测量泊车位→在自动泊车辅助系统帮助下驶出泊车位。

（1）启动自动泊车辅助系统　在每次驶出泊车位前都需要通过按键 E581 来启动自动泊车辅助系统。为了进入驶出泊车位模式，车辆在点火之后不得开动，即车辆的位置不得发生改变。根据按下自动泊车辅助系统按键的次数不同，可以在驶出泊车位时选择以下不同功能：

第 1 次按键：启动自动泊车辅助系统（用于驶出泊车位）。

第 2 次按键：关闭自动泊车辅助系统。

通过点亮自动泊车辅助系统指示灯 K241 来显示功能已激活。在组合仪表显示屏上会出现提示：“请打开转向灯，挂入倒车档”。

（2）测量泊车位　驶出泊车位的过程中，只需用到保险杠上的 PDC 传感器（前后各 4 个）。它们可以感应出与待泊车辆与前后静止车辆或障碍物之间的距离。

驶出泊车位需要的最小距离为车身长度加上前后分别至少 0.25m 的机动安全距离。

（3）借助自动泊车辅助系统驶出泊车位　按下自动泊车辅助系统按键，在系统测量完泊车位中车辆的位置后，就可以开始驶出泊车位了。驶出过程如图 4-39 所示。

驾驶人在车辆处于静止的状态下打开转向灯，挂入倒车档后起步，系统就开始辅助车辆自动驶出泊车位。转向灯的方向告知系统，车辆将从哪个方向驶出泊车位。

接下来驾驶人就可按照组合仪表显示屏的提示（与泊入时相同）进行操作。系统完成数次前后移位后，再由驾驶人接管转向盘。

如果自动泊车辅助系统认为，经过下一段规定的行驶路线后，车辆能够驶出车位，就会结束辅助过程并由驾驶人接管转向盘。

如果在自动驶出泊车位过程中识别到会危及车辆安全的物体，或驾驶人介入了转向操作，自动泊车辅助就会中断。

3. 与自动泊车辅助系统协同工作的各种子系统

自动泊车辅助系统需要与各种子系统协同工作，才能实现自动泊车功能。以下是参与工作的子系统：电控机械式助力转向系统、带 ABS 和 ESP 的制动系统、发动机和变速箱管理系统、组合仪表和转向柱电子系统、挂车识别系统（若配备）、信息娱乐系统、电控推拉门。

（1）电控机械式助力转向系统　配有电控机械式助力转向系统是安装自动泊车辅助系统的一个重要前提。该系统使得自动泊车辅助系统控制单元能够通过助力转向电驱动装置，主动实施自动转向功能。

助力转向控制单元 J500 主要用来控制转向装置。转向力矩传感器 G269 接收到驾驶人接管转向盘的信号后就能立刻终止自动泊车过程。

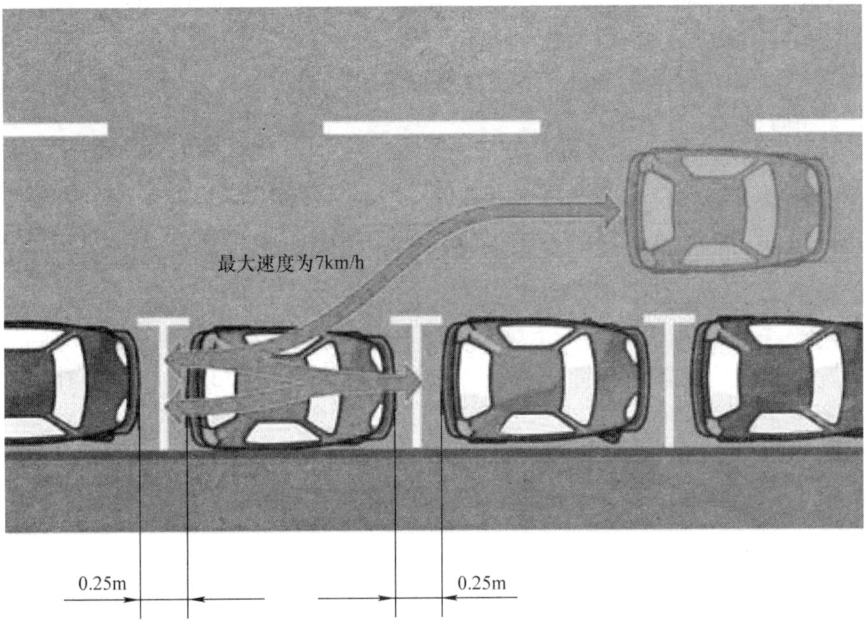

图 4-39　驶出泊车位

（2）带 ABS 和 ESP 的制动系统　ABS 控制单元 J104 传输车辆速度信号，并在车速过高时实施减速制动，直至车速低于 7km/h 或 9km/h。当有碰撞危险时，ESP 系统介入，制动车辆至静止并关闭 PLA。

后轮的两个轮速传感器 G44 和 G46 还负责识别车轮运动的方向。通过这两个传感器，PLA 系统可以得到车辆位移信息，并获悉车辆是在向前还是向后行驶。

（3）发动机和变速箱管理系统　自动变速箱控制单元 J217 可识别当前挂入的档位。

PLA 系统通过车载电网控制单元得到车辆挂入倒车档的信息。

对于装有起动/停止装置的车辆，在 PLA 系统启动状态下，发动机控制单元会控制发动机在车辆静止时不停止工作。

（4）组合仪表和转向柱电子系统　组合仪表内的控制单元 J285 负责显示以图标形式显示出在道路左侧或右侧的平行泊车位和垂直泊车位、行驶方向提示、制动提示以及各泊车阶段的进程，并能发出信号声。

车外温度由车外温度传感器 G17 测量并发送给组合仪表内的控制单元。它会影响障碍物间距离的测量结果，因为温度会影响气压，进而改变超声波的扩散速度。

通过转向灯 E2 可得知车辆要停泊在道路的哪一边。信号通过转向柱电子系统控制单元 J527 传递，并将相应的图像显示在组合仪表显示屏上。

（5）挂车识别系统　如果挂车装置 U10 识别出挂车插口被占用，就不能启动 PLA 系统。

（6）信息娱乐系统　收音机/导航系统可以为泊车距离控制器或倒车摄像头提供图像显示，在使用 PLA 系统泊车过程中也可显示障碍物。

收音机音量可以在 PLA 系统开启时通过编码调整。

（7）电控推拉门 对于带电控推拉门的车辆，在操纵车门时，PLA 系统将被关闭。

4. 系统故障保护

当出现系统故障或物理故障时，组合仪表显示屏上会出现提示。在车辆的使用说明书中可以找到一些相关的介绍。

在 4 个自动泊车辅助系统传感器 G568、G569、G716 和 G717 中，如果其中一个传感器失灵，就无法使用自动泊车功能。

在前后保险杠上的 8 个控制泊车距离的超声波传感器左后泊车辅助系统传感器 G203、后部左中泊车辅助系统传感器 G204、后部右中泊车辅助系统传感器 G205、右后泊车辅助系统传感器 G206、右前泊车辅助系统传感器 G252、前部右中泊车辅助系统传感器 G253、前部左中泊车辅助系统传感器 G254、左前泊车辅助系统传感器 G255 中，只要有一个传感器损坏，就会导致整个系统失灵。

第五章 音响娱乐系统故障的诊断与分析

第一节 音响娱乐系统故障的诊断

一、故障现象

音响娱乐系统不能正常工作，如音响娱乐系统完全无法工作、收音机不响或收到噪声、无法插入/播放 CD 或者 CD 插入后立即弹出、CD 声音跳跃、音质差（音量低）、多功能转向盘上的开关无法控制音量、个别扬声器没有声音、图像无法显示等。

二、故障原因

1）音响单元电源电路。

2）RADIO 或 AMP 等相关熔丝不良。

3）开关不良。

4）天线放大器电源不良。

5）天线放大器不良。

6）天线、天线馈电线不良。

7）汽车其他系统的防噪声零件或电子设备有故障，如点火系统故障、搭铁线或屏蔽线不良。

8）音响单元、音响放大器不良。

9）音响单元、放大器和扬声器之间的音响信号电路。

10）各开关设置调整不当，如“BASS”、“MID”和“TREB”调整不好使音质很差等。

11）显示单元、相关控制模块（如 BCM 等）不良。

12）AVC - LAN、LIN 数据总线、CAN 数据总线、MOST 总线等总线线路不良。

13）个别扬声器不良。

14）螺旋电缆、线束或连接器不良等。

三、故障诊断与排除的一般步骤

根据各汽车公司车型配置不同，音响娱乐系统的类型不尽相同，但现在轿车上一般至少配备收音机和 CD 系统。

很多影响收音机工作的故障无需将收音机拆卸下来就能进行排除。确认故障，并按照诊断程序查找和排除故障。为了正确诊断任何音响系统故障，确保蓄电池已充足电。

1）如果汽车音响完全无声（在任何放音模式下均无声），故障多发生在公共通道，如电源电路、系统控制电路、功放电路、电话转接器电路上。如既无声音，显示屏也无显示，应检查电源供应，检查 RADIO 或 AMP 等相关熔丝及开关。

2）如仅为 AM/FM 收音无声，则应针对具体收音电路进行检修。

3）如仅为 CD 无声，则说明汽车音响中的公共部分正常，即电源供电、系统控制电路、功放电路和扬声器均正常，应针对主机中的具体 CD 电路进行检修。如 CD 不读碟，则应检查激光头识读部分。

4）如显示屏显示不正常，则检查与 LCD 相关的电路部分。

5）收音机接收过程中产生噪声或受到干扰，则需要检查电台设置、天线损坏、天线插头、天线放大器与一些系统的静噪滤波器。

检查是否缺少天线信号或未对天线放大器供电等，并检查天线插头及天线是否损坏。确认天线连接器和天线同轴电缆是否清洁和紧固。

若音响娱乐系统在所有模式下音质都差（或音量低）：将“BASS”“MID”“TREB”设置为初始值，检查并确认声音正常。

检查车上是否安装了任何售后加装装置。如果发现售后加装装置，将它断开后再检查音频噪声是否仍然存在。

如果防噪声零件或电子设备有故障，汽车本身就可能成为噪声源。检查噪声是否随着发动机速度、点火开关旋转到不同位置以及各个电子设备的使用而产生和/或发生变化，然后再确定故障原因。

6）如果无法插入/播放 CD，或者 CD 插入后立即弹出、CD 声音跳跃，则先检查 CD，检查并确认 CD 没有变形或破裂，使用另一张 CD 检查其工作情况。

7）对采用 AVC－LAN、LIN 数据总线、CAN 数据总线、MOST 总线等的车载网络系统来说，应检查各总线状态。

8）如转向盘上的开关无法控制音量、选择曲目等，则检查螺旋电缆、转向盘上的开关是否不良。

9）如个别扬声器不发声，则应先检查该扬声器电路及扬声器本身。可将收音机音量调整到 50%，测量不工作的扬声器连接器上的音频信号电路之间是否存在交流电压。如果不存在交流电压，检查收音机的所有不工作扬声器的输出电路是否对蓄电池正极电压或对地短路。如果没有发现短路故障，更换收音机总成。

10）个别扬声器出现噪声，应检查扬声器连接器，确保其清洁和紧固。还应检查扬声器或周围装饰件是否松动或安装不正确，如装饰件松动会发出“嗡嗡”声或振动，听起来像一个有故障的扬声器。最后再更换扬声器试听效果。

11）如果只在某些状态下，出现噪声，则参照以下条目进行检查：

① 噪声在踩下加速踏板时增大，但在发动机停机时消失，检查发电机。

② 空调系统或加热器工作时出现噪声，检查鼓风机电动机。

③ 汽车在未铺砌路面上急加速时或将点火开关置于 ON（IG）位置或 ON（ACC）位置后出现噪声，检查燃油泵。

④ 在扬声器开关按下并松开，或按住扬声器开关不放时出现噪声，检查扬声器。

⑤ 转弯信号灯闪烁时出现同步噪声，检查闪光器。

⑥ 车窗清洗器工作时出现噪声，检查清洗器电动机。

⑦ 发动机运转时出现噪声，且发动机停机后噪声持续，检查发动机冷却液温度传感器。

⑧ 刮水器工作时出现噪声，检查刮水器电路。

⑨ 踩下制动踏板时出现噪声，检查刹车灯开关。

如仍不能发现故障部位，在噪声出现时，逐一拆除熔丝或断路器，直到噪声消除；查明由该熔丝供电的系统或部件；重新安装所有熔丝和断路器；逐一断开由该熔丝提供电源的部件，直到故障消除。

如果在操作开关时产生“砰砰”声，必要时执行以下维修：在开关触点之间添加一只电容器；在开关的蓄电池正极电压（+B）侧与底盘接地点之间增加一只电容器；在开关接地侧与底盘接地点之间添加一只电容器。

第二节　音响娱乐系统故障诊断、排除的相关要点

一、弄清音响娱乐系统的类型、组成

音响娱乐系统是信息和通信系统的组成部分，其用途是通过声音媒介为驾驶人和乘客提供娱乐和信息。

1. 音响娱乐系统的类型

世界汽车音响的发展可分为五个时代：收音机时代（20 世纪 40～60 年代）、卡带机时代（20 世纪 70 年代）、CD 机时代（20 世纪 80 年代）、DVD 机时代（20 世纪 90 年代）、导航器时代（2000 年以后）。

中国汽车音响的发展也可分为五个时代：收音机时代（20 世纪 80 年代）、卡带机时代（20 世纪 80 年代）、CD 机时代（20 世纪 90 年代，与发达国家相比，落后 10 年左右）、DVD 机时代（2000 年以后，与发达国家相比，落后 5 年左右）、导航器时代（2000 年以后，与发达国家相比，落后 3 年左右）。

目前，不少汽车就采用了与导航系统兼容的 DVD/VCD 系统，汽车音响向多媒体、多功能、使用便利的方向发展，随着电子技术和计算机技术的不断进步，汽车音响娱乐的功能将进一步得到完善，成熟的硬盘播放器将是 DVD 的替代品，iPod（苹果公司设计和销售的系列便携式多功能数字多媒体播放器）不仅成为主流，更有可能成为主宰，有的新车、新主机已加配了 iPod 等接口，便是一个有力的佐证。

要弄清楚音响娱乐系统的类型，主要是要弄清楚其具备的功能，如弄清楚是只具有收音机和 CD 放音功能的音响系统，具有 DVD 影像功能的影音娱乐系统，还是具有 DVD 导航系统等。

宝马车系根据配置不同，一般将其系统按照除扬声器外的组成模块的组合进行区分。

成熟的硬盘播放器将是 DVD 的替代品，iPod 不仅成为主流，更有可能成为主宰，有的新车、新主机已加配了 iPod 等接口，便是一个有力的佐证。

根据车辆情况，系统功能由一个或多个控制单元执行，但一般由以下模块组成：操作单元、显示单元、调谐器、放大器。

操作单元［B］和显示单元［A］是用户与系统之间的联系界面。调谐器［T］负责调节广播电台和信号解调。放大器［V］用于将通过车内扬声器播出的音频信号放大。

根据这些组成模块的组合方式分为如图 5-1 所示的 4 种。

1）在 Business CD 收音机（E83）或 Professional 收音机（E90）上，操作单元、显示单元、调谐器和放大器模块安装在一个壳体内，简称为［BTVA］型。

2）E83/E85 CID 收音机（Professional 导航系统）壳体内包括操作单元、调谐器和放大器模块，显示单元（CID）模块单独安装，简称为［BTV］［A］型。

3）在 E60 Business CD 收音机中调谐器和放大器模块集成在 M - ASK 控制单元内，操作单元（控制器）和显示单元（CID）模块分别单独安装，简称为［B］［TV］［A］型。

4）在 E65 Business 或 Professional 收音机中调谐器（AVT）、放大器（ASK）、操作单元（控制器）和显示单元（CD）分别单独安装，简称为［B］［T］［V］［A］型。

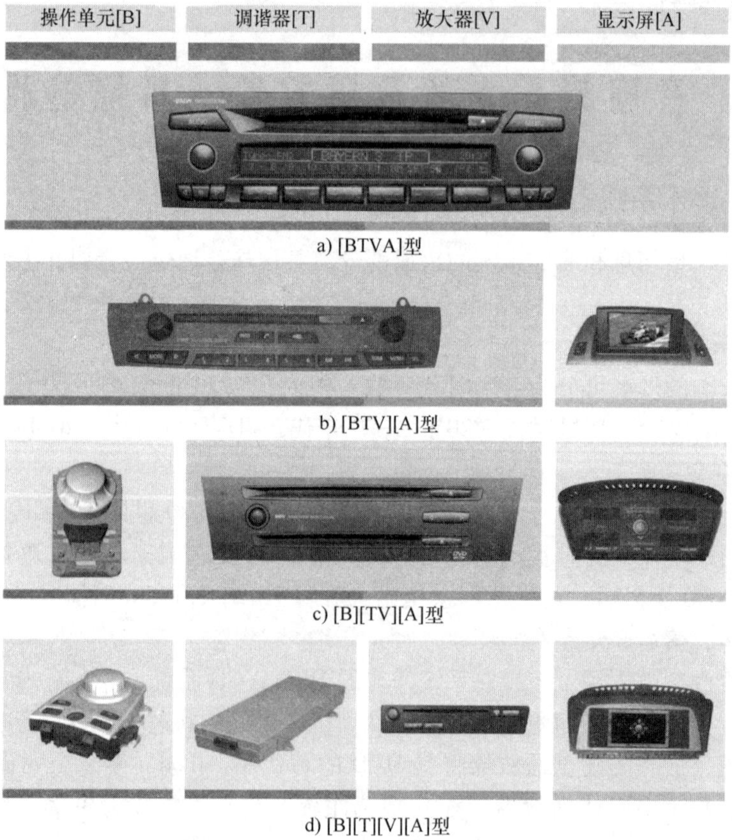

图 5-1 操作单元、显示单元、调谐器、放大器的组合

2. 汽车音响的组成

（1）汽车音响的一般组成 汽车音响的结构随车型和等级有所不同。在某些情况下，

用户可以根据零售商的推荐来选择构件。如图 5-2 所示，一般有下列元件。

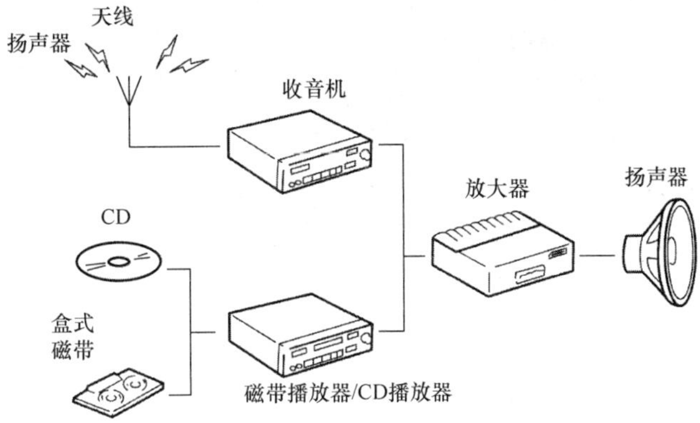

图 5-2 汽车音响的一般组成

1）收音机。天线接收无线电台发射的无线电波，将它转变成声音信号并送到放大器。几乎所有的收音机均能接收到 AM/FM 广播，并且有一微机控制的调谐器。

2）磁带和 CD 放音机。磁带放音机读取磁带上所录制的模拟信号，并将声音信号发送到放大器。此装置有自动倒带、自动检索功能等。CD 放音机读取光盘上的数字信号，执行数字 – 模拟（D – A）转换，并把声音信号发送到放大器。因为使用数字信号，CD 的声音比磁带的声音清晰。它可以快速地选择歌曲，这是 CD 放音机的一个优点。

3）放大器。放大器将来自收音机、磁带放音机和 CD 放音机的信号放大，并将其信号送到扬声器。

4）扬声器。扬声器将放大了的电信号转变成空气振动（声音）。要听立体声，至少必须有两只扬声器。

（2）丰田汉兰达音响娱乐系统 丰田汉兰达带导航的音响娱乐系统与常规车辆使用 2 个分离式装置（1 个“收音机和显示屏”和 1 个“导航 ECU”）不同，它采用将这些装置结合为一个单元的形式，如图 5-3 所示。

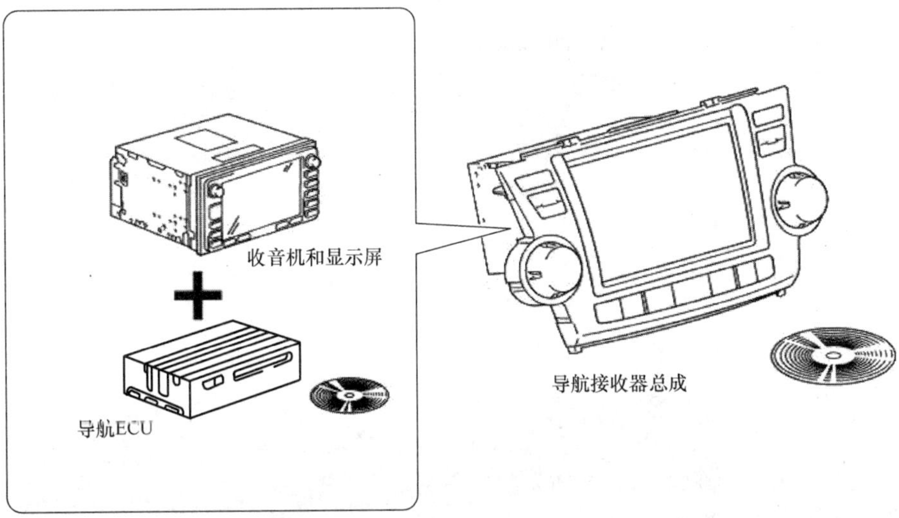

图 5-3 丰田汉兰达的导航接收器

丰田汉兰达带导航的音响娱乐系统的零件位置如图 5-4 所示。

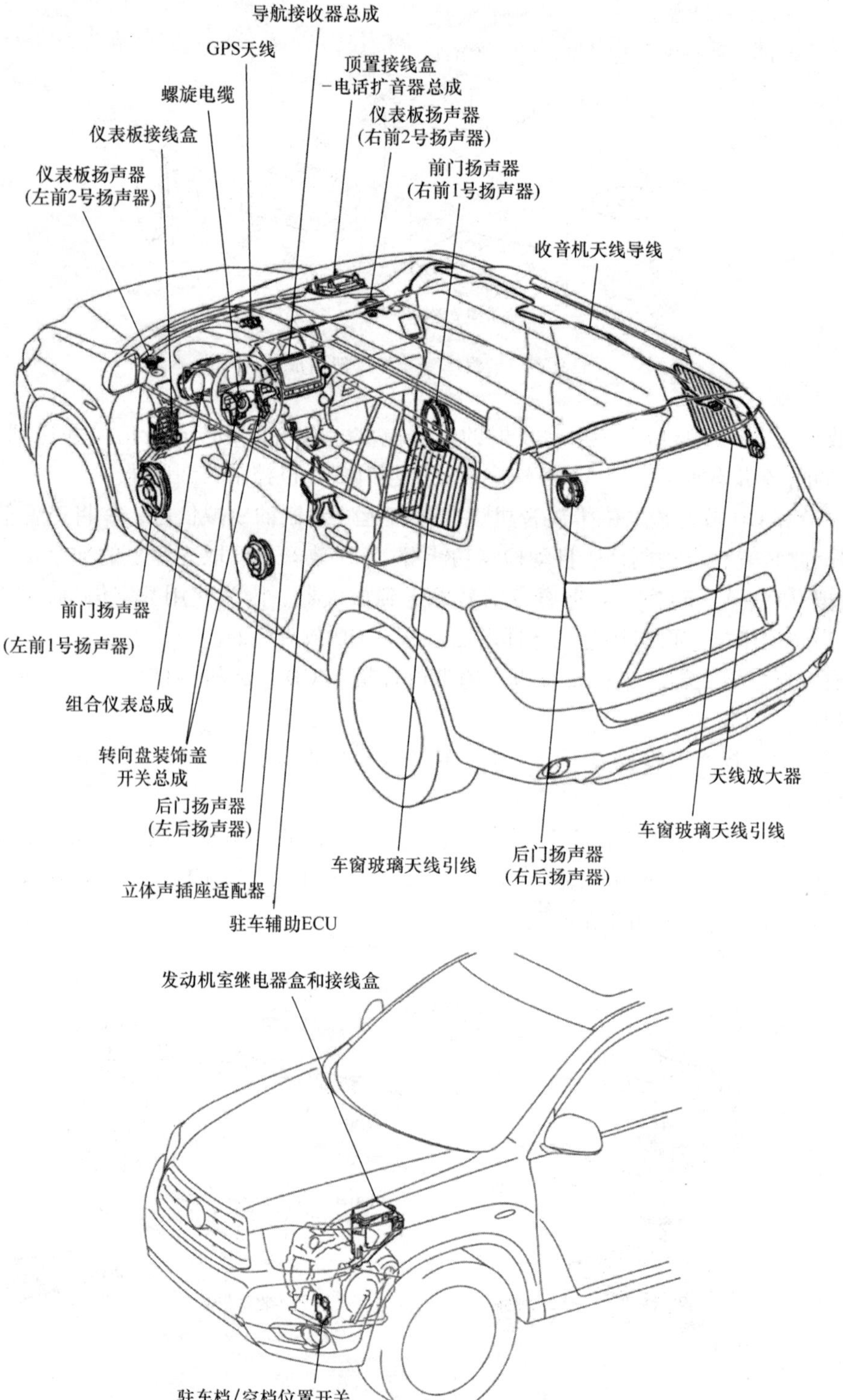

图 5-4 丰田汉兰达带导航的音响娱乐系统零件位置分布

其系统组成示意图如图 5-5 所示。

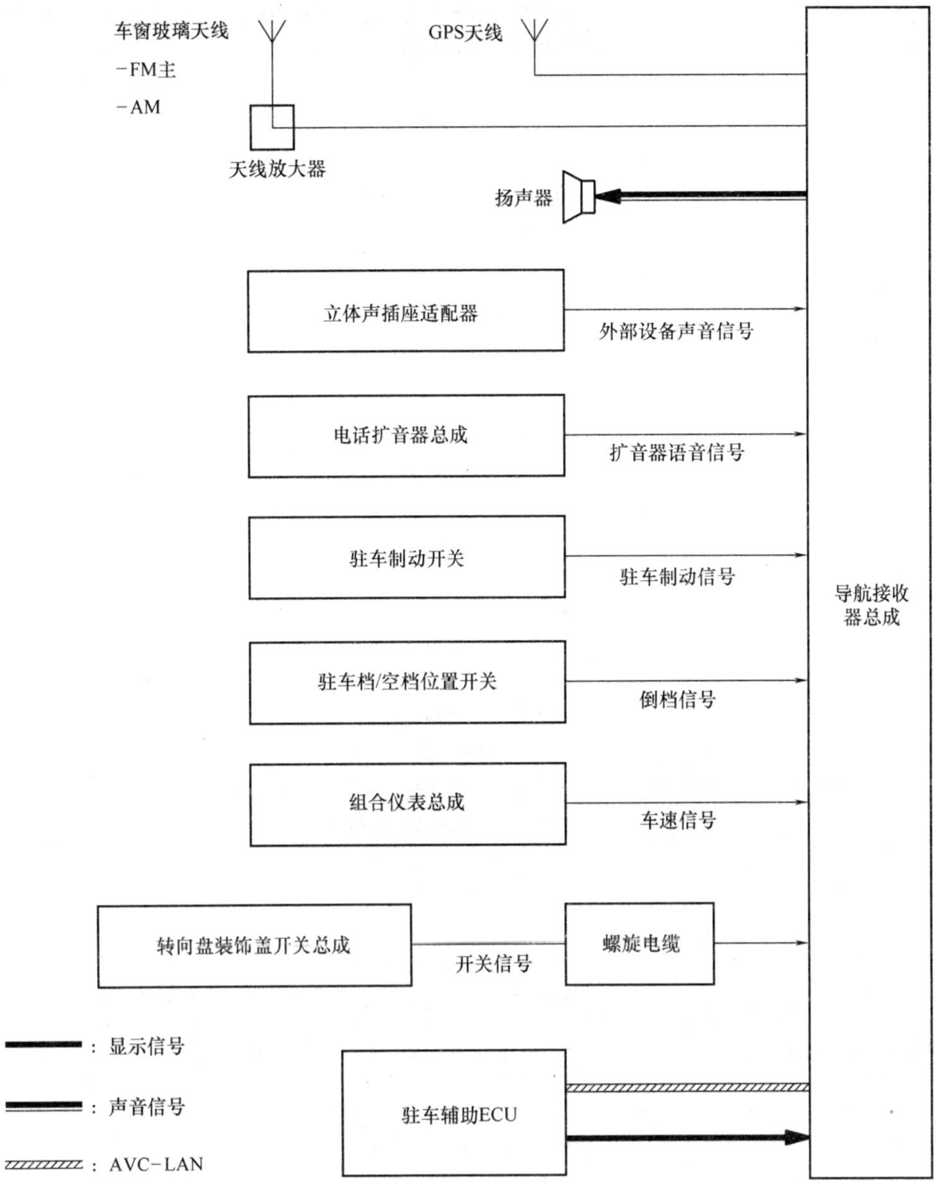

图 5-5　丰田汉兰达带导航的音响娱乐系统组成示意图

系统的主要功能见表 5-1。

(3) 宝马 E90 顶级高保真音响系统的组成　宝马 E90 顶级高保真音响系统的组成如图 5-6 所示。

表 5-1 丰田汉兰达带导航的音响娱乐系统主要功能

功能	概要
导航屏幕显示	通过使用 GPS 和储存在 DVD 中的地图数据，导航系统分析车辆位置并在此屏幕所显示的地图上指示该位置
音响/视频系统	显示以下三种操作： 收音机操作 CD 播放操作及换片操作 DVD 播放操作
电话操作屏幕显示	当兼容蓝牙技术的移动电话在导航和收音机总成上注册后，驾驶人可以通过操作屏幕或转向盘衬垫上的开关使用移动电话拨打和接听电话，或进行免提通话
驻车辅助监视系统	当变速杆移至倒档位置时，显示驻车引导线以辅助驾驶人进行驻车，并显示由安装在背门上的电视摄像机拍摄的车辆后侧区域视图
保养信息	可根据日历功能和车速信号通知驾驶人检查或更换以下项目 • 发动机机油：更换发动机机油 • 机油滤清器：更换发动机机油滤清器 • 换位：轮胎换位 • 轮胎：更换轮胎 • 蓄电池：更换蓄电池 • 制动衬块：更换制动衬片 • 刮水器：更换刮水器片 • LLC：更换发动机冷却液 • 制动液：更换制动液 • ATF：更换 ATF • 保养：定期保养 • 空气滤清器：更换空气滤清器 • 个人信息：可单独建立新的信息项，与已有信息分离开来
具有备忘录功能的日历	在日历上可在特别日期中输入备忘录
语音命令系统	基于语音命令操作导航系统 • 中国型号除外：英语 • 仅适用于中国车型：中文
帮助屏幕	帮助屏幕可以显示命令列表和操作指导
屏幕调节	可对屏幕的亮度或对比度进行调节，以适应环境光线
屏幕设置	可进行以下屏幕设置： • 自动转换：可从音响屏幕自动回位到导航屏幕 • 色彩转换：可选择触屏的按钮颜色
蜂鸣设置	蜂鸣声关闭

（续）

功能	概要
个人数据的删除	可将以下个人数据删除或回位为默认设置： • 维护状态 • 维护信息“关闭”设置 • 存储点 • 需避免的区域 • 先前各点 • 路径 • 用户选择设置 • 电话本数据 • 已拨电话和已接电话 • 快速拨号 • 蓝牙电话数据 • 密码
诊断屏幕显示器	维修检查菜单 • 显示屏检查 • 导航检查 • 摄像机检查（中国车型） • 蓝牙 TEL 检查

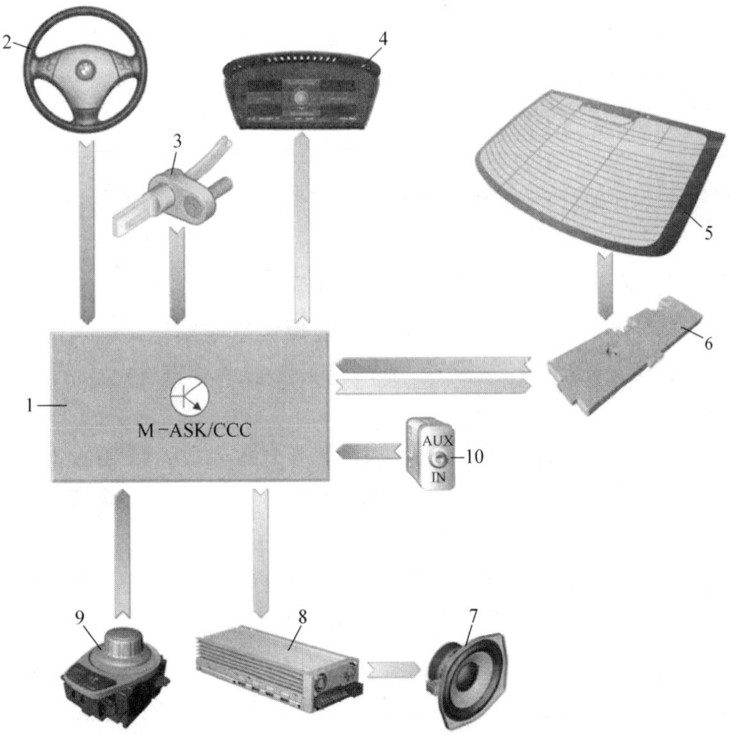

图 5-6　宝马 E90 顶级高保真音响系统

1—多功能音频系统控制器/车辆通信计算机　2—多功能转向盘（MFL）　3—车轮转速传感器　4—中央信息显示屏（CID）　5—带有 AM/FM 天线的后窗玻璃　6—带有多相择优模块的天线放大器　7—扬声器　8—附加放大器　9—控制器（CON）　10—音频插口（Aux - In 输入端）

广播电台发射的高频电磁波经过调制处理，即根据传输信息改变了载频。这些无线电波在天线内产生一个几微伏（μV）的高频交流电压。天线位于后窗玻璃内，也可以安装在其他地方。

信号振幅很小，很容易受到车内其他数据传输的干扰，因此在天线附近装有天线放大器。其中还包括天线多相择优装置。天线多相择优装置用于评估一个天线的信号，如果该天线目前可以接收到质量较好的信号，则这个 HF 信号发送给调谐器。天线的信号质量较差时，就会切换到下一个天线并重复评估过程。但是只有接收 FM 信号（VHF 波段）时才进行这项工作。接收 AM 信号（LW、MW 和 SW 波段）时仅使用一根天线。

经过放大的高频（HF）信号传输至调谐器。调谐器可以集成在 M - ASK/CCC 内，安装在一个独立收音机内或单独的控制单元（AVT）内。

调谐器对 HF 信号进行解调并产生低频（NF）信号。放大器将 NF 信号分别放大，分配给各声道和波段。放大后的信号通过双绞线发送至扬声器。

放大器安装在 M - ASK/CCC［1］、收音机内、ASK 内或一个附加放大器［8］内。放大比率取决于车速。为此所需要的车速信息由车轮转速传感器［3］以 DSC 控制单元的总线信号形式提供。

收音机/M - ASK/CCC 内的放大器和附加放大器可同时使用，即每个放大器只控制一部分扬声器。如果顶级高保真音响系统内装有一个数字音响处理器（DSP），所有扬声器都由 DSP 控制（除 E65 外）。扬声器将 NF 电信号转换为声波。

音频信号以 NF 模拟信号形式通过各导线传输，以 S/PDIF 数字信号或总线信号形式通过 MOST 传输。控制信息通过 K 总线或 MOST 总线传输。

音响系统通过控制器、多功能转向盘和 CID 控制。只有一个收音机时直接通过收音机操作。

除收音机设备外，其他音频源也可以提供音频信号，例如电视、导航系统、PDC。可以通过模拟 Aux - In 输入端连接外部设备，例如 Discman 或 MP3 播放器。

E90 顶级高保真音响系统及导航系统的系统电路示意图如图 5-7 所示。

广播电台发射的高频电磁波经过调制处理，即根据传输信息做出改变。

长波（LW）、中波（MW）和短波（SW）电台发射调幅（AM）信号。超短波（VHF）电台发射调频（FM）信号。

各国 AM 和 FM 电台的波段不同。不同波段使用不同天线，即接收 FM 信号的天线和接收 AM 信号的天线。这些天线接收发射电台波段内的所有频率。天线信号首先在天线放大器内经过放大。

在多相择优装置内对 FM 天线信号的信号强度和质量进行评估，然后将某一个满足质量标准的天线信号传输至 ASK/CCC 内的天线调谐器。

AM/FM 调谐器与多相择优装置之间在转换电压 U_s 的作用下通过同轴电缆进行通信。天线调谐器控制转换电压 U_s 并选择 AM 天线（$U_s = 0V$）或天线多相择优模式（$U_s = 2.5V$）。

HF 信号到达收音机调谐器（未显示）内或 M - ASK/CCC 内并进行解调，即产生低频音频信号。使用立体声/高保真音响系统（未画出）时，这个信号放大后传输至扬声器。

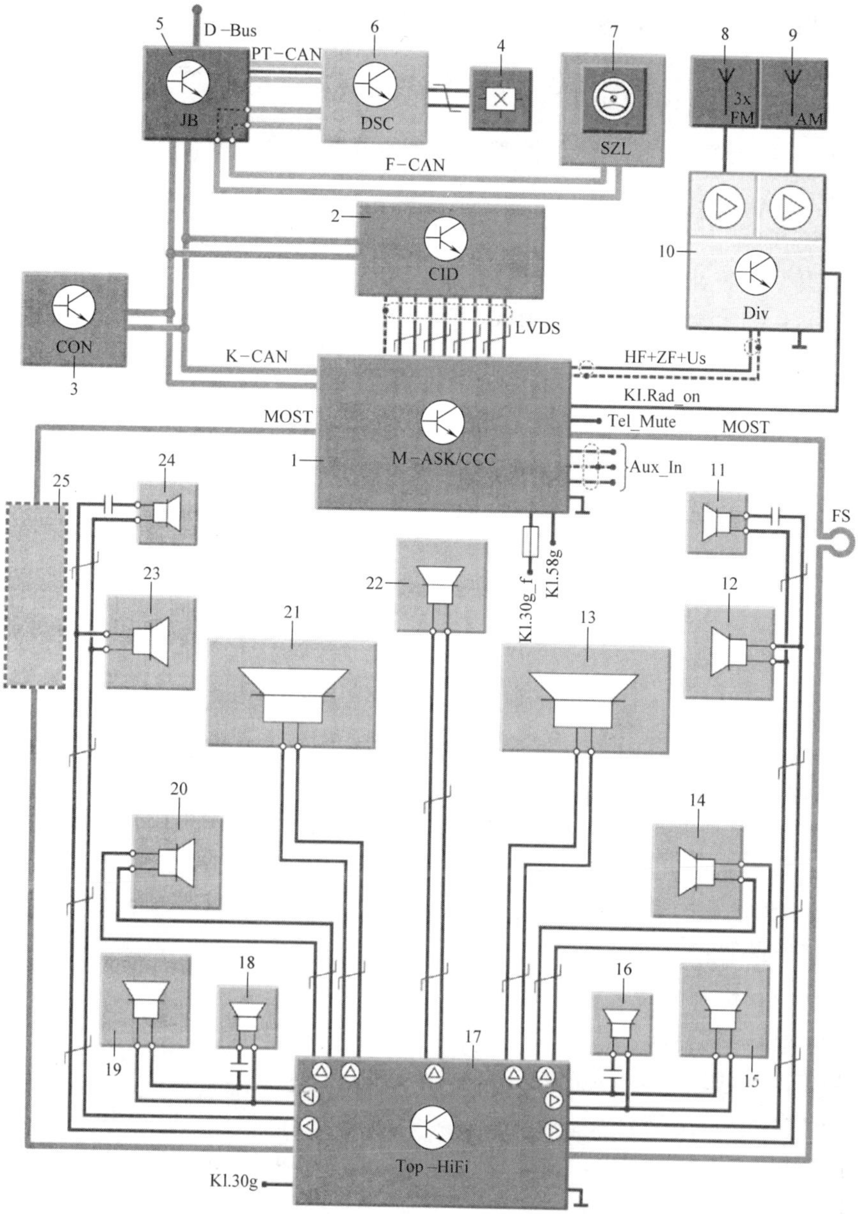

图 5-7　E90 顶级高保真音响系统及 Business 或 Professional 导航系统的系统电路图

1—Business 导航系统或 Professional 导航系统　2—中央信息显示屏　3—控制器　4—车轮转速传感器　5—接线盒控制单元　6—动态稳定控制系统　7—转向柱开关中心　8—FM1、FM2、FM3 天线　9—AM 天线　10—带有多相择优模块的天线放大器　11—右前高音扬声器　12—右前中音扬声器　13—右侧低音扬声器　14—右后车门中音扬声器　15—右后中音扬声器　16—右后高音扬声器　17—顶级高保真音响放大器　18—左后高音扬声器　19—左后中音扬声器　20—左后车门中音扬声器　21—左侧低音扬声器　22—前部中间中音扬声器　23—左前中音扬声器　24—左前高音扬声器　25—MOST 组件（选装）　MOST—多媒体传输系统（数字总线）　LVDS—低压差分信号　FS—MOST 直接存取　Aux_In—辅助音频源的音频输入端　HF—高频信号　Tel_Mute—通电话时收音机切换为静音　ZF—中频信号　Kl. Rad_on—控制信号或供电　Us—AM/FM 天线多相择优模式转换电压

使用顶级高保真音响系统时，音频信号以数字 MOST 信号形式传输，由顶级高保真音响放大器作为放大的音频信号传输至扬声器。

低音扬声器通过一个独立的输出级只接收低频音频信号。中音扬声器和高音扬声器的每个声道都由一个共同的放大器功率输出级驱动。一个与高音扬声器串联的电容器阻断中频和高频信号，从而保护高音扬声器。

音响系统可通过设备本身、通过控制器或多功能转向盘来操作。具体内容通过 CID 显示，CID 则通过 LVDS 导线接收来自 M－ASK/CCC 的图像数据（数字 RGB 信号）。

在 M－ASK/CCC 内对音量随车速自动调节（GAL）功能进行控制。

车轮转速传感器发出车速信号，DSC 控制单元通过 PT－CAN 总线将该信号发送至接线盒，继而通过 KCAN 总线传输至 M－ASK/CCC。

其他音频源（例如 CDC）通过 MOST 总线提供音频信号或通过音频插口（Aux－In）连接。

图 5-8 为欧规 E90 音响组件的安装位置。

（4）大众信息娱乐系统平台模块（MIB）

1）概述。信息娱乐系统平台模块是大众汽车集团发展的又一个重要里程碑，今后将取代目前为止使用的所有信息娱乐系统。

奥迪采用的信息娱乐系统平台模块有三种规格：MIB 入门版、MIB 标准版、MIB 高级版。

MIB 的每种规格都有一个中央控制单元，即信息电子系统控制单元 J794，在 2013 年款奥迪 A3 上都是安装在手套箱内。带奥迪智能化连接系统（含车载电话）的 MIB 高级版的 J794 如图 5-9 所示。

信息电子系统控制单元 J794 根据规格不同，分别将下列控制单元和功能统一起来：

- 信息娱乐系统主控器；
- MOST 总线的系统和诊断主控器；
- 收音机调谐器；
- 数字式收音机调谐器（DAB 或 SDARS）；
- CD 或 DVD 驱动器；
- 音频放大器（最大 180W）；
- 最多两个 SD 读卡器；
- 蓝牙接口（HFP、A2DP，蓝牙车载电话上还另外有 SAP）；
- 电话模块和 SIM 卡读卡器；
- 导航系统；
- SSD 硬盘（64GB）；
- 语音操作系统；
- WLAN 热点。

2）MIB 高级版的特征。MIB 高级版是目前信息娱乐系统平台模块的高端版本。MIB 高级版的信息电子系统控制单元 J794 都配有一个 MOST 总线接口。如果没有安装需要 MOST 总线的选装装备，这个 MOST 总线接口就处于闲置状态。图 5-10 为 MIB 高级版的 J794 反面的接口。

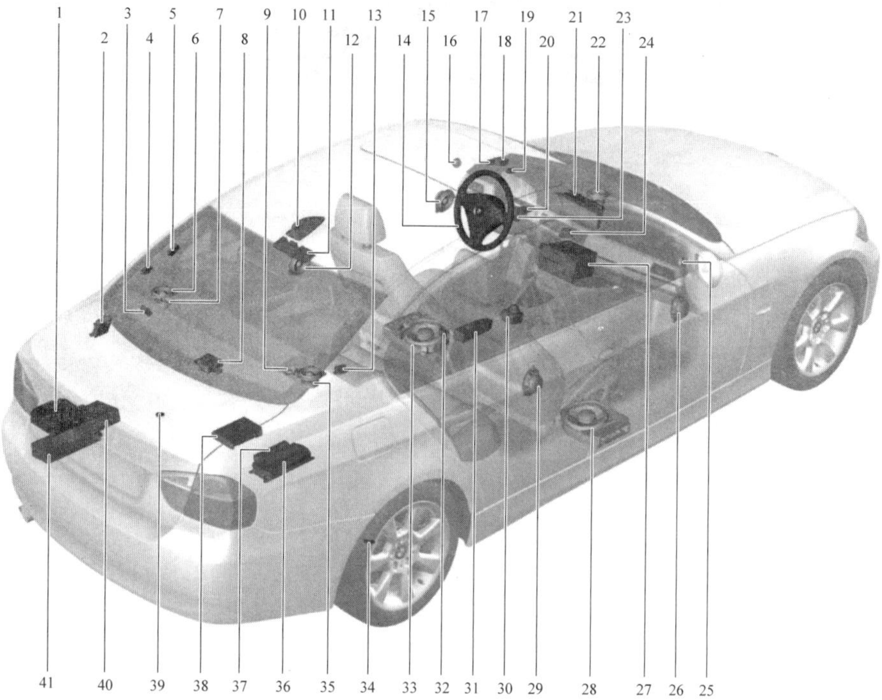

图 5-8　欧规 E90 音响组件的安装位置

1—视频模块 Hybrid（欧规）或 SDARS 卫星调谐器（美规）　2—导线补偿器（选装）　3—光缆连接器
4—后窗玻璃加热装置的左侧带阻滤波器　5—辅助制动信号灯的干扰滤波器　6—左后宽带或中音扬声器　7—左后高音扬声器
8—应急天线（仅限于装有 TCU 时）　9—右后高音扬声器　10—车顶天线（卫星调谐器，GPS，电话）
11—带有多相择优模块的天线放大器　12—左后车门中音扬声器　13—后窗玻璃加热装置的右侧带阻滤波器
14—多功能转向盘（MFL）　15—左前宽带或中音扬声器　16—左前高音扬声器　17—驾驶人侧话筒（电话）
18—紧急呼叫按钮（仅限于装有 TCU 时）　19—前排乘客侧话筒（语音输入系统）　20—蓝牙天线
21—中央信息显示屏（CID）　22—前部中间中音扬声器　23—MOST 直接存取
24—应急扬声器（仅限于装有 TCU 时）　25—右前高音扬声器　26—右前宽带或中音扬声器
27—收音机或导航系统　28—右侧低音扬声器　29—右后车门中音扬声器
30—控制器　31—带有卡扣式适配装置的电话　32—音频插口（Aux - In）　33—左侧低音扬声器
34—右后车轮罩处的车轮转速传感器　35—右后宽带或中音扬声器　36—通用充电和免提通话装置（ULF）
或远程通信系统控制单元（TCU）　37—紧急呼叫电池（目前并未安装）
38—DAB 调谐器（欧规）或 IBOC 调谐器（美规）　39—左后车轮罩处的车轮转速传感器
40—CD 换碟机（CDC）　41—音响放大器（高保真或顶级高保真音响）

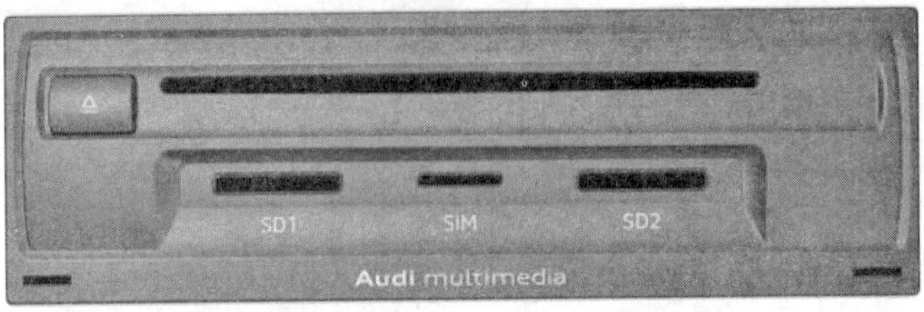

图 5-9 带奥迪智能化连接系统（含车载电话）的 MIB 高级版的 J794 正、反面

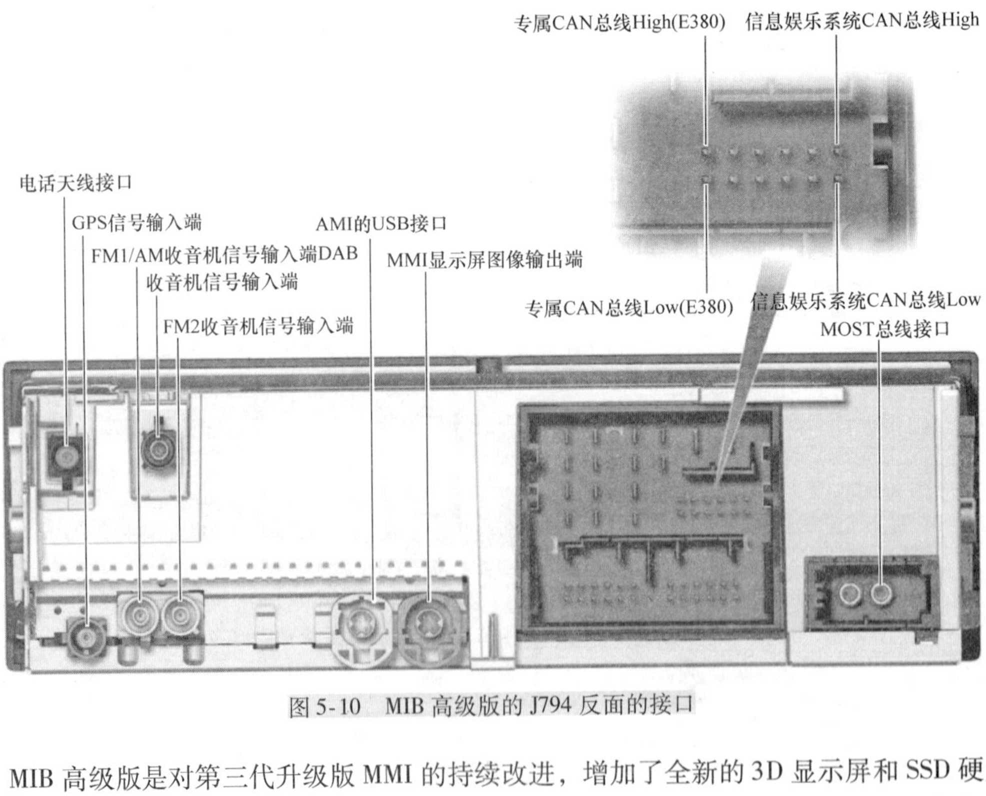

图 5-10 MIB 高级版的 J794 反面的接口

MIB 高级版是对第三代升级版 MMI 的持续改进，增加了全新的 3D 显示屏和 SSD 硬盘。

MIB 高级版的信息电子系统控制单元 J794 内安装了一台英伟达 Tegra 处理器。作为一台多核处理器，它能够生成清晰度极高的图像，并且能更快地播放许多最新的音频和视频格式。与目前所用的多媒体处理器相比，Tegra 芯片的用电量要少得多，因此非常契合奥迪的高能效理念。

Tegra 芯片可将整个城市模型以 3D 透视图的形式显示，驾驶人在驶过街道时，看到的将是十分逼真的图像。

MIB 高级版还是唯一一种能够直接播放视频文件的 MIB 型号。

MIB 高级版有下列特征：

- 收音机有相位分频功能、FM 双调谐器（超短波）和 AM 调谐器（中波）；
- DVD 单驱动器，可播放音频和视频文件；
- 两个 SD 读卡器，可读取音频和视频文件；
- SSD 硬盘（64GB）；
- 点唱机（2013 年款奥迪 A3 上约为 11GB）；
- 3D 导航系统，导航数据保存在硬盘上（数据供应商：Navteq）；
- 内置音频放大器，功率为 4×20W；
- 奥迪音乐接口；
- 车辆菜单；
- 蓝牙接口，用于 HFP 和 A2DP；
- 高级语音对话系统；
- 提供预测道路数据；
- 7.0in（1in=25.4mm）TFT 显示屏，可电动弹出；
- 操作件单独安装在中控台内，配备 MMI 触摸功能；
- AUX In 接口（UE3）。

图 5-11 为 MIB 高级版显示的主菜单。其点唱机和专辑封面 3D 显示功能界面如图 5-12 所示。

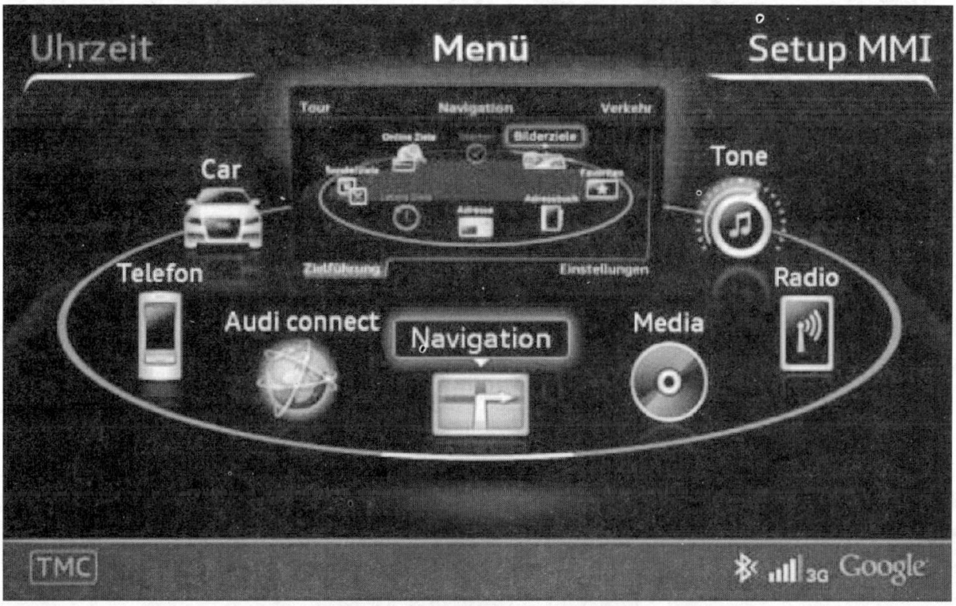

图 5-11 MIB 高级版的主菜单

图 5-12 点唱机和专辑封面 3D 显示功能

3）MIB 高级版的导航系统。MIB 高级版有一个带 3D 地图显示的导航系统。它可以用 3D 的形式，显示出许多城市市中心的建筑轮廓。MIB 高级版的屏幕显示的主菜单和导航地图如图 5-13 所示。此外，还可以显示许多风景名胜的 3D 图像。

MIB 高级版的导航地图数据保存在 SSD 硬盘上。例如，2012 年度保存的欧版地图资料的大小约为 23GB。目前，MIB 高级版的地图供应商是 Navteq 公司。

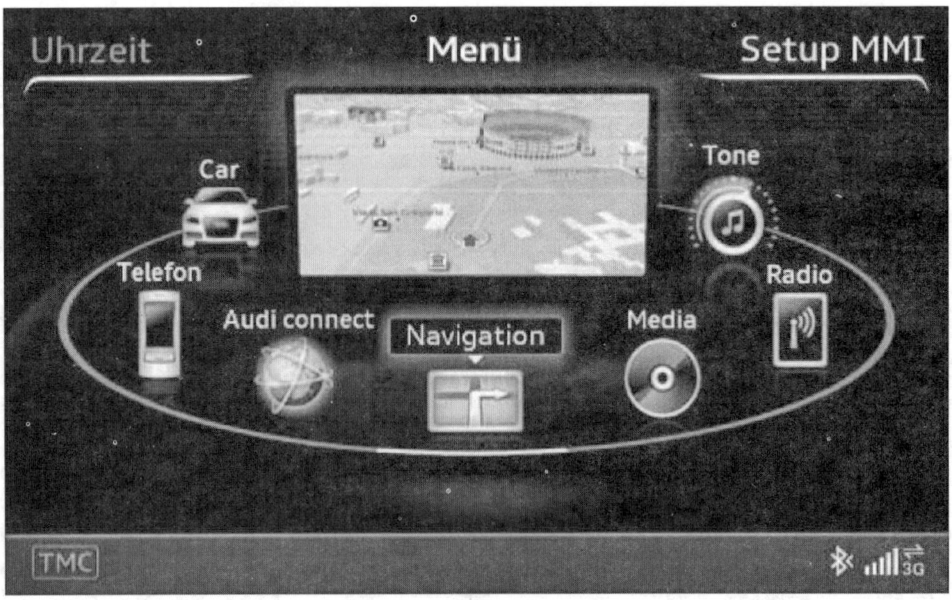

图 5-13 主菜单和导航地图

地图数据包含了预测的道路数据。信息电子系统控制单元 J794 通过 MOST 总线，将这些数据传输给数据总线诊断接口 J533。J533 再通过各个总线系统，将数据传递给需要用到预测道路数据的各控制单元。

导航系统有一个语音操作系统，可输入完整单词。根据市场不同，还可以整句输入导航目的地（一次性输入）。

4）MMI 显示屏 J685。MMI 显示屏 J685 是前部信息显示和操作单元控制单元的显示单元。信息娱乐系统平台模块使用低压差分信号传输（LVDS）信号，将图像从信息电子系统控制单元 J794 传输到 MMI 显示屏 J685 上。

在 MIB 入门升级版和 MIB 标准版上，输出的图像清晰度为 400 ×240 像素，MIB 高级版上则为 800 ×480 像素。图 5-14 为 2013 年款奥迪 A3 MIB 高级版的 7.0in 显示屏。

图 5-14　2013 年款奥迪 A3 MIB 高级版的 7.0in 显示屏

信息电子系统控制单元 J794 通过一个子总线系统（专属 CAN 总线）与 MMI 显示屏 J685 相连。这是一根数据传输速率为 500kbit/s 的 CAN 总线。通过它，信息电子系统控制单元 J794 可控制和监视 MMI 显示屏的系统状态（收回或弹出、温度、故障状态等）。

5）向 J794 传输的视频信号源。MMI 显示屏上可以收看以下最多 4 个不同的视频信号源。

- 电视调谐器 R78（仅限 MIB 高级版）；
- DVD 转换盒 R161（仅限 MIB 高级版）；
- 连接在奥迪音乐接口（AMI）上的终端设备（如 iPod）；
- 倒车影像系统控制单元 J772。

电视调谐器 R78 和 DVD 转换盒 R161 通过 MOST 总线，将视频信号传输到信息电子系统控制单元 J794。

倒车影像系统控制单元 J772 通过自带的 FBAS 线，将图像作为成品传输给 J794。

各信号源的图像通过不同的途径传输给信息电子系统控制单元 J794。J794 上的视频输入端如图 5-15 所示。

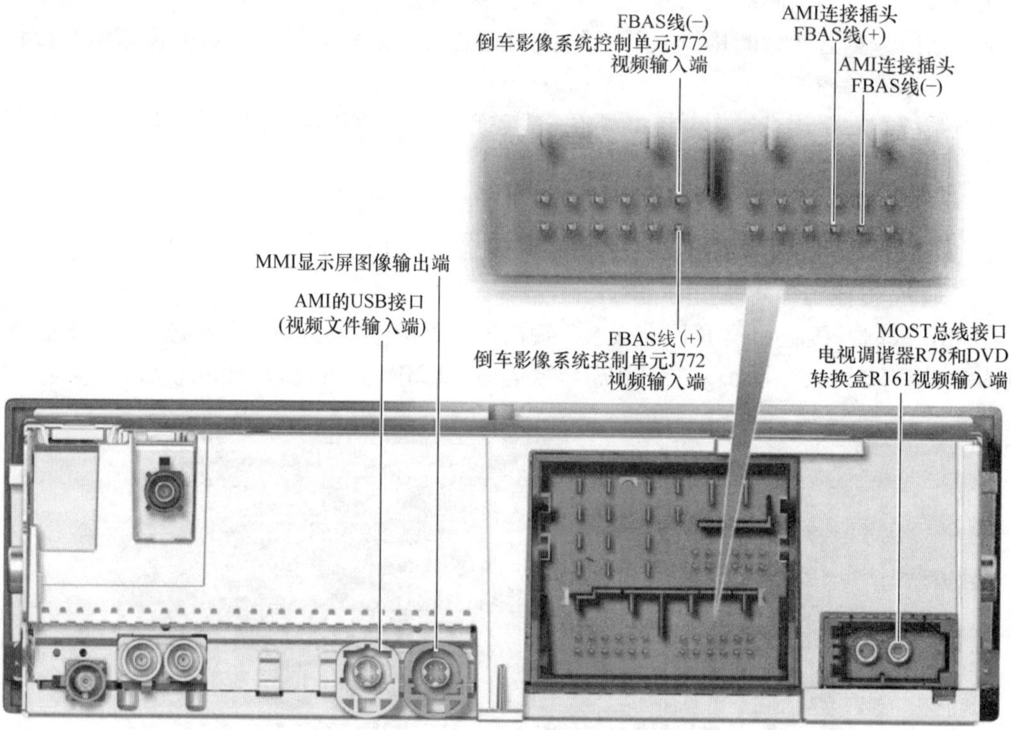

图 5-15 J794 上的视频输入端

6）奥迪音乐接口（AMI）上的终端设备。AMI 上区分两种不同的视频源，它们分别用不同的途径传输视频：

① 提供 FBAS（彩色图像消隐同步信号）信号形式的图像成品的视频源。

例如，借助 iPod 适配电缆升级版（红色防弯折护套），通过 AMI 插头上的 FBAS 接口，将图像从 iPod 传输到 J794 上。

② 提供视频文件的视频源。

例如，借助 USB 适配器，通过 AMI 上的 USB 接口，将视频文件从 U 盘传输到 J794 上。然后 J794 将文件转换成视频。

二、理解音响娱乐系统的结构、控制原理

1. 收音机的原理

收音机从许多广播电台发射的无线电波中选择某一需要的节目，接收信号示意图如图 5-16 所示。

在无线电广播中，有 AM 和 FM。收音机接收 AM 广播和接收 FM 广播是不同的。两种波都接收的收音机有两只调谐器，分别用于 AM 和 FM。它们通过按钮操作来切换。

因为车辆要去很多地方，例如城区、郊区和山区，收音机通过天线接收的无线电波强度变化很大。因此，汽车收音机具备高灵敏度，在建筑阴影下和大山之间的微弱无线电波也可以收到。

利用 AGC 线路、ATC 线路、ASC 线路等可以减少噪声。

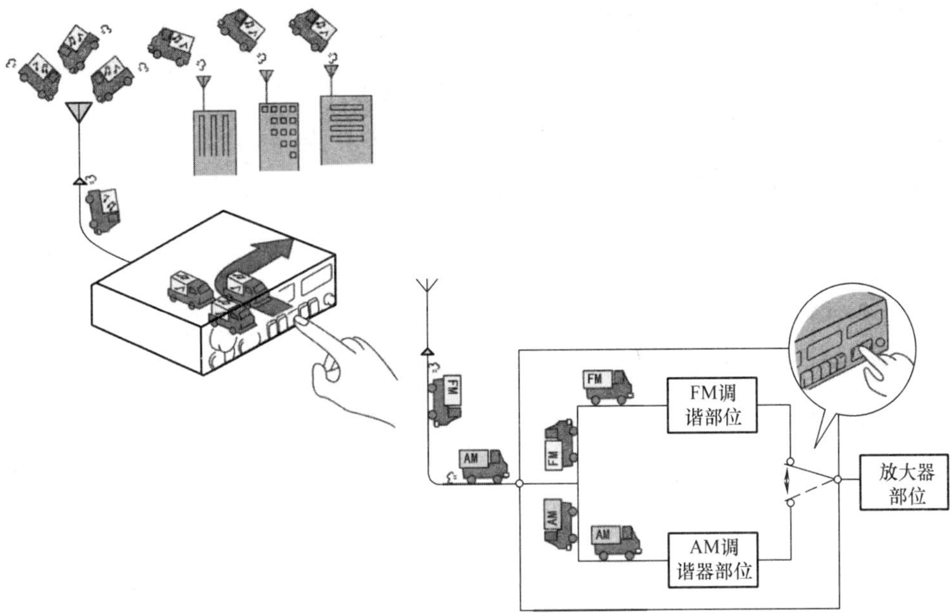

图 5-16 收音机接收信号示意图

除了选择通过天线收到的广播外，收音机清除电信号（载波 + 声信号）中的载波。这一操作称为检波。

如图 5-17 所示，广播电台发射的声音信号与载波进行合成变成调制信号。因此，话音要把此信号转换成声音，必须去掉载波，只得到声信号。因为 FM 广播使用立体声故能发射出左、右两个不同声道的信号。因此，FM 收音机也有将合成信号分成左、右的功能。

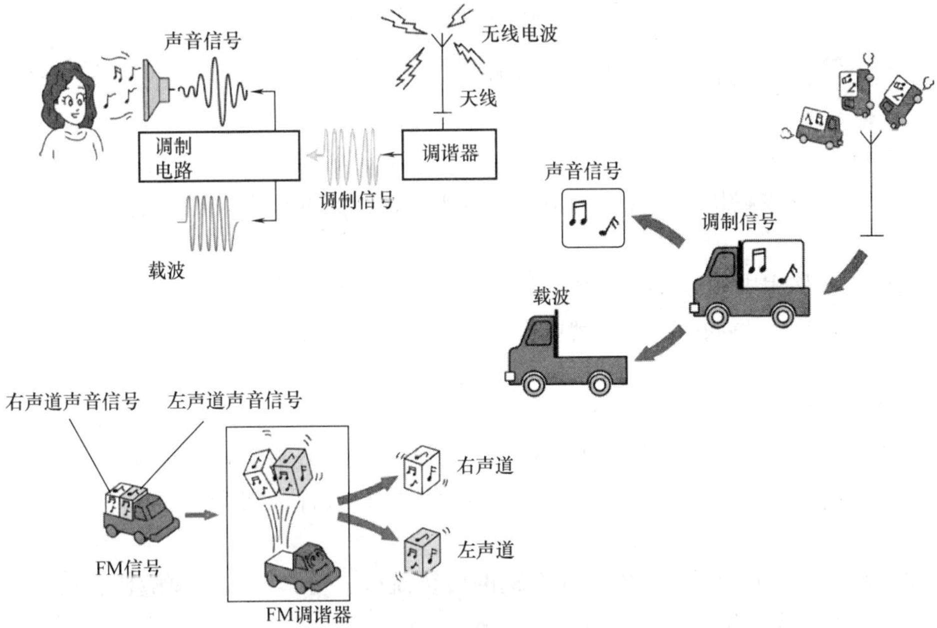

图 5-17 载波信号与调制信号

因为收音机收到的无线电信号非常微弱，要由放大器将信号充分放大，这样使扬声器发出声音。

放大器可以装在收音机中，也可以单独装，像立体声音响的一个组件。

AM 和 FM 广播的调制方法（声音信号与载波合成的方法）不同，如图 5-18 所示。AM 将载波的波幅按声音信号转换。

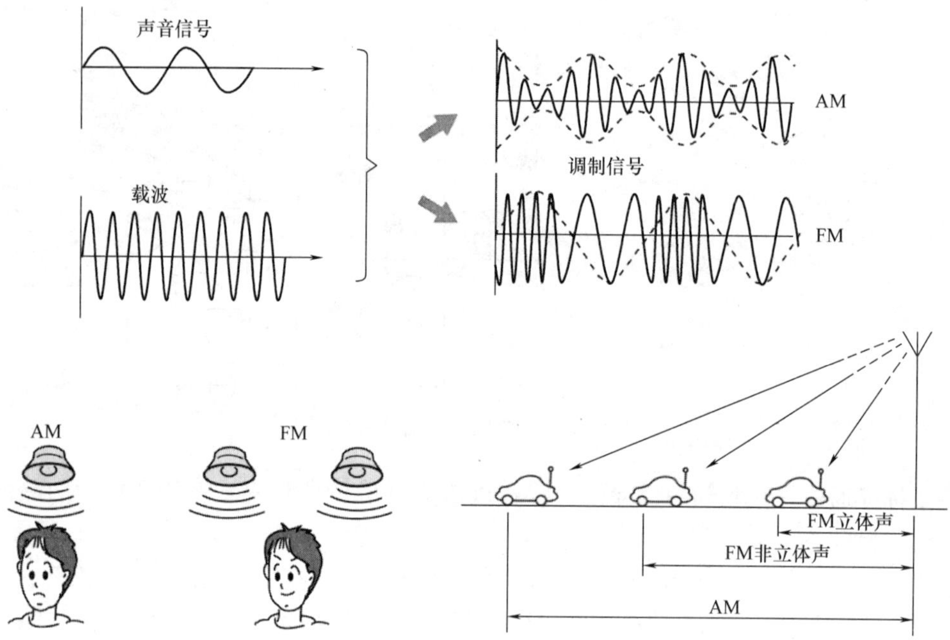

图 5-18 AM 和 FM 广播的调制方法

FM 将载波的频率按声音信号的频率转换。

将 AM 信号与 FM 信号比较，可以看到有以下区别：

1）与 AM 广播相比，FM 广播有良好的音质和较少的噪声。

2）所有的 FM 广播均是立体声广播，但 AM 广播除某些电台（或节目）外，均是单声道的。

3）AM 广播使用中波，FM 广播使用超高频。AM 广播的服务范围大于 FM 广播。

如图 5-19 所示，不同的国家和地区有各种类型的广播电台。这些广播电台频道根据频率（或波长）而变化。

2. 天线的原理

天线是无线电信号通往收音机的“大门”，因此是产生良好声音的重要元件。

（1）天线的类型　车辆使用下述两类无线电天线：拉杆天线和后窗印刷型天线，如图 5-20 所示。

接收收音机信号的天线主要安装在车辆的后扰流板、行李箱盖、保险杠、后部侧围板、后窗玻璃、车顶天线等位置。

拉杆天线可以分成装在前后翼子板上的类型和装在车顶后中部的类型。

频率	波长	指定	
		由频率决定	由波长决定
30kHz～300kHz	10km～1km	低频率(LF)	长波(LW)
300kHz～3MHz	1km～100m	中频(MF)	中波(AM(MW))
3MHz～30MHz	100m～10m	高频(HF)	短波(SW)
30MHz～300MHz	10m～1m	甚高频(LF)	甚短波(FM(VW))
300MHz～3GHz	1m～10cm	超高频(UHF)	超短波(UW)

图 5-19　不同频道信号波长（或频率）不同

电动马达驱动型拉杆天线，即电动天线，可以通过收音机开关 ON/OFF 使之向上/向下移动，现在这种天线已不多见了。

印刷型的后窗天线是将导电漆涂在后窗玻璃上。其特点是不像拉杆天线要移上移下，也没有风的噪声，同时它很耐用，因为它不需要折叠也不会生锈。

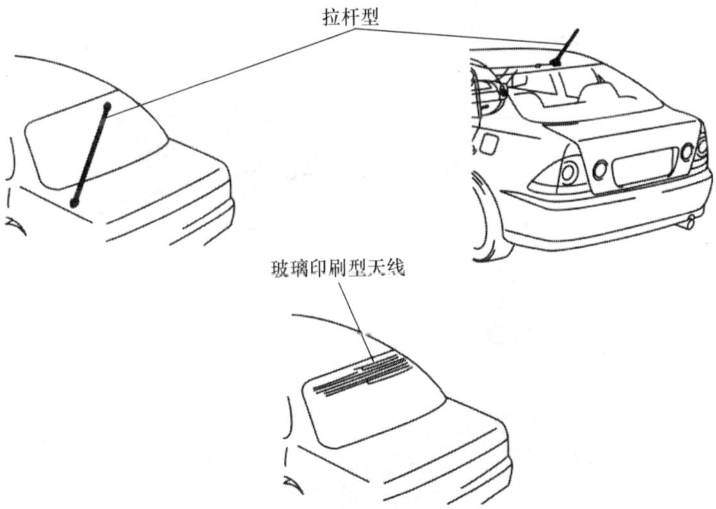

图 5-20　常见的天线类型

图 5-21 为宝马 E90 的后窗玻璃天线。宝马车上通常还有用于卫星数字音频广播（SDARS）的车顶天线，如图 5-22 所示，主要用于导航的 GPS 接收器、电话天线、数字调谐器。

（2）天线和接收灵敏度　由天线收到的无线电波变成电流极微弱的电气信号，并通过称为同轴电缆的芯线（馈线）送到收音机，如图 5-23 所示。天线要接收无线电波，其长度应该是无线电波的波长的 1/2。例如，AM 广播电台的频率为 1300kHz，需要 115m 的天线。

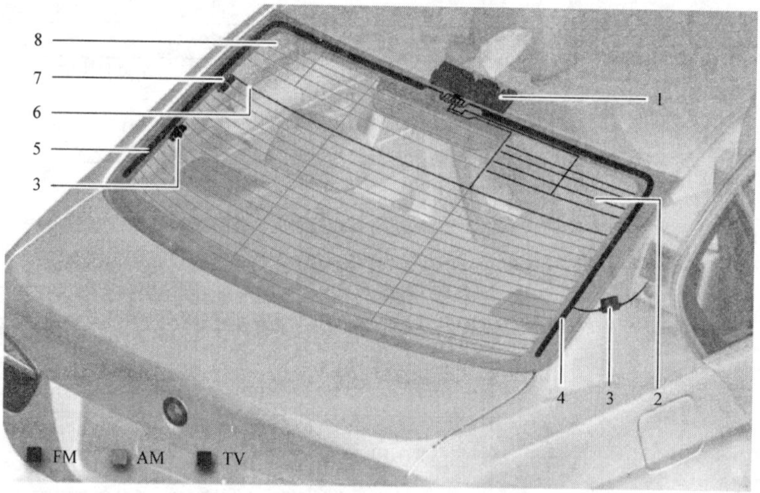

图 5-21 宝马 E90 后窗玻璃天线

1—带有多相择优模块的天线放大器 2—FBD 天线 3—带阻滤波器 4—FM3 和 TV1 天线 5—FM2 和 TV2 天线 6—FM1 天线 7—HBL 滤波器 8—AM 天线

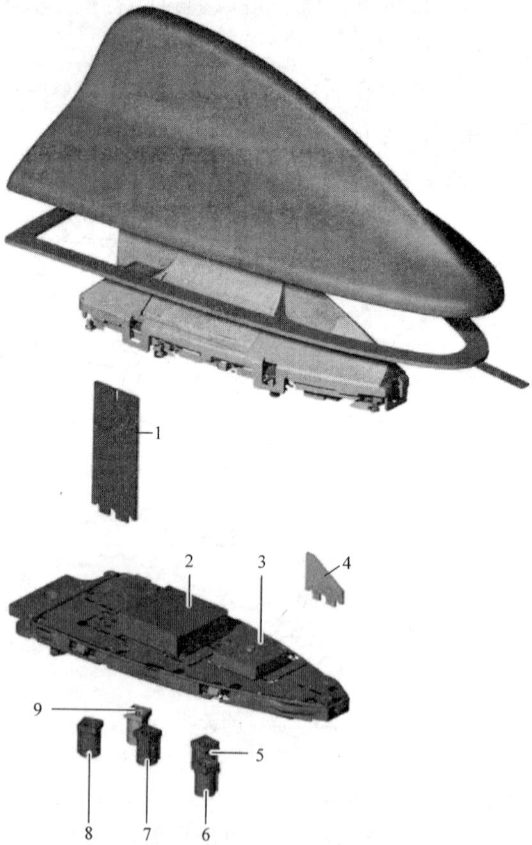

图 5-22 用于 SDARS 的车顶天线

1—移动电话和远程通信系统控制单元（TCU）的电话天线 2—用于接收卫星信号的 SDARS 天线 3—GPS 天线 4—用于接收地面信号的 SDARS 天线 5—GPS 信号插头（蓝色） 6—SDARS 地面信号 7—电话信号插头（枣红色） 8—SDARS 卫星信号 9—电话信号插头（灰色）

在车辆上不可能安装这么长的天线，但是应该使用尽可能长的天线。

在用拉杆天线的情况下，要高质量地收听收音机，天线应该完全拉出。

如果是后窗印刷型天线，印刷上的细微破坏也会导致灵敏度变坏。

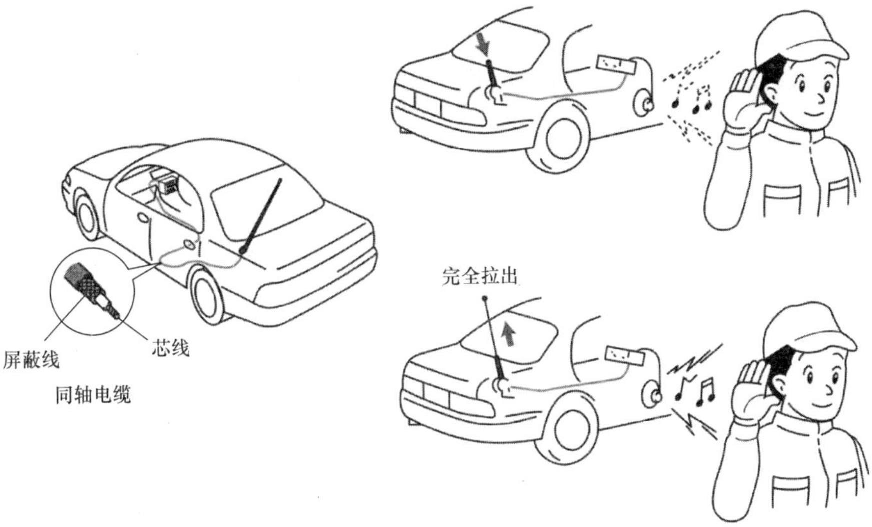

图 5-23　天线结构与接收灵敏度

（3）天线和噪声　天线接收的电气信号通过同轴电缆到达收音机。如果有除广播的无线电波外的其他噪声进入，收音机中产生的噪声将使节目难以收听。

车子上的设备，例如点火系统、充电系统和电动机产生各种各样的噪声。

为了防止噪声进入同轴电缆芯线，电缆外缠网状导电线，即屏蔽线。此屏蔽线隔断噪声并进行接地以防止噪声进入系统，如图 5-24 所示。

维修提示：如果屏蔽线不能良好接地，会产生噪声。

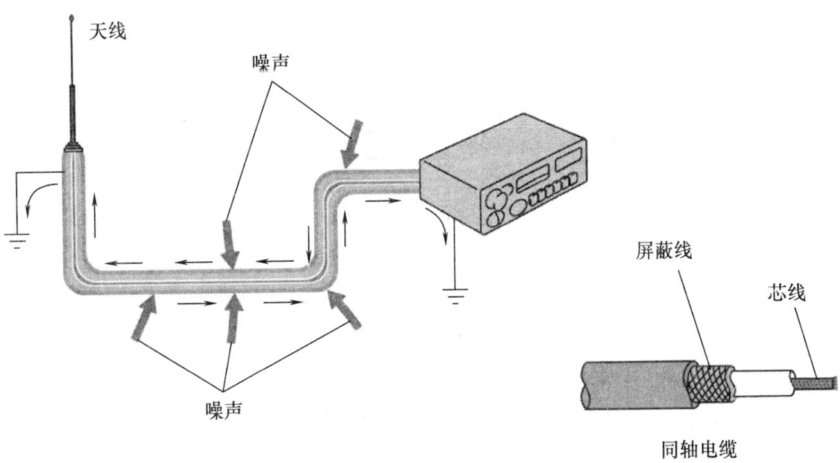

图 5-24　天线同轴电缆芯线的屏蔽线

玻璃印刷型天线：印在后窗玻璃上的天线就像图 5-25 中所示的图案（图案随车型而变）。

由于其灵敏度不如拉杆天线、天线和收音机之间的距离远则收到的信号就被减弱等原因，天线收到的电气信号应该用增压放大器来放大。

如果采用玻璃印刷型天线，如图 5-25a 所示，在车窗除雾器线路中接着一只称为轭流圈的零件。它通过将后窗除雾器电源所含的干扰电流接地来阻止噪声进入收音机。

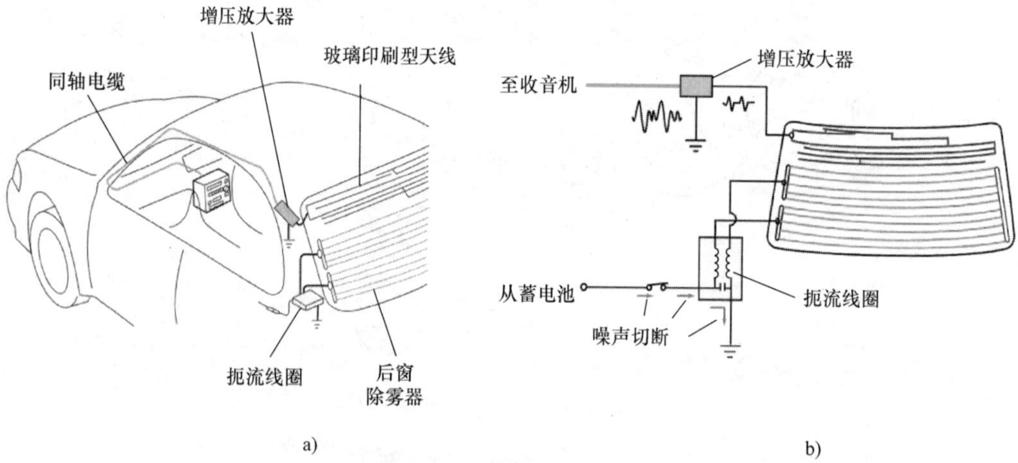

图 5-25 印刷型天线及其增压放大器与车窗除雾器线路中的轭流线圈

FM 的分集式天线：如图 5-26 这种天线系统通过将两根天线组合以防止诸如衰减之类的接受问题以保持良好的接收条件。一般来说，此系统有一根主天线和一根副天线。当主天线的灵敏度变弱时，对主天线与副天线的灵敏度进行比较，使用灵敏度较好的一根。

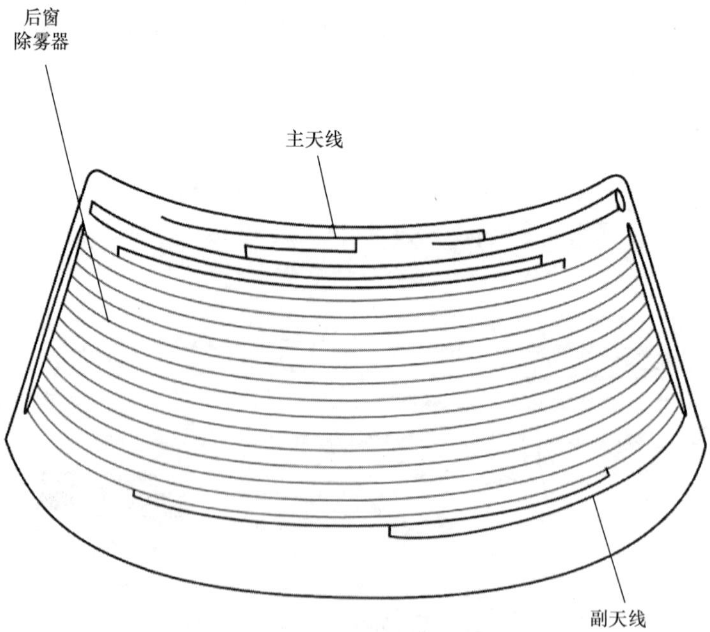

图 5-26 FM 的分集式天线

车顶天线：如图 5-27 所示，常见的车顶天线只有正常拉杆天线长度的 1/8，这样它不会在隧道内或户内停放时碰坏。作为一种改善灵敏度的设备，在天线底座处安装一只天线放大器，这样它的接收水平不比正常拉杆天线差。在天线损坏时，这种天线可以通过逆时针旋转将它取下。

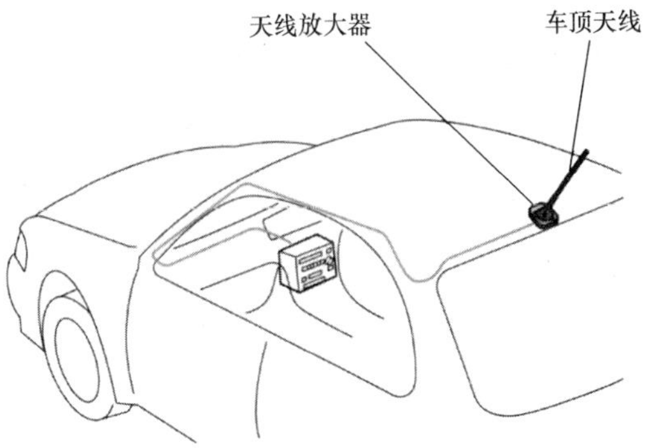

图 5-27　车顶天线

3. 收音机接收问题

由于汽车收音机的收音质量取决于天线长度和车子的噪声干扰，车子可以清晰接收节目的广播服务区域是比较小的。

噪声称为脉冲噪声。人们普遍认为 FM 广播音质良好，但车子也会开到无线电波微弱的区域，因此这一概念也不是永远适用的。

(1) 调幅广播的信号接收问题　如图 5-28 所示，调幅广播容易受外界噪声的影响。如果无线电波微弱的区域发生雷电或者靠近交通信号、电力线或火车轨道，噪声就易于产生。

此外，汽车音响系统容易受到音响系统所在车子的汽车元件，诸如火花塞、点火线圈和发电机之类产生的电气噪声的影响。

自然现象和非车辆本身的噪声是不可避免的。

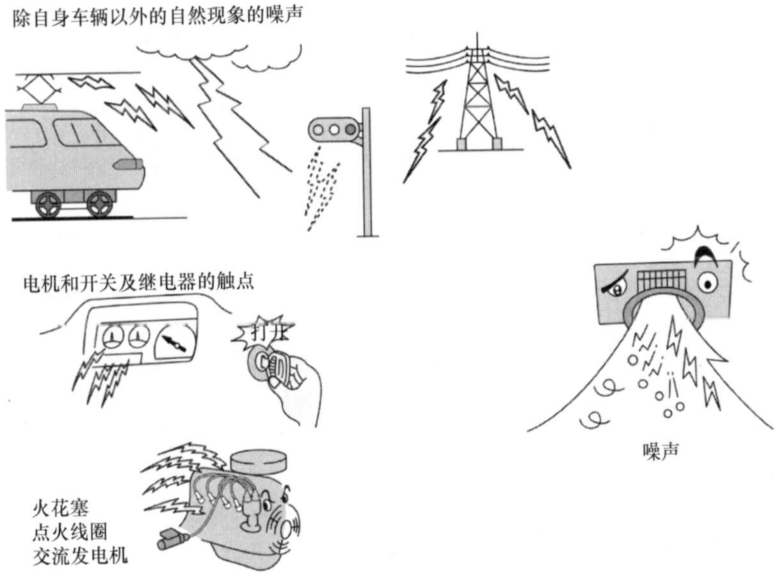

图 5-28　调幅广播容易受外界噪声及车辆本身电气噪声的影响

1）电器噪声的产生。当用开关或继电器开到 ON 或 OFF，接通或断开流往电器元件特别是线圈的电流时，在触点之间会产生火花。这就在流经连接开关或继电器触点的电流增加了一种不需要的、称之为“噪声”或是“干扰”的成分。它转而通过导线产生噪声，如图 5-29 所示。

其他可能的噪声源是交流电动机的直流元件、发动机 ECU 产生的脉冲电流等。

这种干扰对汽车音响系统有负面影响，它引起静电和其他噪声通过扬声器输出。

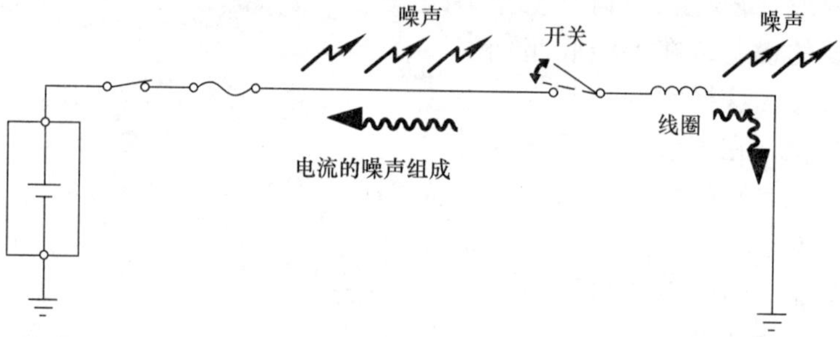

图 5-29 电器噪声的产生

2）噪声防范措施。

① 点火系统。点火线圈产生的高压通过高压线圈传送到火花塞。此高压在高压线圈和火花塞产生非常强的噪声。此噪声辐射到发动机罩，并从那里进入无线电天线，如图 5-30 所示。要防止此噪声的产生，一般采取了如图 5-31 所示的措施。

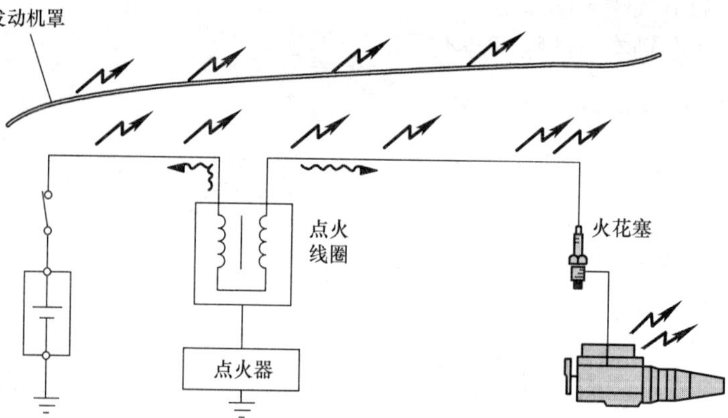

图 5-30 点火线圈和火花塞的噪声辐射到发动机罩

高阻尼高压线（图 5-31a）：使用电阻式或缠绕式电线作为高压线的芯线，可将电流中的噪声成分转化成热能。

电阻式火花塞（图 5-31b）：在火花塞的中央电极塞入一只电阻，用于抑制噪声成分。

发动机罩接地（图 5-31c）：使用导电橡胶做的发动机罩垫子，将发动机罩连接到车身。

提示：某些车型在发动机上有一只点火线圈噪声过滤器（图 5-31d）。

② 扬声器。当扬声器操作时，在扬声器的 ON/OFF 触点产生电气噪声。为减小此噪声时，可在扬声器的 ON/OFF 触点处并联一只可变电阻，如图 5-32 所示。

③ 刮水器电动机。当刮水器电动机运行时，在电动机电刷处产生电气噪声。

因为噪声是在电刷产生的，在线路中安装一只电容器。电器噪声被电容器吸收转变为热能，如图 5-33 所示。

在某些车型上，在电动机的外侧连接一只轭流线圈。

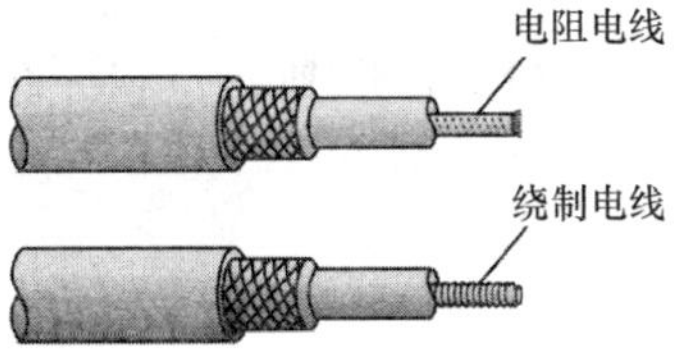

a) 高阻尼高压线

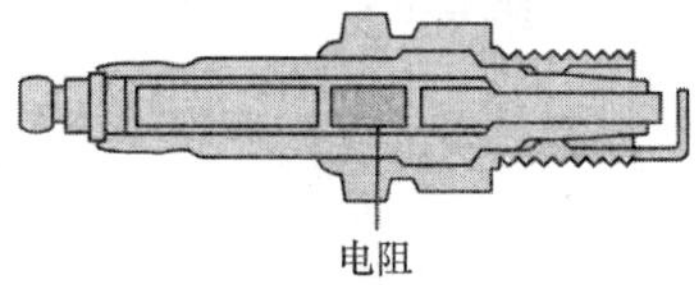

b) 电阻器型火花塞

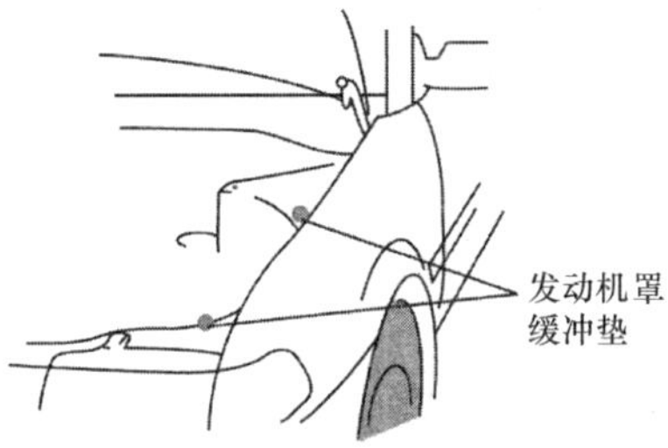

c) 发动机罩接地

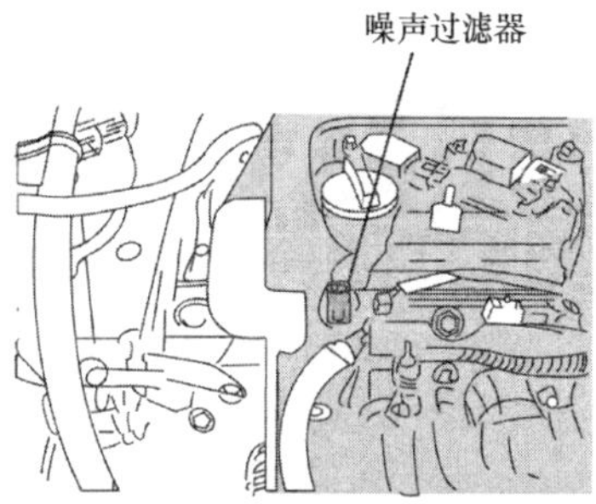

d) 噪声过滤器

图 5-31　防止点火系噪声辐射的措施

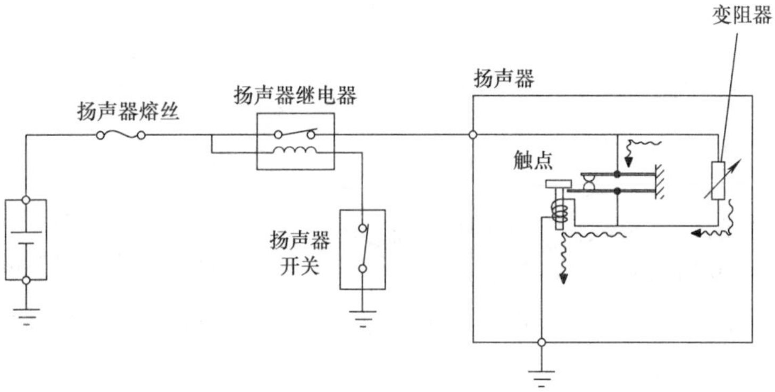

图 5-32　扬声器上的防噪声辐射的措施

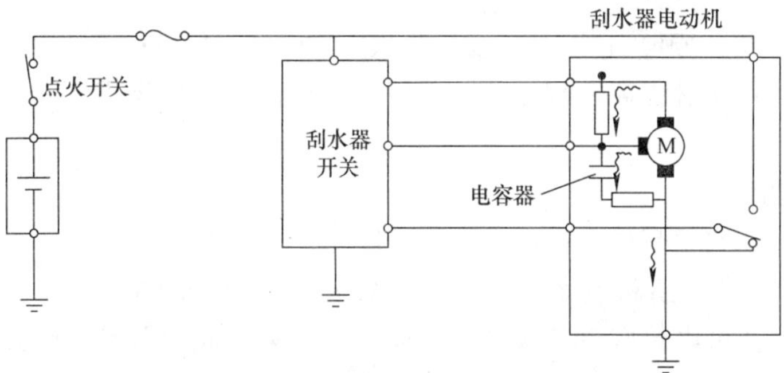

图 5-33　刮水器电动机处的防噪声辐射的措施

④ 转向信号闪光器。当转向信号闪光灯在运行时，转向信号闪光灯内的继电器触点反复开和关。结果在继电器触点和线圈内产生电气噪声。可在图 5-34 所示位置并联一只电容器，由于连接了一只电容器，电源线上不产生噪声。

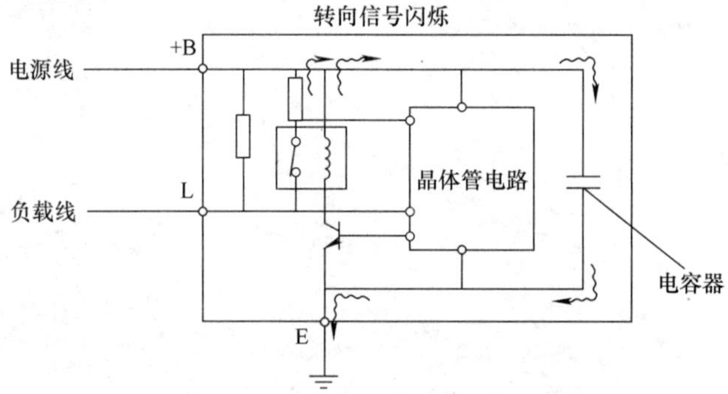

图 5-34 闪光器处的防噪声辐射的措施

3）信号的相位干扰。AM 广播容易受到电干扰和相位干扰。夜间当电离层的反射变得较强时，反射波和广播天线的直接波相互干扰，声音会发生改变。这种现象称为相位干扰。相位干扰仅发生在夜间，在车辆接收到来自同一发射器的两种无线电波信号时形成：一种信号由电离层反射而来，而另一种信号直接从发射器接收，如图 5-35 所示。

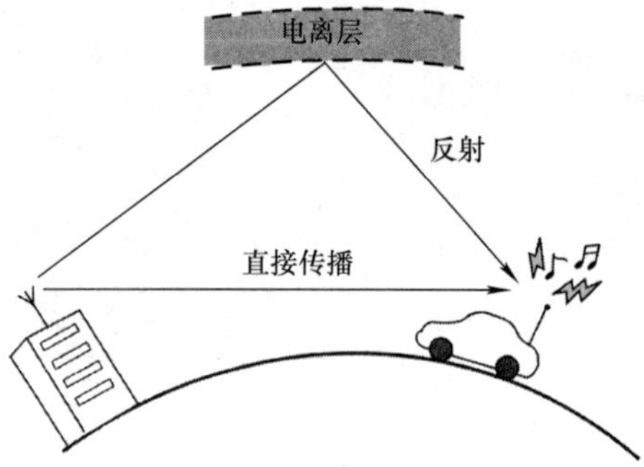

图 5-35 AM 信号的相位干扰

（2）调频广播的信号接收问题　FM 广播与 AM 广播不同。在服务区域中，外部噪声小，并且没有电离层的反射。结果，衰减不会发生，但会发生渐弱或多路之类的干扰，如图 5-36 所示。

渐弱现象：因为 FM 广播的频率高，无线电波被小山或混凝土结构反射。当车辆驶入这些障碍物的阴影中时，无线电波变得极其微弱，声音会突然停止，并且发生白噪声干扰。这种现象称为渐弱。

多路现象：当接收 FM 广播时，天线接收从广播电台直接发射无线电信号和被障碍物反射的信号。直接波和反射波存在相位差。它们相互干扰并产生噪声和畸变。这种现象称为多路。

4. 扩音器和扬声器

（1）放大器　来自磁带放音机或无线电接收机的信号非常弱，因此不能从扬声器听到。放大器是放大来自磁带放音机或无线电接收机的信号，并发送到扬声器的装置。普通的无线电接收机或磁带放音机内装有一放大器。然而最近，某些放大器是音响系统的一个独立的组件。

放大器包括调整放大器（亦称前置放大器）和功率放大器（亦称主放大器），有些是独立的，有些是内置的，如图 5-37 所示。

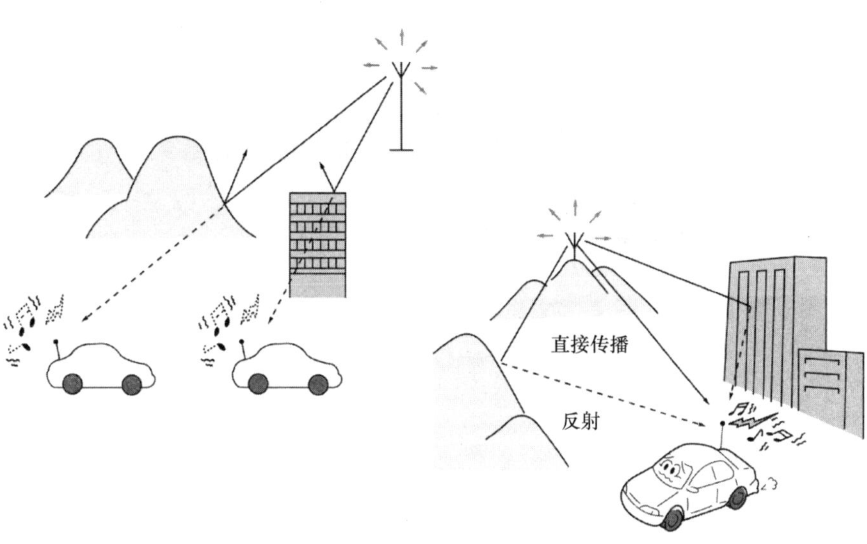

a) 渐弱现象　　b) 多路现象

图 5-36　调频广播信号的渐弱及多路现象

在立体声广播中，有两种信号，因此需要两类放大器。对于 4 扬声器型，立体音响系统有 4 只放大器。

放大器的组成与输出如图 5-38 所示。

控制放大器：控制放大器位于功率放大器之前。它在收音机和磁带放音机之间切换输入信号，并控制音量、平衡和音调等。通常音调控制由低音和高音的双音控制组成。在这种情况下，低音和高音的强度可以分别控制。

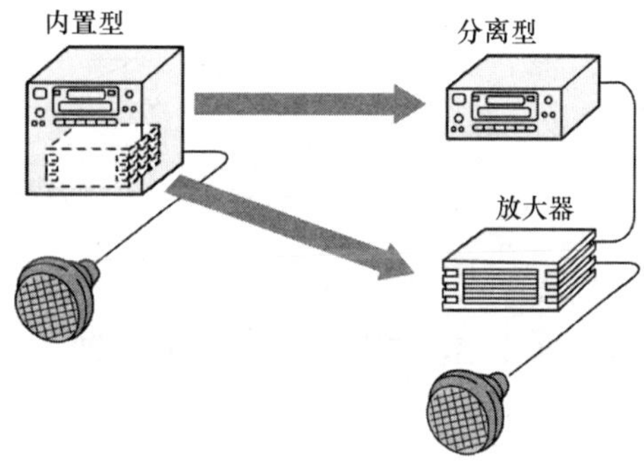

图 5-37　放大器

功率放大器：功率放大器以固定比率放大来自控制放大器的信号并使扬声器发出声音。因此，如果来自控制放大器的信号弱，来自扬声器的声音低。如果来自控制放大器的信号强，来自扬声器的声音高。

放大器输出：放大器输出表示放大器使扬声器发出多高的声音，单位是“W”（瓦特）。因此，数字越大，放大器可以发出的声音越响。就汽车音响而言，用户听的时候，需用功率只是几瓦，但是一般都使用 20～30W 的放大器。这是因为使用大的输出可以产生轻松和舒适的声音。

（2）扬声器　扬声器将放大器放大的信号转变成声音。扬声器系统包括低范围的低音扬声器、中范围的中音扬声器、高范围的高频扬声器以及全范围扬声器。

另外，音箱可分为双声道音箱和三声道音箱：前者将放音频率分成两个范围：低到中、高，并用一只音箱的低音扬声器和高音扬声器发声创造高质量声音；后者将频率分离成低、中和高频范围。

1）扬声器的结构和原理。如图 5-39 所示，磁铁产生的磁力被传输到板极和中心柱极，

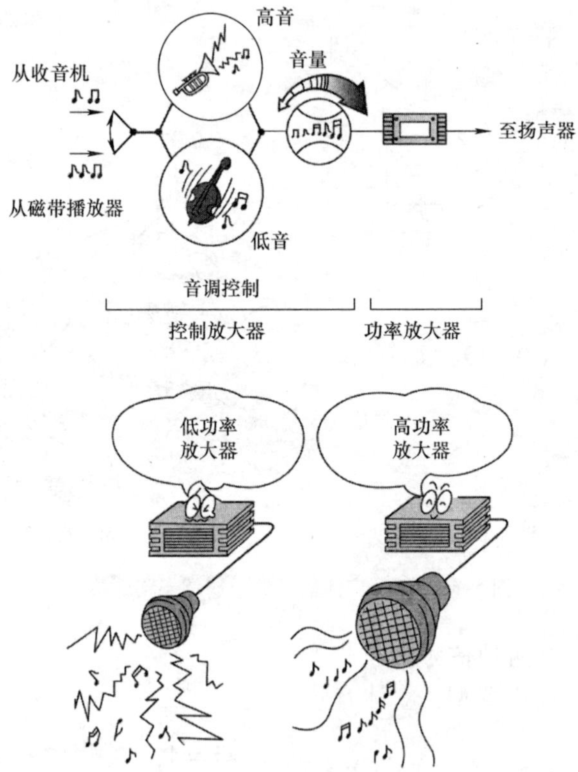

图 5-38 控制放大器、功率放大器及放大器输出

在极之间集中有一圆柱形缝隙。另一方面，有一动圈可以在缝隙中上下自由地移动。动圈与振动膜板（纸盆）相连。当动圈流过放大后信号（电流）时，动圈按照电流上下振动，导致纸盆的运动并且发出声音。

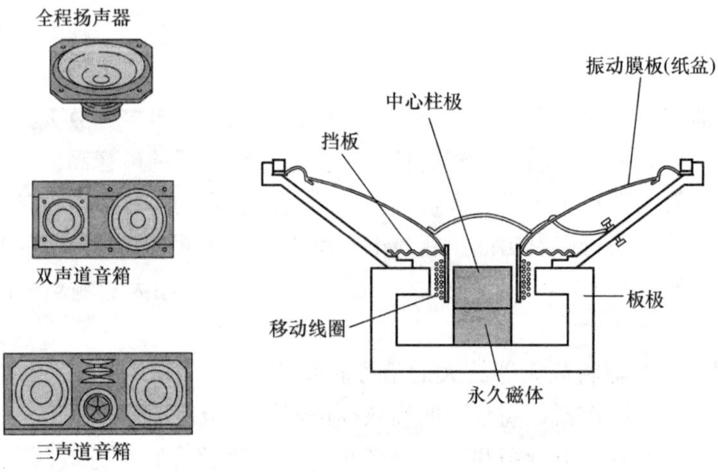

图 5-39 扬声器及音箱

2）扬声器的阻抗。它指扬声器对于输入信号的阻抗值，是从输入端一侧看的值。此值

在低频范围中的某点有最大值。扬声器的额定阻抗是一个纯电阻的阻值，是被测扬声器单元在谐振频率后第一个阻抗最小值。这时音圈自感所产生的反电动势和音圈振动所产生的反电动势因大小相等、方向相反而互相抵消，使扬声器的阻抗值最近似等于音圈的直流电阻。扬声器的额定阻抗一般为4Ω 和8Ω，并且必须与放大器的输出阻抗匹配。

3）最大容许输入。这是不会使扬声器破坏的最大瞬时输出极限的指标，使用“W”作为单位。因此数字越大，装置可以承受的电量越大。如果容许的最大输入值太小，扬声器容易损坏。所以当安装一台非专用的放大器或扬声器时，要非常小心。

5. CD 播放机

CD 机芯是数－模（D－A）变换器类型的，它将 CD 上所录音乐或声音的数字信号转变成原来的模拟信号。

因为数字信号在信号处理过程中不会降级，反复录制不会像模拟信号那样使信噪比变坏，并且不会减低动态范围。

“CD”带有全球统一标准的标记。没有此标记的 CD 或 CD 机芯均是不标准的。CD 是一只圆盘，其形状为外径 120mm（或 80mm），厚 1. 2mm。一种尺寸紧凑的、由透明板（聚碳酸盐）、铝反射薄膜和保护膜（塑料）三层组成的唱片，如图 5-40 所示。

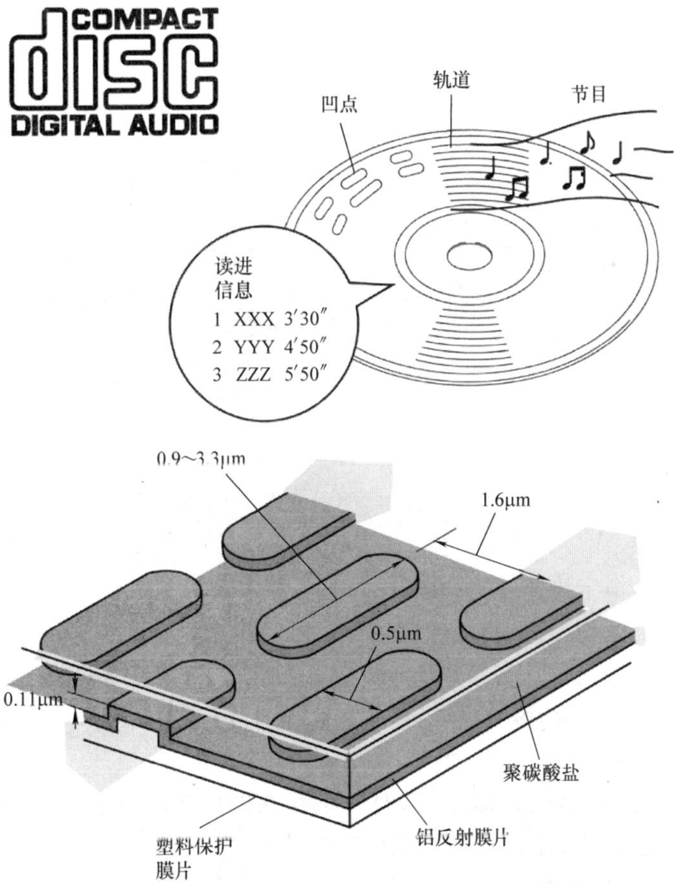

图 5-40　CD 唱片的结构

音乐资料被录制成通过有或无凹点表示的数字信号。这些凹点 0.5μm 宽、0.9 ~ 3.3μm 长、0.11μm 深，形成从圆盘内部到外面反时针转向盘旋的轨道。

在轨道的开始位置（最里面），音乐数据内容（歌曲的总数、总放音时间、各歌的位置等等）被录制成读入信息。依据此信息显示磁道数和放音时间，并执行歌曲的选择和搜索。

（1）CD 放音机的原理和操作　CD 放音机根据激光束发射在录在 CD 上凹点处的反射光强度，获得信号作为电信号。

光学拾波器：光学拾波器正确地对 CD 片上的凹点放射激光，并获得反射光。其结构如图 5-41 所示。如图 5-42 所示，当激光束击在无坑的地方，光束几乎 100% 反射并回到光敏二极管。然而当光束击中某个坑，产生的衍射导致只有大约 30% 的光回到光敏二极管。光敏二极管收到的光的发光强度和产生的电流被用作声频信号。

光学拾波导向伺服系统：如图 5-43 所示，光学拾波器跟踪伺服系统用于按照 CD 片的转动跟踪在轨道上的光学拾波器，并总是将聚焦透镜保持在跟踪伺服系统的校正范围中。当搜索时，它也具有快速移动光学拾波器到目标磁道的功能。

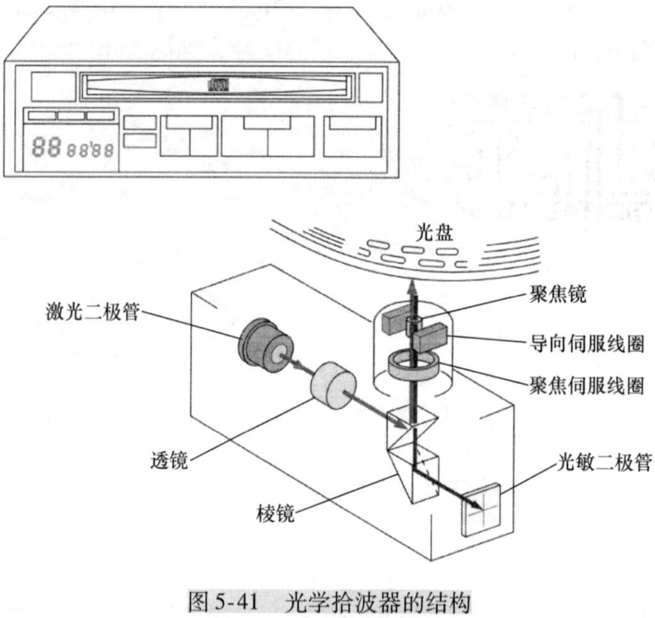

图 5-41　光学拾波器的结构

CLV 伺服系统（恒定线速度）：在 CD 片上，音乐资料是以恒定线速度录制的。因此读信号时，必须通过变化 CD 片的转速控制信号以恒定线速度通过光学拾波器。当光学拾波器在 CD 片最里面时，转速很高（500r/min），光学拾波器在 CD 片最外面时，转速低（200r/min）。CLV 伺服系统就是这样工作的。这样通过与 CD 片上所录制的信号同步，线速度变成恒量，如图 5-44 所示。

信号处理：当执行回放时，即使在 CD 片上存在微小的划痕或异物，CD 运用特殊的纠错线路纠正、补偿也能将数字信号转换成模拟信号。

（2）CD 自动换片机（图 5-45）　CD 自动换片机自动地切换 CD 片，并通过设置可以插入多张 CD 片的片仓播放数字音响。CD 自动换片机由在 CD 上读凹坑信号的光拾声器和在片仓内自动更换 CD 片的换片机构组成。

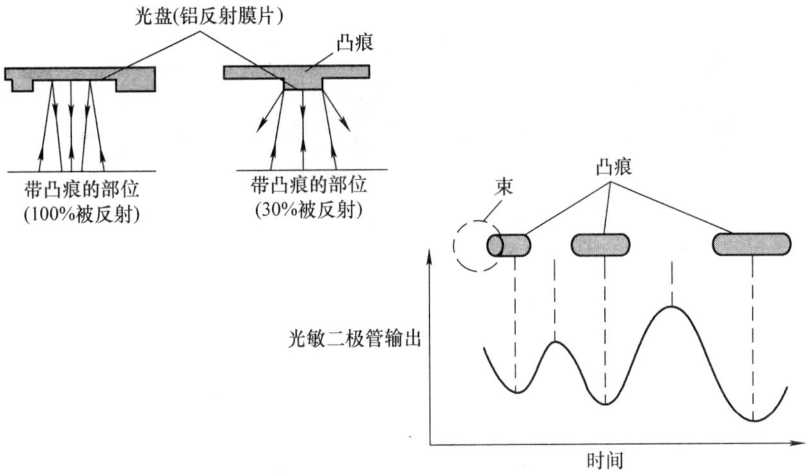

图 5-42　光盘数据的读取原理

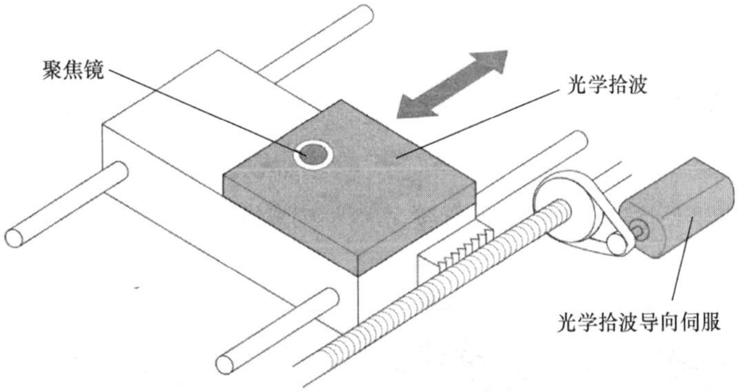

图 5-43　光学拾波导向伺服系统

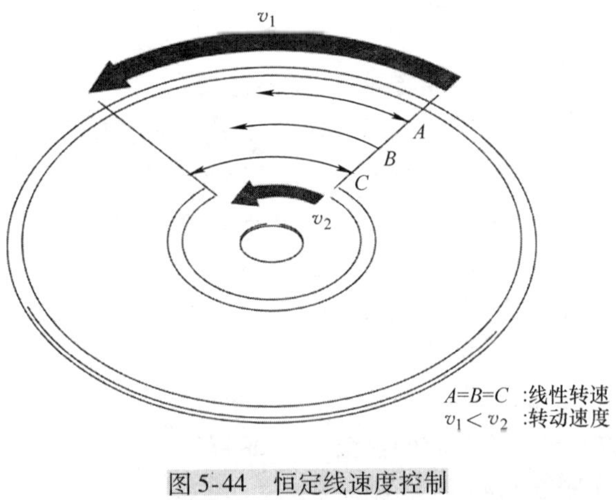

图 5-44　恒定线速度控制

有两种 CD 换片机：一种类型与收音机分离，另一种与收音机组合成为一体。后者被称作 In－dash CD 自动换片机。

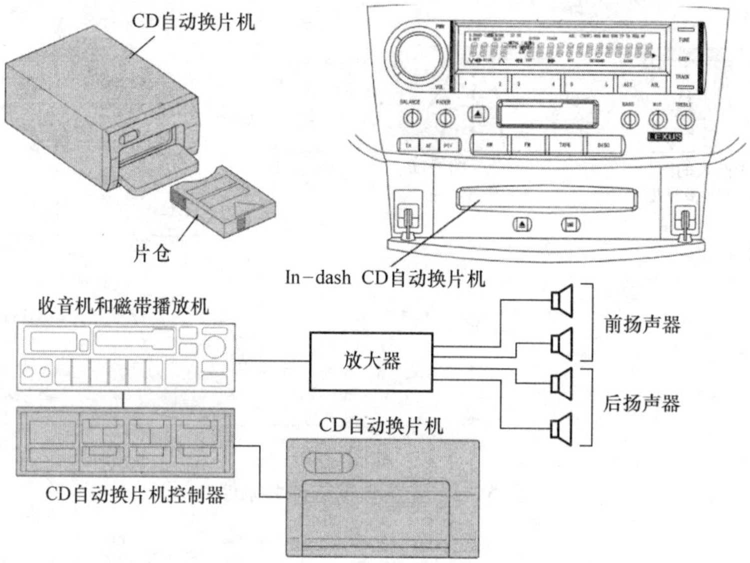

图 5-45 CD 自动换片机

三、音响娱乐系统各部件的检测方法

1. 天线的检查

（1）就车检查 如图 5-46 所示，将点火开关置于 ACC 位置，打开收音机，并检查下列项目：

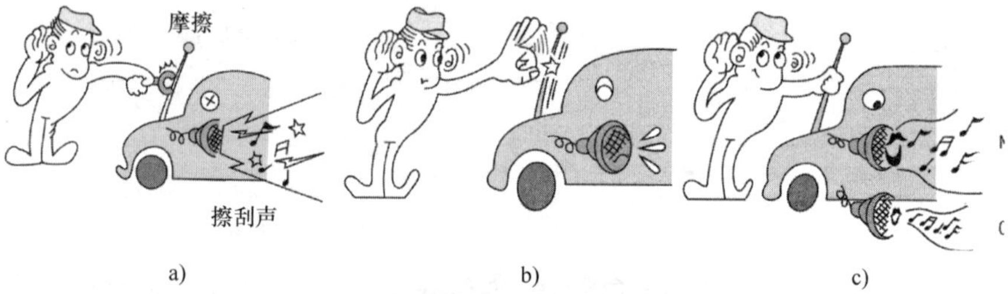

图 5-46 就车检查天线

1）检查天线电缆是否开路。把音量开到最大，用一片金属擦天线杆，检查扬声器中有无擦刮的声音。如果有擦刮声来自扬声器，则天线电缆没有开路。

2）检查天线杆是否松开。从 AM 电台中调出一信号，用手指弹击天线杆，检查扬声器有无噪声发出。如果有噪声，则表示天线杆的连接不良。

3）检查天线的灵敏度。从 AM 电台中调一个弱信号，用手去碰天线杆。如果声音变响，则无线的灵敏度不好；如果声音变弱或不变，则天线的灵敏度没有问题。

提示：确保身体的任何部分均不碰车身。

（2）天线电缆从收音机上脱开时的检查（图 5-47）

1）测量天线杆与车子之间的绝缘电阻。

电阻：几兆欧或更大。

提示：上述的检查与检查屏蔽线与芯线之间的绝缘电阻有同样的意义。一般在天线电缆的芯线上连接一只电容。因此，无法在天线电缆的插头一面检测芯线与屏蔽线之间的绝缘电阻。

2）测量同轴电缆的屏蔽与车体之间的电阻。

电阻：小于5Ω。

提示：同轴电缆的屏蔽线在天线和收音机一侧接地。因此，在同轴电缆的两端均不得有接触故障。

2. 扬声器的检查

如图5-48所示，从无线电接收机或放大器拆开扬声器线并检查下列项目：

（1）测量每个扬声器的电阻　在正（+）和负（-）端子之间测量扬声器的电阻。

电阻：4Ω扬声器大约4Ω；8Ω扬声器大约8Ω。

提示：收音机类型不同，连接器端子的位置不同，因此具体可参考修理手册。

（2）检查各扬声器线与车身之间的绝缘电阻

电阻：∞。

3. CD片和CD放音机的处理

（1）CD放音机的处理（图5-49）　应按照以下的注意事项进行CD放音机的使用和处理：

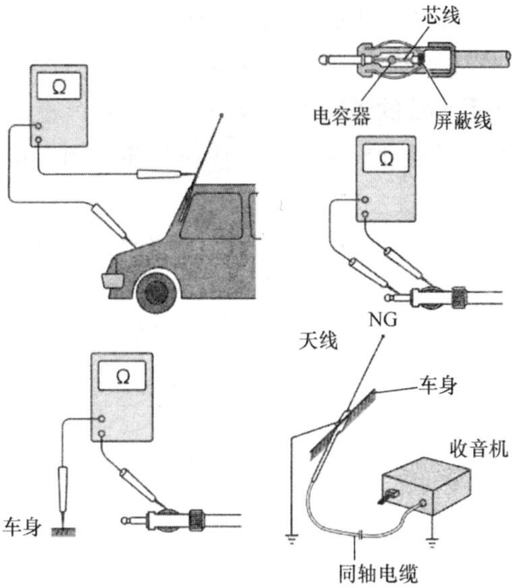

图5-47　用万用表检查天线

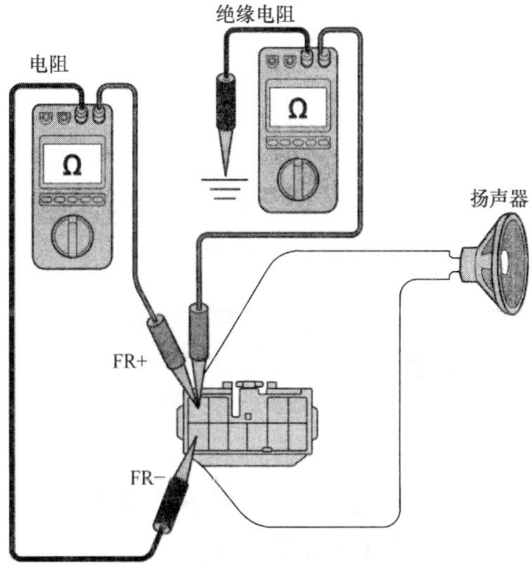

图5-48　检查扬声器

图5-49　CD放音机的使用注意事项

当天冷或下雨时，如果CD放音机内部结露（有水滴），则需进行通风或除湿。否则，放音机可能会跳道或开不起来。

在不平整的道路上行驶时，会导致严重的振动，放音机会跳道，因此要小心。

除了光盘外，不得塞入任何物体，例如将螺钉旋具或其他的金属物体或磁铁插入光盘装载槽口。

当用12cm专用CD放音机听8cm CD时，务必使用适配器。即使使用了适配器，放音机仍然有可能跳道，或由于适配器的变形，放音机可能根本不运行。最近的CD机芯可以使用8cm CD片而不必有适配器，务必阅读说明书手册。

因CD片在放音机中飞快旋转，故不得使用开裂的或翘曲的CD片。

(2) CD片的处理（图5-50） CD片在使用和处理时应注意以下事项：

污垢、灰尘、划痕和翘曲可以使CD放音机跳道，处理时要当心，特别在存取CD片时。

图5-50 CD片的使用、处理注意事项

如果触摸了播放表面（没有印刷的那面），CD片变脏并且声音质量变差，因此务必在拿CD片时不要留下指纹。

不要将纸或其他材料贴到标签表面上或用圆珠笔写。不要刮坏表面。

CD片不用时，应存放好，不要保存在高温和高湿度处；不要将光盘放在汽车座位或仪表板上阳光直接照射处。

清理CD片时，不得使用苯、唱片喷雾剂、静电去除剂等。

如果光盘弄脏了，用一块软布用水弄湿从内向外擦（径向），不得沿圆周方向擦。

第六章 发动机停机、防盗报警及智能进入和起动系统故障的诊断与分析

第一节 发动机停机系统导致的发动机不能起动故障的诊断与分析

一、故障现象

安全指示灯闪烁或始终不亮，发动机不能起动或起动后立即熄火。

二、故障原因

1）钥匙不匹配或未注册以及不能注册。

2）ID 代码箱电源电路不良。

3）主车身 ECU 或认证 ECU 电源电路不良。

4）转向锁止 ECU 电源电路不良。

5）智能进入和起动系统不良。

6）收发器钥匙线圈/放大器不良。

7）车内电子钥匙振荡器。

8）车门控制接收器、识别码盒不良。

9）按钮开关/钥匙解锁警告开关故障。

三、故障诊断与排除的一般步骤

1）验证故障现象。安全指示灯闪烁或始终不亮，发动机不能起动或起动后立即熄火。值得注意的是车型不同安全指示灯的位置会有所不同。

2）目视检查：线束插头松动等。

3）检查是否有 DTC 并记录输出的代码，按故障码提示检查诊断。注意：一般读取故障码之前，应检查蓄电池电压，并起动发动机 10s 以上。

4）读取停机系统的数据流，按数据流提示检查可疑部位。

带智能上车和起动系统与不带智能上车和起动系统的发动机停机系统是有所不同，应区分对待。

表6-1为广汽丰田汉兰达车的停机系统数据，图6-1为汉兰达车的发动机停机系统实测数据。

表6-1 广汽丰田汉兰达车的停机系统数据

检测仪显示	测量项目/范围	正常状态
Ignition Switch	发动机开关ON（IG）信号/ON或OFF	ON：发动机开关ON（ACC，IG）或发动机起动 OFF：发动机开关OFF
ACC Switch	发动机开关ON（ACC）信号/ON或OFF	ON：发动机开关ON（ACC，IG）或发动机起动 OFF：发动机开关OFF
Immobiliser	停机系统状态/Set或Unset	Set：钥匙不在车厢内 Unset：钥匙在车厢内
Master Key	主钥匙代码信号/Match或NoMatch	Match：发送主钥匙代码 NoMatch：发送不匹配的主钥匙代码
Sub Key	副钥匙（主钥匙）代码信号/Match或No-Match	Match：发送副钥匙（主钥匙）代码 NoMatch：发送不匹配的副钥匙（主钥匙）代码
BCC Malfunction	收发器芯片信号/OK或NG	OK：发送正确的数据 NG：发送错误的数据
Abnormal Status	收发器芯片数据/OK或NG	OK：数据正常 NG：数据错误
Different Encrypt Code	收发器芯片信号/OK或NG	OK：发送正确的数据 NG：发送错误的数据
Different Serial Number	收发器芯片信号/OK或NG	OK：发送正确的数据 NG：发送错误的数据
Frame Error	收发器芯片信号/OK或NG	OK：发送正确的数据 NG：发送错误的数据
Response	收发器芯片信号/OK或NG	OK：发送正确的数据 NG：发送错误的数据

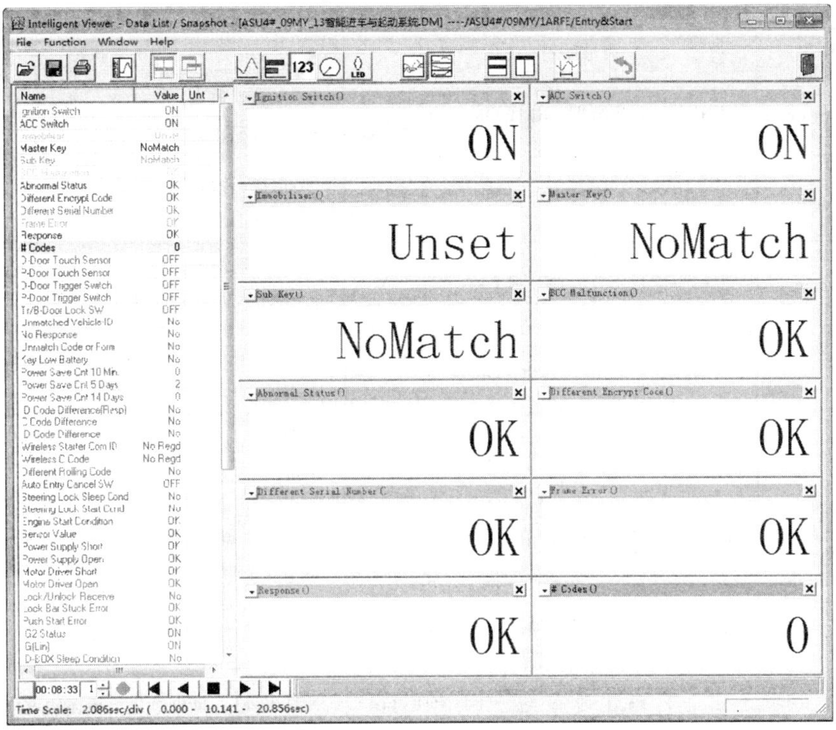

图 6-1　汉兰达车停机系统数据实测数据

表 6-2 为丰田卡罗拉不带智能上车和起动系统的发动机停机系统数据，图 6-2 为某卡罗拉车的实测数据。

表 6-2　丰田卡罗拉不带智能上车和起动系统的发动机停机系统数据

检测仪显示	测量项目/范围	正常状态
Key SW	解锁警告开关信号/ON 或 OFF	ON：钥匙插入点火锁芯 OFF：钥匙未插入点火锁芯
IG SW	点火开关信号/ON 或 OFF	ON：点火开关置于 ON 或 START 位置 OFF：点火开关置于 ACC 或 OFF 位置
Immobiliser	停机系统状态/Set 或 Unset	Unset：点火开关置于 ON 位置 Set：无钥匙
Permit (Start)	允许（起动）信号/正常或异常	NG：不允许发动机起动 OK：允许发动机起动
Response	发射应答芯片数据/NG 或 OK	NG：数据错误 OK：数据正常
Frame Error	发射应答芯片数据/NG 或 OK	NG：数据错误 OK：数据正常
Different Serial Number	发射应答芯片数据/NG 或 OK	NG：数据错误 OK：数据正常

（续）

检测仪显示	测量项目/范围	正常状态
Different Encrypt Code	发射应答芯片数据/NG 或 OK	NG：数据错误 OK：数据正常
Abnormal Status	发射应答芯片数据/NG 或 OK	NG：数据错误 OK：数据正常
Bcc Malfunction	发射应答芯片数据/NG 或 OK	NG：发送的数据错误 OK：发送的数据正确
Sub Key	副钥匙代码信号/NoMatch 或 Match	NoMatch：发送了不匹配的副钥匙代码 Match：发送副钥匙代码
Master Key	主钥匙代码信号/NoMatch 或 Match	NoMatch：发送了不匹配的主钥匙代码 Match：发送主钥匙代码
Transponder S－Code	已注册的副钥匙数目/最少：0，最多：15	已注册的副钥匙数目
Transponder M－Code	已注册的主钥匙数目/最少：0，最多：15	已注册的主钥匙数目
Reg Code Space Full	钥匙代码注册存储空间/NOT FULL 或 FULL	NOT FULL：能继续进行更多钥匙代码注册 FULL：不能继续进行更多钥匙代码注册
＋B	电源/BRAKE 或 NORMAL	BRAKE：电源断路 NORMAL：电源正常
Antenna Coil Status	收发器钥匙放大器线圈状态/NORMAL 或 FAIL	NORMAL：天线线圈正常 FAIL：天线线圈有故障

图 6-2 中所示的点火钥匙就应该先进行注册操作，因为“Immobiliser”状态为“SET”，说明未能检测到钥匙，可能点火钥匙中的应答器芯片损坏或丢失。应答器芯片一般用胶固定在钥匙手柄内，有时钥匙跌落可能导致应答器芯片损坏或丢失。注意不要轻易撬开钥匙后方的手柄或遥控器壳。

5）检查系统的熔丝、电源供应情况、搭铁等。

6）清除 DTC 后重新注册钥匙。如果无法注册钥匙，则检查门控灯开关电路、收发器钥匙 ECU 电源电路及收发器钥匙 ECU 总成。

7）检查各连接器端子的接触状态。

8）按电路图检查线路。

图 6-3 为卡罗拉车发动机停机系统（不带智能上车和起动系统）电路原理图，按电路图检查线路。收发器钥匙 ECU 的位置非常不容易接近，故先在收发器钥匙放大器、发动机 ECM 的连接器处检查。

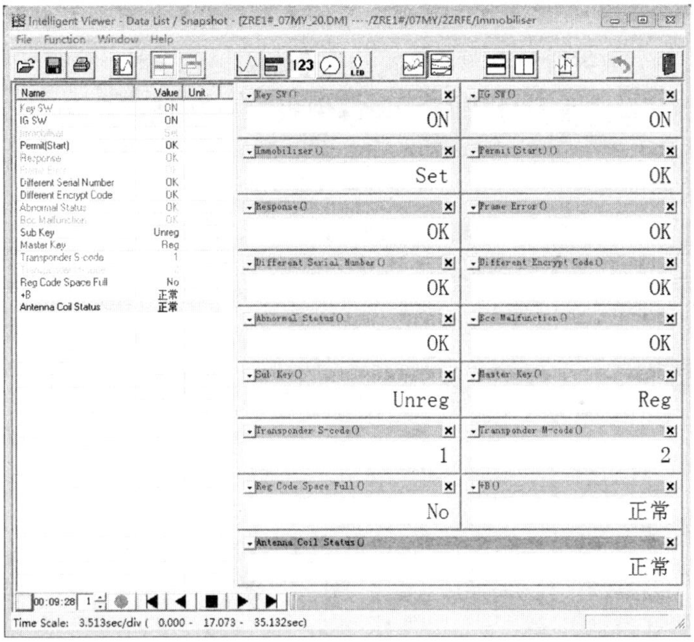

图 6-2　某卡罗拉车不带智能上车和起动系统的发动机停机系统实测数据

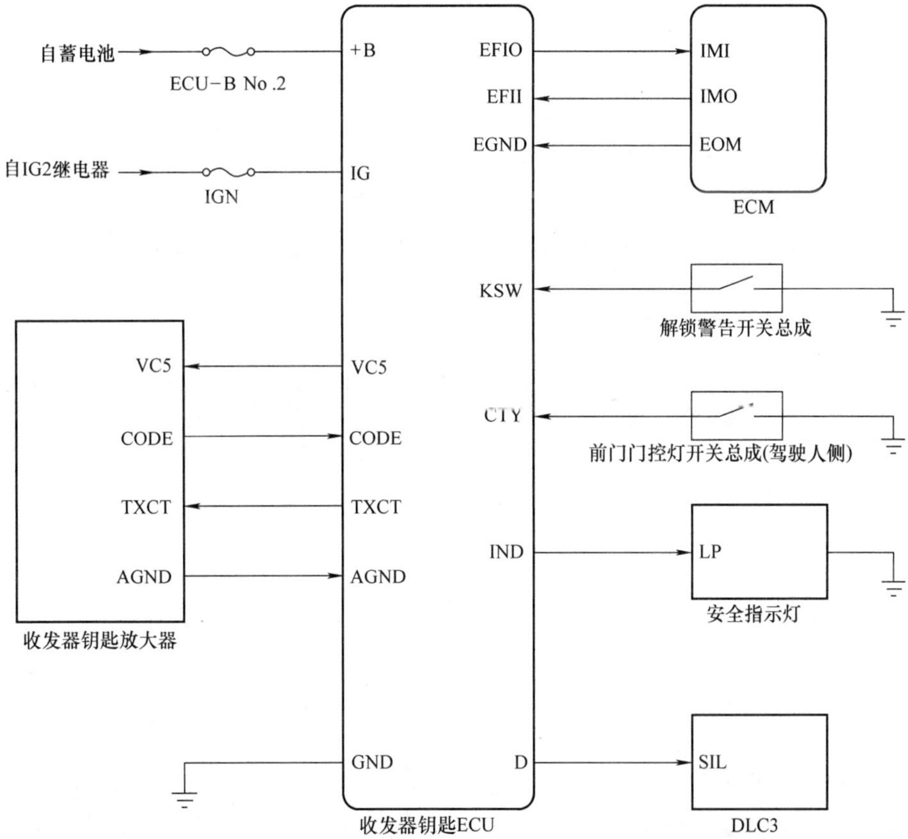

图 6-3　卡罗拉车发动机停机系统（不带智能上车和起动系统）电路原理图

可检查收发器钥匙放大器的连接器各端子的电压，并根据下述说明测量电压。VC5 - AGND应为收发器钥匙放大器的电源，当钥匙不在点火锁芯中时，应低于1V，当钥匙在点火锁芯中时，应为4.6～5.4 V。CODE - AGND为钥匙代码数据解调信号，当钥匙不在点火锁芯中，应低于1V，当钥匙插入钥匙点火锁芯的瞬间，应有数据波形产生，图6-4即为钥匙插入点火锁芯瞬间的实测信号波形。TXCT - AGND为钥匙代码输出信号，当钥匙不在点火锁芯中应低于1V，当钥匙插入钥匙点火锁芯的瞬间，应有数据波形产生，图6-5即为钥匙插入点火锁芯瞬间的实测信号波形。

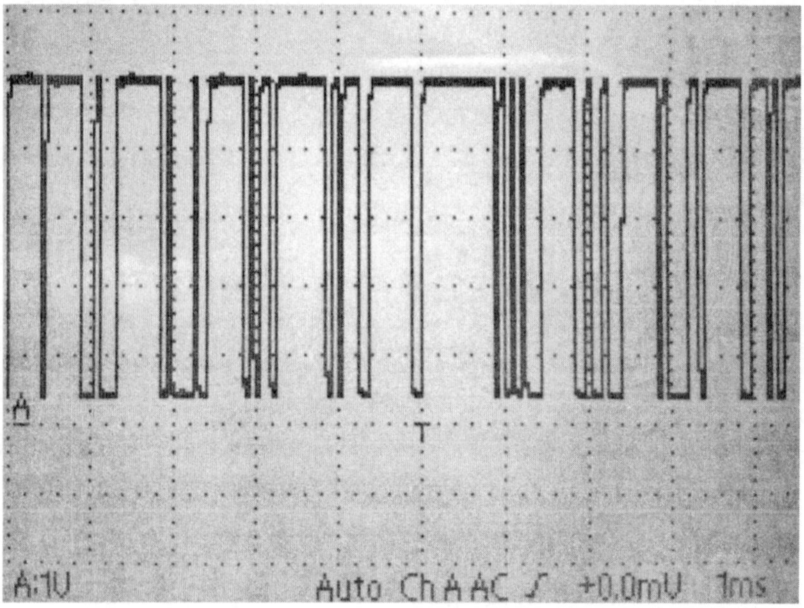

图6-4 卡罗拉车钥匙插入点火锁芯瞬间“CODE - AGND”实测信号波形

在发动机ECM的连接器处检查IMI、IMO信号，IMI - EOM为收发器钥匙ECU发送给发动机ECM的信号，对发动机ECM来说是输入信号，故其端子英文缩写为“IMI”，对收发器钥匙ECU来说是输出信号，在收发器钥匙ECU端子处的英文缩写为“EFIO”。点火开关置于OFF位置时，IMI - EOM之间的电压应低于1V，当点火开关置于ON位置时，应有方波信号输出，实测波形如图6-6所示。

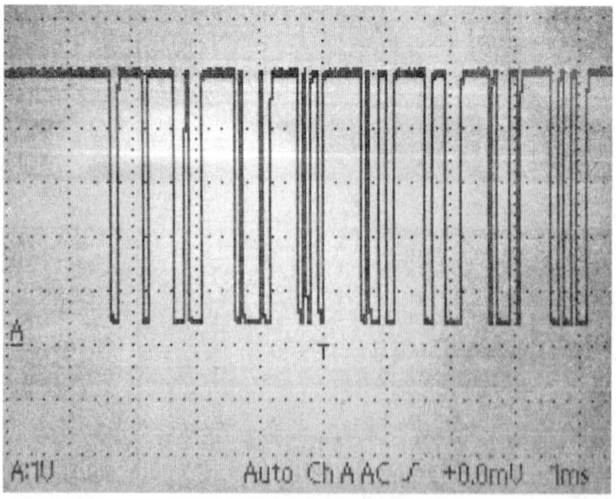

图6-5 卡罗拉车钥匙插入点火锁芯瞬间“TXCT - AGND”实测信号波形

点火开关置于OFF位置时，IMO - EOM之间的电压应低于1V，当点火开关置于ON位置时，应为蓄电池电压，实测波形如图6-7所示。

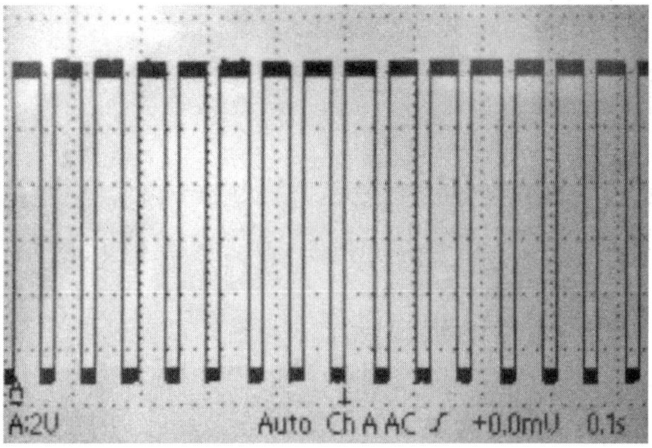

图 6-6　卡罗拉车点火开关置于 ON 位置时“IMI－EOM”信号波形

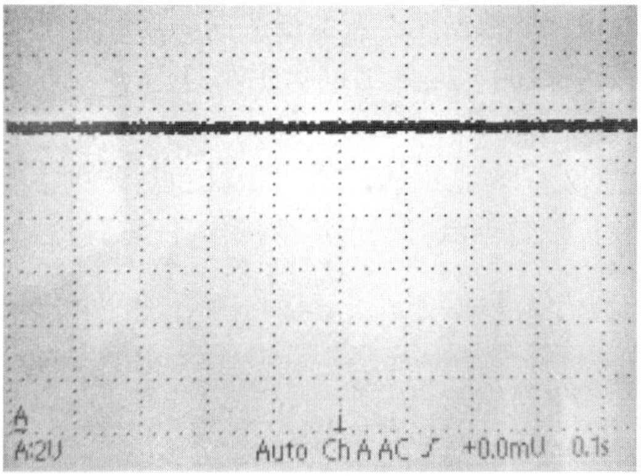

图 6-7　卡罗拉车点火开关置于 ON 位置时“IMO－EOM”信号波形

9）必要时更换怀疑的部件，重新匹配钥匙等。

第二节　防盗系统不能设定故障的诊断与分析

一、故障现象

防盗系统无法设置。

二、故障原因

1）驾驶人门锁位置开关及其电路不良。

2）BCM 电源不良。

3）各门锁开关信号不良、驾驶人侧车门钥匙锁定/解锁开关不良。

4）门控灯开关电路不良。

5）行李箱开关、前舱盖开关等开关信号不良。

6）车载网络系统通信线路不良，如 CAN 通信线等不良。

7）防盗警报 ECU 电源电路不良、防盗警报 ECU 总成不良等。

8）主车身 ECU（仪表板接线盒）不良等。

三、故障诊断与排除的一般步骤

1）验证故障现象，客户故障分析。

2）检查防盗警报 ECU 的熔丝、电源供应、搭铁电路等。

3）如果防盗警报 ECU 联网于车载网络系统，应先检查通信系统的通信功能，使用检测仪检查通信系统是否工作正常。

4）检查、确认门锁控制系统和无线门锁控制系统的功能是否工作正常。

防盗系统故障排除的前提是：门锁控制系统和无线门锁控制系统工作正常。因此，在对防盗系统进行故障排除以前，应首先确信门锁控制系统和无线门锁控制系统工作正常。

5）检查是否输出防盗警报 ECU 通信故障码，如有故障码，检查当防盗警报 ECU（防盗 ECU）和主车身 ECU 之间的通信线路是否正常。

6）读取使用智能检测仪读取数据流，按数据流提示分析查找故障原因。

使用智能检测仪读取数据流时，应分别进入主车身 ECU、防盗系统及门锁控制系统和无线门锁控制系统等。

图 6-8 为使用丰田诊断仪 GTS 显示的广汽丰田汉兰达车的主车身系统的一些数据流。数据含义可参见表 6-3。在读取数据流时，可逐个操作各车门开、关，观察其动态数据的变化来发现或缩小故障范围。

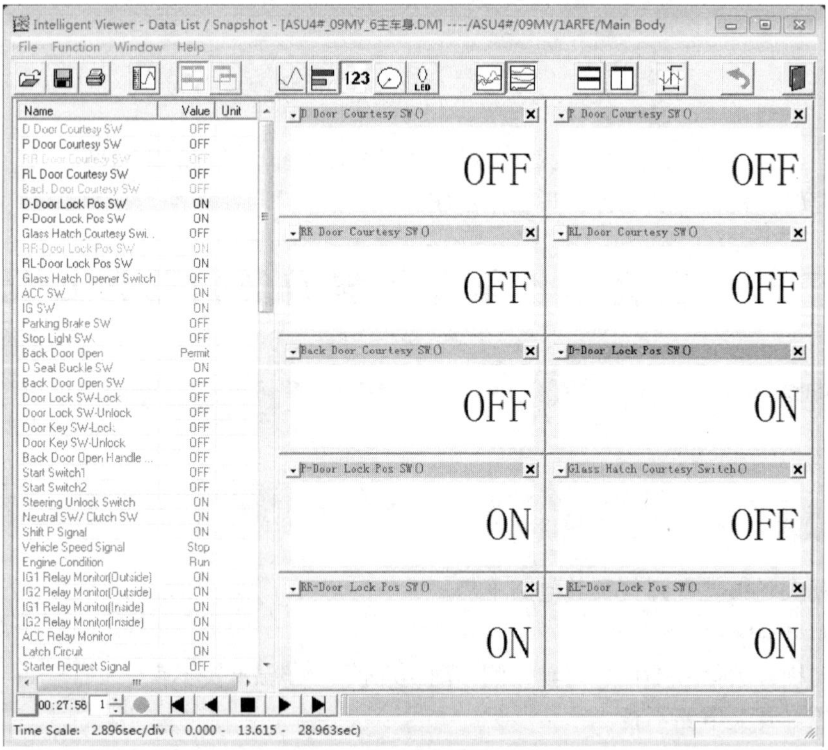

图 6-8 诊断仪显示的丰田汉兰达车主车身系统数据流

7）检查钥匙解锁警告开关电路是否正常。钥匙解锁警告开关在点火钥匙插入点火锁芯时接通，在点火钥匙从点火锁芯中拔出时断开。当钥匙解锁警告开关接通时，防盗警报ECU 运行钥匙受限防止功能。故应检查钥匙解锁警告开关是否处于常通状态。

8）检查门控灯开关、行李箱开关、前舱盖开关等开关信号。

9）按电路图依次检查怀疑的电路。

10）必要时维修或更换有故障的零件，如更换防盗警报 ECU 试一下。

表 6-3　广汽丰田汉兰达车主车身系统数据流说明

检测仪显示	测量项目/范围	正常状态
D Door Courtesy SW	驾驶人侧门控灯开关/ON 或 OFF	ON：驾驶人侧车门打开 OFF：驾驶人侧车门关闭
P Door Courtesy SW	前排乘客侧门控灯开关/ON 或 OFF	ON：前排乘客侧车门打开 OFF：前排乘客侧车门关闭
RR Door Courtesy SW	右后车门门控灯开关/ON 或 OFF	ON：右后车门打开 OFF：右后车门关闭
RL Door Courtesy SW	左后车门门控灯开关/ON 或 OFF	ON：左后车门打开 OFF：左后车门关闭
Back Door Courtesy SW	背门门控灯开关/ON 或 OFF	ON：背门打开 OFF：背门关闭
D – Door Lock Pos SW	驾驶人侧门锁位置开关/ON 或 OFF	ON：驾驶人侧车门解锁 OFF：驾驶人侧车门锁定
P – Door Lock Pos SW	前排乘客侧门锁位置开关/ON 或 OFF	ON：前排乘客侧车门解锁 OFF：前排乘客侧车门锁定
Glass Hatch Courtesy Switch	玻璃舱背门控灯开关/ON 或 OFF	ON：玻璃舱背打开 OFF：玻璃舱背关闭
RR – Door Lock Pos SW	右后车门门锁位置开关/ON 或 OFF	ON：右后车门解锁 OFF：右后车门锁定
RL – Door Lock Pos SW	左后车门门锁位置开关/ON 或 OFF	ON：左后车门解锁 OFF：左后车门锁定

第三节　智能进入和起动系统故障的诊断与分析

一、故障现象

检测不到智能钥匙，发动机的起动机不能运转，甚至发动机开关无法开启。

二、故障原因

1）发动机开关故障。

2）系统熔丝不良。

3）驻车档/空档位置开关不良。

4）STOP 熔丝、刹车灯开关不良。

5）LIN（局域互联网络）、CAN 总线通信线路不良。

6）主车身 ECU、认证 ECU、识别码盒、转向锁 ECU、ECM 等相关模块不良。

7）起动机切断继电器或起动机继电器不良。

8）智能钥匙内部电池电量不足。

9）电子钥匙起动发动机和取消转向锁的有效区域设置不正确导致电子钥匙位于后座区域时发动机不起动。

10）系统中各连接器的松动、连接不良、弯曲、腐蚀或损坏等。

三、故障诊断与排除的一般步骤

1）验证故障现象。操作发动机开关，进行电源模式的切换，观察故障现象。

2）根据故障现象，初步缩小故障范围。

如果电源不能打开（ACC 和 IG 均不可以），应先检查系统熔丝是否熔断、相关模块的电源供应，还应检查 LIN 等通信线路是否不良及发动机开关本身。

如果电源能打开但不能切换至起动状态，应先检查是否满足起动的条件，如变速器杆是否位于驻车档/空档位置等。如果电源能打开且在起动状态时听到起动机电磁开关动作声音，应检查起动机本身。

检查制动灯是否工作正常，如不正常进一步检查 STOP 熔丝、制动灯开关不良等。对丰田车来说，可先进行发动机紧急起动控制，将发动机开关从 OFF 位置转至 ON（ACC）位置，按住发动机开关 15s，如果发动机起动，说明制动灯开关或 STOP 熔丝等有故障，应进一步检查。

3）检查起动时电子钥匙是否处于车内，或钥匙电池电量过低。

对于丰田车来说，检查起动时电子钥匙是否处于车内，如持电子钥匙的人坐于后座，无法起动发动机和取消转向锁，应将电子钥匙拿到车内前部试一试，如电子钥匙位于车内前部，一切正常，则可能是有人更改了系统定制功能，即电子钥匙起动发动机和取消转向锁的有效区域由默认设置的“ALL”变为“FRONT”，可使用智能检测仪进入智能进入和起动系统进行功能定制，选择“Ignition Available Area (Engine ignition available area)”，该功能用来选择电子钥匙起动发动机和取消转向锁的有效区域，将“FRONT”设置为默认的“ALL”。如怀疑钥匙电池电量低时，可以在踩下制动踏板的情况下，将钥匙靠近发动机开关，以运行按钮起动功能。如能起动，说明电子钥匙电池电量低。

4）使用诊断仪检查 CAN 通信系统是否工作正常。

5）使用诊断检查是否有 DTC 并记录所有输出的代码，清除 DTC，重新检查 DTC。按故障码提示进一步进行数据流的读取、分析，检查相关部位。

6）使用诊断仪读取数据流，很多车型即使在发动机开关关闭状态下也能进行与诊断仪的通信，这可能需要进行专门的操作，如丰田车在发动机开关关闭时，使用智能检测仪以 1.5s 或更短的时间间隔重复打开和关闭任意门控灯开关，直到检测仪和车辆之间开始通信。

7）当诊断仪无法与车辆通信，则检查整个系统中各相关模块的各种通信线路，如 LIN、CAN 等通信总线。通常认证 ECU（智能钥匙 ECU 总成）和其他 ECU 通过 LIN 通信线路执行钥匙验证，故应检查 LIN 通信线路。

8）如电源能打开且诊断仪能与车辆各模块进行通信，但起动机不能工作，可进行数据流的读取，重点读取起动机激活信号等，并进行起动机继电器等的主动测试，以检查起动机的激活信号和输出控制电路。

9）按电路图依次检查怀疑的电路。

10）电气系统内的很多故障是由线束和端子不良造成的，也可能是由其他电气系统的干涉、机械或化学损坏导致的，故应彻底检查连接器的松动、连接不良、弯曲、腐蚀、污染、变质或损坏情况。

第四节　发动机停机、防盗报警及智能进入和起动系统故障诊断、排除的相关要点

一、理解发动机停机系统

发动机停机系统是一种车辆防盗系统。除了用已注册的有 ID 代码（应答器钥匙代码）的钥匙外，用其他任何钥匙时，此系统禁止发动机起动和燃油喷射。

发动机停机系统被设置后，安全指示灯进行闪光，指示系统已被设置。

发动机停机系统由应答器芯片、应答器钥匙线圈、发送应答器钥匙放大器、发送应答器钥匙 ECU、发动机 ECU 等组成，如图 6-9 所示。

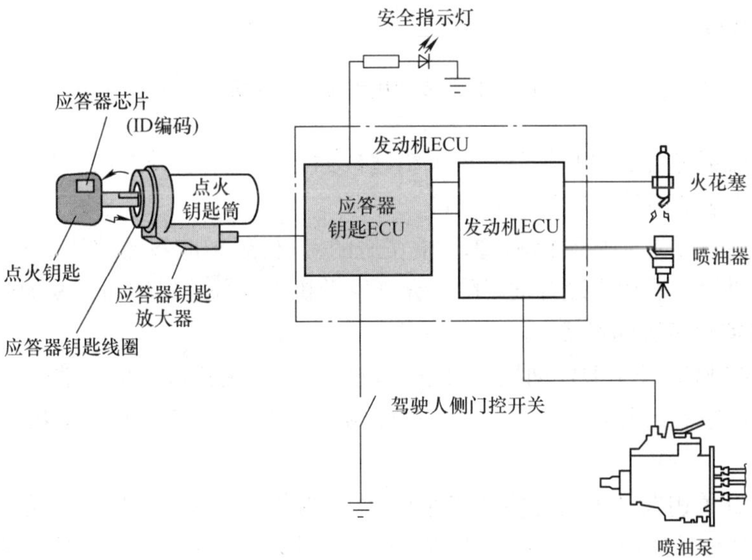

图 6-9　发动机停机系统的一般组成

有两种发动机停机系统，一种是通过单独的 ECU 控制（应答器钥匙 ECU）；另一种通过和应答器钥匙 ECU 集成的 ECU（发动机 ECU）控制。

1. 发动机停机系统的功能的设置/解除

（1）发动机锁定器功能设置 点火开关钥匙从锁芯取出时，或钥匙旋到 ACC 或 LOCK 位置后 20s 后，发动机锁定器功能被设置，发动机点火和燃油喷射均失效。

这时由于设置了发动机锁定器功能，即使把点火开关从点火开关筒取下并用平顶螺钉旋具或等效物旋到 START 位置起动起动机，发动机也不能被起动。这是因为发动机不点火，也不喷射燃油，如图 6-10 所示。

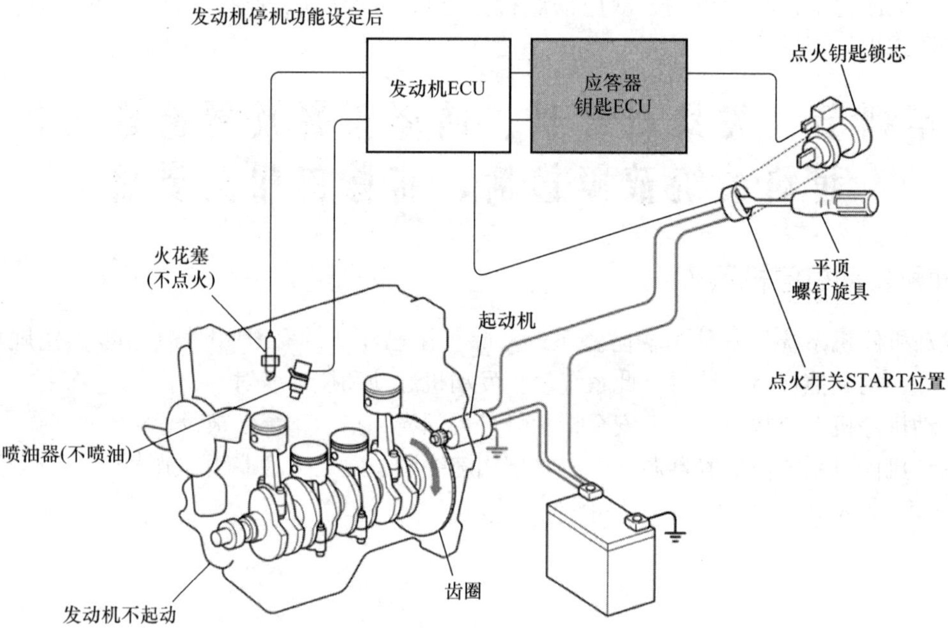

图 6-10 发动机停机系统的功能

（2）发动机锁定器功能的取消 点火钥匙被插入点火开关锁芯时，应答器钥匙 ECU 和点火开关钥匙内装的应答器芯片开始通信。

通信开始后，如果应答器钥匙 ECU 中注册的 ID 代码与应答器芯片中的 ID 代码连续两次相符，发动机锁定器功能设置被解除，允许发动机点火并喷射燃油，发动机可以起动。

2. 发动机停机系统的组成

应答器钥匙 ECU 控制型发动机停机系统包括点火开关钥匙、应答器钥匙线圈、应答器钥匙放大器、应答器钥匙 ECU、发动机 ECU、钥匙开锁警告开关和安全指示灯等元件，如图 6-11 所示。

（1）点火开关钥匙（内装应答器芯片） 钥匙内装的应答器芯片中的线圈对应答器钥匙线圈产生的磁场做出反应，从而产生电流，ID 代码被发送到应答器线圈。因此应答器芯片不必使用电池。

提示：点火钥匙被分为整体型和分离型。分离型的应答器芯片内装在发射机中。

（2）应答器钥匙线圈 应答器钥匙线圈产生一个围绕点火开关锁芯的磁场并接收钥匙的 ID 代码。

（3）应答器钥匙放大器 按照来自应答器钥匙 ECU 的信号，应答器钥匙放大器允许电

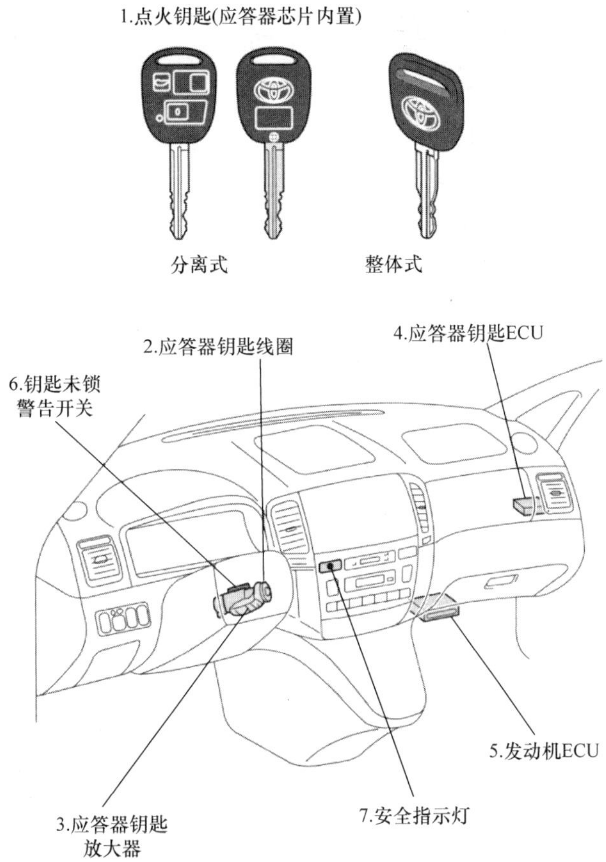

图 6-11　发动机停机系统的组成部件

流流进钥匙线圈并使它产生一磁场。

应答器钥匙放大器把应答器钥匙线圈接收到的钥匙 ID 代码给应答器钥匙 ECU。

（4）应答器钥匙 ECU　应答器钥匙 ECU 接收来自应答器钥匙放大器的钥匙 ID 代码，并与注册的 ID 代码核对。按照检验结果决定发动机是否能被起动并发信号到发动机 ECU。

此 ECU 控制安全指示灯的闪光/关掉。

（5）发动机 ECU　按照来自应答器钥匙 ECU 的发动机起动许可信号，发动机 ECU 正常工作，此时能起动发动机。

（6）钥匙未锁警告开关　此开关检测点火开关锁芯中钥匙是否插入并输出信号到应答器钥匙 ECU。

（7）安全指示灯

3. 发动机停机系统的工作原理（应答器钥匙 ECU 控制型）

（1）点火钥匙从 ON 旋到 ACC 或 LOCK 位置 20s 后　钥匙从 ON 旋到 ACC 或 LOCK 位置，并在此情况下保持 20s 以上，应答器钥匙 ECU 从端子 IG 检测到此情况后设置发动机停机系统，并且继续使指示灯闪光。图 6-12 为钥匙从 ON 旋到 ACC 或 LOCK 位置瞬间电路的工作情况。

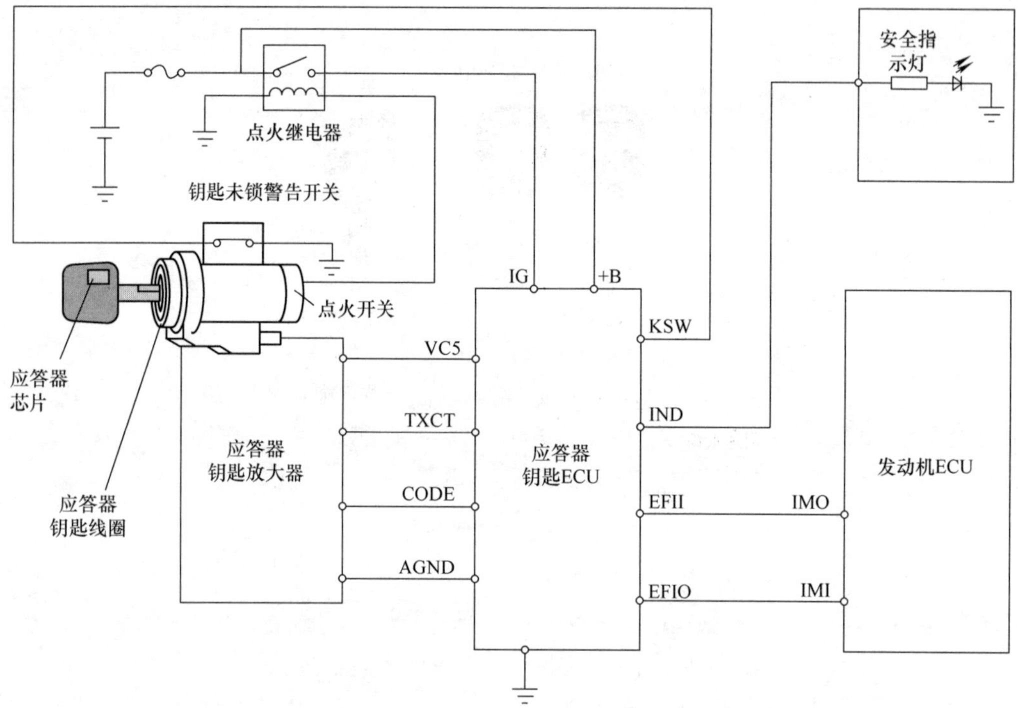

图 6-12 点火钥匙从 ON 旋到 ACC 或 LOCK 位置瞬间电路的工作情况

（2）取出点火钥匙时 当从点火开关锁芯中取出点火钥匙时，钥匙开锁警告开关被关掉，应答器钥匙 ECU 检测到此信号并设置发动机停机系统，安全指示灯持续闪烁，如图 6-13、图 6-14 所示。

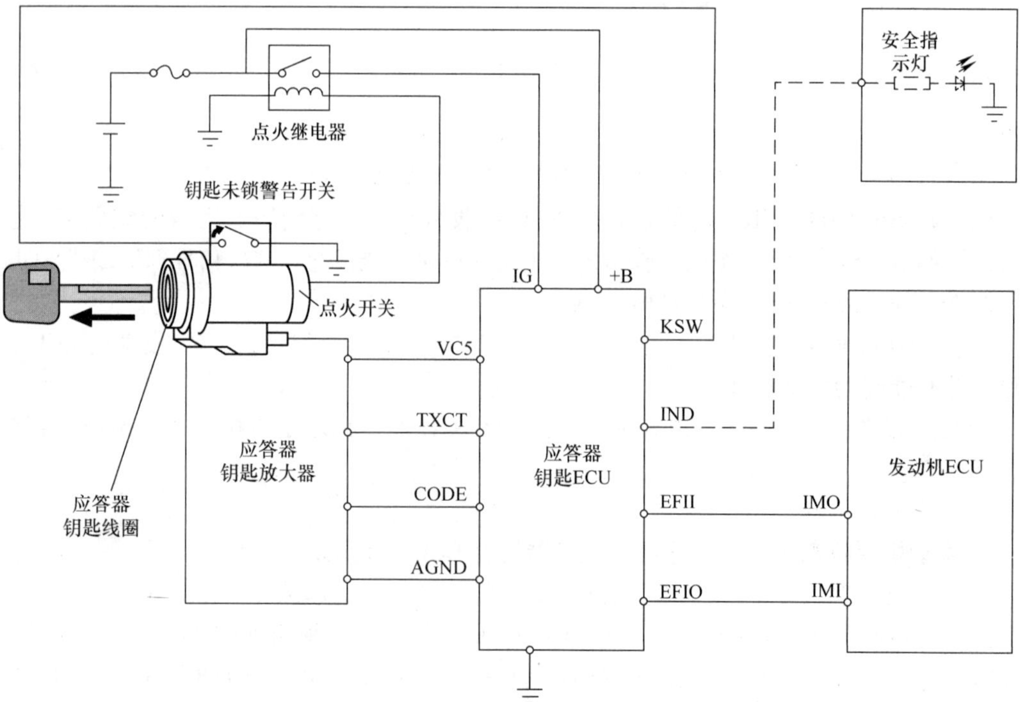

图 6-13 拔出点火钥匙瞬间

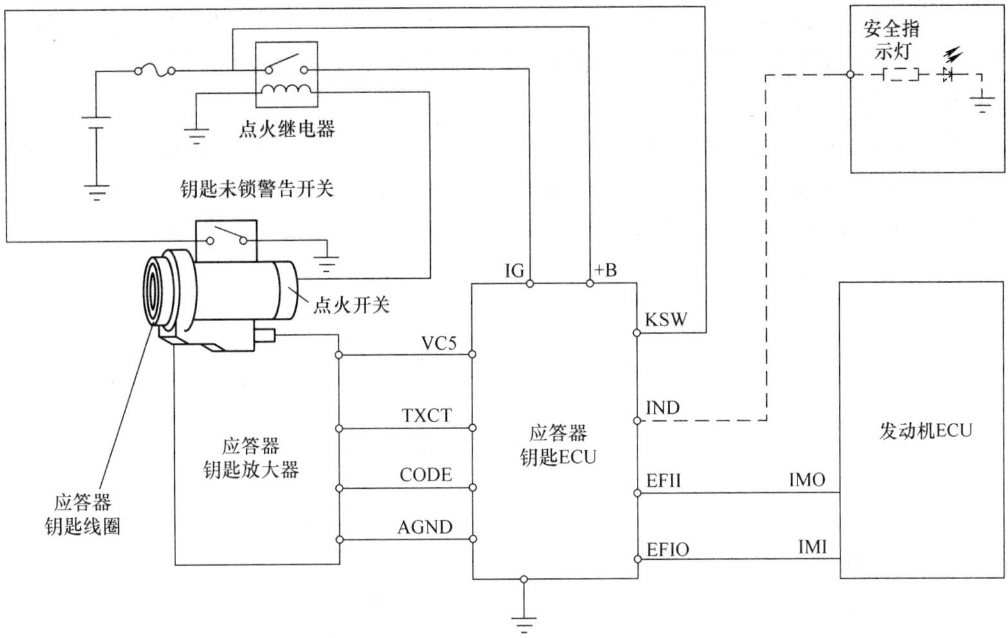

图 6-14 拔出点火钥匙后

（3）插入点火开关钥匙 当点火开关钥匙被插入点火开关锁时，钥匙开锁警告开关打开。应答器钥匙 ECU 检测到此信号，通过端子 VC5 向应答器钥匙放大器供电，并且通过 TXCT 端子发送操作信号。结果，电流被允许流进发送应答器钥匙线圈并产生围绕锁芯的磁场，如图 6-15 所示。

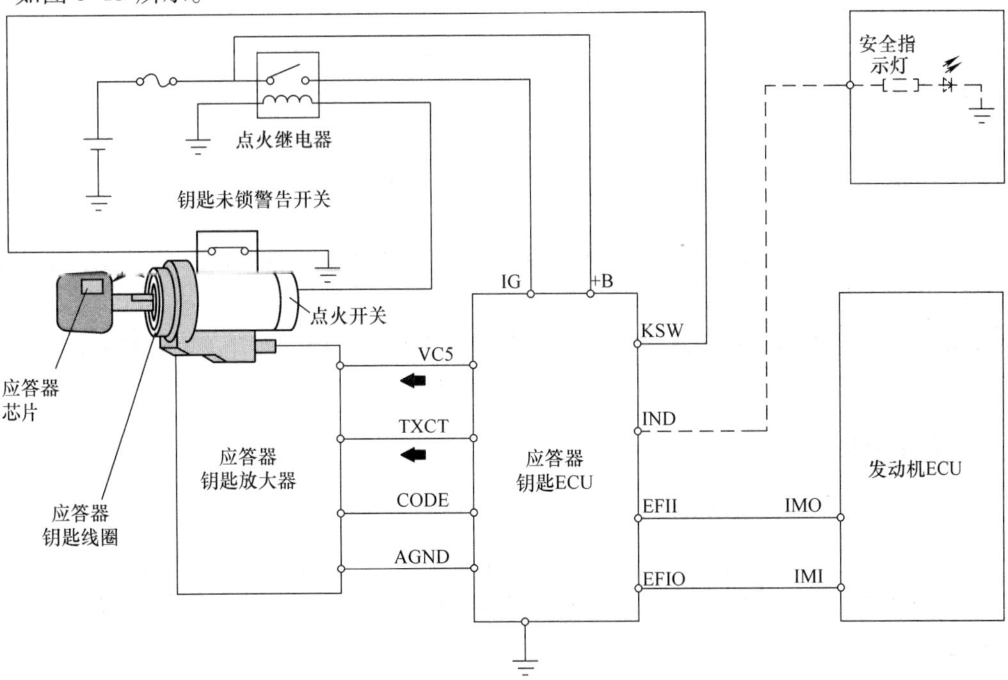

图 6-15 插入点火开关钥匙瞬间

（4）发动机停机系统功能解除 通过围绕锁芯磁场，钥匙内装的应答器芯片中注册的ID代码信号被发送到应答器线圈。应答器的钥匙放大器发送此信号到应答器钥匙ECU的端子CODE。

应答器钥匙ECU用注册的ID代码检验收到的钥匙侧的ID代码。如果ECU判断这些信号相配，它使用专门的通信线（端子EFIO和端子EFII）发送与接收信号，向发动机ECU指示“发动机起动许可”，导致发动机停机系统解除，如图6-16所示。

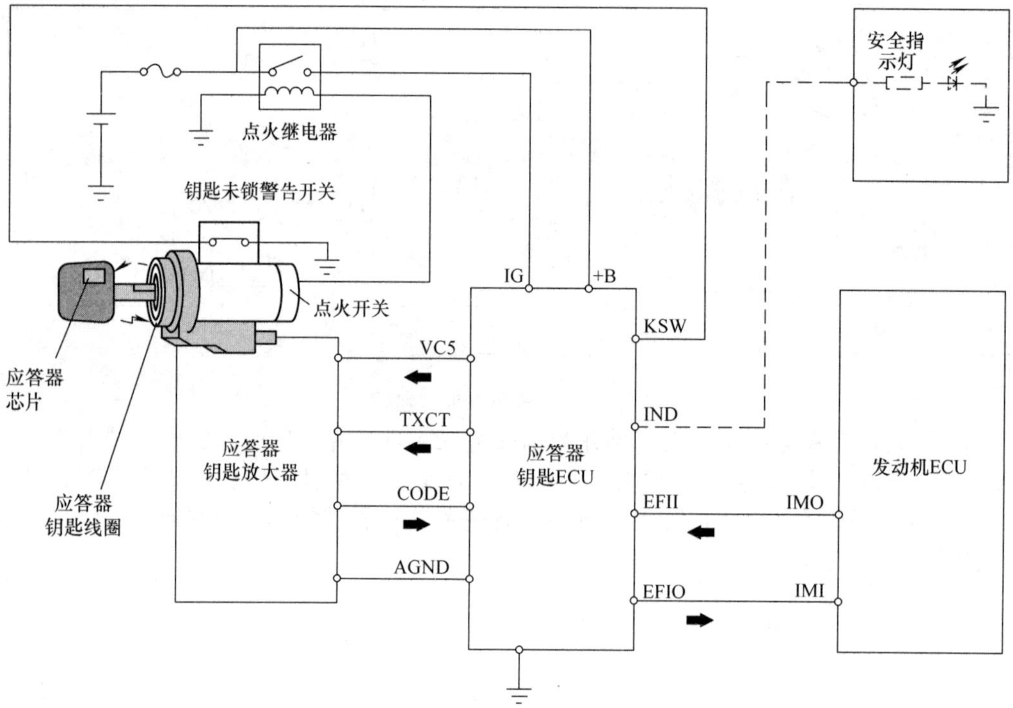

图6-16 发动机停机系统功能解除

（5）关掉安全指示灯 当应答器钥匙ECU解除发动机停机系统时，安全指示灯闪光控制结束，灯光关掉，如图6-17所示。

提示：如果应答器钥匙ECU的端子+B电路变成开路，将点火开关旋到ON位置，导致后备电源向应答器钥匙ECU供电并起动ID代码匹配。

二、理解车身防盗控制系统

为了车辆防盗，此系统的功能是在所有车门均锁上后，如果任何车门和罩盖被强制打开，或者蓄电池的端子被断开后重新连上，它发出警报。警报装置立即使喇叭发声以及前照灯、尾灯和其他外部灯光闪烁。安全指示灯闪烁，告知车辆周围的人此车装有防盗系统。

提示：

1）报警装置根据区域不同而不同。

2）防盗系统利用车辆门锁系统的功能。

3）在某些车型上，报警工作期间系统阻止起动机继电器的工作，因此起动机也不

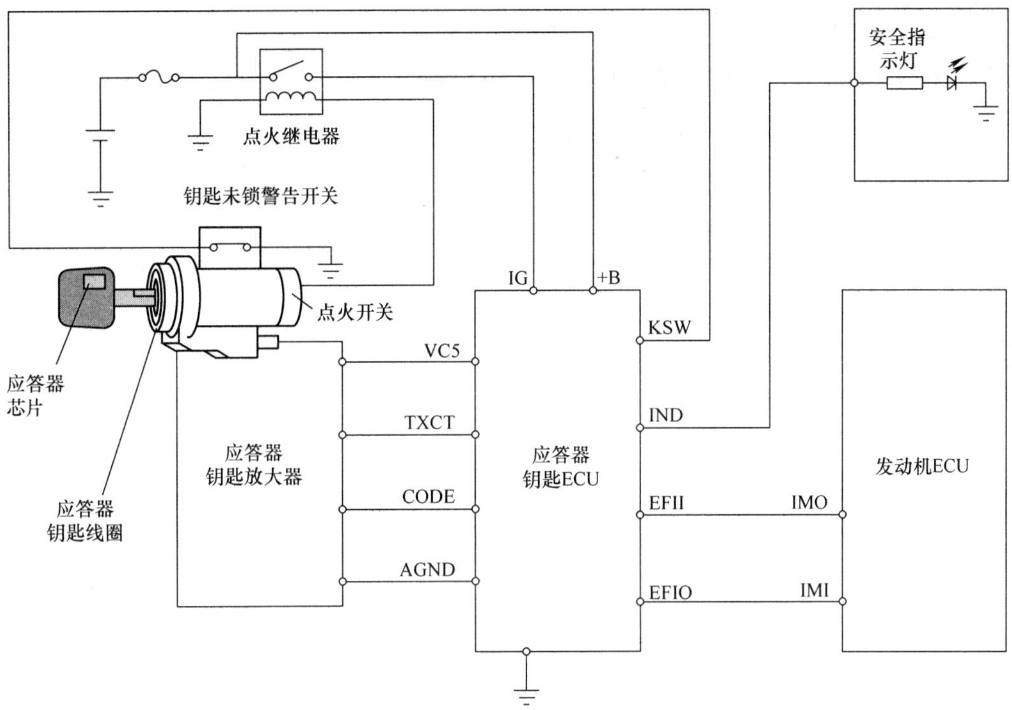

图 6-17 关掉安全指示灯

工作。

1. 防盗系统的四种状态

防盗系统有以下四种状态：

1）无备状态（解除警戒状态）。防盗系统不工作。因此，不起盗贼探测作用。

2）有备准备状态（警戒准备状态）。有一延时，直到系统进入有备状态为止。不起盗贼探测作用。

3）有备状态（警戒状态）。此状态防盗系统可以工作。

4）报警状态。在此状态，系统能探测盗贼并通过声、光向车子周围的人报警，持续约为60s。报警系统因车型和地区不同而有异。

2. 防盗功能的设置与解除

1）设置防盗系统（图6-18）。

① 将钥匙从点火锁芯中拔出。

② 关上所有车门、行李箱门和发动机罩，然后用钥匙或发射器锁定（从无备状态到有备准备状态）。

提示：

当所有车门、行李箱门和发动机罩关闭后被锁定时，指示灯状态发生改变。

带发动机停机装置的车辆，从闪烁变为点亮；不带停机装置的车辆，从熄灭变为点亮。

③ 当锁定后大约30s，指示灯从稳定点亮变成闪烁后，系统进入有备状态（从有备准备状态到有备状态）。

2）解除报警状态的操作。

① 用发射器将锁定的车门解锁，如图6-19a所示。

② 用钥匙将锁定的车门解锁，如图6-19b所示。

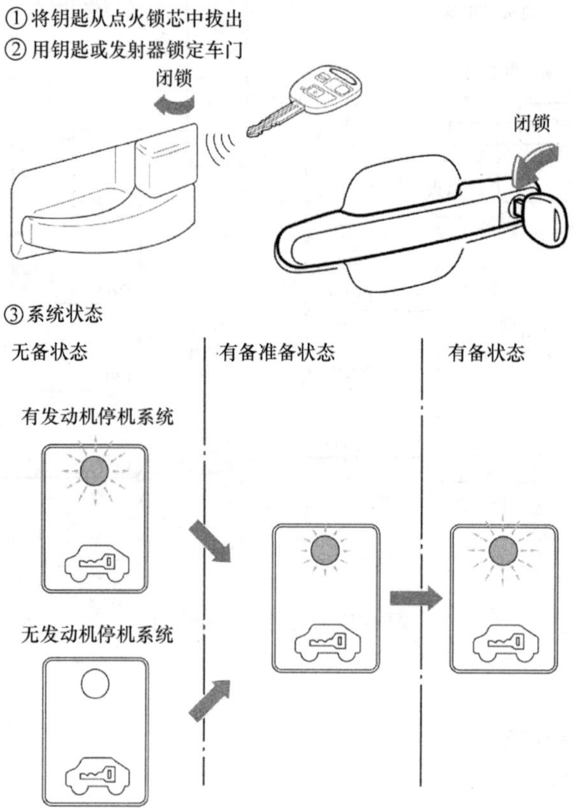

图6-18　设置防盗系统的过程

③ 将钥匙插入点火锁芯并旋到ON位置。

在某些车型上，起动机继电器OFF的情况下，即使钥匙旋到了START（起动）位置，起动器也不工作。

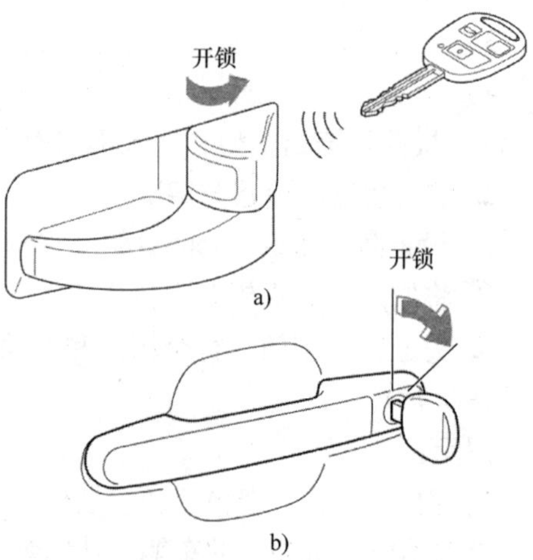

图6-19　解除报警状态的操作

提示：

设置和解除防盗系统的方法根据车型和地区有所不同，因此要参考车主手册。

3. 防盗系统的一般组成

防盗系统一般由ECU、报警装置、开关以及其他一些传感器如侵入式探测器等组成。图6-20为某丰田车的防盗系统的部件位置图。图6-21为其相应的组成示意图。

（1）ECU　一般包括防盗ECU、车身ECU

等。当这些 ECU 接收到各开关的信号和检测到车辆的被盗情况时，报警装置发出信号。

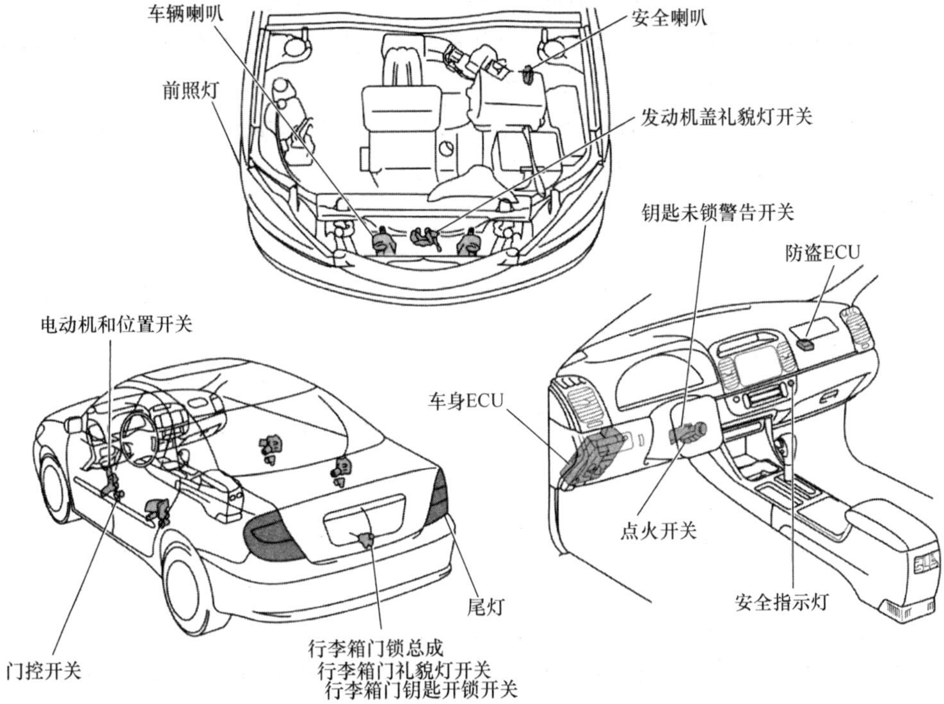

图 6-20　某丰田车防盗系统主要部件布置

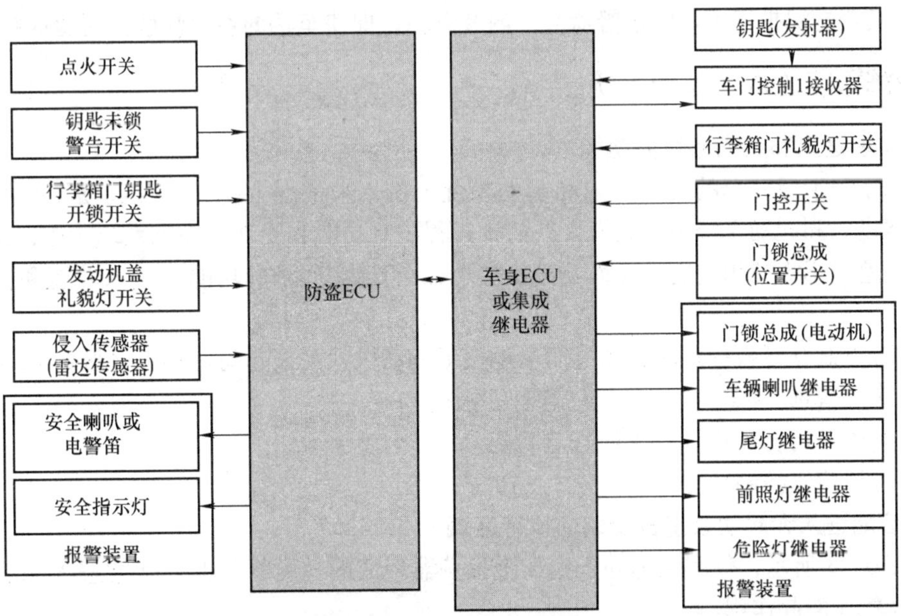

图 6-21　某丰田车防盗系统组成示意图

（2）报警装置 报警装置包括以下几种：

1）安全喇叭和车辆喇叭。

2）前照灯和尾灯。这些可对车辆周围的人警告有盗贼侵入。

3）安全指示灯。它指示系统是否处于有备状态。当系统处于有备状态时，指示灯闪烁，通知车辆周围的人，此车装有防盗系统。

4）门锁总成（电动机）。当系统进入报警状态并且车门被解锁时，系统自动锁住车门。

（3）开关 开关包括以下几种：

1）门控开关。

2）发动机罩礼貌灯开关。

3）行李箱礼貌灯开关。这些开关检测各车门、发动机罩、行李箱门的开/闭状态，并将信号发送到防盗 ECU。

4）点火开关。此开关检测点火开关的状态并将信号发送到防盗 ECU。

5）钥匙未锁警告开关。此开关检测钥匙是否插进了点火锁芯中，并将信号发送到防盗 ECU。

6）门锁总成（位置开关）。

7）行李箱门钥匙开锁开关。这些开关检测各门的锁定/解锁状态，并把信号发送到防盗 ECU。

（4）其他 某些车型用以下部件来控制防盗系统。

1）侵入式探测器。它向车厢内发出微波信号来检测车厢内物件的运动，并将信号发送到防盗 ECU。

提示：当系统处于有备状态，如果有宠物之类的动物在车内，探测器会探到它并进行操作；通常有一个办法取消此功能，如使用诊断仪的定制功能。

2）安全电源报警器。此报警器有一内装电池，即使车辆的蓄电池脱开时也能报警。

三、理解智能进入和起动系统

1. 智能进入和起动系统的功能

现以丰田卡罗拉车的智能进入和起动系统为例，来了解智能进入和起动系统的结构原理。智能进入和起动系统不仅具有无线门锁远程控制功能和发动机停机系统功能，还可以通过携带钥匙但不需使用钥匙或发射器按钮实现如图 6-22 所示的功能（进入功能和按钮起动功能）：

1）踩下制动踏板的同时，通过简单地按下发动机开关来起动发动机（按钮起动功能）。

2）车门解锁/锁定（进入解锁/锁定功能）。

3）可以开启行李箱（行李箱开启功能）。

4）无线门锁控制功能。

2. 智能进入和起动系统各功能的执行区域

如图 6-23 所示，仅当钥匙处于由 6 个振荡器形成的执行区域时，智能进入和起动系统的特殊功能才能起作用。

1）车内前部/后部电子钥匙振荡器形成了按钮起动功能的执行区域。

2）车门电子钥匙振荡器和车外电子钥匙振荡器形成上车解锁/锁定功能的执行区域。

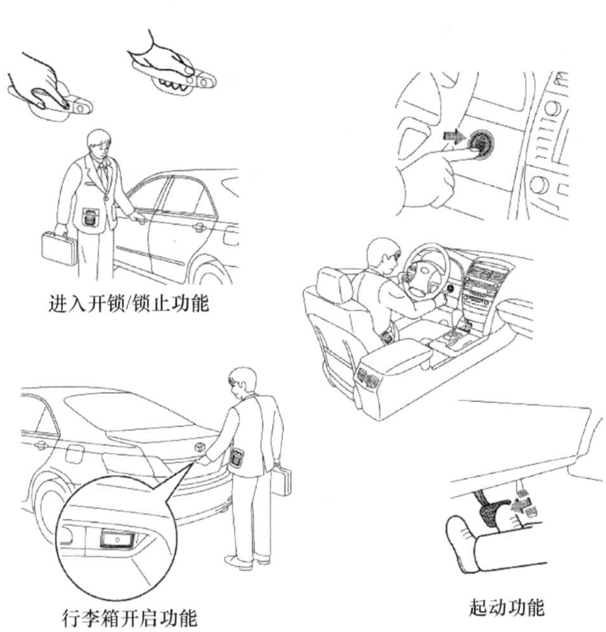

图 6-22　智能进入和起动系统的功能

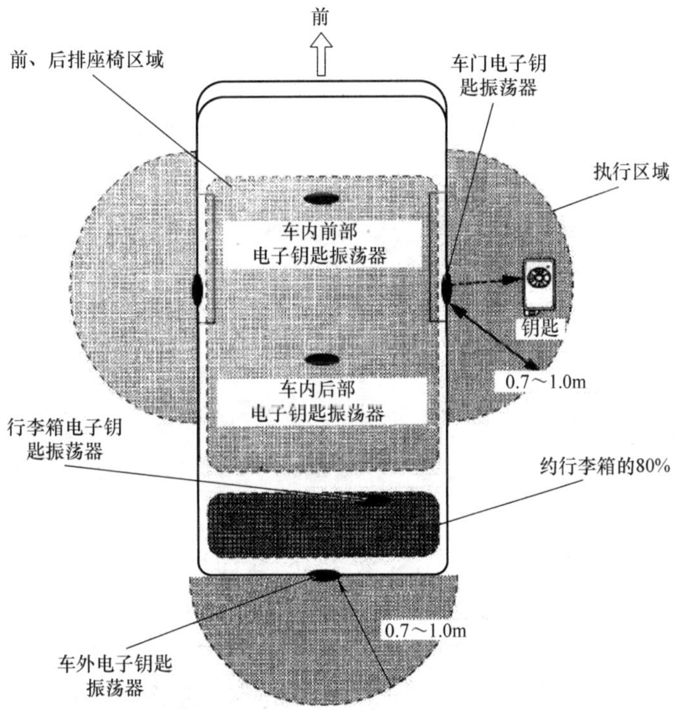

图 6-23　智能进入和起动系统各功能的执行区域

3）车内前部电子钥匙振荡器形成驾驶人侧座椅和前排乘客侧座椅的上部执行区域。

4）车内后部电子钥匙振荡器形成后排座椅上部执行区域。

5）行李箱电子钥匙振荡器形成行李箱内部执行区域。

3. 智能进入和起动系统的起动功能

（1）概述 对于不带智能上车和起动系统的车型，将点火钥匙插入锁匙且转动，将点火开关从 OFF 位置切换至 ACC、ON 或 START 位置。

对于带智能上车和起动系统的车型，携带钥匙时仅按下按钮式发动机开关即可运行。每次按下发动机开关，主车身 ECU 将使 ACC、IG1、IG2 或 ST CUT 继电器（图 6-24）断开和接通，且按 OFF、ON（ACC）、ON（IG）和 OFF 的顺序切换电源模式。

在自动变速器操纵手柄处于“P”或“N”位、踩下了制动踏板且驾驶人携带钥匙的情况下，带智能进入和起动系统的车辆可以在按下按钮式发动机开关时起动发动机。此功能具有不同的电源控制模式，以适应不同的制动踏板状态和变速杆位置。

采用起动功能的同时，还可以使用发动机转动保持功能。

（2）智能进入和起动系统的起动功能和常规点火钥匙功能的主要区别（表 6-4）

表 6-4 智能进入和起动系统的起动功能和常规点火钥匙功能的主要区别

功能	起动（按下按钮）	常规点火钥匙
开关	发动机开关	点火开关
锁芯	无锁芯	点火锁芯
钥匙	智能上车和起动系统带内置发射器	发动机停机系统带内置发射应答芯片；遥控门锁控制系统带内置发射器
继电器	5 个继电器（ACC、IG1、IG2、ST CUT 和 ST 继电器）	3 个继电器（IG1、IG2 和 ST 继电器）
电源继电器控制	主车身 ECU（仪表板接线盒）	接触型点火开关
安全	认证 ECU 识别出钥匙的 ID 代码后方可正常操作发动机开关	收发器钥匙 ECU 识别出钥匙的 ID 代码后方可正常起动发动机
	转向锁 ECU 接收到认证 ECU 的容许信号后方可正常解锁转向锁	转向锁止机构机械限制转向移动，使其与锁芯移动一致

智能进入和起动系统的发动机开关操作与电源电路示意图如图 6-24 所示；而常规点火钥匙开关操作与电源电路示意图如图 6-25 所示。

（3）智能进入和起动系统的起动功能示意图 主车身 ECU 可控制按钮起动功能。图 6-26所示系统图显示了与此功能相关的组件。

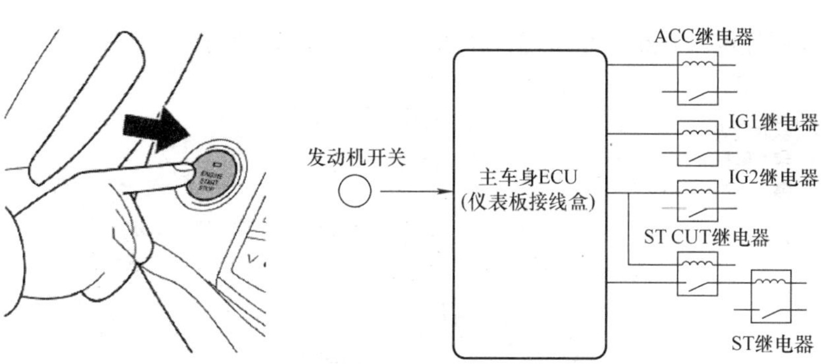

图 6-24　智能进入和起动系统的发动机开关操作与电源电路示意图

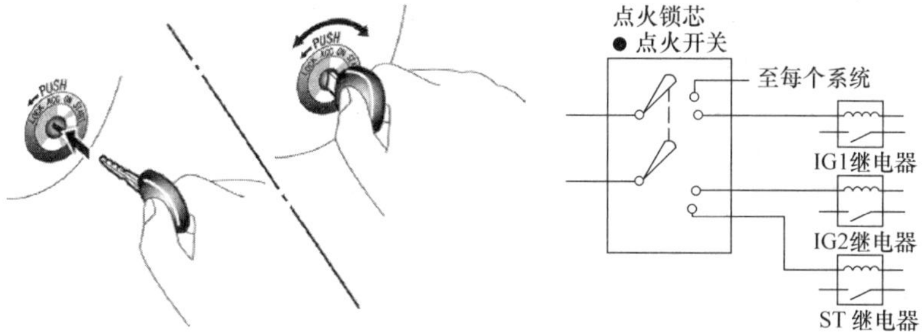

图 6-25　常规点火钥匙开关操作与电源电路示意图

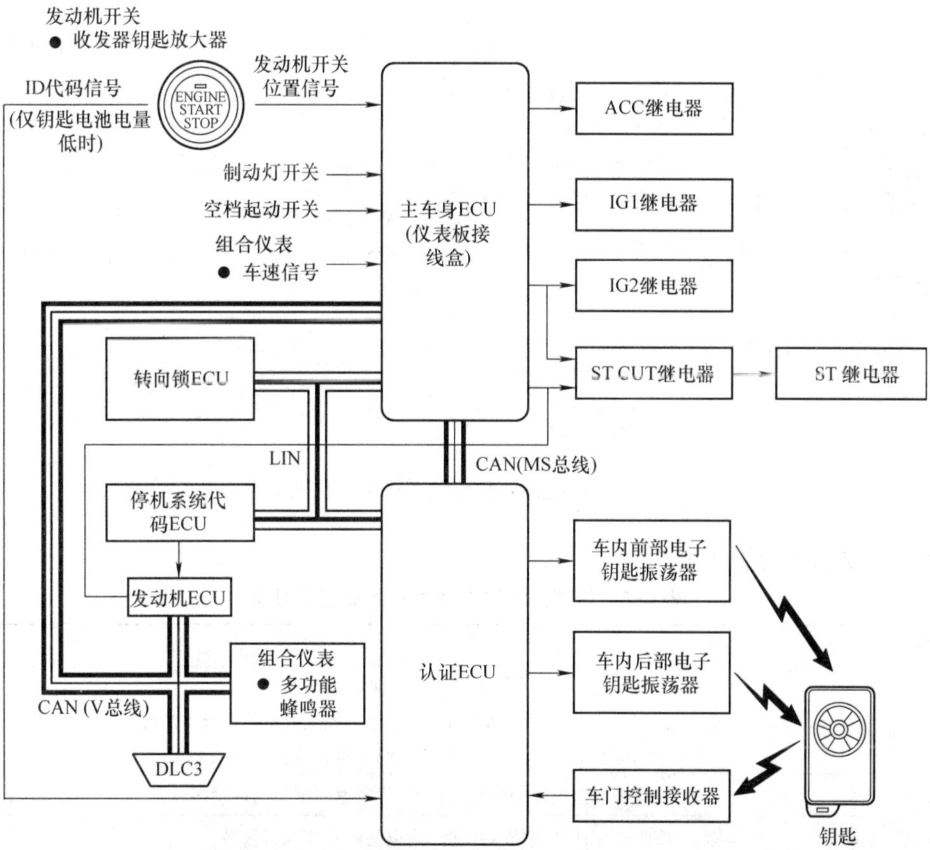

图 6-26　智能进入和起动系统的起动功能示意图

（4）系统部件位置分布 系统部件位置分布如图6-27所示。

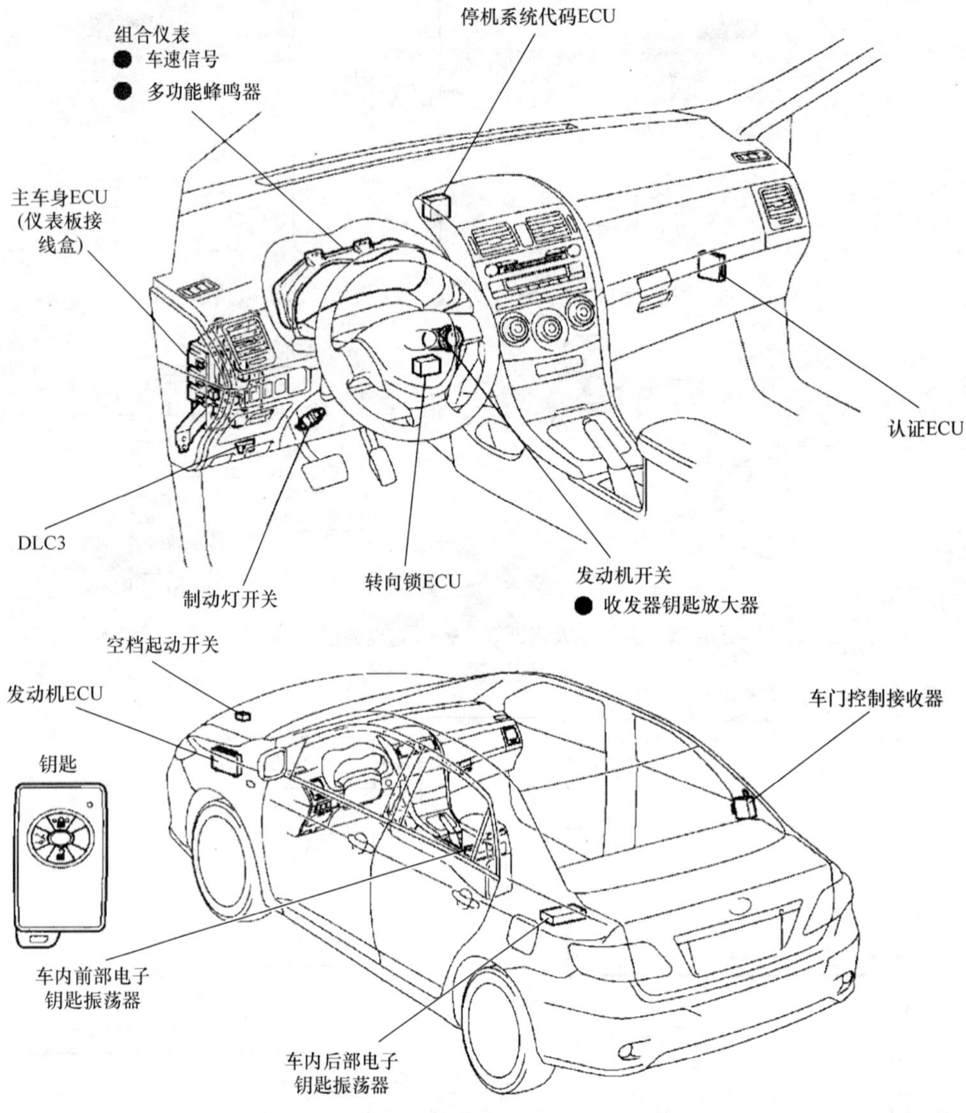

图6-27 智能进入和起动系统部件位置分布

（5）主要部件功能（表6-5）

表6-5 智能进入和起动系统主要部件功能

零部件	功能
发动机开关 收发器钥匙放大器	将发动机开关信号传输至主车身ECU 根据指示灯亮起情况提示驾驶人电源模式或系统的异常情况 钥匙电池电量低时，接收ID代码并将其传输至认证ECU
钥匙	接收来自振荡器的信号并将ID代码返回至车门控制接收器
车内前部/后部电子钥匙振荡器	接收来自认证的信号并在车内空间内形成执行区域
车门控制接收器	接收来自钥匙的ID代码并将其传输至认证ECU

（续）

零部件	功能
主车身 ECU （仪表板接线盒）	根据变速杆位置和制动灯开关状态，在 4 种模式（OFF、ON（ACC）、ON（IG）、START）间切换电源模式 按照从开关和各 ECU 接收到的信号控制起动功能
认证 ECU	认证来自车门控制接收器的 ID 代码，并将认证结果传输至停机系统代码 ECU 和转向锁 ECU
制动灯开关	将制动踏板状态输出至主车身 ECU
停机系统代码 ECU	接收来自认证 ECU 的转向解锁或发动机停机系统解除请求信号，验证后将各解除信号传输至转向锁 ECU 或发动机 ECU
发动机 ECU	接收来自主车身 ECU 的发动机起动请求信号，打开 ST 继电器并起动发动机 接收来自停机系统代码 ECU 的信号，并进行发动机点火和喷射运行

（6）部件结构和工作原理

1）发动机开关。如图 6-28 所示，发动机开关包括一个瞬时开关、双色（琥珀色、绿色）LED 和收发器钥匙放大器。

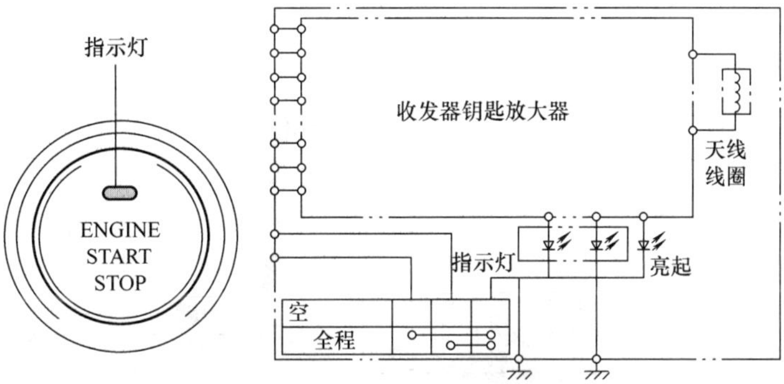

图 6-28　发动机开关

指示灯采用了琥珀色和绿色 LED。

驾驶人按照指示灯的亮起状态检查当前电源模式和发动机能否起动。指示灯状态见表 6-6。

发动机运转期间，主车身 ECU 检测到异常时，琥珀色指示灯将闪烁。在这种状态下如果发动机停止，则可能无法重新起动。

表 6-6　发动机开关指示灯状态

电源模式/状态	指示灯状态	
	未踩下制动踏板	踩下制动踏板且变速杆位于“P”或“N”
OFF	关闭	打开（绿色）
ON（ACC）、ON（IG）	打开（琥珀色）	打开（绿色）
发动机运转	关闭	关闭
转向锁未解锁	闪烁（绿色）15s	闪烁（绿色）15s
起动系统故障	闪烁（琥珀色）	闪烁（琥珀色）

2）主车身 ECU。主车身 ECU 由 IG1 和 IG2 继电器执行电路、CPU 和保持电路组成。

如图 6-29 所示，行驶过程中，IG1 和/或 IG2 继电器执行电路出现异常时，保持电路可防止继电器电源被切断。

主车身 ECU 将当前电源模式持续存储到存储器中。因此，如果因拆下蓄电池而使主车身 ECU 的电源切断，则重新连接蓄电池后将对主车身 ECU 恢复电源模式。

因此，如果发动机开关位于 OFF 以外的其他位置时拆下蓄电池，则电源模式将会在重新存储到主车身 ECU 的同时也存储到车辆中（通过重新连接蓄电池）。

所以，拆下或断开蓄电池前确保关闭发动机开关。

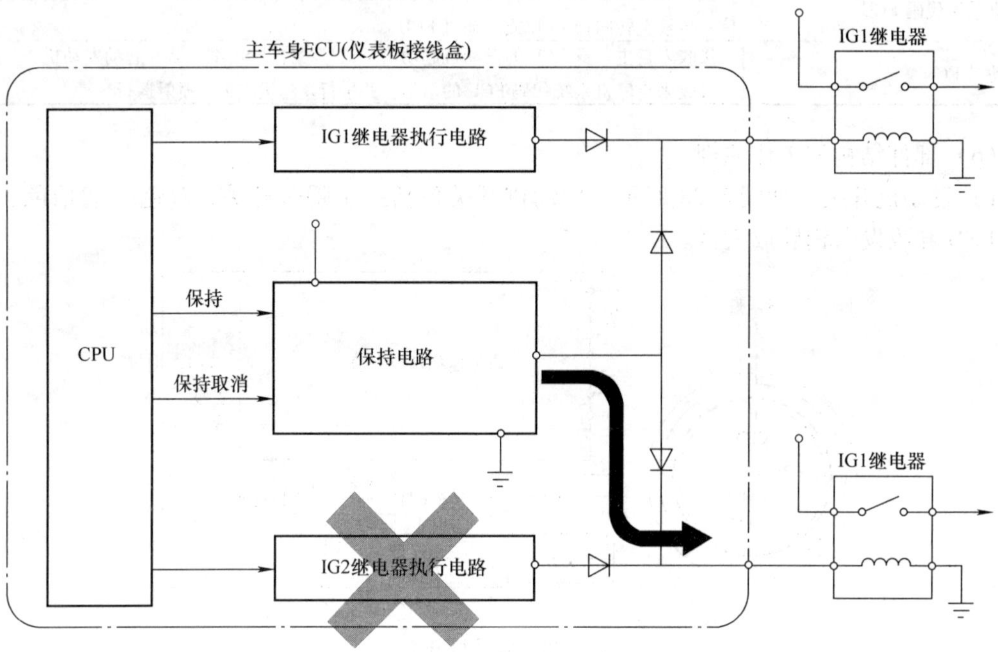

图 6-29 主车身 ECU 内的 IG1 和 IG2 继电器执行电路和保持电路工作情况

3）转向锁系统。配合智能上车和起动系统的使用，采用了使用锁止/解锁电动机来锁止和解锁转向盘的转向锁系统。此系统主要由转向锁总成、主车身 ECU、认证 ECU 和停机系统代码 ECU 组成，如图 6-30 所示。

转向锁 ECU 集成于转向锁总成内，通过锁止/解锁电动机控制转向锁总成内的锁杆操作。

转向锁 ECU 探测到锁杆位置（锁止/解锁）后，将此信息传输至主车身 ECU 和认证 ECU。

此系统中，认证 ECU 根据与主车身 ECU 的通信判定锁止还是解锁转向盘。然后认证 ECU 通过停机系统代码 ECU 发送锁止或解锁信号至转向锁 ECU。转向锁 ECU 接收到信号后，开始运行锁止/解锁电动机来锁止或解锁转向盘。

维修提示：不能只更换转向锁总成中的转向锁 ECU。因此，如果 ECU 出现故障，则必须更换整个转向锁总成。

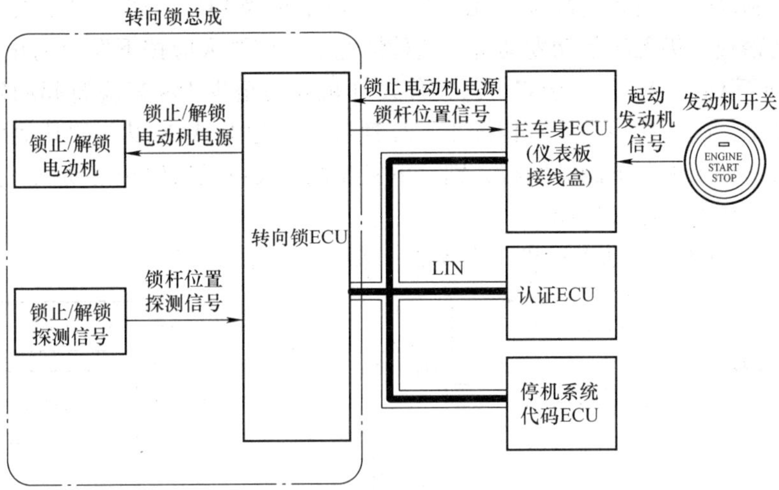

图 6-30 转向锁系统的工作情况

耗尽的蓄电池重新充电后，发动机可能无法起动。因为转向锁 ECU 无法正确探测锁杆位置。发生这种情况时，切断所有电源（ACC = OFF，IG = OFF），打开和关闭车门，然后重新起动发动机。

（7）起动功能的工作原理 驾驶人随身携带钥匙进入车辆内且认证 ECU 识别钥匙 ID 代码时，主车身 ECU 允许发动机开关的操作。这样，电源模式改换为发动机开关选择的模式。

起动功能具有 5 种不同的电源模式，以适用于制动踏板状态和变速杆位置。具体见表6-7。

表 6-7 电源模式的切换

模式	制动踏板	变速杆	电源模式
A	踩下	P 或 N 位	按下发动机开关一次时： OFF→起动发动机
B	未踩下	P 位	每次按下发动机开关： OFF→ON（ACC）→ON（IG）→OFF
C	未踩下	除 P 位外	每次按下发动机开关： OFF→ON（ACC）→ON（IG）→ON（ACC）
D		除 P 位外	当发动机已处于 ON（IG）或 START 时切换发动机开关： ON（IG）或起动发动机→ON（ACC）
E		P 位	ON（IG）或起动发动机→OFF

打开发动机开关约 1h 后，主车身 ECU 将自动切断电源。

钥匙电池电量低时，通过将钥匙上的车型标记对着发动机开关后再按下发动机开关，以运行起动功能。

正常状态下，车辆行驶时发动机开关操作禁用。但是，如果在车辆移动期间必须紧急停止发动机时，驾驶人可按住发动机开关约 3s 或更长时间来停止发动机。

如果由于制动灯开关系统故障，无信号传输至主车身 ECU，即使驾驶人按下发动机开关且踩下制动踏板，仍无法起动发动机。这种情况下，驾驶人应按下发动机开关，使电源模式从 OFF 切换至 ON（ACC），接着再次按住发动机开关至少 15s 来应急起动发动机。上述操作仅可在紧急情况下使用。正常情况下，变速杆位于除 P 或 N 以外的其他档位，且车辆行驶或起动时，如果未踩下制动踏板，则按下发动机开关将无法停止发动机。

各种模式具体的工作过程如下：

1）模式 A：OFF→起动发动机（图 6-31、图 6-32、图 6-33）。

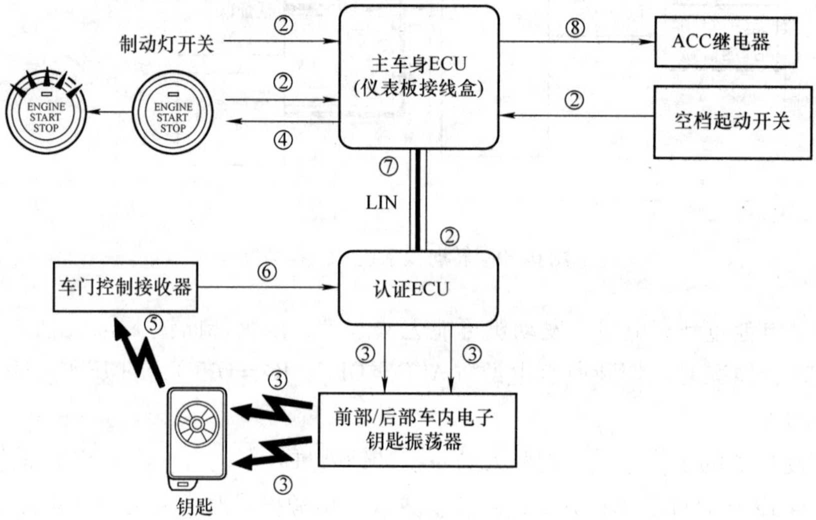

图 6-31 模式 A：OFF→起动发动机 1

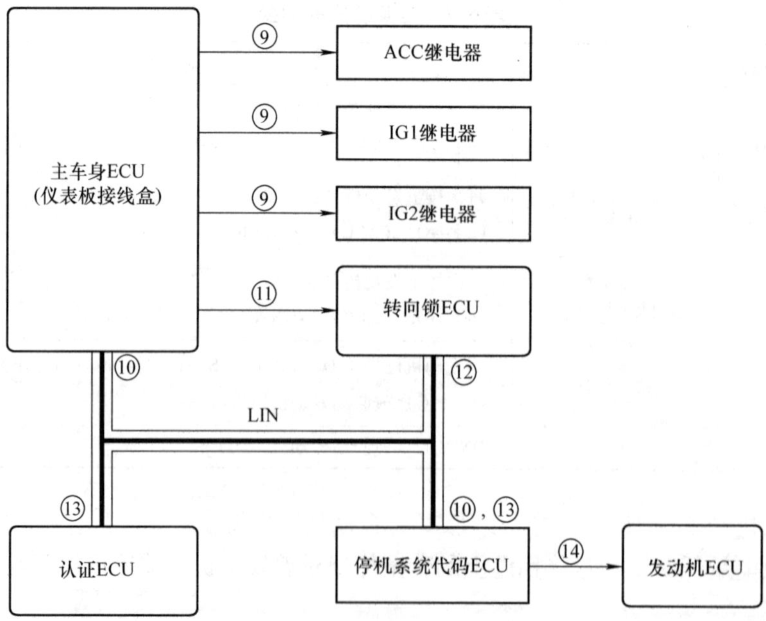

图 6-32 模式 A：OFF→起动发动机 2

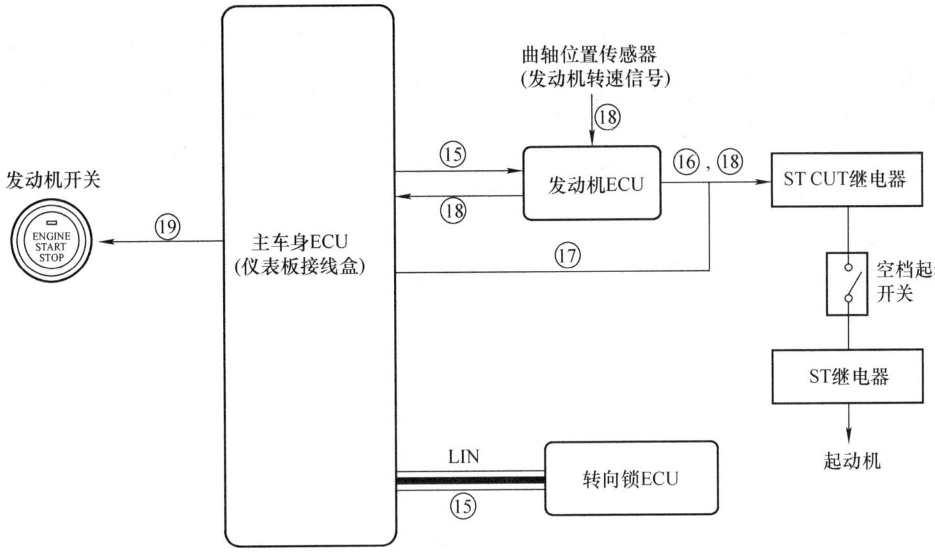

图 6-33　模式 A：OFF→起动发动机 3

① 驾驶人携带钥匙进入车内。

② 满足下列条件：变速杆置于 P 或 N 位置；踩下制动踏板；电源处于 OFF 模式。

驾驶人按下发动机开关一次，主车身 ECU 识别发动机开关信号并将钥匙认证请求信号传输到认证 ECU（E36）。

③ 认证 ECU（E36）接收钥匙认证请求信号并将其传输至前部/后部车内电子钥匙振荡器（E37/L25），然后由这些振荡器传输请求信号。

④ 主车身 ECU 使发动机开关的绿色指示灯亮起。

⑤ 钥匙接收到请求信号时，立即将包括响应码的 ID 代码返回至车门控制接收器（M14）。

⑥ 车门控制接收器（M14）接收此代码并将其传输至认证 ECU（E36）。

⑦ 认证 ECU（E36）判断并认证 ID 代码，并将钥匙认证正常信号传输至主车身 ECU。

⑧ 接收到钥匙认证 OK 信号后，主车身 ECU 使 ACC 继电器打开。

⑨ 主车身 ECU 使 ACC 继电器接通后再使 IG1 继电器和 IG2 继电器接通。

⑩ 认证 ECU 检查电源模式是否已从 OFF 切换至 ON（IG），并将转向解锁请求信号传输到主车身 ECU 和停机系统代码 ECU。

⑪ 主车身 ECU 接收此信号并给转向锁 ECU 供电。

⑫ 转向锁 ECU 通过停机系统代码 ECU 接收转向解锁请求信号，并解除转向锁。

⑬ 检查到转向解锁状态后，认证 ECU 将发动机停机系统解除请求信号传输到停机系统代码 ECU（E22）。

⑭ 停机系统代码 ECU（E22）对认证 ECU 的发动机停机系统解除信号进行认证，将信号传输到发动机 ECU，并解除发动机停机系统。

⑮ 检查到转向解锁状态后，主车身 ECU 将起动机请求（STSW）信号传输到发动机 ECU。

⑯ 发动机 ECU 输出 ST 继电器（STAR）信号，并起动起动机。

⑰ 如果施加到发动机 ECU 的电源功率低（主车身 ECU 检测到 STR 信号电压低），导致 ST 继电器（STAR）信号不能被输出，主车身 ECU 将输出 ST 继电器（STAR）信号（STR2）以帮助起动起动机。

⑱ 发动机 ECU 根据发动机转速信号判断发动机完全起动时，将停止传输 ST 继电器（STAR）信号并关闭起动机。

⑲ 主车身 ECU 检查发动机完全起动，并使发动机开关指示灯熄灭。

2）模式 B：OFF→ON（ACC）→ON（IG）→OFF。

① OFF→ON（ACC）。

a）驾驶人携带钥匙进入车辆。

b）满足下列条件时，驾驶人按下发动机开关一次，主车身 ECU 识别发动机开关信号并将钥匙认证请求信号传输到认证 ECU：变速杆置于“P”位；未踩下制动踏板；电源处于“OFF”模式。

c）未踩下制动踏板时，主车身 ECU 将使发动机开关的琥珀色指示灯亮起。

d）接下来的系统运行步骤与模式 A 中的④～⑧相同。

② ON（ACC）→ON（IG）。

a）电源处于“ON（ACC）”模式且驾驶人再次按下发动机开关时，主车身 ECU 识别发动机开关信号并打开 IG1 继电器和 IG2 继电器。

b）接下来的系统运行步骤与模式 A 中的⑩～⑭相同。

③ ON（IG）→OFF（图 6-34）。

a）满足下列条件时，按下发动机开关一次，主车身 ECU 识别发动机开关信号并关闭 ACC、IG1 和 IG2 继电器：变速杆置于“P”位；未踩下制动踏板；车速为 0；电源处于“ON（IG）”模式。

b）电源模式从 ON（IG）切换至 OFF 时，主车身 ECU 将使发动机开关指示灯熄火。

c）如果驾驶人侧车门打开，则主车身 ECU 接收来自门控灯开关（驾驶人侧车门）的信号。之后，停止向转向锁 ECU 供电以锁止转向。

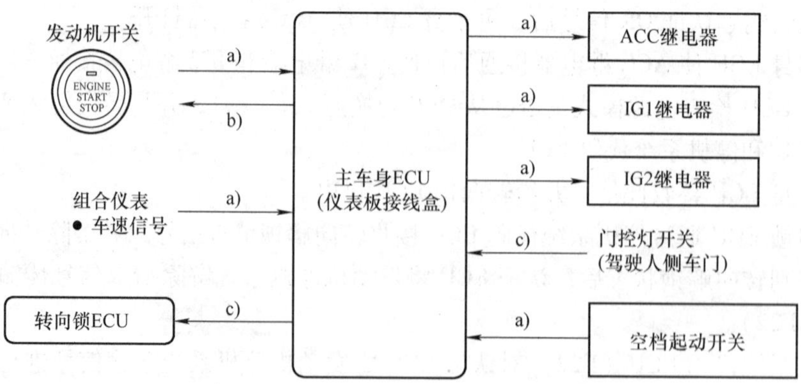

图 6-34 模式 B 的 ON（IG）→OFF 的工作过程

3）模式 C：OFF→ON（ACC）→ON（IG）→ON（ACC）（图 6-35）。

a）电源模式“OFF→ON（ACC）→ON（IG）”的系统运行与模式 B 相同。

b）满足下列条件时，按下发动机开关一次，主车身 ECU 识别发动机开关信号并关闭 IG1 和 IG2 继电器：变速杆未置于“P”位置；未踩下制动踏板；车速为 0；电源处于“ON（IG）”模式。

c）即使电源从 ON（IG）切换至 ON（ACC）后，发动机开关的琥珀色指示灯也将持续亮起。

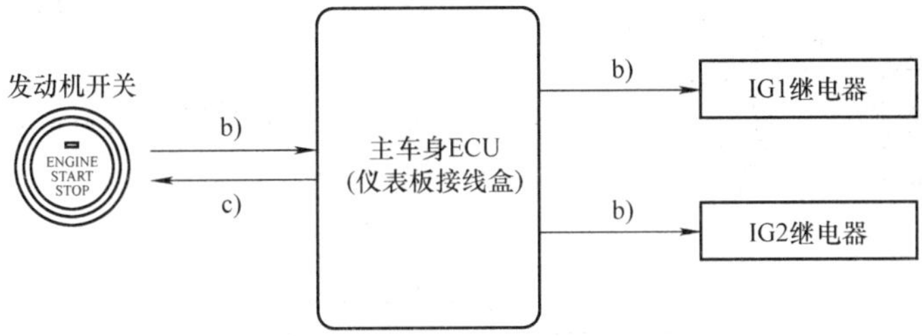

图 6-35　模式 C：OFF→ON（ACC）→ON（IG）→ON（ACC）

4）模式 D：ON（IG）或起动发动机→ON（ACC）。

此系统运行与模式 C 相同。有关详情参见以上内容。但是，发动机开关指示灯亮起如下：

电源模式从 ON（IG）切换至 ON（ACC）时，主车身 ECU 将使发动机开关琥珀色指示灯持续亮起。

电源模式从发动机运转状态切换至 OFF 时，主车身 ECU 将使发动机开关指示灯熄灭。

5）模式 E：ON（IG）或起动发动机→OFF。

此系统运行与模式 B 下的 ON（IG）+OFF 相同。

6）钥匙电池电量低时（图 6-36）。

a）钥匙电池电量低时若要操作起动系统，踩下制动踏板，将钥匙的 TOYOTA 标记对准发动机开关。

b）主车身 ECU 将钥匙认证请求信号传输至认证 ECU。

c）认证 ECU 不接收车门控制接收器响应的 ID 代码，而是起动内置于发动机开关的收发器钥匙放大器。

d）收发器钥匙放大器将发动机停机系统无线电波输出至钥匙。

e）钥匙接收无线电波后，将无线电波响应返回收发器钥匙放大器。

f）收发器钥匙放大器将钥匙 ID 代码和无线电波响应相结合，并将其传输至认证 ECU。

g）认证 ECU 判断并验证 ID 代码，并将钥匙认证正常信号传输至主车身 ECU，同时组合仪表内的多功能蜂鸣器鸣响。

h）多功能蜂鸣器鸣响后，如果在 5s 内按下发动机开关（踩下制动踏板时），则电源模式将切换至与正常状态下相同的 START 位置。

i）多功能蜂鸣器鸣响后，如果在 5s 内按下发动机开关（未踩下制动踏板时），则电源模式将切换车与正常状态下相同的 ON（ACC）或 ON（IG）。

4. 智能进入和起动系统的上车功能

（1）系统图　认证 ECU 控制上车功能。图 6-37 为智能进入和起动系统的上车功能系统

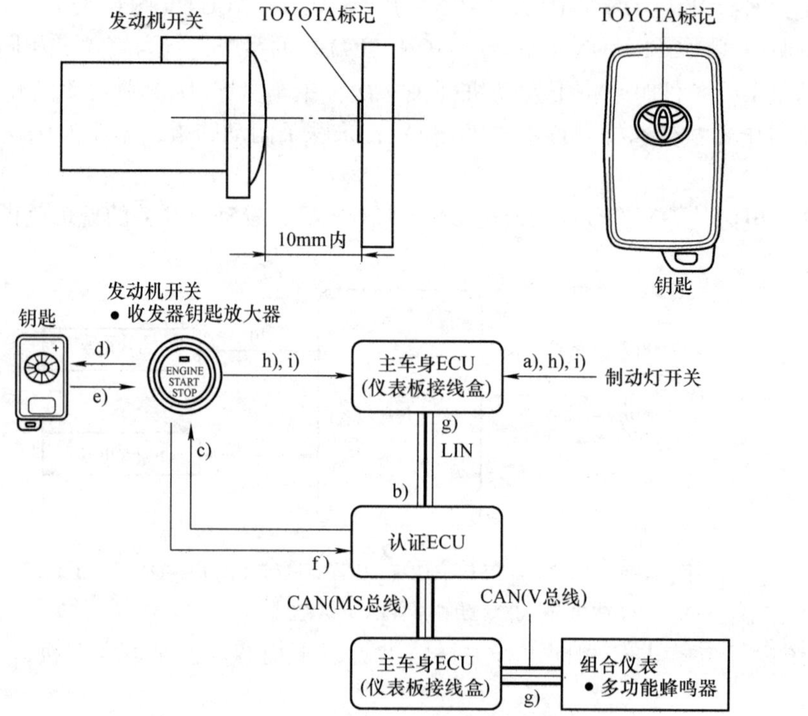

图 6-36　钥匙电池电量低时的起动操作过程

示意图，它显示了此功能的主要部件。

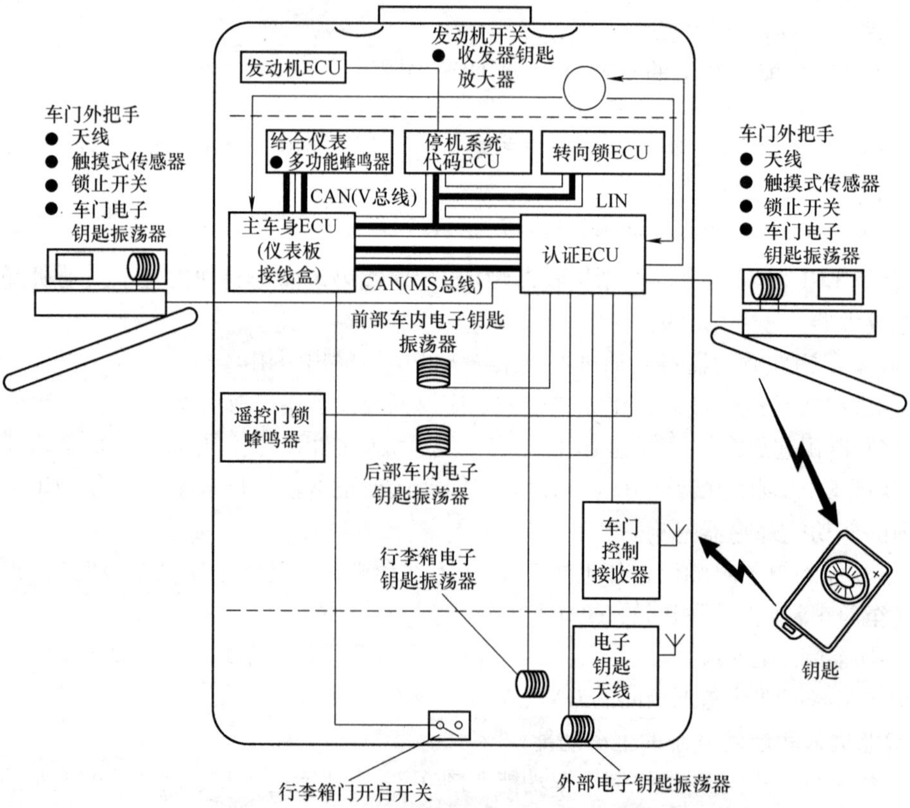

图 6-37　智能进入和起动系统的上车功能系统示意图

（2）主要部件位置分布图（图6-38）

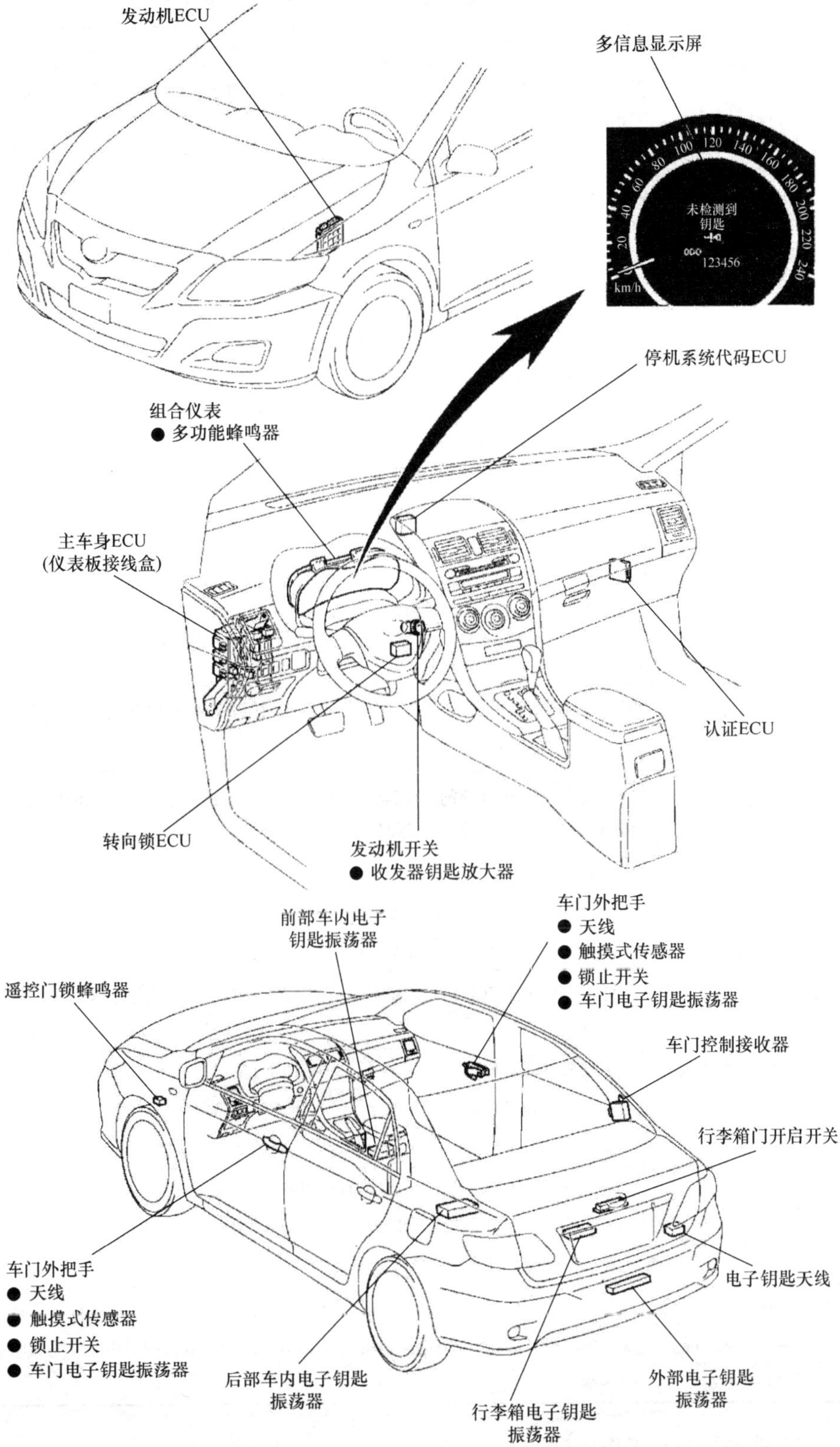

图6-38 智能进入和起动系统的上车功能系统主要部件位置分布图

（3）主要部件的功能（表6-8）

表6-8 智能进入和起动系统的上车功能系统主要部件的功能

<table>
<tr><th colspan="2">零部件</th><th>功能</th></tr>
<tr><td colspan="2">钥匙</td><td>钥匙包括机械钥匙、无线门锁遥控发射器、智能进入和起动系统收发器以及用于发动机停机器控制的应答器芯片
① 当接收到来自前部/后部车内电子钥匙振荡器和车门电子钥匙振荡器的请求信号时，输出信息如钥匙ID代码和车辆ID代码
② 当驾驶人按下钥匙上的锁定与解锁按钮时，输出请求信号
③ 当接收到发动机开关上的收发器钥匙放大器发出的无线电波时，输出信息如钥匙ID代码和车辆ID代码
④ 钥匙电池电量低时，结合机械钥匙以解锁车门</td></tr>
<tr><td colspan="2">认证ECU</td><td>① 判断和认证钥匙（有效或无效）
② 控制前部/后部车内电子振荡器、车门电子钥匙振荡器和触摸式传感器
③ 上车功能运行时传输车门锁定/解锁请求信号
④ 传输转向锁定/解锁请求信号
⑤ 传输发动机停机系统设定/解除请求信号
⑥ 记录认证ECU、停机系统代码ECU和转向锁ECU之间的ID代码</td></tr>
<tr><td colspan="2">主车身ECU
（仪表板接线盒）</td><td>按照来自各开关、ECU和组合仪表的信号控制按钮起动系统
① 按照发动机开关信号将钥匙认证请求信号传输至认证ECU，并打开和关闭继电器
② 接收来自认证ECU的请求信号，并起动门锁电动机以解锁或锁止车门
③ 将各车门的状况传输至认证ECU</td></tr>
<tr><td colspan="2">停机系统代码ECU</td><td>接收来自认证ECU的转向解锁或发动机停机系统解除信号，认证后将各解除信号传输到转向锁ECU或发动机ECU</td></tr>
<tr><td rowspan="4">车门外把手</td><td>天线</td><td>传输请求信号</td></tr>
<tr><td>触摸式传感器</td><td>传输车门解锁请求信号到认证ECU</td></tr>
<tr><td>锁止开关</td><td>传输车门锁止请求信号到认证ECU</td></tr>
<tr><td>车门电子钥匙振荡器</td><td>接收来自认证ECU的请求信号，并在驾驶人侧车门和前排乘客侧车门周围形成执行区域</td></tr>
<tr><td colspan="2">前部/后部车内电子钥匙振荡器</td><td>接收来自认证ECU的请求信号，并在车内形成执行区域</td></tr>
<tr><td colspan="2">行李箱电子钥匙振荡器</td><td>接收来自认证ECU的请求信号，并在行李箱内形成执行区域</td></tr>
<tr><td colspan="2">外部电子钥匙振荡器</td><td>接收来自认证ECU的请求信号，并在行李箱周围形成执行区域</td></tr>
<tr><td colspan="2">车门控制接收器</td><td>① 接收来自执行区域内钥匙的ID代码并将其传输至认证ECU
② 接收来自行李箱内钥匙的ID代码并将其传输至认证ECU</td></tr>
<tr><td colspan="2">行李箱门开启开关</td><td>将行李箱门开启请求信号传输至认证ECU</td></tr>
<tr><td colspan="2">遥控门锁蜂鸣器</td><td rowspan="3">当认证ECU检测到人为故障时，将根据来自ECU的请求信号通过使遥控门锁蜂鸣器鸣响，在多信息显示屏上显示信息，同时使组合仪表内的多功能蜂鸣器鸣响来警告驾驶人</td></tr>
<tr><td rowspan="2">组合仪表</td><td>多信息显示屏</td></tr>
<tr><td>多功能蜂鸣器</td></tr>
</table>

（4）主部件的结构和工作原理

1）钥匙。钥匙由机械钥匙、遥控门锁控制发射器和智能上车和起动系统的收发器组成，如图6-39所示。

智能上车和起动系统的收发器接收来自振荡器的信号并将ID代码返回到车门控制接收器。

遥控门锁控制的发射器有锁定按钮、解锁按钮和行李箱门开启按钮。

当钥匙电池电量低时，钥匙将接收来自发动机开关的无线电波响应发送回至发动机开关。

机械钥匙可用于操作驾驶人侧车门，但不能起动发动机。

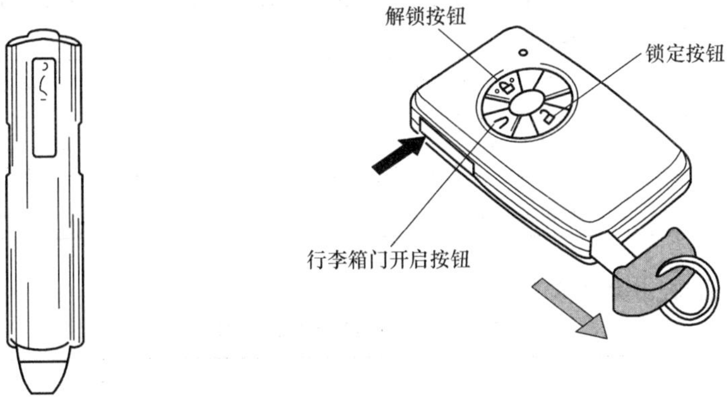

图6-39　钥匙

2）振荡器。每个振荡器的运行都以从认证ECU接收到的请求信号为基础，并建立用于检测钥匙是否存在的钥匙执行区域。

车门电子钥匙振荡器和车外电子钥匙振荡器形成的执行区域距车门外把手或后保险杠中心位置0.7～1.0m。

发动机开关关闭且各车门锁止时，通过每隔250ms传输请求信号来形成各车门电子钥匙振荡器的执行区域。由此可探测附近是否有钥匙。上车锁止时，锁止开关打开时形成执行区域。

驾驶人侧车门打开或关闭、按下起动按钮、激活警告或锁止开关打开时，均形成前部/后部车内电子钥匙振荡器执行区域。

行李箱门开启开关打开时形成外部电子钥匙振荡器的执行区域。

在行李箱门关闭或按规划下行李箱门开启开关时形成行李箱电子钥匙振荡器执行区域，且形成两次直到可以验证钥匙。

（5）上车功能的工作原理　上车功能包括遥控门锁控制、上车照明、上车解锁、上车锁止、上车行李箱门开启、钥匙受限防止、警告、省电等功能，见表6-9。

表6-9　上车功能

功能	概　要
遥控门锁控制	此功能是一个方便系统在一定距离内锁止和解锁所有车门或行李箱门。操作智能上车和起动系统的此功能与遥控门锁控制系统操作相同 但是，认证ECU的接收器采用车门控制接收器来执行此控制

（续）

功能	概　要
上车照明	钥匙进入任一车门电子钥匙振荡器的执行区域时，车内灯和发动机开关照明亮起
上车解锁	钥匙在任一车门电子钥匙振荡器的执行区域内时，触摸车门外把手，将解锁所有车门
上车锁止	钥匙在任一车门电子钥匙振荡器执行区域且发动机开关关闭时，仅按下车门外把手锁止开关即可锁止所有车门
上车行李箱门开启	钥匙在外部电子钥匙振荡器的执行区域时，仅按下行李箱门开启开关即可开启行李箱门
钥匙受限防止功能	钥匙仍在车内时，车门外把手锁止车门时将不能锁止，防止钥匙遗留车内 如果钥匙仍在行李箱内时关闭行李箱门，则警告蜂鸣器鸣响。如果操作行李箱开启开关，则可以打开行李箱盖
警告	为了告知驾驶人，智能上车和起动系统通过认证 ECU 使组合仪表内的多功能蜂鸣器和遥控门锁蜂鸣器鸣响并在多信息显示屏上显示信息
省电	此功能延长信号传输（系统和钥匙之间）区间为 250～750ms，或自动关闭智能上车和起动系统，以防止车辆和/或钥匙电池漏电

1）遥控门锁控制系统（表 6-10）。

表 6-10　遥控门锁控制功能

功能	概　要
所有车门锁定	按下钥匙锁定按钮可锁定所有车门
所有车门解锁	按下钥匙解锁按钮可解锁所有车门
行李箱门解锁	按下钥匙行李箱门开启按钮至少 1.0s 开启行李箱门
应答	锁止时危险警告灯闪烁一次，解锁时闪烁两次以提示操作完成
自动锁定	如果使用遥控门锁控制解锁车门后 30s 内所有车门均未打开，则所有车门将再次自动锁定
车门微开警告	如果任一车门打开或微开，则按下钥匙锁止按钮将使遥控门锁蜂鸣器鸣响约 10s
上车照明	在所有车门锁定进行解锁操作时，按下解锁按钮同时车内灯亮起
可定制的无线门锁控制功能	Wireless Control（无线控制）：打开/关闭无线门锁的功能 Trunk Lid Operation（行李厢盖操作）：更改用发射器开启行李厢的操作方法 Hazard Answer Back（危险回应）：打开/关闭无线门锁危险警告灯回应的功能 Auto lock time（自动锁止时间）：此功能更改用无线门锁开锁之后至重新锁止的时间 注：具体参见维修手册

2）上车解锁（图 6-40）。

① 钥匙进入任一车门电子钥匙振荡器执行区域时，认证 ECU 判断并认证来自车门控制接收器的钥匙 ID 代码。

② 认证钥匙 ID 代码后，认证 ECU 将解锁准备信号传输至相应车门的触摸式传感器。

③ 同时，认证 ECU 通过主车身 ECU 传输各照明灯的照明信号（发动机开关照明和车内灯）并使这些照明灯亮起，即上车照明功能。

④ 如果在这种情况下触摸触摸式传感器，认证 ECU 传输车门解锁请求信号至主车身 ECU，且解锁所有车门。

⑤ 所有车门解锁后，危险警告灯闪烁两次以应答上车解锁信号。

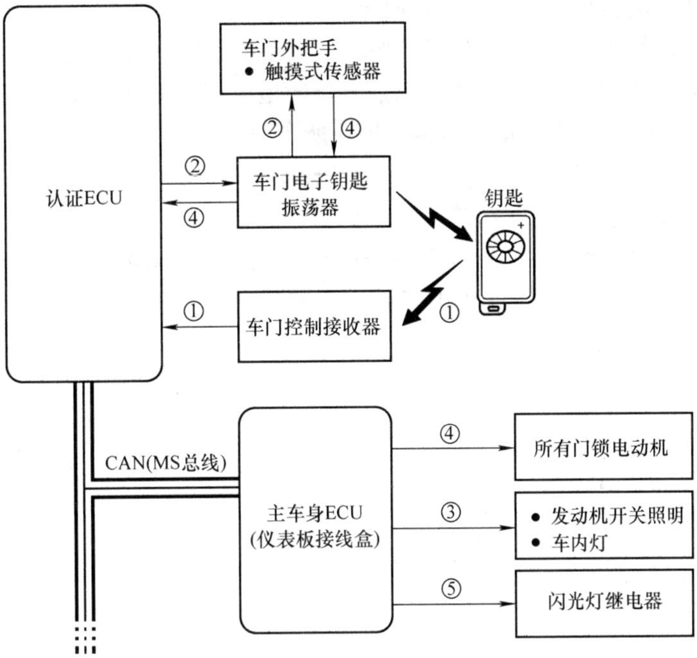

图 6-40　上车解锁工作过程

3）上车锁止（图 6-41）。

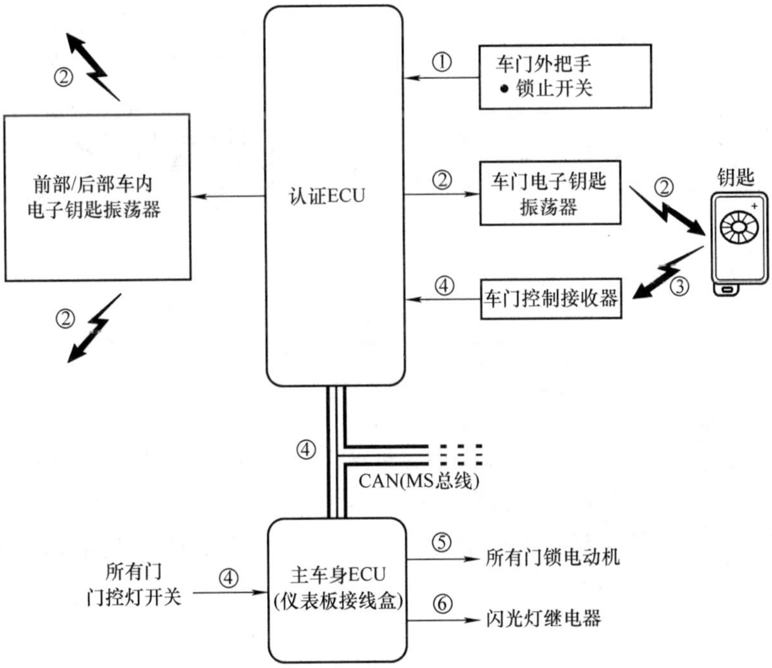

图 6-41　上车锁止工作过程

① 驾驶人携带钥匙离开车辆并按下锁止开关时，将锁止信号传输至认证 ECU。

② 认证 ECU 传输车门电子钥匙振荡器、前部/后部车内电子钥匙振荡器的请求信号以形成执行区域。

③ 钥匙将 ID 代码传输至车门控制接收器。

④ 认证 ECU 判断并认证来自车门控制接收器的 ID 代码。然后检查钥匙位置，且所有车门均关闭时，认证 ECU 将车门锁止请求信号传输至主车身 ECU。

⑤ 主车身 ECU 操作车门锁止发动机以锁止所有车门。

⑥ 所有车门锁止后，危险警告灯闪烁一次以应答车门锁止信号。

4）上车行李箱门开启（图 6-42）。

① 驾驶人（携带钥匙）按下行李箱门开启开关时信号传输至认证 ECU。

② 认证 ECU 传输前部/后部车内电子钥匙振荡器、行李箱电子钥匙振荡器和外部电子钥匙振荡器的请求信号以形成执行区域。

③ 钥匙接收到此信号并将 ID 代码返回至车门控制接收器和电子钥匙天线。

④ 认证 ECU 判断并认证 1D 代码，且检查钥匙位置。ECU 将行李箱门开启信号传输至主车身 ECU。

⑤ 主车身 ECU 接收到此信号并操作行李箱门解锁发动机以开启行李箱门。

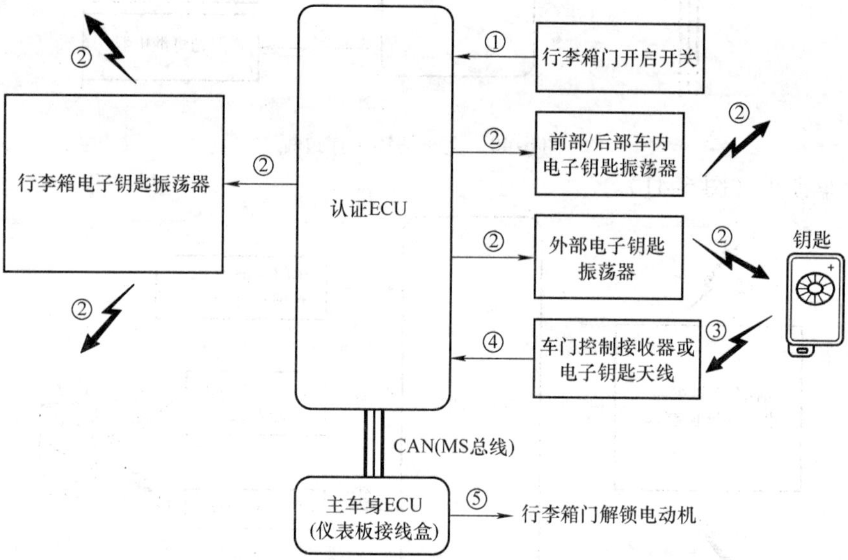

图 6-42 上车行李箱门开启工作过程

5）钥匙受限防止功能。此功能有两个系统操作：车内系统操作和行李箱系统操作。

钥匙仍在车内时的钥匙受限操作功能（图 6-43）：

① 钥匙仍在车内时锁止开关锁止车门，认证 ECU 将传输前部/后部车内电子钥匙振荡器的请求信号以形成执行区域。

② 钥匙将 ID 代码传输至车门控制接收器。

③ 认证 ECU 判断并认证 ID 代码，且检查钥匙的位置。ECU 将车门解锁请求信号传输至主车身 ECU。

④ 主车身 ECU 接收此信号并操作各门锁电动机以解锁所有车门。

⑤ 认证 ECU 使遥控门锁蜂鸣器鸣响 2s 作为解锁回应。

钥匙在行李箱内时的钥匙受限操作功能（图 6-44）：

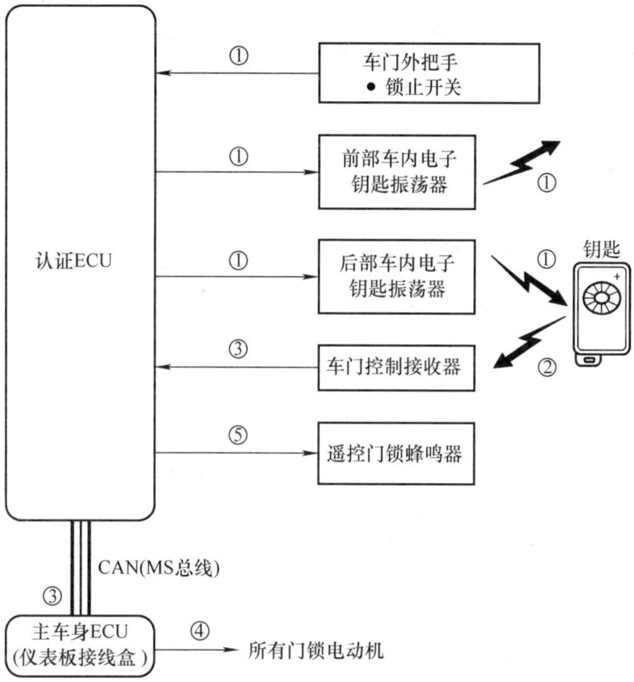

图 6-43 钥匙仍在车内时的钥匙受限操作功能

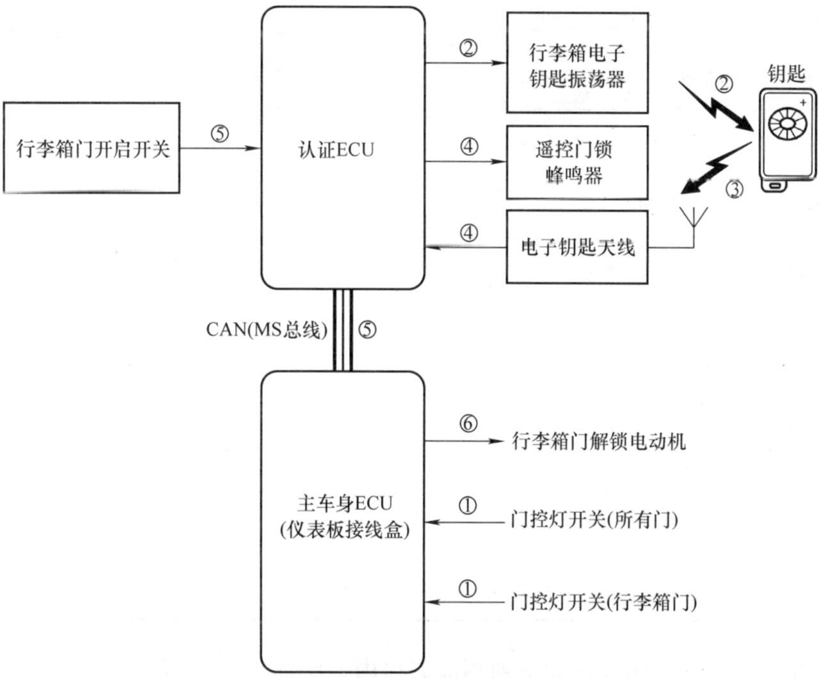

图 6-44 钥匙仍在行李箱内时的钥匙受限防止功能

① 钥匙仍在行李箱内且行李箱门关闭时，认证 ECU 从主车身 ECU 识别行李箱门关闭状态。

② 认证 ECU 接收此信号，并传输行李箱内电子钥匙振荡器的请求信号以形成执行区域。

③ 钥匙接收到此信号并将 ID 代码返回至电子钥匙天线。

④ 认证 ECU 判断并认证 ID 代码，且检查钥匙的位置。ECU 使遥控门锁蜂鸣器鸣响 2s 以提示用户。

⑤ 如果钥匙在行李箱内且行李箱门开启开关打开，认证 ECU 发送另一个行李箱电子钥匙振荡器请求信号以形成执行区域。将行李箱门开启信号传输至主车身 ECU 前，ECU 判断并认证钥匙，且检查其位置。

⑥ 主车身 ECU 接收到此信号并操作行李箱门解锁电动机以开启行李箱门。

6）警告。发生表 6-11 所示任一情况时，智能上车和起动系统通过认证 ECU 使组合仪表内的多功能蜂鸣器和遥控门锁蜂鸣器鸣响，并在多信息显示屏上显示信息来告知驾驶人。

表 6-11 智能上车和起动系统的警告功能

情况	条件
A	变速杆位于“P”外任何档域且电源位于“OFF”模式外的任何模式
B	转向解锁时驾驶人侧车门开启
C	变速杆位于“P”且电源位于“OFF”模式外的任何模式
D	在任一车门打开时操作上车锁止
E	乘客携带钥匙离开
F	钥匙在执行区域外时操作发动机开关
G	钥匙在车辆内时操作上车锁止
H	钥匙在行李箱内时行李箱门关闭
I	钥匙电池电量低
J	不能解除转向锁止
K	检测到转向锁止 ECU 故障
L	检测到主车身 ECU 故障
M	系统假定驾驶人不熟悉起动发动机的正确方法

各种情况下的具体工作条件如下列相应表格内容所述。

情况 A：情况 A 有两种模式，见表 6-12。

表 6-12 驾驶人离开车辆的警告模式

<table>
<tr><td rowspan="5">模式 1：
车门打开且驾驶人准备离开车辆</td><td colspan="2">无警告的可能结果</td><td>车辆突然起动、车辆被盗、车辆驶离</td></tr>
<tr><td colspan="2">警告条件</td><td>满足下面的所有情况时认证 ECU 发出警告
① 变速杆未置于“P”
② 电源位于除“OFF”外模式
③ 驾驶人侧车门打开
④ 车速为 0</td></tr>
<tr><td colspan="2">警告停止条件</td><td>满足下列任一条件时警告停止
① 电源位于“OFF”模式
② 变速杆置于“P”
③ 驾驶人侧车门关闭
④ 车速大于 0</td></tr>
<tr><td>组合仪表</td><td>多功能蜂鸣器</td><td>持续鸣响</td></tr>
<tr><td rowspan="5">模式 2：
除模式 1 外，驾驶人携带钥匙并准备离开车辆</td><td colspan="2">无警告的可能结果</td><td>车辆突然起动、车辆被盗、车辆驶离</td></tr>
<tr><td colspan="2">警告条件</td><td>满足下面的所有情况，认证 ECU 发出警告
① 变速杆未置于“P”
② 电源位于除“OFF”外模式
③ 驾驶人侧车门状况从打开转变为关闭
④ 车速为 0
⑤ 车厢或行李箱内没有钥匙</td></tr>
<tr><td colspan="2">警告停止条件</td><td>满足下列任一条件时，警告停止
① 车厢或行李箱内有钥匙：多功能蜂鸣器和遥控门锁蜂鸣器停止鸣响；多信息显示屏内容只显示“切换到 P 档域”
② 车速适当：多功能蜂鸣器和遥控门锁蜂鸣器停止鸣响；多信息显示屏内容只显示“未检测到钥匙”
③ 电源处于“ON（IG）”以外模式：所有警告停止</td></tr>
<tr><td rowspan="2">组合仪表</td><td>多功能蜂鸣器</td><td>持续鸣响</td></tr>
<tr><td>显示屏内容</td><td>交替显示“切换到 P 档域”和“未检测到钥匙”</td></tr>
</table>

情况 B：转向解锁时驾驶人侧车门开启。

此类情况下进行如表 6-13 所述的控制。

表 6-13 转向解锁时驾驶人侧车门开启的警告功能

无警告的可能结果	车被盗
警告条件	满足下面的任一条件时认证 ECU 发出警告 ① 变速杆位于“P”、发动机开关位于“ON（ACC）”或“OFF”，且驾驶人侧车门打开 ② 变速杆位于“P”、发动机开关位于“OFF”，且转向解锁，驾驶人侧车门打开

（续）

无警告		车被盗
警告停止条件		满足下列任一条件时警告停止 ① 变速杆位于“P”且发动机开关位于“ON（IG）”或驾驶人侧车门关闭 ② 发动机开关位于“OFF”且转向锁止
组合仪表	多功能蜂鸣器	间歇鸣响

情况C：变速杆置于“P”且电源位于“OFF”模式外的任何模式。

情况C有两种模式。

模式1：变速杆置于“P”时，车门关闭，用户携带钥匙并试图离开车辆。

模式2：除模式1外，用户试图利用上车锁止并按下锁上开关。

此类情况下，进行如表6-14所述的控制。

表6-14 变速杆位于“P”且电源位于“OFF”模式外的警告功能

模式1：变速杆置于“P”时，车门关闭，用户携带钥匙并试图离开车辆	无警告的可能结果		车辆被盗、发动机可能重新起动 备用蓄电池电量耗尽
	警告条件		满足下面的所有情况时认证ECU发出警告 ① 变速杆置于“P” ② 电源位于除“OFF”外模式 ③ 驾驶人侧车门状况从打开转变为关闭 ④ 车厢或行李箱内没有钥匙
	警告停止条件		满足下列任一条件时，警告停止 ① 电源位于“OFF”模式 ② 车厢或行李箱内有钥匙
	组合仪表	多功能蜂鸣器	鸣响一次
		多信息显示屏	显示“未检测到钥匙”
模式2：除模式1外，用户试图利用上车锁止并按下锁上开关	无警告的可能结果		① 车辆被盗 ② 备用蓄电池电量耗尽
	警告条件		满足下面的所有情况时认证ECU发出警告 ① 变速杆置于“P” ② 电源位于除“OFF”外模式 ③ 所有车门关闭 ④ 车厢或行李箱内没有钥匙 ⑤ 按下锁止开关
	警告停止条件		满足下列任一条件时警告停止 ① 电源位于“OFF”模式且钥匙不在车内（车外认证结果为NG） ② 钥匙在车厢或行李箱内时（车内认证结果为OK，车外认证结果为NG）

情况 D：在任一车门打开时操作上车锁止。

此类情况下，进行如表 6-15 所述的控制。

表 6-15 在任一车门打开时操作上车锁止的警告功能

无警告的可能结果	车辆被盗
警告条件	满足下面的所有情况时认证 ECU 发出警告 ① 发动机开关位于“OFF” ② 任一车门打开 ③ 操作上车锁止
警告停止条件	满足下列任一条件时警告停止 ① 发动机开关位于“ON（IG）” ② 所有车门关闭 ③ 遥控门锁功能解锁 ④ 操作上车解锁 ⑤ 10s 后

情况 E：乘客携带钥匙离开。

此类情况下，进行如表 6-16 所述的控制。

表 6-16 乘客携带钥匙离开的警告功能

无警告的可能结果		发动机不能重新起动
警告条件		满足下面的所有情况时认证 ECU 发出警告 ① 发动机开关位于“OFF”外的模式 ② 车门状况（不是驾驶人侧车门）从打开转变为关闭 ③ 车速为 0 ④ 车厢或行李箱内没有钥匙
警告停止条件		满足下列任一条件时警告停止 ① 发动机开关位于“OFF” ② 车厢或行李箱内有钥匙
组合仪表	多功能蜂鸣器	鸣响一次
	多信息显示屏	显示“未检测到钥匙”

情况 F：钥匙在执行区域外时操作发动机开关。

此类情况下，进行如表 6-17 所述的控制。

表 6-17 钥匙在执行区域外时操作发动机开关的警告功能

无警告的可能结果		驾驶人感到困惑
警告条件		满足下面的所有情况时认证 ECU 发出警告 ① 按下发动机开关 ② 车厢内没有钥匙
组合仪表	多功能蜂鸣器	鸣响一次
	多信息显示屏	显示“未检测到钥匙”（显示最长为 8s）

情况 G：钥匙在车辆内时操作上车锁止。

此类情况下，进行如表 6-18 所述的控制。

表 6-18　钥匙在车辆内时操作上车锁止的警告功能

无警告的可能结果	车辆被盗
警告条件	满足下面的所有情况时认证 ECU 发出警告 ① 发动机开关位于“OFF” ② 所有车门关闭 ③ 锁止开关位于“ON” ④ 车厢内有钥匙

情况 H：钥匙在行李箱内时行李箱门关闭。

此类情况下，进行如表 6-19 所述的控制。

表 6-19　钥匙在行李箱内时行李箱门关闭的警告功能

无警告的可能结果	钥匙受限
警告条件	满足下面的所有情况时认证 ECU 发出警告 ① 车速为 0 ② 上车行李箱门开启功能有效 ③ 所有车门关闭

情况 I：钥匙电池电量低。

此类情况下，进行如表 6-20 所述的控制。

表 6-20　钥匙电池电量低的警告功能

<table>
<tr><td colspan="2">无警告的可能结果</td><td>智能上车和起动系统不起作用</td></tr>
<tr><td colspan="2">警告条件</td><td>满足下面的所有情况时认证 ECU 发出警告
① 处于“ON（IG）”模式超过 20min 后，发动机开关切换至“OFF”模式
② 钥匙电池电压低
③ 车厢或行李箱内有钥匙</td></tr>
<tr><td rowspan="2">组合仪表</td><td>多功能蜂鸣器</td><td>鸣响一次</td></tr>
<tr><td>多信息显示屏</td><td>显示“钥匙的电池电量低”</td></tr>
</table>

情况 J：不能解除转向锁止。

此类情况下，进行如表 6-21 所述的控制。

表 6-21　不能解除转向锁止的警告功能

<table>
<tr><td colspan="2">无警告的可能结果</td><td>智能上车和起动系统不起作用</td></tr>
<tr><td colspan="2">警告条件</td><td>进行解除操作时不能解除转向锁止，防止起动发动机</td></tr>
<tr><td colspan="2">发动机开关指示灯</td><td>绿色指示灯以 1.0s 的间隔闪烁（15s 后停止闪烁）</td></tr>
<tr><td>组合仪表</td><td>多信息显示屏</td><td>显示“转向器锁定未解除”</td></tr>
</table>

情况 K：检测到转向锁止 ECU 故障。

此类情况下，进行如表 6-22 所述的控制。

表 6-22　检测到转向锁止 ECU 故障的警告功能

无警告的可能结果		发动机不能重新起动
警告条件		检测到转向锁 ECU 内部故障
警告停止条件		清除转向锁 ECU 内部故障
发动机开关指示灯		琥珀色指示灯以 2s 的间隔闪烁
组合仪表	多信息显示屏	显示“转向器锁定系统检查”

情况 L：检测到主车身 ECU 故障。

此类情况下，进行如表 6-23 所述的控制。

表 6-23　检测到主车身 ECU 故障的警告功能

无警告的可能结果		发动机不能起动
警告条件		检测到主车身 ECU 内部故障
警告停止条件		清除主车身 ECU 内部故障
发动机开关指示灯		琥珀色指示灯以 2s 的间隔闪烁
组合仪表	多信息显示屏	显示“转向器锁定系统检查”

情况 M：系统假定驾驶人不熟悉起动发动机的正确方法。

此类情况下，进行如表 6-24 所述的控制。

表 6-24　系统假定驾驶人不熟悉起动发动机正确方法时的警告功能

无警告的可能结果		智能上车和起动系统不起作用
警告条件		满足下面的所有情况时认证 ECU 发出警告 ① 发动机开关位于“ON（IG）”以外的模式 ② 任一车门打开 ③ 未起动发动机时，发动机开关两次或多次从“OFF”切换至“ON（ACC）”
警告停止条件		满足下列任一条件时警告停止 ① 警告 10s 后 ② 发动机开关位于“OFF”模式 ③ 发动机开关位于“ON（IG）”模式
组合仪表	多信息显示屏	显示“起动发动机时踩下制动踏板”

7）省电。

① 车辆蓄电池省电功能。车门锁止时，智能上车和起动系统按指定间隔（250ms）向车外发送信号。因此，如果车辆长期处于停止状态，则蓄电池电量将会耗尽。因此，进行如表 6-25 所述的控制。

表 6-25　车辆蓄电池省电功能

条件	控制
钥匙至少 5 天没有回应	信号传输间隔从 250ms 延长至 750ms
钥匙至少 14 天没有回应	自动解除智能上车和起动系统

恢复条件：

输入遥控门锁控制信号（锁止、解锁或行李箱门开启）并与钥匙 ID 代码匹配；

驾驶人携带钥匙并按下车门外把手锁止开关；用机械钥匙锁止或解锁车门。

② 钥匙电池和车辆蓄电池省电功能。如果钥匙长期置于车外的车门电子钥匙振荡器执行区域内，则智能上车和起动系统与钥匙之间进行周期通信。因此，如果车辆长期驻车于这种状态下，钥匙电池和车辆蓄电池电量将会耗尽。

因此，如果这种状态持续 10min 以上，则智能上车和起动系统将自动解除。

恢复条件：

输入遥控门锁控制信号（锁止、解锁或行李箱门开启）并与钥匙 ID 代码匹配；

驾驶人携带钥匙并按下车门外把手锁止开关；

用机械钥匙锁止或解锁车门。

维修提示：使钥匙接近发射无线电波的电器会意外激活钥匙，导致钥匙电池电量迅速耗尽。

第五节　实施匹配钥匙的操作举例

本节以两辆相同年款的不带智能上车和起动系统的卡罗拉轿车全车锁进行互换为例进行操作，如更换新锁则有些步骤可以省略。为不致混淆，将这两辆车依次编号为 1 号车与 2 号车。

一、使用专用诊断仪匹配钥匙

1. 为 1 号车匹配一把新的主钥匙

1）连接专用诊断仪。

2）准备好一把旧的主钥匙（1 号车）和新钥匙（原 2 号车的钥匙）。

3）选择专用诊断仪“工具”菜单下的“应答器码登记”功能，进入“应答器码登记”程序界面，如图 6-45 所示。然后可按屏幕提示进行相关操作。按“下一步”按钮继续。

4）出现如图 6-46 所示界面，按提示将旧的主钥匙（1 号车）插入点火钥匙筒（1 号车），并打开点火开关，然后按“下一步”按钮。

5）诊断仪屏幕显示如图 6-47 所示，按提示在 20s 内将旧的主钥匙从点火钥匙筒内拔出，然后按“下一步”按钮。

6）诊断仪屏幕显示如图 6-48 所示，在 10s 内插入一把想要编程的钥匙（新的钥匙或者是要换到时此车的钥匙，这里为 2 号车钥匙），不要打开点火开关（实际上由于点火钥匙筒锁芯未更换，2 号车钥匙不能打开 1 号车的点火开关，但能顺利地插入 1 号车的点火钥匙筒）。

7）按“下一步”按钮，诊断仪屏幕显示如图 6-49 所示，显示“正在登记”操作的剩余时间，直至显示如图 6-50 所示，说明新的主钥匙已注册成功。暂时不要进行其他的新钥匙应答码登记。

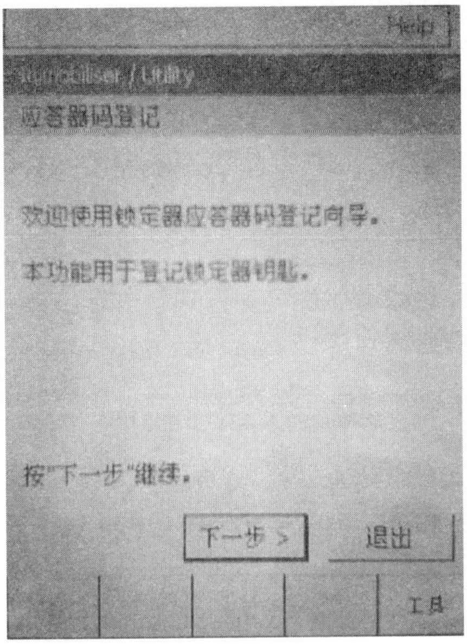

图6-45　“应答器码登记”程序界面

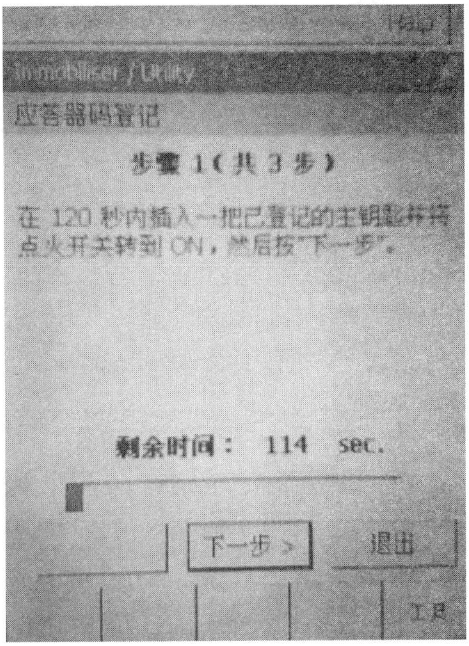

图6-46　“应答器码登记”步骤1

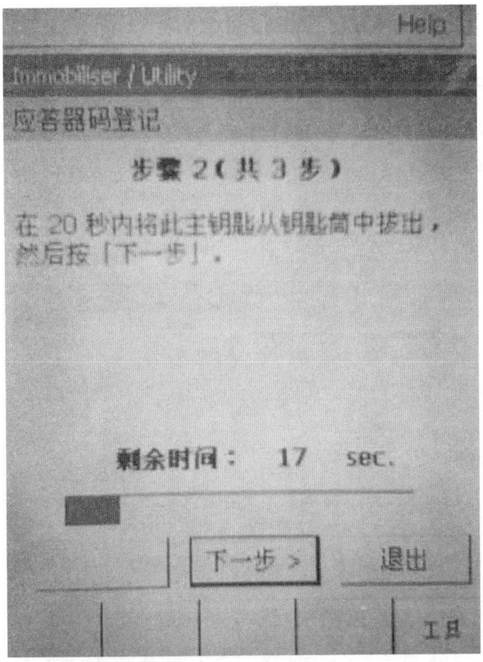

图6-47　“应答器码登记”步骤2

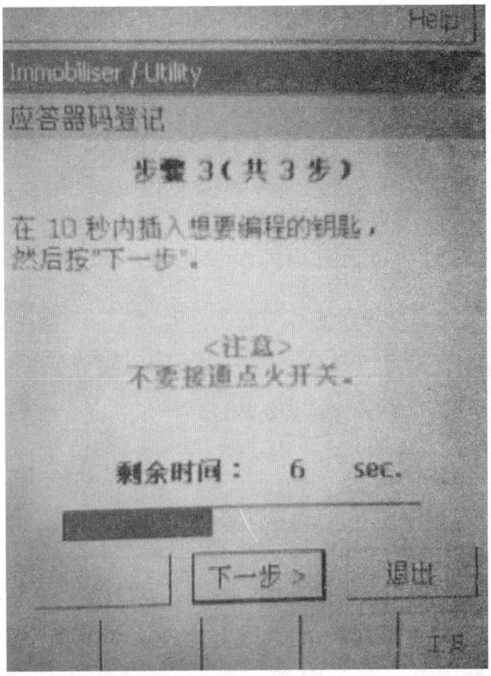

图6-48　“应答器码登记”步骤3

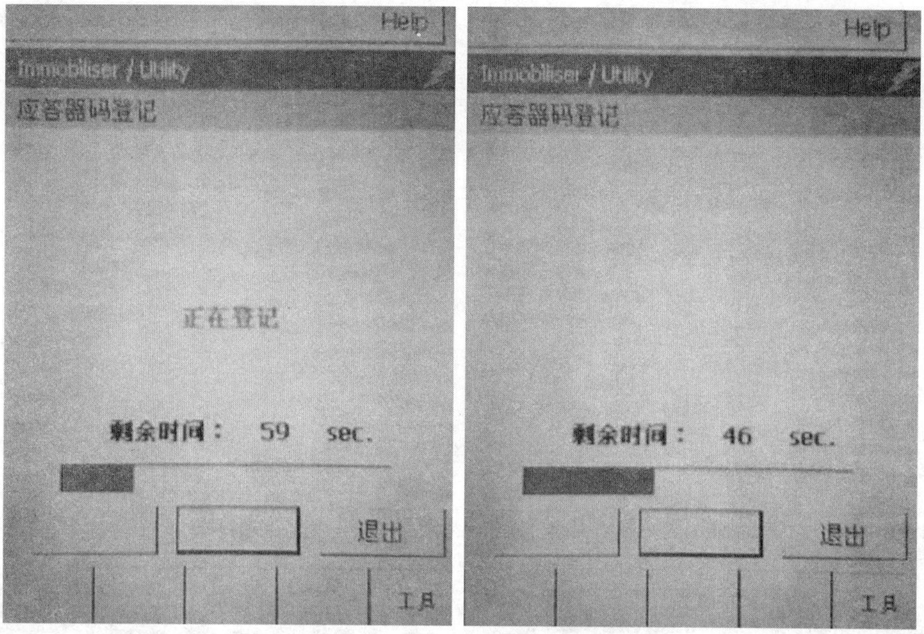

图 6-49 “应答器码登记”登记倒计时

如果诊断仪屏幕显示如图 6-51 所示的“应答码登记失败”，则一般来说是操作步骤超过其时间限制所致，可按屏幕显示的提示进行再次尝试。

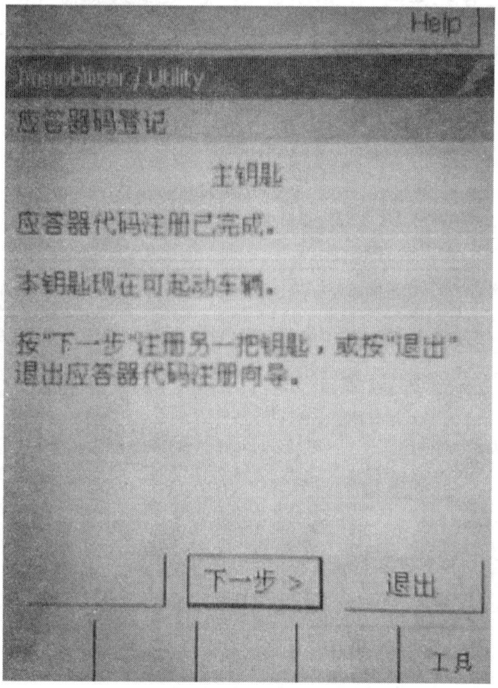

图 6-50 “应答器码登记”登记成功

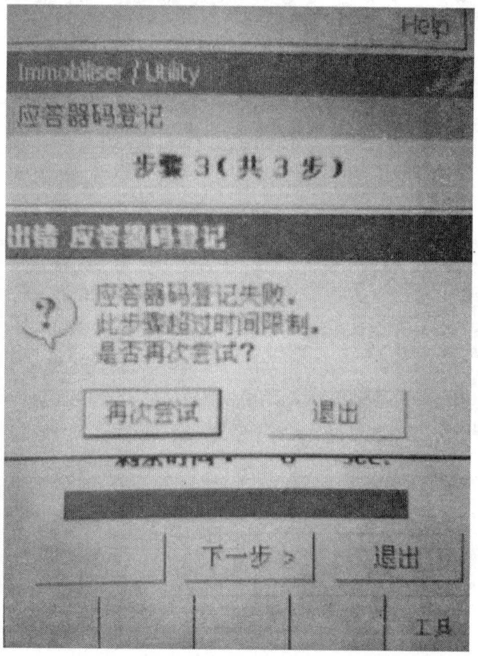

图 6-51 “应答器码登记”登记失败的显示界面

2. 删除 1 号车原来所有的旧钥匙

接下来用新匹配的主钥匙进行所有旧钥匙（原 1 号车的所有钥匙）的应答器码删除。如图 6-52 所示，选择诊断仪“工具”下的“应答器码删除”功能。

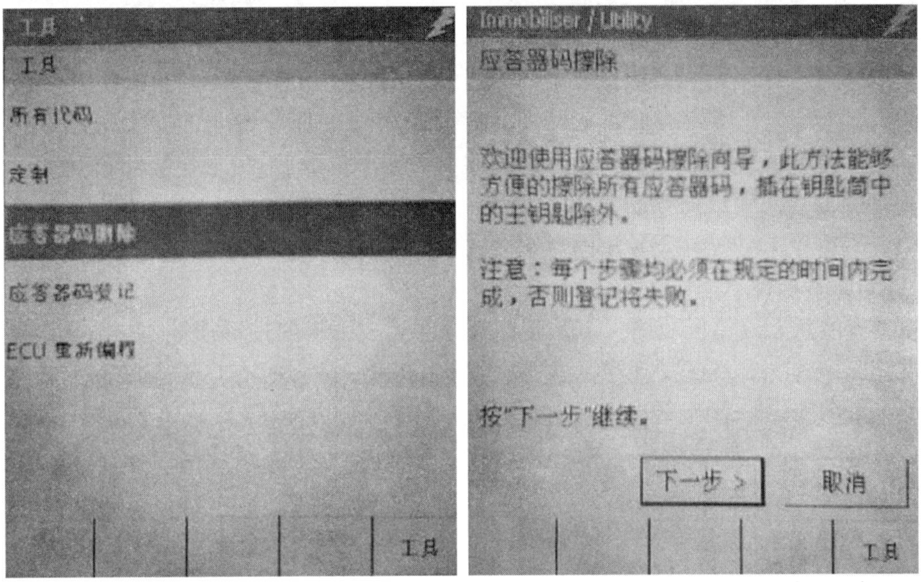

图 6-52　选择诊断仪“工具”下的“应答器码删除”功能

按“下一步”按钮，屏幕显示如图 6-53 所示。提示在 120s 内将登记好的新钥匙插入点火钥匙筒，然后按“下一步”按钮。

如图 6-54 所示，在 10s 内将此主钥匙从钥匙筒内拔出，然后按“下一步”按钮，直到显示“应答器码删除已完成”。

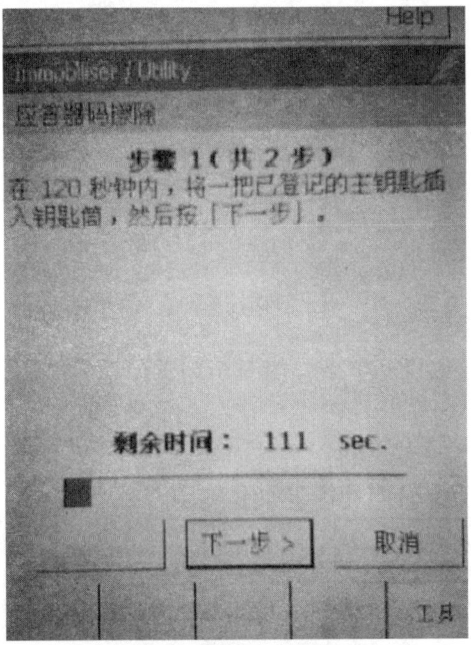

图 6-53　“应答器码删除”步骤 1

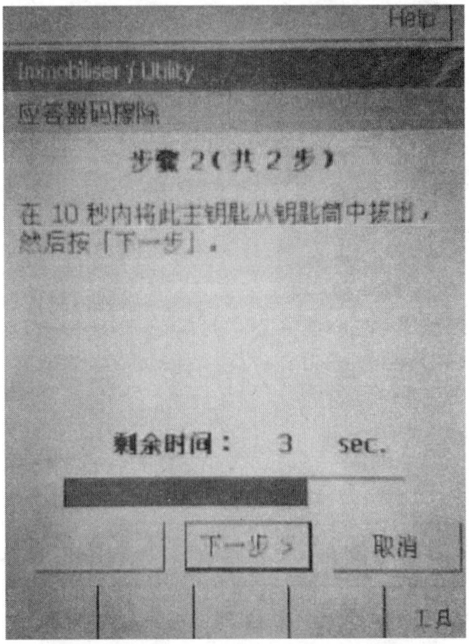

图 6-54　“应答器码删除”步骤 2

如果未在规定时间内完各个步骤，则诊断仪屏幕会显示“应答器码擦除失败”，如图6-55所示，可再次尝试操作。

3. 为2号车匹配一把新的主钥匙

按上述“为1号车匹配一把新的主钥匙”中的相同步骤对2号车进行相应的操作。

4. 删除2号车原来所有的旧钥匙

接下来用2号车新匹配的主钥匙进行所有的旧钥匙（原2号车的所有钥匙）的应答器码删除。读者可参照“删除1号车原来所有的旧钥匙”部分。

5. 更换新的点火钥匙筒锁芯

（1）分别拆下1号车与2号车的点火开关锁芯总成。

1）拆卸下转向柱罩。

拆卸时应注意，以错误顺序拆下下转向柱罩会造成下转向柱罩损坏。

① 拉动下转向柱罩的左右两侧，并脱开4个卡爪。注：所有步骤不需拆下转向盘，图6-56中为便于观察，未画出转向盘。

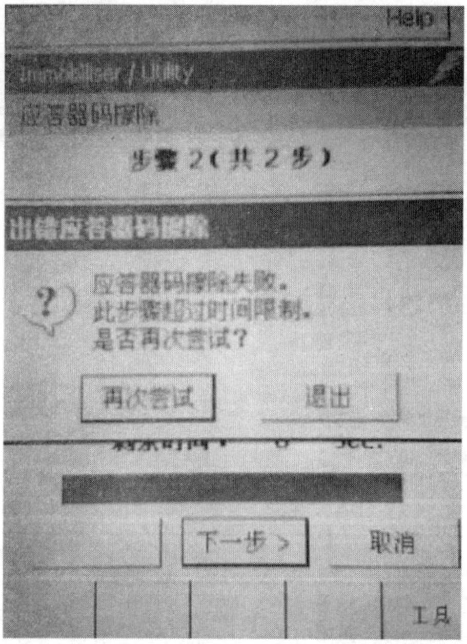

图6-55 “应答器码删除”失败显示界面

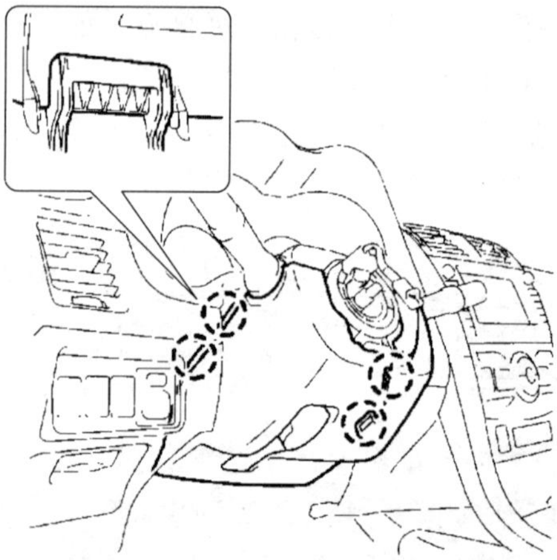

图6-56 脱开转向柱罩的左右两侧卡爪

② 将手指插入下转向柱罩斜度调节杆的开口处以脱开卡爪，如图6-57所示。

提示：展开卡爪以使其脱开。

③ 如图6-58所示，转动下转向柱罩以脱开2个卡爪并拆下下转向柱罩。

2）拆卸上转向柱罩。脱开卡爪和2个销并拆下上转向柱罩，如图6-59所示。

3）拆卸收发器钥匙放大器（不带智能上车和起动系统）。

① 用螺钉旋具将挂在上支架上的2个卡爪扩开约1.0mm。

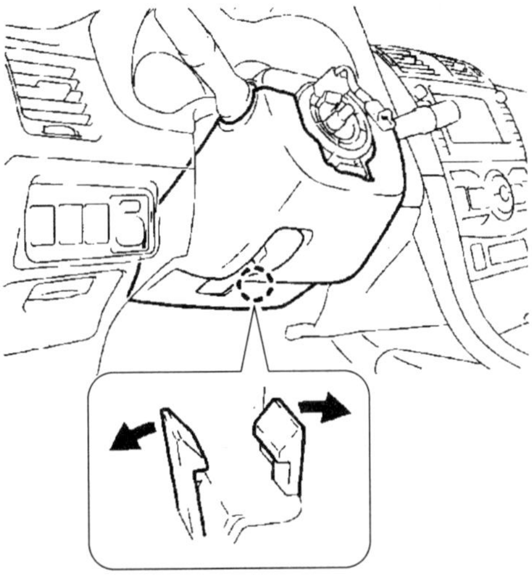

图 6-57　脱开转向柱罩斜度调节杆的开口处卡爪

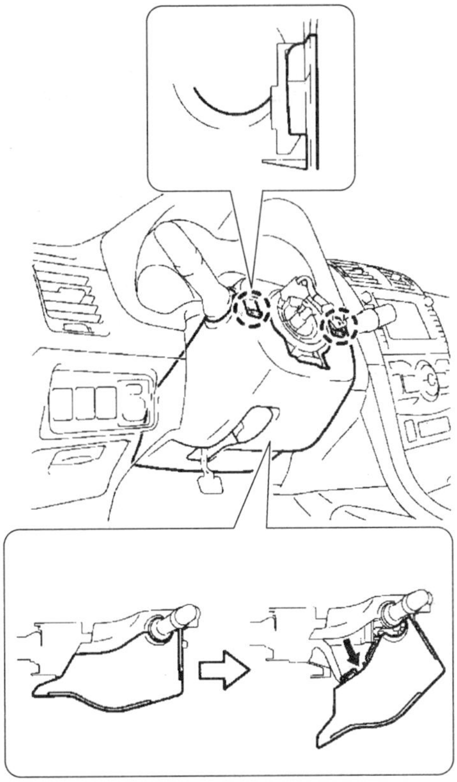

图 6-58　拆下下转向柱罩

② 在卡爪张开时拔出收发器钥匙放大器。

拆卸时应注意，过于用力可能会损坏壳体。

注：后面的操作步骤不需将点火开关总成从转向柱上拆下来，图 6-60 中为便于观察，未画出转向柱。

4）拆卸点火开关锁芯总成（不带智能上车和起动系统）。

① 将点火开关锁芯总成置于 ACC 位置。

② 如图 6-61 所示，将螺钉旋具插入带开关的转向柱上支架总成孔内。拉动点火开关锁芯总成，直到其卡爪接触到带开关的转向柱上支架总成的挡块。

拆卸时应注意，确保拉动点火开关锁芯总成直到其卡爪接触到带开关的转向柱上支架总成的挡块。否则会影响后面的工作操作。

③ 将螺钉旋具插入带开关的转向柱上支架总成孔内。

如图 6-62 所示倾斜螺钉旋具，以松开点火开关锁芯总成的卡爪并拉出点火开关锁芯总成。

（2）安装点火开关锁芯总成（图 6-63）　按以下步骤安装点火开关锁芯总成（不带智能上车和起动系统），将拆下的 2 号车原来的点火开关锁芯总成装于 1 号车上，将拆下的 1 号车原来的点火开关锁芯总成装于 2 号车上。

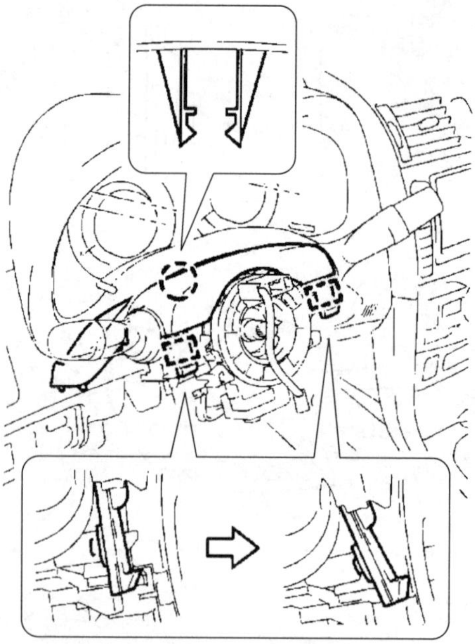

图 6-59 拆卸上转向柱罩

图 6-60 拆卸收发器钥匙放大器

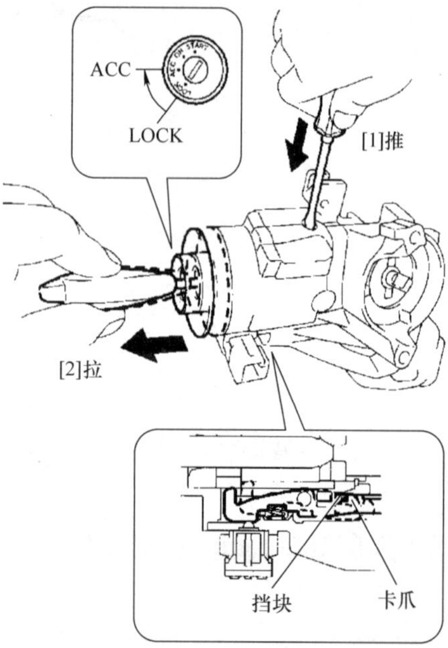

图 6-61 拆出点火开关锁芯总成 1

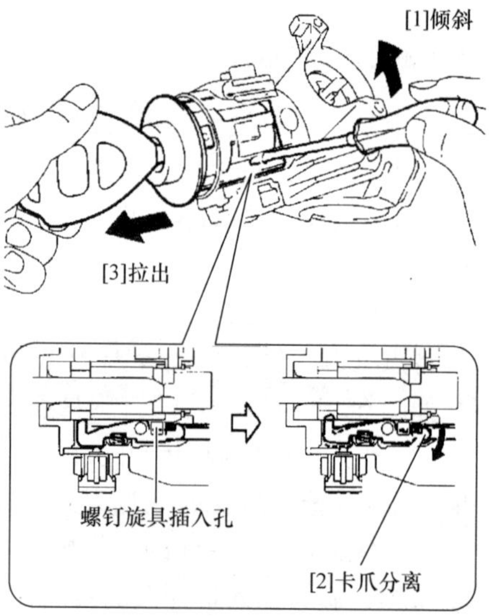

图 6-62 拆出点火开关锁芯总成 2

1）确保点火开关锁芯总成置于 ACC 位置。

2）将点火开关锁芯总成安装至转向锁分总成。

3）确保点火开关锁芯总成安装牢固。

（3）安装收发器钥匙放大器（图 6-64）

1）将收发器钥匙放大器与转向柱上支架对准。轻轻地倾斜放大器并将其滑动到位。

2）推动收发器钥匙放大器，接合 2 个卡爪将收发器钥匙放大器安装至转向柱上支架。

完成以上步骤后，此时的 1 号车与 2 号车分别拥有一把合法的主钥匙，用这把主钥匙可以起动发动机。试起动发动机，确认可进行起动发动机。

（4）安装上、下转向柱罩　按与拆卸相反的步骤安装好上、下上、下转向柱罩。

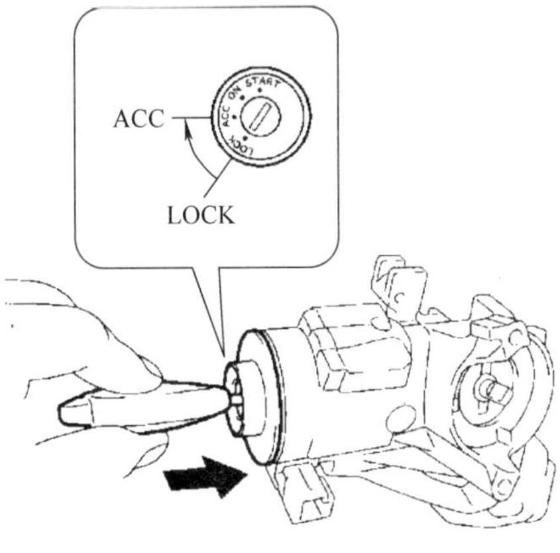

图 6-63　安装点火开关锁芯总成

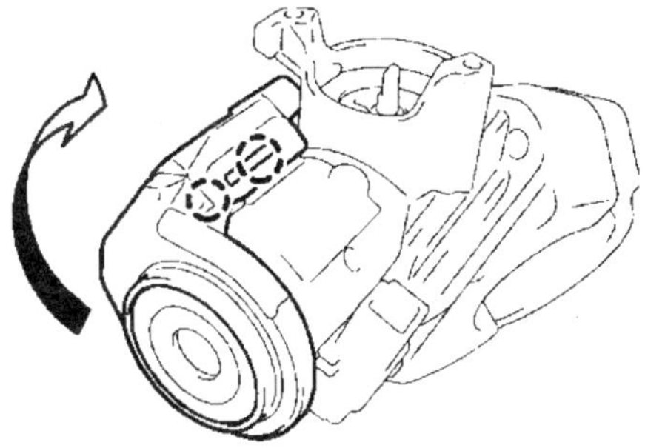
图 6-64　安装收发器钥匙放大器

6. 为 1 号车添加其他钥匙

接下来，就是用这把已匹配好的能起动发动机的新钥匙完成其他钥匙的匹配。如前所述，选择专用诊断仪“工具”菜单下的“应答器码登记”功能，进入“应答器登记”程序界面。然后可按屏幕提示进行相关操作。完成其他两把钥匙的应答器码登记。此时，原 2 号车的点火钥匙就变为 1 号车现在新的点火钥匙了，确认这 3 把钥匙均能起动发动机。

7. 为 2 号车添加其他钥匙

按相同方法对 2 号车的其他两把钥匙进行应答器码登记。完成后，原 1 号车的点火钥匙就变为 2 号车现在新的点火钥匙了，确认这 3 把钥匙均能起动发动机。

二、不使用专用诊断仪匹配钥匙

1. 为 1 号车匹配一把新的主钥匙

1）准备好一把旧的主钥匙（1 号车）和新钥匙（原 2 号车的钥匙）。

2）确认驾驶人侧车门关闭；钥匙没有插入到点火开关钥匙孔内，此时安全指示灯处于闪烁状态。接下来应在 35s 内完成下述的步骤 3）~ 步骤 5）。

3）在 15s 内将已注册的主钥匙（1 号车旧的主钥匙）在点火开关钥匙孔内插入和拔出 5 次（结束时为插入）。此时，安全指示灯处于熄灭状态。

4）在 20s 内打开和关闭驾驶人侧门 6 次（结束时为关）。

5）拔出旧的主钥匙。

6）在拔出旧的主钥匙后的 10s 内，将需要注册的新钥匙（原 2 号车的钥匙）插入到点火开关钥匙孔内。此时，安全指示灯处于点亮状态。

7）接着安全指示灯开始闪烁，60s 过后，钥匙将被注册。

8）当安全指示灯变为熄灭状态时，说明钥匙已注册成功。

2. 删除 1 号车原来所有的旧钥匙

接下来用新匹配的主钥匙进行所有的旧钥匙（原 1 号车的所有钥匙）的应答器码删除。

1）确认驾驶人侧车门关闭；钥匙没有插入到点火开关钥匙孔内，此时安全指示灯处于闪烁状态。接下来应在35s内完成下述的步骤2）~步骤4）。

2）将刚才新注册的主钥匙在点火开关钥匙孔内插入和拔出6次（结束时为插入）。此时，安全指示灯处于熄灭状态。

3）在20s内打开和关闭驾驶人侧门7次（结束时为关）。

4）在10s内，拔出主钥匙。此时，安全指示灯将点亮1s后熄灭。

5）接着安全指示灯开始闪烁，说明1号车原来的所有钥匙已删除成功。此时，插入已删除的钥匙，安全指示灯不会熄灭。

3. 为2号车匹配一把新的主钥匙

用与“为1号车匹配一把新的主钥匙”相同的方法为2号车匹配一把新的主钥匙。

4. 删除2号车原来所有的旧钥匙

参照“删除1号车原来所有的旧钥匙”部分，用2号车新匹配的主钥匙进行所有的旧钥匙（原2号车的所有钥匙）的应答器码删除。

5. 更换新的点火钥匙筒锁芯

参见前述内容完成以上步骤后，此时的1号车与2号车分别拥有一把合法的主钥匙，用这把主钥匙可以起动发动机。试起动发动机，确认可进行起动发动机。

6. 为1号车添加其他钥匙

接下来，就是用这把已匹配好的能起动发动机的新钥匙完成其他钥匙的匹配。如前所述，按前述方法步骤进行相关操作：

1）先确认驾驶人侧车门关闭；钥匙没有插入到点火开关钥匙孔内，此时安全指示灯处于闪烁状态。

2）在15s内将已注册的主钥匙在点火开关钥匙孔内插入和拔出5次（结束时为插入）。此时，安全指示灯处于熄灭状态。

3）在20s内打开和关闭驾驶人侧门6次（结束时为关）。

4）拔出主钥匙。

5）在拔出主钥匙后的10s内，将需要注册的其他钥匙插入到点火开关钥匙孔内。此时，安全指示灯处于点亮状态。

6）接着安全指示灯开始闪烁，60s过后，钥匙将被注册。

7）当安全指示灯变为熄灭状态时，说明这把钥匙已注册成功。

8）拔出钥匙，如有下一把钥匙需注册，就应在10s内插入下一把钥匙。接着安全指示灯开始闪烁，60s过后，此钥匙也将被注册。

完成了其他两把钥匙的应答器码登记。此时，原2号车的点火钥匙就变为1号车现在新的点火钥匙了，确认这3把钥匙均能起动发动机。

7. 为2号车添加其他钥匙

按相同方法对2号车的其他两把钥匙进行应答器码登记。完成后，原1号车的点火钥匙就变为2号车现在新的点火钥匙了，确认这3把钥匙均能起动发动机。

匹配好钥匙后，再进行遥控器的删除与注册，可参见本书系列上册“第七章门锁控制系统故障的诊断与分析”相关章节。最后还要互锁两车的驾驶人侧车门门锁锁芯及行李箱门锁芯总成。

第七章

空调控制系统故障的诊断与分析

第一节　空调系统不制冷故障的诊断与分析

一、故障现象

打开空调系统开关，各出风口正常出风，但不是凉风。把温度开关开到最冷，仍然不出凉风。

二、故障原因

1）压缩机传送带过松

2）冷凝器风扇不转，冷凝器风扇电动机损坏，冷凝器风扇继电器损坏，冷凝器风扇电路有故障。

3）电磁离合器不吸合或压缩机电磁阀不工作，其可能的常见原因如下：

① 制冷剂过少。

② 电磁离合器或压缩机电磁阀损坏。

③ 压力保护开关或压力传感器损坏。

④ 电磁离合器继电器。

⑤ 空调放大器不良。

⑥ 电磁离合器控制电路故障。

⑦ 蒸发器温度传感器、车内温度传感器、环境温度传感器等输入信号电路或 LIN 通信电路故障。

4）A/C 开关不良。

5）膨胀阀或节流孔管损坏。

6）制冷回路泄漏，制冷回路堵塞。

7）空调继电器损坏。

8）压缩机损坏。

9）与空调系统相关的控制模块不良，如发动机 ECU 等不良。

三、故障诊断与排除的一般步骤

1）验证故障现象。操作空调系统各控制开关，观察开关指示灯的指示情况，并确认各操作功能是否正常。如果空调系统的所有功能不工作，则应确认控制面板电源电路、空调放大器电源电路是否正常等。

2）目视检查：观察空调压缩机传动带是否断裂或过松、压缩机电磁离合器是否接合。如有观察窗，在电磁离合器接合状态下可观察储液干燥过滤器的观察窗，看制冷剂是否适量。观察制冷系统连接处或插头上是否有油污，软管是否有鼓包，如有一般说明制冷剂从这个地方泄漏。

3）汽车空调系统故障主要分为制冷剂循环和电气系统故障。对可进行自诊断的空调系统来说可先进行故障自诊断，即读取故障码。如能进一步读取数据流，则进一步读取数据流，如读取空调压力及各开关状态等输入信号，以区分制冷剂循环和电气系统故障。空调系统故障总的诊断流程如图 7-1 所示。

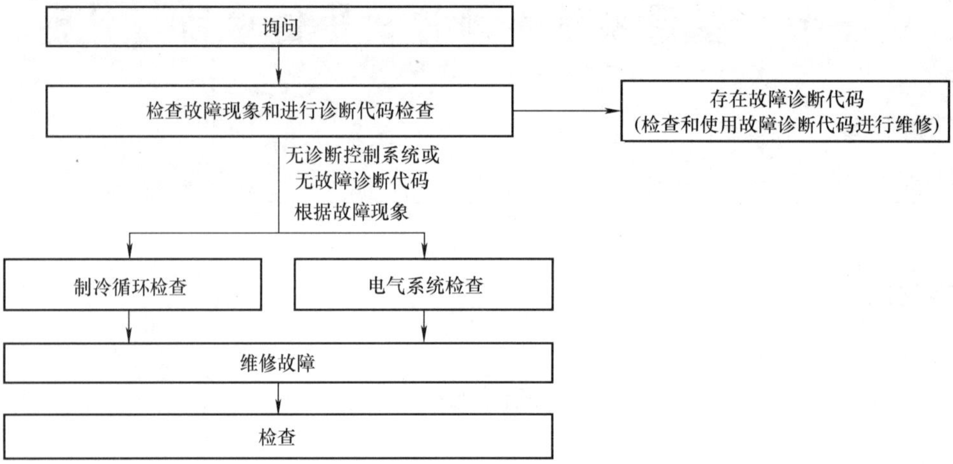

图 7-1 车辆空调系统故障总的诊断流程

4）检查空调电气系统中是否存在故障。如压缩机电磁离合器不接合，应先对此车型启动空调压缩机的条件进行一全面分析。一般说来，启动空调压缩机应满足以下条件：

① 蓄电池电压在一定范围内（如 9 ~ 18V）。

② 发动机冷却液温度低于某一定值，如 124℃。

③ 发动机转速大于某一定值，如 600r/min，以保证怠速运转平稳。

④ 发动机转速低于 5500r/min。

⑤ 空调高压侧压力不过低也不过高，应在一定范围内，如应在 269 ~ 2929kPa 之间。

⑥ 节气门开度小于 100%。

⑦ 蒸发器温度高于 3℃。

⑧ 发动机控制模块没有检测到转矩负载不适中或怠速质量不良。

⑨ 环境温度高于 1℃。

⑩ 控制模块未检测到压缩机卡死等。

空调压缩机工作的条件因车而异，并不是所有车型都应同时满足以上条件，具体可参见维修手册。一般应先检查制冷剂是否严重不足，然后检查电气系统。电气系统中输入的信号错误可能导致压缩机电磁离合器不接合，如蒸发器温度传感器、车内温度传感器信号错误指示过低，冷却液温度错误指示过高等。

5）对于采用车载网络通信的空调系统来说，应检查其采用的 LIN、CAN 等通信电路。

6）检测制冷循环系统的压力，根据歧管压力表测得的空调运行时制冷剂的压力情况，进一步判断故障原因。

第二节 空调系统制冷不足故障的诊断与分析

一、故障现象

打开空调开关，各出风口能出凉风，但凉度不够，把温度开关开到最冷，出风凉度仍不够。

二、故障原因

1）压缩机传动带松，压缩机离合器打滑。

2）制冷剂不足或过多，系统中有空气或制冷剂不纯。

3）膨胀阀或节流孔管不良。

4）压缩机损坏，内部有泄漏。

5）冷凝器脏污。

6）冷凝器风扇运转不良、气流不畅等。

7）蒸发器表面脏污。

8）鼓风机风量不足。

9）因空气混合风门控制不良、内外循环控制不良、暖风水阀常通等导致的热空气混合或漏入。

三、故障诊断与排除的一般步骤

1）验证故障现象。操作空调各控制开关，观察内循环开关是否开启，检查鼓风机各个档位风量情况。如鼓风机风量不足，则应检查鼓风机电路及风道是否堵塞或泄漏等。

2）目视检查：观察空调压缩机传动带是否过松打滑、冷凝器风扇是否运转正常等，如有观察窗，则在电磁离合器接合状态下可观察储液干燥过滤器的观察窗，看制冷剂是否适量，如有气泡，则制冷剂已不足，应检查系统泄漏等。观察制冷系统连接处或插头上是否有油污、软管是否有鼓包，如有，则说明制冷剂从这个地方泄漏。

3）汽车空调系统故障主要分为制冷剂循环和电气系统故障。对可进行自诊断的空调系统来说，可先进行故障自诊断，即读取故障码。如可以，则应进一步读取数据流，如读取空调压力及各开关状态等输入信号，以区分制冷剂循环和电气系统故障。

4）检测制冷循环系统的压力，根据歧管压力表测得的空调运行时制冷剂的压力情况，进一步判断故障原因。

5）检查空气混合控制节气门是否出现工作故障，热空气是否漏入，水阀是否总是接通。

第三节 空调系统异味的诊断与分析

一、故障现象

打开空调开关或鼓风机开关时，出风口吹出的风伴随有异味。

二、故障原因

1）暖风、通风与空调系统模块内有残屑。

2）蒸发器芯上有微生物繁殖。

三、故障诊断与排除的一般步骤

此时应清除暖风、通风与空调系统模块内的残屑，更换空调滤清器滤芯，采用除异味喷雾工具清除蒸发器芯的异味，必要时拆下蒸发器芯，清洗蒸发器芯表面，消除微生物的繁殖。

用除异味喷雾工具清除蒸发器芯的异味的操作步骤如下：

1）确保将外界空气吸入暖风、通风与空调系统模块中的强制通风口没有残屑。

2）使空调压缩机离合器处于不工作状态。

3）执行如下步骤，使蒸发器芯干燥：起动发动机，选择最大温度设置和内循环模式，让鼓风机电动机高速运转 10min。

4）在鼓风机电动机和鼓风机电动机下游的蒸发器芯之间的空调风管中确定一个便于除臭器的加长管伸入的部位，在不会妨碍或损坏任何工作部件的地方，钻一个直径为 3～4mm 的小孔，但不得损坏鼓风机电动机、蒸发器芯等。

5）戴好安全护目镜和橡胶手套，执行如下操作：

将除臭器的加长管插入孔中，一直插到加长管上的标记处；选择最高鼓风机转速；采用短距离喷射，并且隔 2～3min 就改变喷射的方向。

6）关闭发动机。让车辆停放 3～5min。

7）用车身密封剂或室温硫化（RTV）衬垫复合材料，密封钻的小孔。

8）起动发动机，高速运行鼓风机 15～20min 以干燥。

9）重新开启制冷系统，使空调压缩机正常工作，检查维修效果。

第四节 空调系统故障诊断、排除的相关要点

一、理解制冷循环

制冷循环回路主要包括压缩机、冷凝器、储液罐、膨胀阀或节流孔管、蒸发器、软管和管路以及调节装置和控制装置。

图 7-2 为使用膨胀阀的循环离合器系统的制冷循环回路，图中下方的压力与温度仅为举

例，具体数值应参考原厂手册。

众所周知，要使物体冷却下来，就必须使其释放热量。汽车上使用的压缩制冷系统就可起到这个作用。制冷剂在闭路中循环，不断地从液体转变成气体，再从气体转变成液体，如此循环往复。

压缩机在回路的低压端吸入低温的气态制冷剂。制冷剂在压缩机中被压缩，导致热量上升，然后再被泵入回路的高压端。在这个阶段，制冷剂变为气态，且处于高温高压状态。

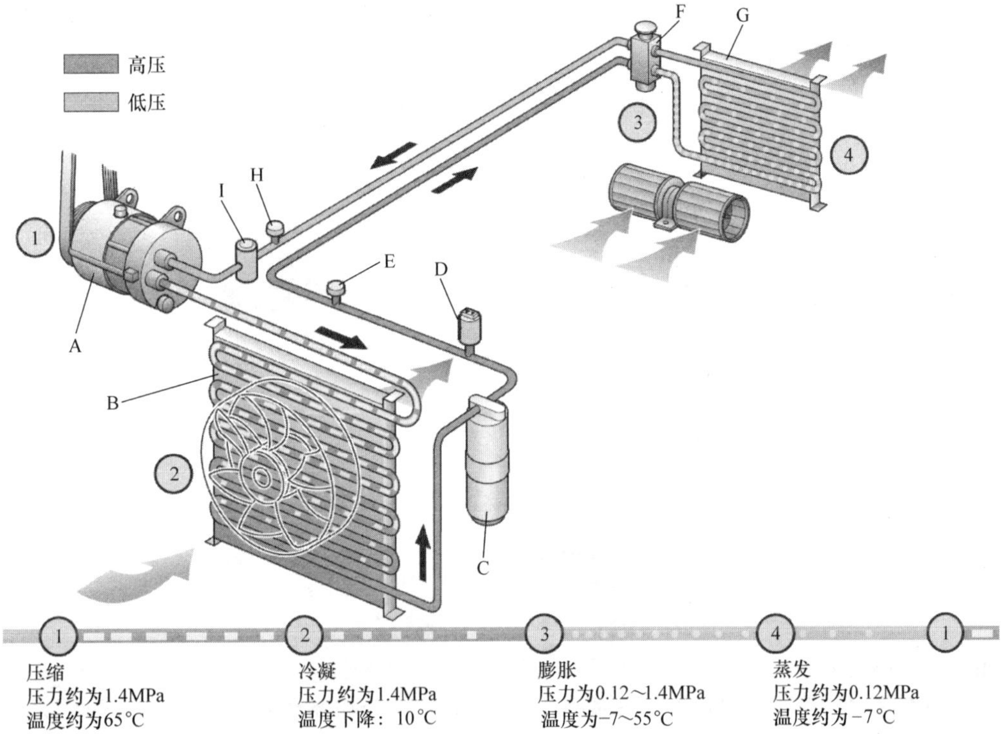

图 7-2　使用膨胀阀的循环离合器系统制冷循环回路

A—带电磁离合器的压缩机　B—冷凝器　C—储液干燥器　D—高压开关　E—高压侧检修阀　F—膨胀阀　G—蒸发器　H—低压侧检修阀　I—减振器（因不同类型的汽车而异）

制冷剂沿着一段较短的管路流向冷凝器（液化器）。此时，流过冷凝器的空气（迎面风），将会吸收冷凝器中压缩热空气的热量。当制冷剂达到其临界凝结温度时（与压力相关），便会冷凝，并变成液体。在这个阶段，制冷剂处于高压和温度适中的状态。

经过压缩的液态制冷剂继续向上流入狭窄通道。这种狭窄通道既可以是节流孔管，也可以是膨胀阀。一旦制冷剂到达狭窄通道后，便会被喷入蒸发器中，致使其压力下降（低压端）。

在蒸发器内部，喷入的液态制冷剂膨胀并蒸发。当新鲜暖空气流经蒸发器叶片时，将会冷却下来，从而释放出蒸发所需的热量。由此，汽车内的温度便会下降到凉爽、适宜的程度。在这个阶段，气态制冷剂处于低温低压状态。

此时，制冷剂再次变成液体，从蒸发器中流出并被吸入压缩机中，然后开始下一个循环过程。可见，回路是闭合的。

汽车空调的制冷能力取决于不同汽车的具体安装条件以及汽车的类型（乘用车、厢式货车）。

每个回路中都包含部件 A～H。此外，还可以根据回路的设计和要求配置温度传感器、高压和低压回路压力开关以及检修连接器。回路中各个部件的布局也因汽车的类型而异。某些系统的压缩机前方配有用于缓冲制冷剂振动的减振器。

回路中的压力和温度也始终取决于瞬时的工作状态。所规定的值只是大概值，仅供参考。

图 7-3 为使用节流孔管的循环离合器系统的制冷循环回路，其工作过程与使用膨胀阀的循环离合器系统的制冷循环回路类似。

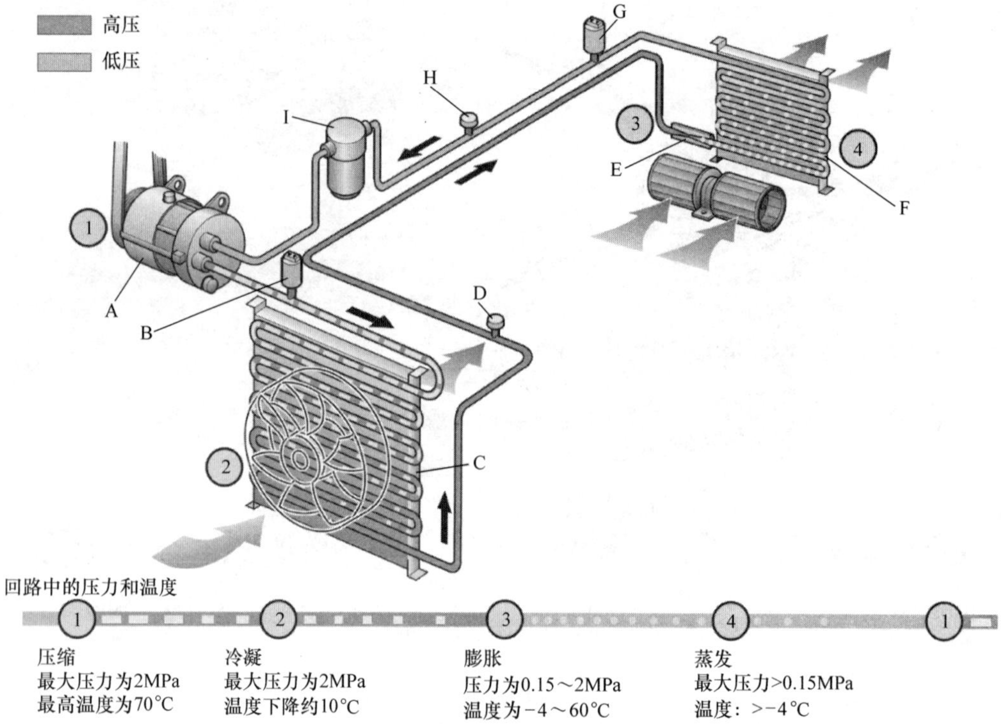

图 7-3 使用节流孔管的循环离合器系统制冷循环回路

A—带电磁离合器的压缩机 B—高压开关 C—冷凝器 D—高压侧检修阀 E—节流孔管
F—蒸发器 G—低压开关 H—低压侧检修阀 I—干燥瓶（积累器）

在一些车型上，还带有辅助冷却加速系统，如雷克萨斯 LS460 的海湾国家车型上就配备有这种辅助冷却加速系统，如图 7-4 所示。其内管和外管固定于常规制冷剂管（液体和气体制冷剂管）处。

利用制冷循环中制冷剂的温度差进行热转换，进一步冷却冷凝器排出的制冷剂，从而提高了冷却性能。

辅助冷却加速系统的制冷剂管由内管和外管组成，利用流向内管中的低温、低压气态制冷剂与流向内管和外管之间的高温、高压液态制冷剂间的温度差来实现热交换，并且在管内形成一个螺旋槽以提高热交换效率。

图 7-5 为奥迪 Q5 制冷循环系统的实物布置图，其中的制冷剂管（带有内置热交换器）就是上述的辅助冷却加速系统。

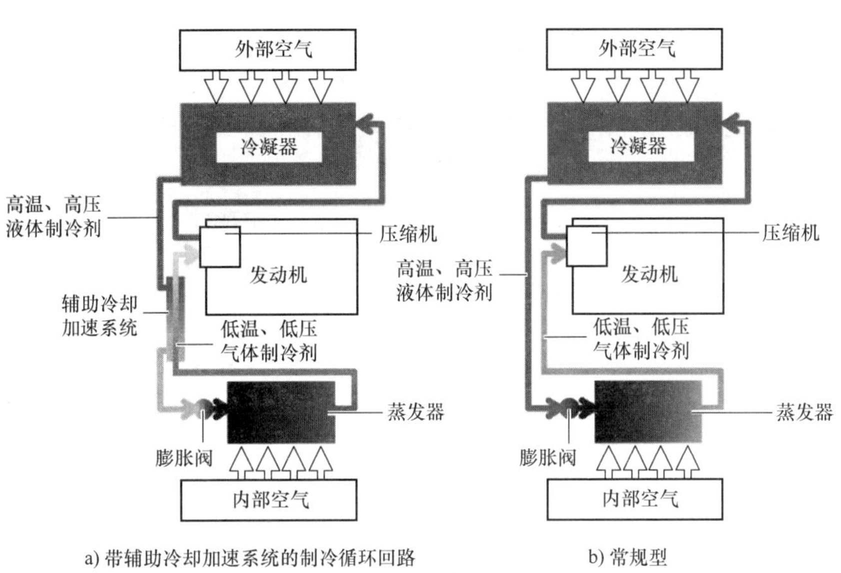

图 7-4　雷克萨斯 LS460L/460 带辅助冷却加速系统的制冷循环回路与常规制冷循环回路的比较

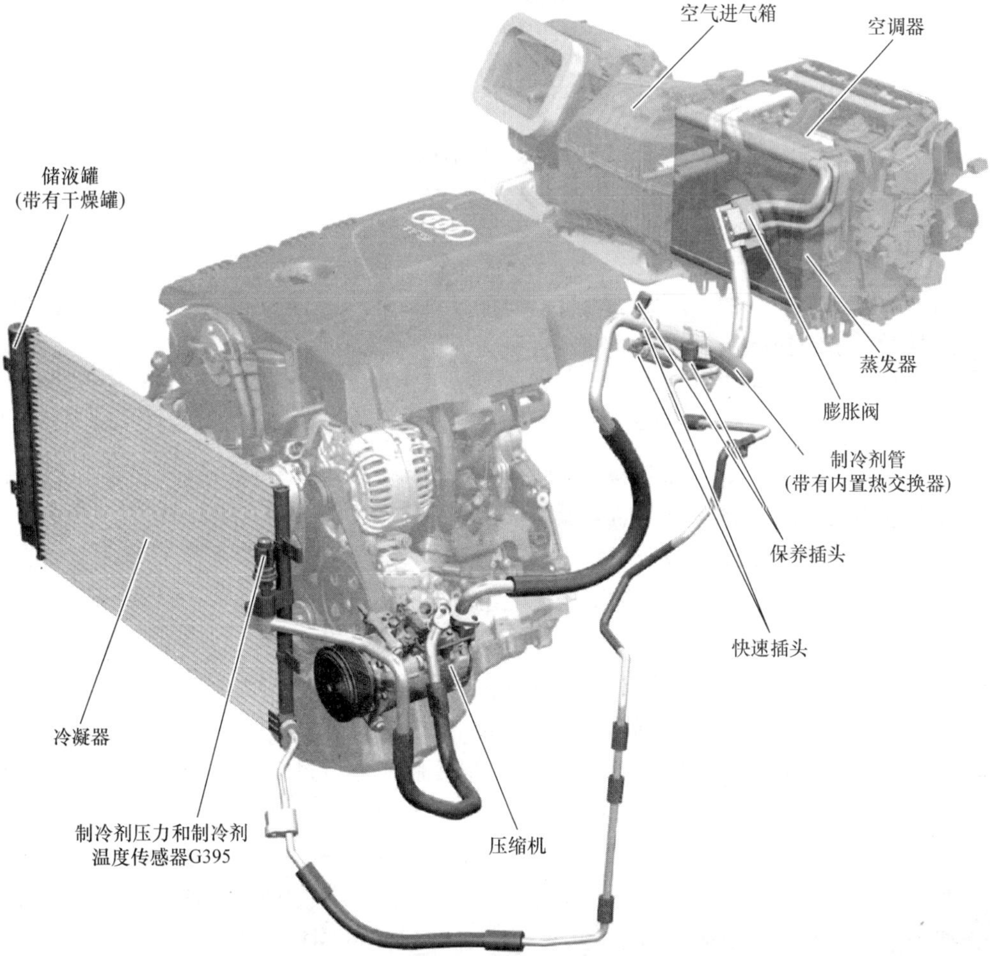

图 7-5　奥迪 Q5 制冷循环系统的实物布置图

有的车还带有后冷藏箱，如图7-6所示就是丰田兰德酷路泽带后冷藏箱的制冷循环系统示意图。

熟悉所修车辆的制冷循环系统，有助于诊断该车的制冷系统故障。

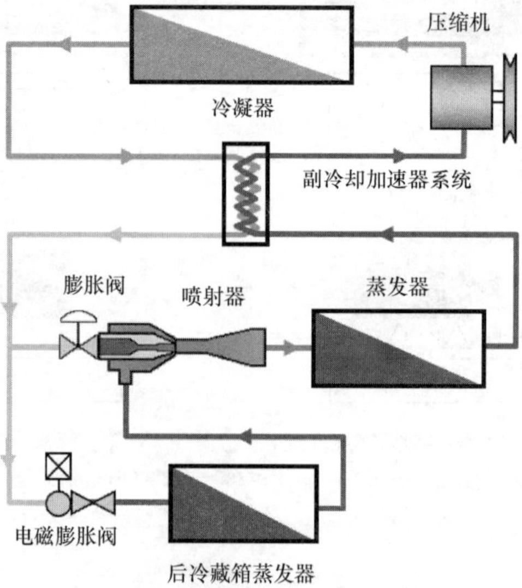

图7-6 丰田兰德酷路泽带后冷藏箱的制冷循环系统示意图

二、理解空调基本控制策略及控制方法

空调系统有很多种类型，控制系统也具有多样性。但其基本的控制方法均包括压缩机的控制、冷凝器风扇的控制、鼓风机的控制、气流方向（风门）的控制等。

1. 压缩机的控制策略

压缩机控制必须做到防止结霜、保护制冷循环、保持车辆性能。

（1）压力开关控制 它用于检测制冷剂压力的异常上升并关掉电磁离合器，以便保护制冷循环系统中的组件，并停止压缩机操作。其基本电路如图7-7所示。

在制冷循环的高压侧安装一个压力开关。当开关检测到制冷循环中的异常压力时，它将关闭压缩机，以防止故障扩大，保护制冷循环中的组件。

1）异常低压检测：当制冷循环中制冷剂极其不足或由于漏气使制冷循环中没有了制冷剂，或由于压缩机油的润滑恶化的原因导致压缩机卡住时，此压力开关进行处理。当制冷剂压力异常低（小于0.2MPa）时，此压力开关关闭，电磁离合器断开。

2）异常高压检测：当冷凝器冷却不够或当制冷剂加入量过多时，制冷循环中的制冷剂压力可能变得异常高。此情况可能会损坏制冷循环中的组件。

当制冷剂压力异常高（超过3.1MPa）时，关闭压力开关，断开电磁离合器。

目前，很多车上采用了三重压力开关，其结构与工作情况如图7-8所示。它是由双重压力开关和一个控制电动风扇的压力开关及一块带中压接点的阀板组成。

（2）蒸发器温度控制 它检测蒸发器的表面温度并关掉电磁离合器，保护制冷循环系统的组件，使得蒸发器不起霜。其基本电路如图7-9所示。

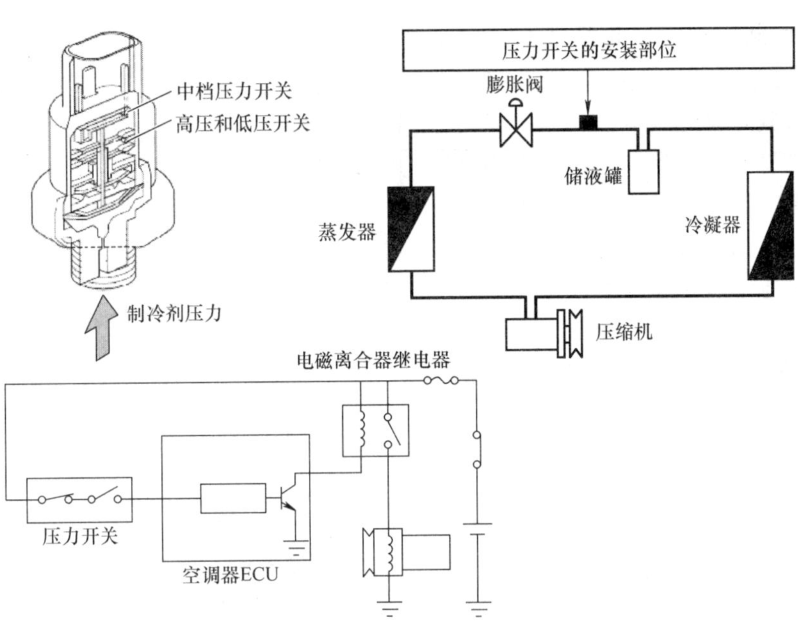

图 7-7　压缩机的压力开关控制策略

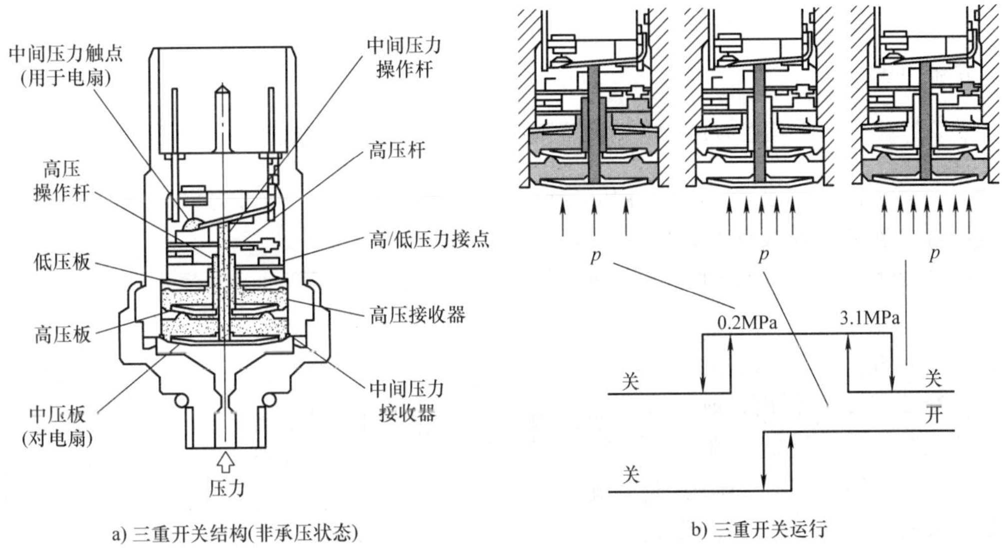

图 7-8　三重压力开关的结构与工作情况

为了防止该蒸发器起霜，用蒸发器的表面温度控制压缩机操作。蒸发器的表面温度通过热敏电阻检测，并当温度低到某种程度（如 3℃）时，使得电磁离合器断开，防止蒸发器降低到 0℃（32℉）。当温度升高到某种程度（如 4℃）时，电磁离合器又会被接合，压缩机起动。带有 EPR 的空调器不要求有此控制。

（3）传动带保护系统　它检测压缩机的锁定，防止由于关掉电磁离合器损坏传动带，并引起 A/C 开关指示灯从点亮变为闪烁。

当动力转向装置的叶轮泵、发电机等装置与压缩机一起通过传动带驱动时，如果压缩机锁定并且传动带切断，其他装置也不工作。此系统当压缩机锁定时，通过断开电磁离合器来防止传动带切断。同时，此系统引起 A/C 开关指示器从点亮变到闪烁，通知驾驶人有此故障。

其结构如图 7-10 所示。每次压缩机转动时，在速度传感器线圈内产生信号。ECU 通过计算信号的速度检测压缩机的运转。

控制电路如图 7-11 所示。空调 ECU 比较发动机与压缩机的转速，如果差异超过某一值，ECU 压缩机锁定并断开电磁离合器。另外，ECU 导致 A/C 开关指示灯闪烁，通知驾驶人有此故障。

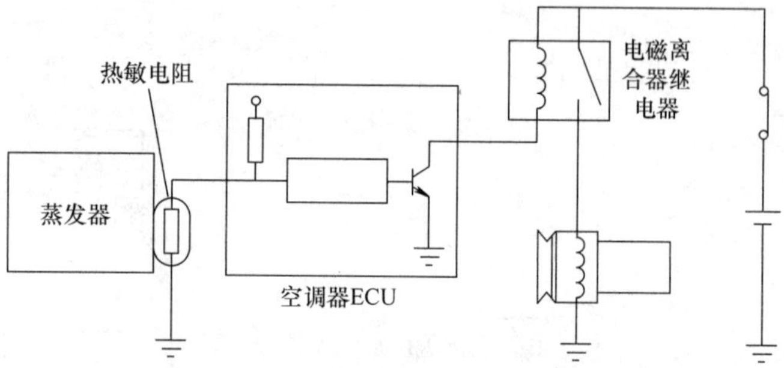

图 7-9 压缩机的蒸发器温度控制策略的基本电路

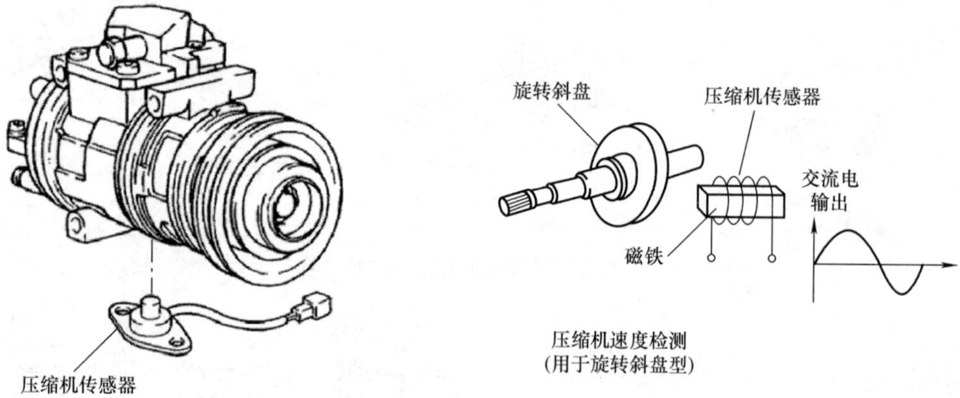

图 7-10 用于检测压缩机运转情况的速度传感器

(4) 加速切断控制和低速切断控制 因为压缩机的驱动力来自发动机，所以发动机就承受一个负载，为了将对车辆的影响减少到最低程度，则需要进行加速切断控制和低速切断控制。

1) 加速切断控制：当车辆加速，尤其从低速加速时，需要很大的发动机输出功率。当加速踏板由低速状态突然完全踏下时，为了有效地把所有的发动机输出功率用于加速并维持冷却效率，则空调压缩机电磁离合器要断开几秒来降低发动机负载。

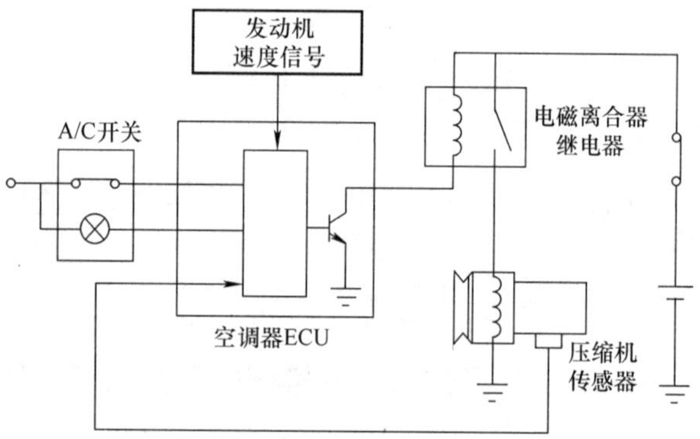

图 7-11 检测压缩机锁定防止传动带损坏的控制电路

2) 低速切断控制：当发动机空转转速低于指定的怠速转速时，将切断压缩机电磁离合器以降低发动机负载。这个控制的主要目的是防止由于突然减速而造成发动机熄火。

(5) 压缩机双级控制系统 它控制压缩机的利用率并改善燃料经济性和驾驶性能。

此系统根据蒸发器温度改变停止压缩机的时机并控制操作率，如果压缩机的操作率低，燃料经济性和驾驶感觉将被改善。其基本电路如图7-12所示。

当A/C开关打开，检测到热敏电阻的温度低于大约3℃时，压缩机断开，当温度为4℃或更高时，压缩机打开。此时制冷处于蒸发器不起霜的范围。

打开ECON开关时，当热敏电阻检测到温度低于大约10℃时，控制压缩机关掉，并在11℃或以上时压缩机打开。为此，冷却变弱，但压缩机的运转率降低。

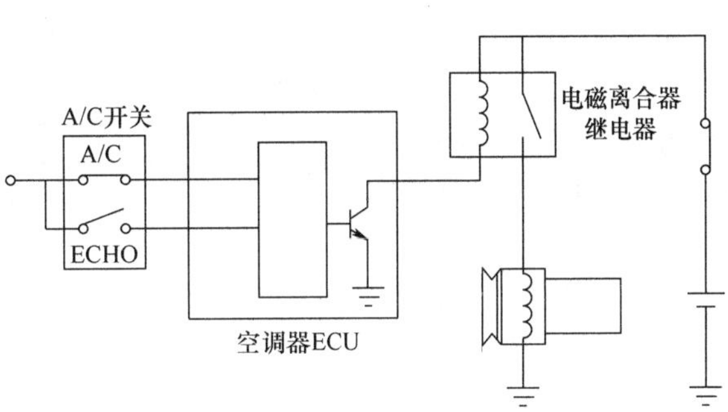

图7-12　压缩机双级控制系统基本电路

提示：某些系统使用摇摆板型压缩机，以便连续改变运转率。

（6）压缩机变排量控制　常见的压缩机变排量控制方式有三种：压力自调节式可变排量型、电磁阀调节式两级可变排量型、电磁阀调节式连续可变排量型。具体见后述“六、空调压缩机的结构”。

2. 冷凝器风扇控制策略

如图7-13所示，这个电路控制风扇并改善冷却能力和燃料经济性，并减少噪声。当A/C运转要增加冷却能力时，用风扇冷却冷凝器。在用风扇冷却散热器的车辆中，装有两台风扇用于散热器和冷凝器，采用三级控制冷却能力（停止、低速、高速）。当A/C运行时，两台风扇的连接根据制冷剂压力和冷却剂温度的情况切换到串联（低速）或并联（高速）。

当制冷剂压力高或发动机冷却剂温度高时，两风扇并联并以高速旋转。

当制冷剂压力低或发动机冷却剂温度低时，两风扇串联并以低速旋转。

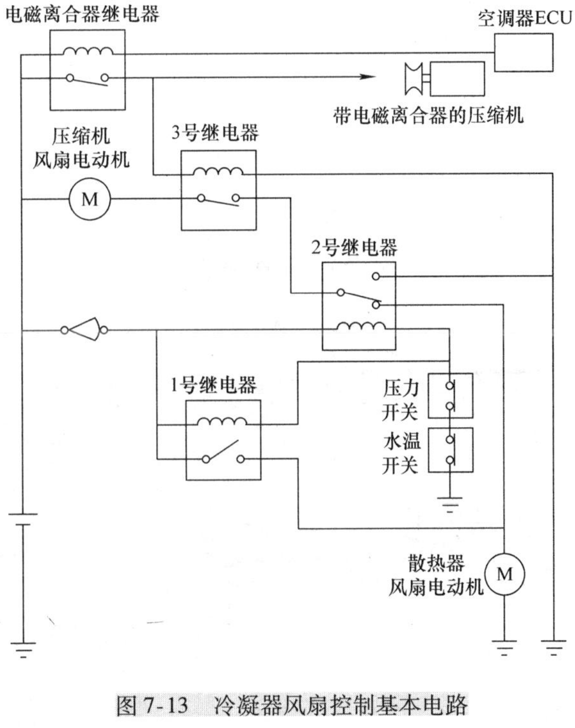

图7-13　冷凝器风扇控制基本电路

新车型中不仅有用继电器（串联、并联）来切换风扇连接的，还有用发动机ECU和冷却风扇ECU调整电流流入风扇的类型。继电器和风扇之间的连接和继电器的ON/OFF操作取决于车型。

图7-14为2009款丰田锐志的散热器风扇及冷凝器风扇的控制电路原理图，此系统中，两个电动风扇都受发动机ECU的控制。电动风扇系统的运行情况如下：发动机控制ECU接收到来自的A/C开关的ON/OFF信号、发动机冷却液温度信号、空调压力传感器检测出来的制冷剂压力信号，按照以下的电动风扇控制条件把电动风扇的转速控制在2级（高和低）。

2007款丰田卡罗拉就使用了冷却风扇ECU来无级控制风扇的转速。其电路图如图7-15所示。

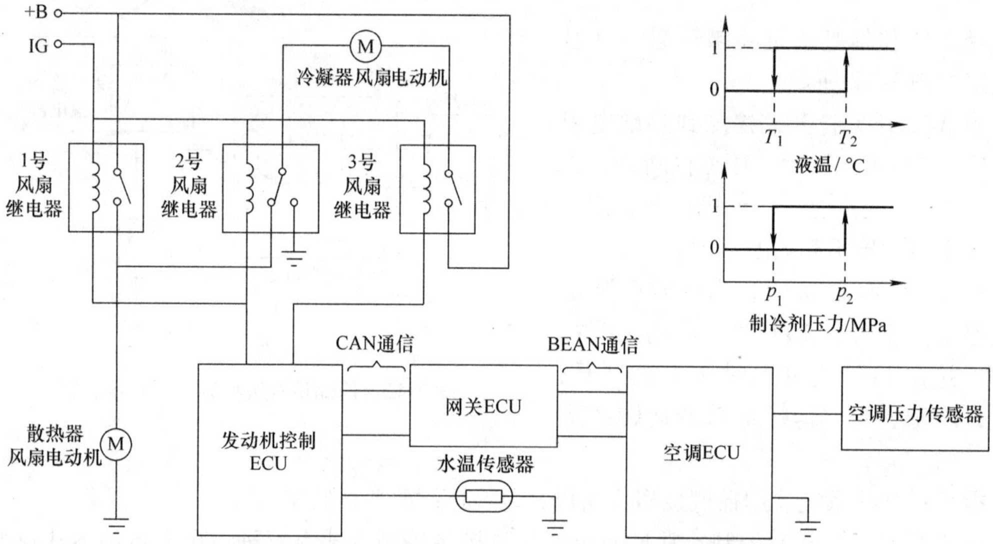

图 7-14 2009 款丰田锐志散热器风扇及冷凝器风扇的控制电路

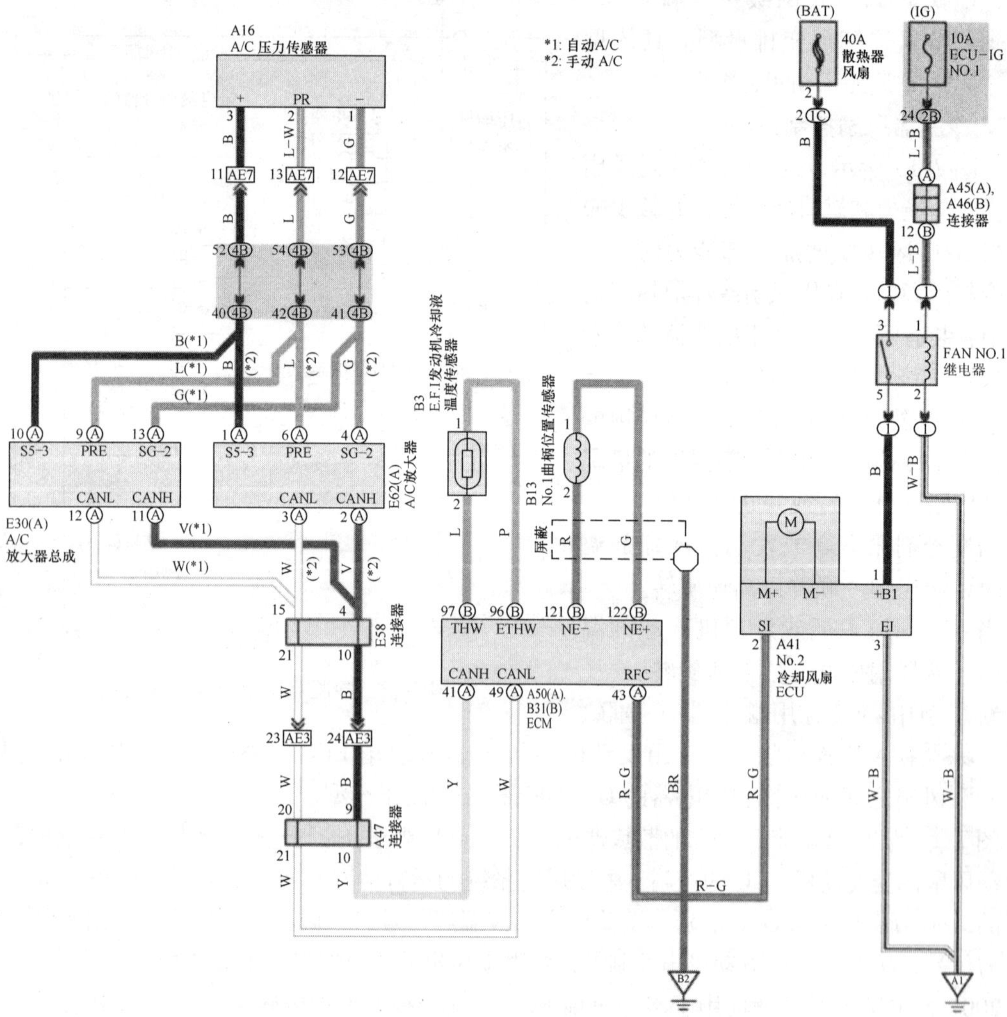

图 7-15 2007 款丰田卡罗拉冷却风扇系统电路图

发动机 ECU 根据冷却液温度、车速、发动机转速和空调工作状况计算出最佳风扇转速，然后发送信号至冷却风扇 ECU，冷却风扇 ECU 驱动风扇电动机。图 7-16 所示的示意图比电路图更有利于人们分析故障原因。

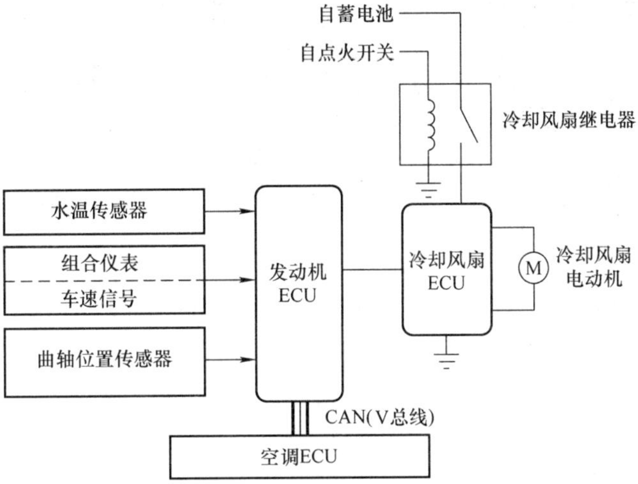

图 7-16 2007 款丰田卡罗拉冷却风扇控制原理电路示意图

3. 鼓风机转速的控制

对于手动空调系统来说，鼓风机由鼓风机开关控制，一般可通过档位开关实现 4 个档位的变换，以满足不同送风量的要求。手动空调系统典型的控制面板有两种：杆型控制面板和旋钮型控制面板，如图 7-17 所示。

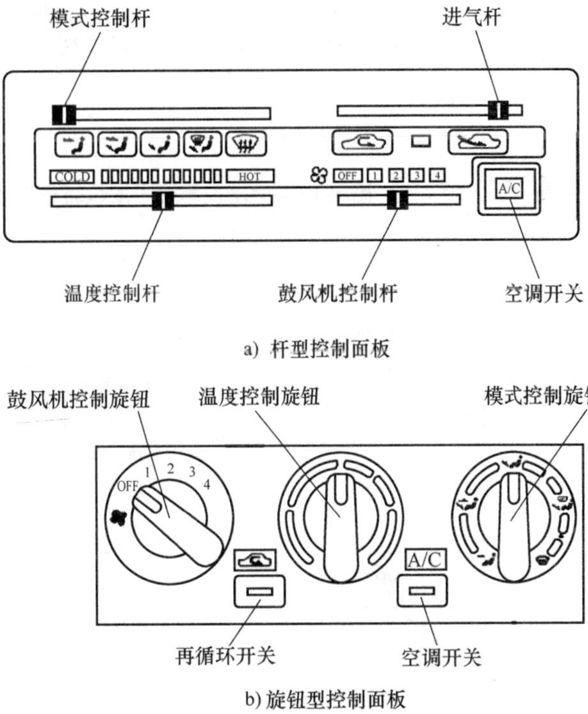

图 7-17 手动空调系统典型的控制面板

对于自动空调系统来说，鼓风机转速的调节是由空调 ECU 控制鼓风机功率晶体管来完成的，它可使鼓风机以更多的档级或无级变速运转。当然，一般地，自动空调系统仍然可以以手动方式进行鼓风机转速的调整。2007 款丰田卡罗拉轿车自动空调系统的控制面板如图 7-18 所示。

2007 款丰田卡罗拉轿车自动空调系统的鼓风机电动机和鼓风机电动机控制器一体化，其外形如图 7-19 所示，这样节省了空间，并且因采用无刷式电动机，减小了接触面，降低了噪声。鼓风机电动机的电路如图 7-20 所示。

2007 款丰田卡罗拉轿车手动空调系统的鼓风机电动机控制电路则如图 7-21 所示。如鼓风机运转异常，按电路图应能迅速判断出故障原因。

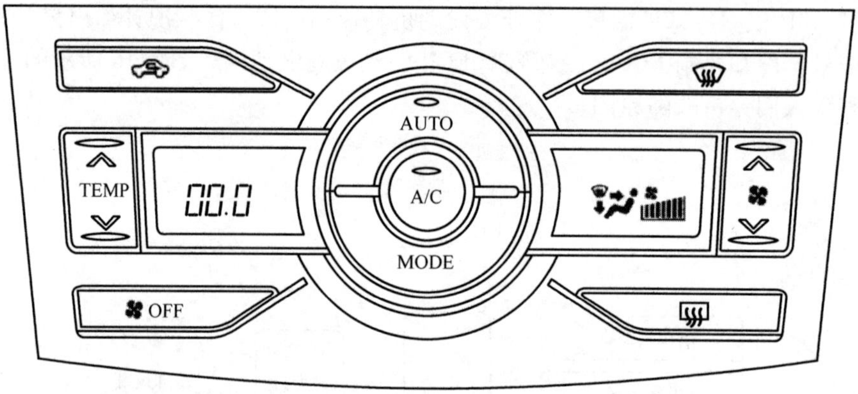

图 7-18 2007 款丰田卡罗拉轿车自动空调系统的控制面板

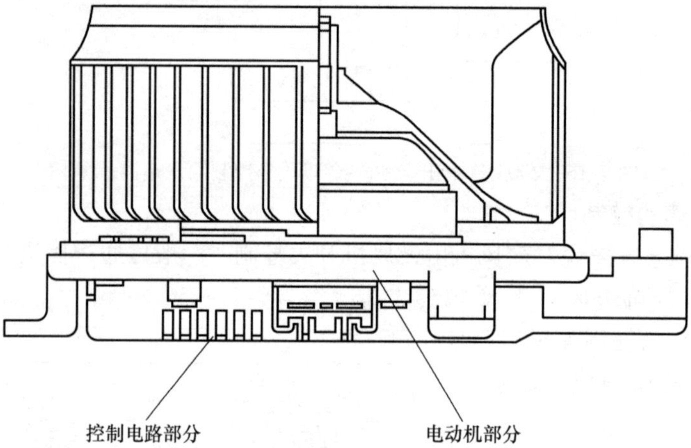

图 7-19 2007 款丰田卡罗拉轿车自动空调系统鼓风机总成

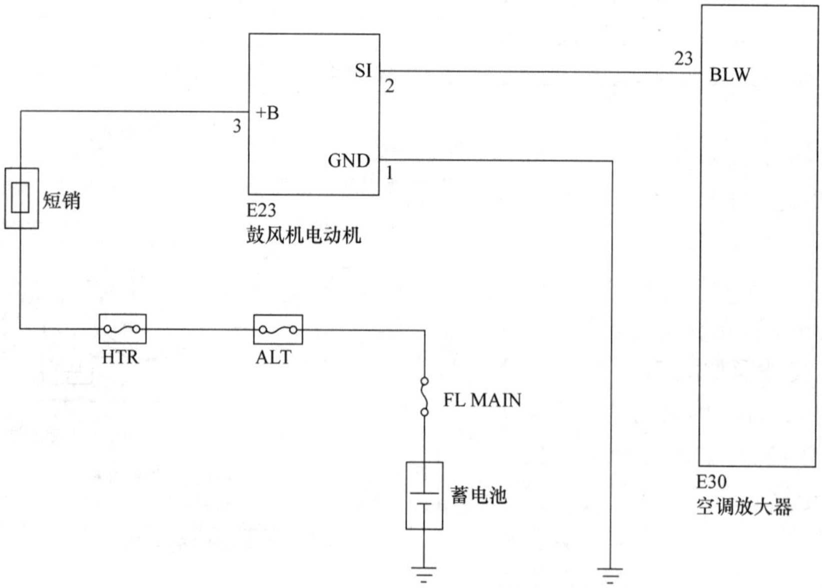

图 7-20 2007 款丰田卡罗拉轿车自动空调系统鼓风机电动机电路

操作加热器控制器（鼓风机开关）时，HTR 继电器将启动以允许电流流向鼓风机电动机，然后电动机开始转动。操作加热器控制器切换鼓风机电阻器和车身搭铁之间的电流，以此来改变鼓风机电动机的转速。

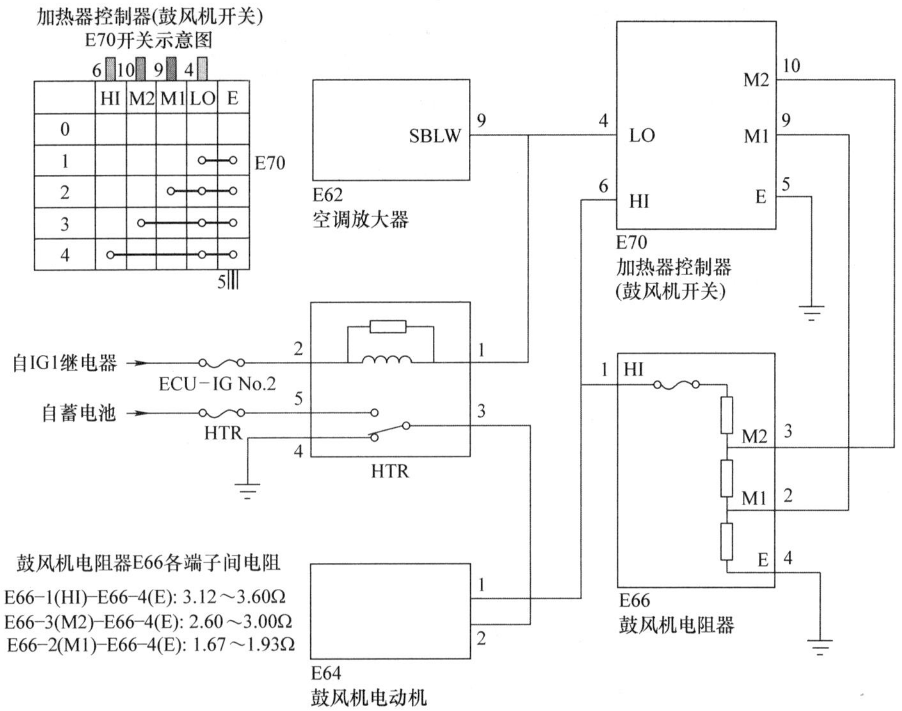

图 7-21　2007 款丰田卡罗拉轿车手动空调系统的鼓风机电动机控制电路

如图 7-22 所示，自动空调系统鼓风机速度控制功能根据设定温度以及内外空气温度的差别确定气流，即自动放大器根据空气混合门的目标角度确定目标气流，目标气流表示目标鼓风机电动机速度或目标鼓风机电动机电压。自动放大器比较目标气流和通过测量鼓风机电动机电压得到的当前气流并根据该比较结果，确定至鼓风机控制放大器的输出电流（基本电流），因此鼓风机控制放大器控制鼓风机电动机电压以控制气流。与设定温度的温度差越大，气流变得越大。鼓风机速度控制还受日照修正影响。

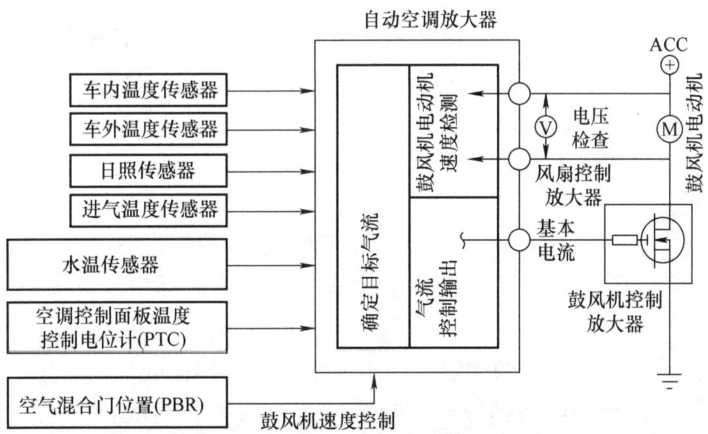

图 7-22　自动空调系统鼓风机速度控制功能

4. 风门控制（气流状态控制）

（1）风门挡板操作类型　对于手动空调系统来说，手动温度控制系统主要是通过手动控制旋钮对混合风门、模式风门、内外循环风门的位置进行调节以改变流经暖风散热器芯的空气量，达到改变出风口温度的结果。风门控制执行元件主要可分为拉索式、真空式，也有的使用伺服电动机式。拉索式是通过控制面板上的控制杆或旋钮带动其后连接的拉绳来实现的。这一类型的结构可使选择器的运动直接操作风门挡板，结构简单，但当线缆滑动情况有故障并且线缆铺设不好时，选择器的操作可能会变得很困难。真空式则是利用控制面板上的控制旋钮控制不同的真空通道，带动真空电动机工作，从而改变伺服风门的位置。真空式为保证稳定的真空，都会使用一个真空罐及真空单向阀，如真空单向阀失去单向作用，则可能导致控制真空的不稳定，会随发动机进气歧管真空度变化而变化，则可能使风门动作不正常，也就是气流方向控制失常。伺服电机式应用电动机操作风门挡板到恰当的位置，结构复杂，但设计布置方式比较自由，可以减少操作中要求的力量，使操作比较容易。

风门挡板操作的三种类型如图 7-23 所示。

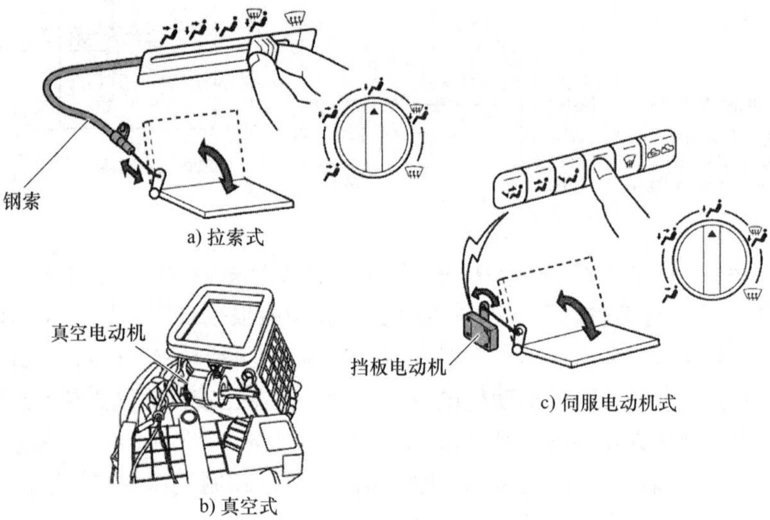

图 7-23　常见的风门挡板操作类型

对于自动空调系统来说，风门控制执行元件可分为真空式和伺服电动机式。真空通道则由真空电磁阀控制。目前，大多数采用伺服电动机式。图 7-24 是某车空调系统的空气混合伺服电动机的位置分布、结构及原理图。

如图中所示，空气混合伺服电动机包括电动机、限位器、电位计和动触点等，它由 ECU 来的信号起动。

当空气混合挡板被移到 HOT 位时，MH 端子为电源，MC 端子接地，伺服电动机开始动作进行调整。当 MC 端子成为电源 MH 端子接地时，伺服电动机反向旋转将混合挡板移到 COOL 位。

伺服电动机转动时，电位计的动触点同步移动，根据挡板的位置产生一个电信号，并将挡板的实际位置反馈回 ECU。当挡板达到要求的位置时，空气混合伺服电动机断开到伺服电动机的电流。

空气混合伺服电动机安装有一个限制器，当全行程动作被触发时，它将断开到电动机的电流。当与伺服电动机旋转同步移动的动触点到达全行程位置时，电路被断开使电动机停止工作。

某些车型中伺服电动机没有触点，如图 7-25 所示。A/C 控制 ECU 根据控制板上选择器的操作使电动机运转。挡板的位置参考电位计电压进行监控，电位计电压随电动机变化。

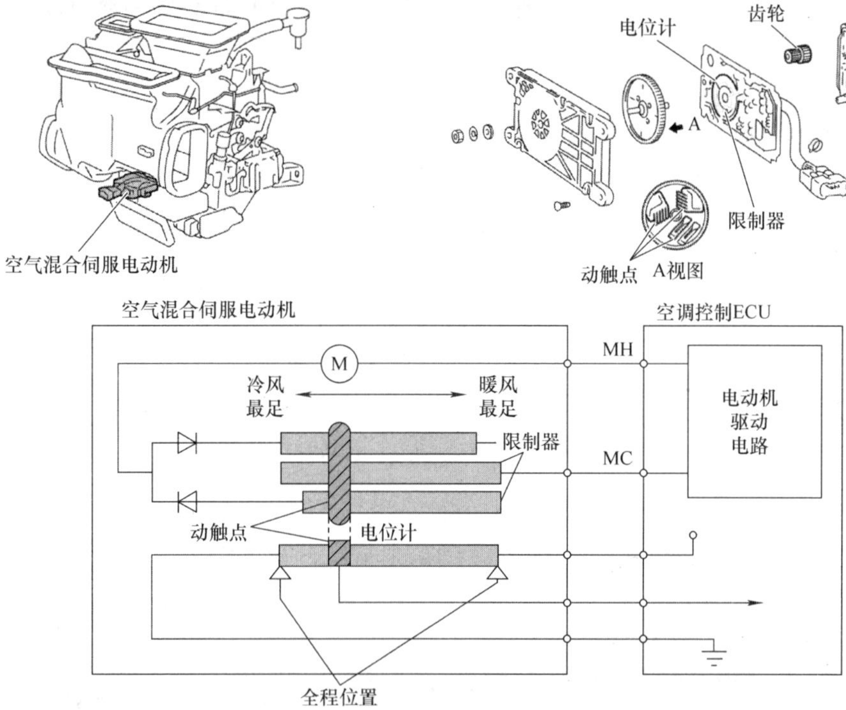

图 7-24　某车空调系统空气混合伺服电动机的结构、原理

还有的伺服电动机上带有总线连接器，总线连接器用于伺服电动机和空调 ECU 之间的线束连接，如图 7-26 所示。这些伺服电动机为脉冲模式型伺服电动机。

总线连接器具有内置的通信/驱动 IC，与各个伺服电动机连接器通信、起动伺服电动机并具有位置检测功能。这可以激活伺服电动机线束的总线通信，用于更加轻便的结构和更少数量的线束。

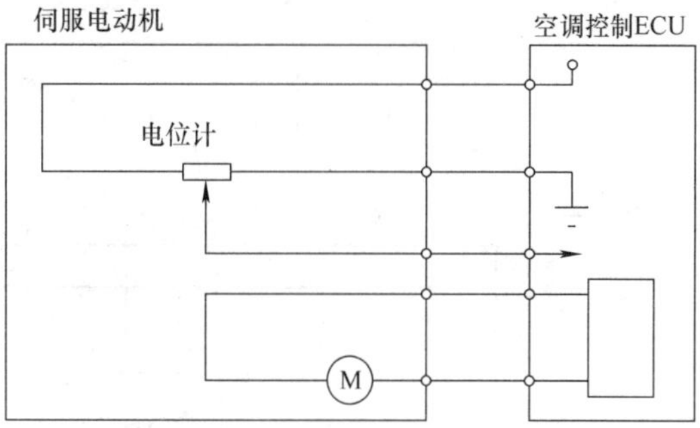

图 7-25　没有触点的伺服电动机

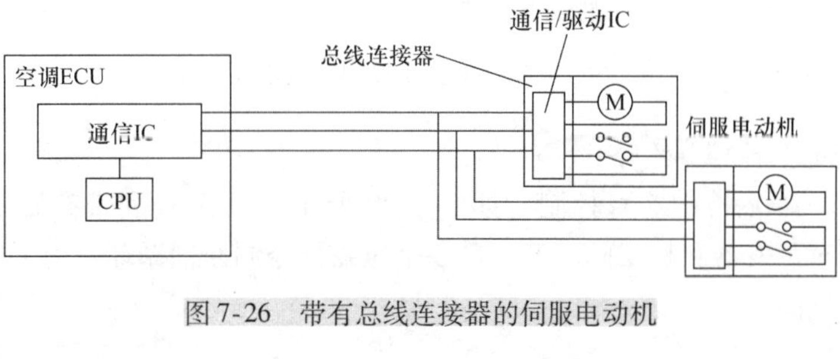

图 7-26　带有总线连接器的伺服电动机

如图 7-27 所示，脉冲模式型伺服电动机包括印制电路板和伺服电动机。印制电路板具有三个触点，每当脉冲相位发生变化，电路板就将两个 ON－OFF 信号传送到空调 ECU。该智能连接器通过此信号检测风门挡板位置和移动方向。脉冲模式型伺服电动机通过 A、B 两种相位检测该电动机的正转和反转，可输出 4 种模式，空调 ECU 计算脉冲数值以判断停止位置。

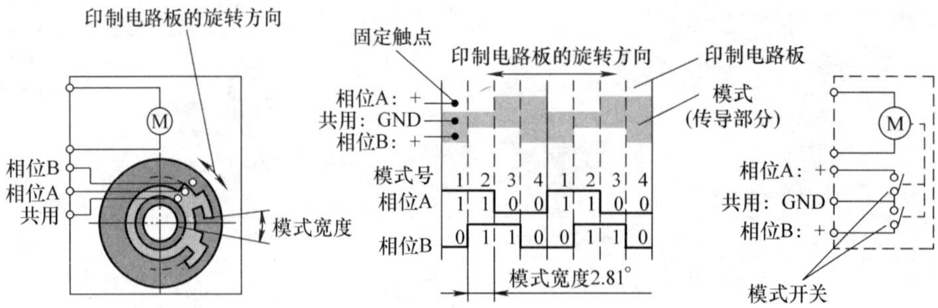

图 7-27 脉冲模式型伺服电动机

（2）风门挡板模式位置 某车空调系统的风门挡板模式位置如图 7-28 所示。熟悉风门挡板模式位置示意图对检修空调出风口故障是有所帮助的。

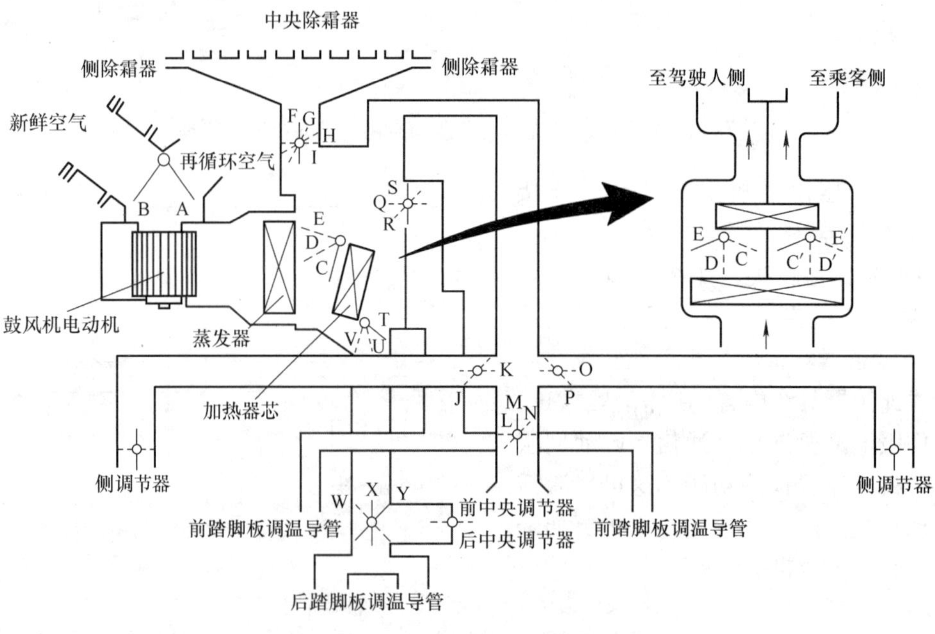

图 7-28 某车空调系统风门挡板模式位置

5. 空调系统的其他控制策略

（1）双 A/C（车后冷却器）控制 如图 7-29 所示，双 A/C 和带有后面冷却器的制冷循环系统前后都有蒸发器和膨胀阀。但只有一个压缩机令制冷剂循环。为了控制两个制冷剂回路，安装有电磁阀。

当前面 A/C 打开时，电流流过前面电磁阀并打开（开启），同时电流不经过后面电磁阀，因此阀门关掉（关闭）。因此，制冷剂只在前面回路中流通。

当后面 A/C 开关打开时，电流经过前、后两者，阀门打开（开启），因此制冷剂流入前、后两者的回路。

在某些车型上，当只有后面 A/C 开关打开时，电流只经过后面电磁阀。

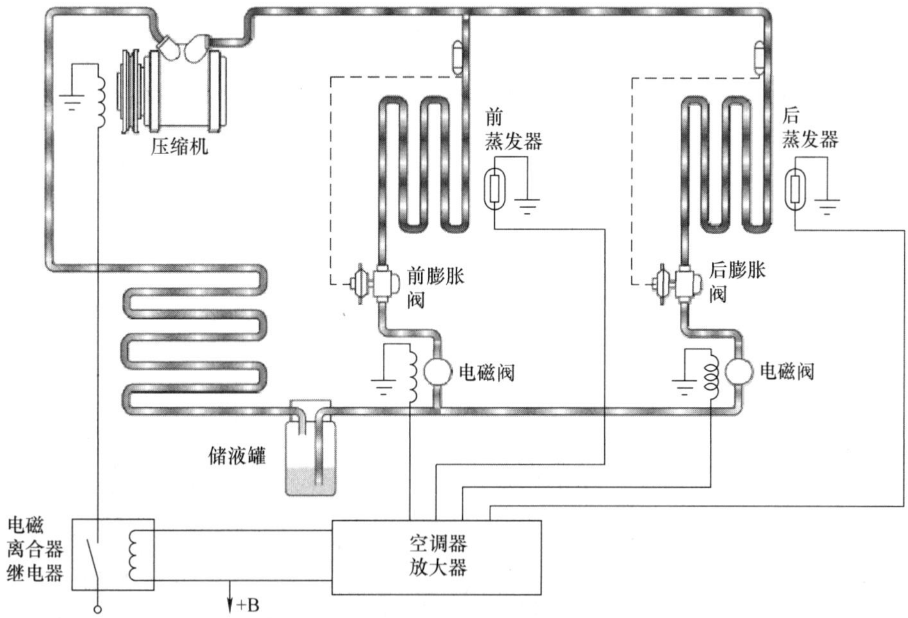

图 7-29　双 A/C（车后冷却器）控制

（2）怠速—提升控制　当 A/C ON 的时候，它稳定发动机的怠速空转。在空转状态，比如交通阻塞或停车期间，发动机输出功率小。在此状态下，驱动压缩机会使发动机过载并导致过热或发动机停车。因此，安装了怠速提升装置，使怠速速度高一点以便使用 A/C。发动机 ECU 接到 A/C 接通信号时，将怠速速度控制阀打开少许，增加进气，使得发动机以合适的速度转动。现一般不再使用怠速速度控制阀而多采用电子节气门系统来进行怠速—提升控制。

三、分析“制冷不足”故障

空调系统有很多种类型，控制系统也具有多样性。因为，故障细节也不相同，所以很难做全面的解释。下面用一基本的空调系统作为实例，分析“制冷不足”故障。

该空调系统的电路原理与风道结构示意图如图 7-30 所示。

1. 制冷不足检查的总体思路

一般来说，制冷不足的原因有：风量不足；热交换器（蒸发器）冷却不足；热空气混合或漏入。

检查是否气流不够，是否冷气不足。如果风量不够，重点对鼓风电动机进行检查；如果冷气不足，调查热空气混合或漏入的原因，或热交换器冷却不足。其基本检查程序如图7-31

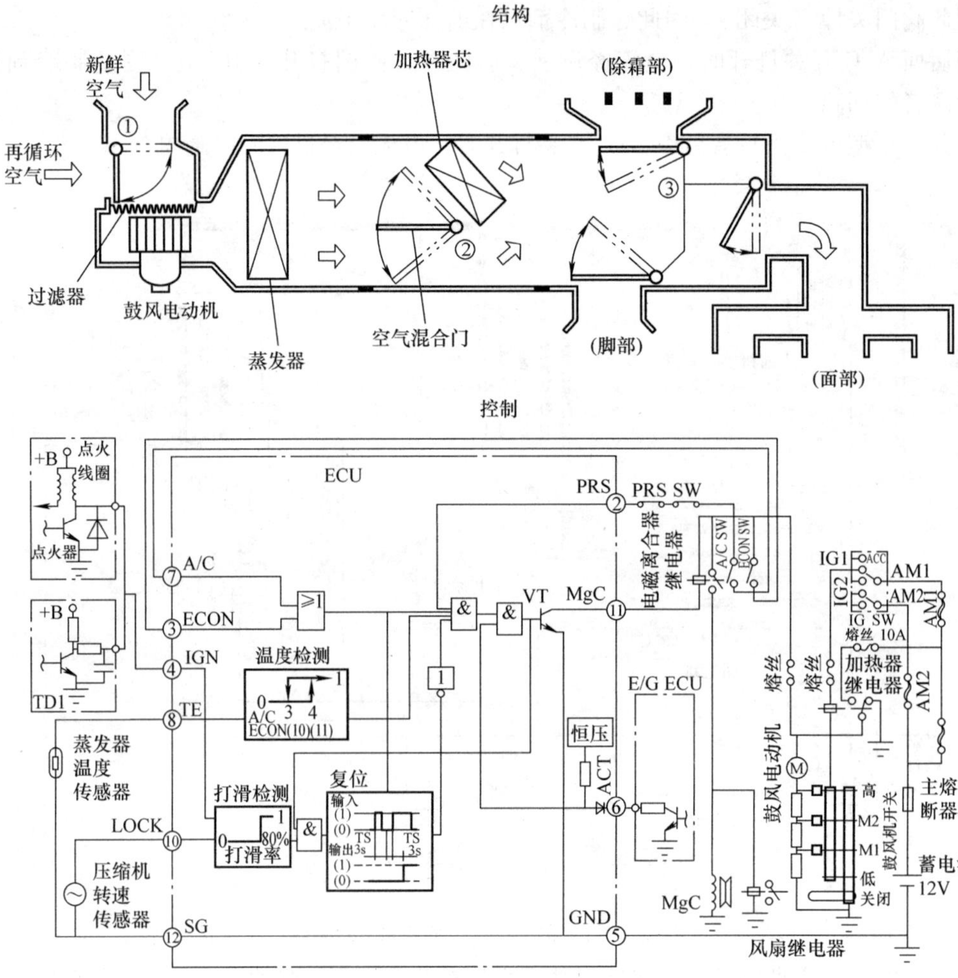

图7-30 某车空调系统电路原理与风道结构示意图

所示。

2. 风量不足的检查

鼓风机控制流入乘客室的空气流量，因此检查它是否工作正常。如果鼓风机工作正常，检查空气吸入口的空气通路是否损伤或堵塞。如果鼓风机工作异常，按图7-32所示鼓风机电路检查蓄电池、点火开关、熔丝、加热器继电器、鼓风机、鼓风机开关、电阻和相关电气线路。

3. 空气热（空气未冷却）的检查

热交换器（蒸发器）冷却不足时检查电磁离合器是否接通。如果电磁离合器接通，同时压缩机工作正常，则进行制冷剂循环检查，如果电磁离合器没有接通，则检查鼓风机是否工作，并按照下面步骤进行。

① 检查ECU的各种输入信号。当接通电磁离合器的条件已经满足时，检查ECU接通晶体管VT，MgC接地，然后接通电磁离合器继电器和电磁离合器，如图7-33所示。

② 首先检查输出侧，重点在电磁离合器。如果没有发现异常，检查各输入信号。如果

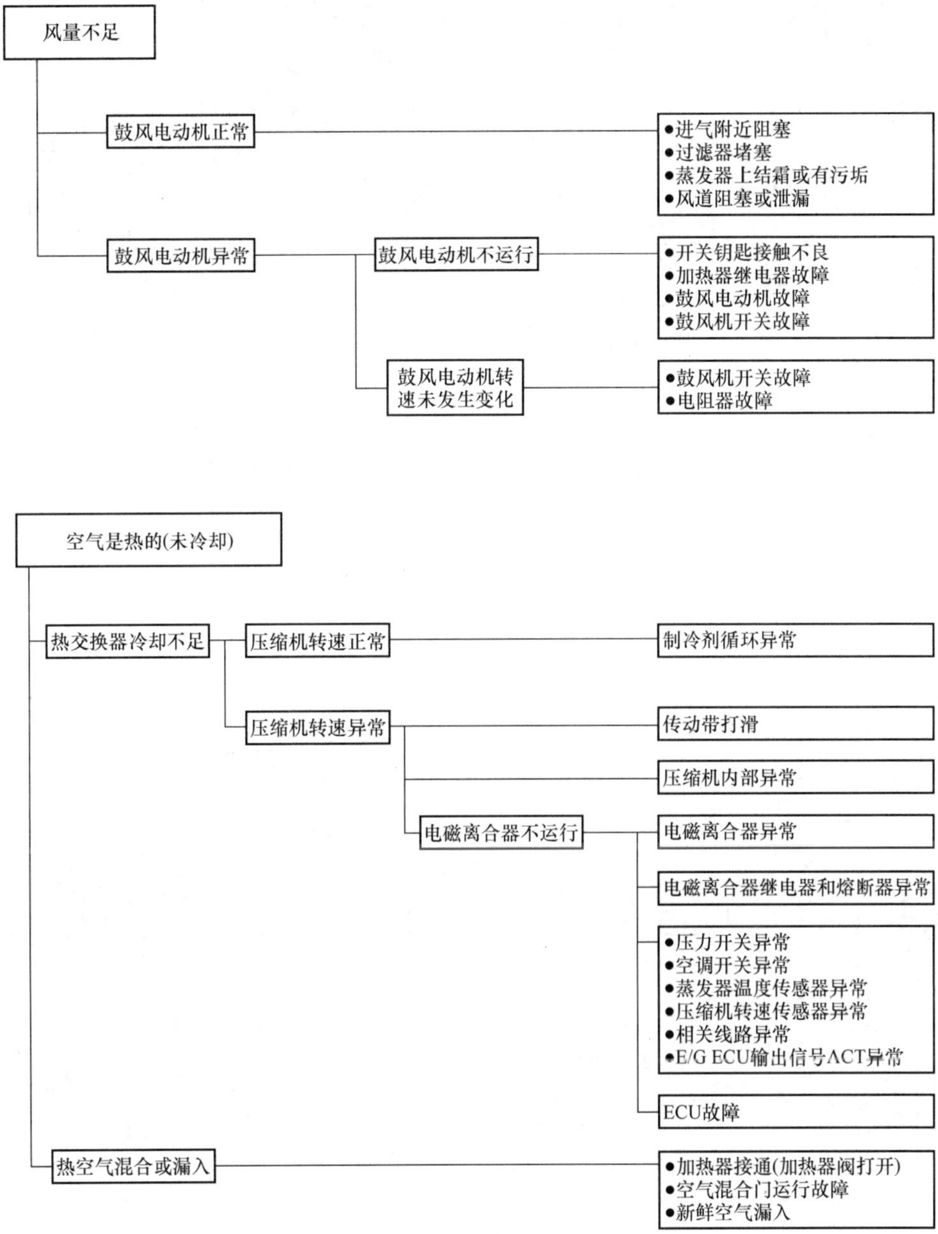

图 7-31　空调系统制冷不足基本检查程序

还没有发现异常，问题可能是 ECU 故障。

当电磁离合器端子上施加 +B 电压时，如果没有吸合，电磁离合器就有故障。

没有 +B 电压供给时，应当检查电磁离合器继电器和熔断器（若鼓风机工作，说明加热器继电器正常）。

各输入传感器的检查（图 7-34）：

读电路原理图，可以看到要想接通晶体管 VT（电磁离合器接通），必须满足 a ~ e 这几个条件。如果条件不能满足，检查原因。

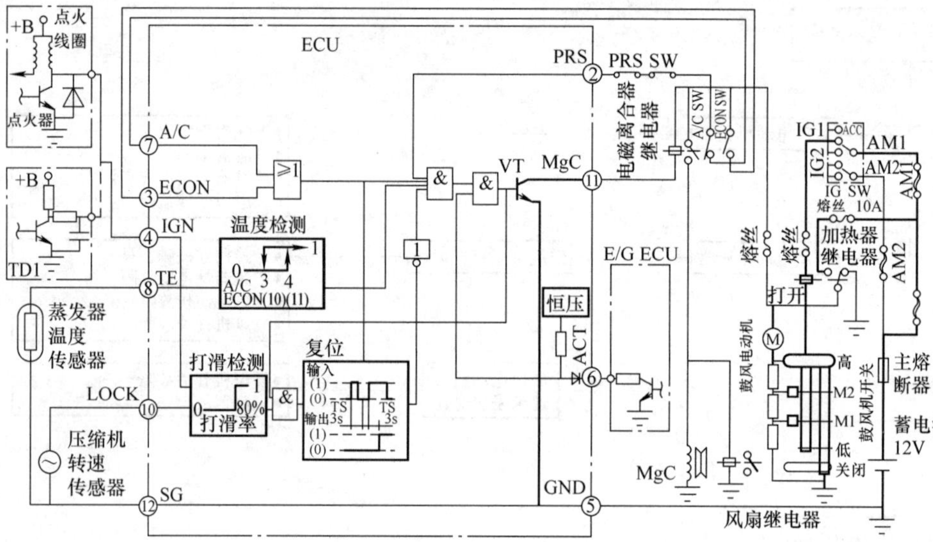

图 7-32 检查鼓风机电路

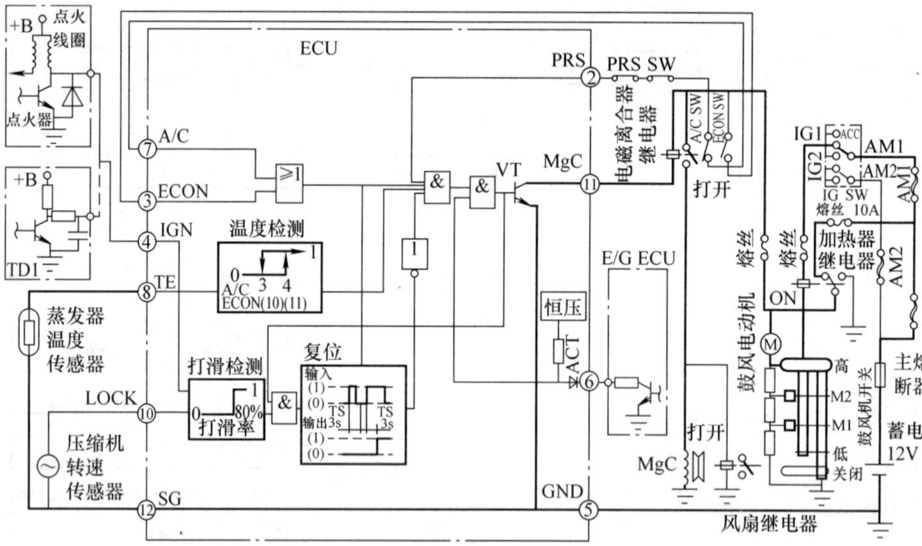

图 7-33 检查电磁离合器继电器和电磁离合器电路

a. PRS 端子（2）输出是“1”（蓄电池电压）。

b. A/C 端子（7）或 ECON 端子（3）是“1”（蓄电池电压）。

c. ACT 端子（6）是“1”（稳定的 5V 电压）。

d. TE 端子（8）上检测到的电压，反映了热敏电阻的变化，应当在指定的温度以上。空调模式下，热敏电阻在 4℃或以上，电磁离合器信号输出，电磁离合器接通，直到温度降到 3℃或以下时，电磁离合器断开）。

e. 如果打滑率低于 80% 或至少间隔 3s 大于 80%，校正信号输入到 IGN 信号端子④和压缩机 LOCK 信号端子⑩。

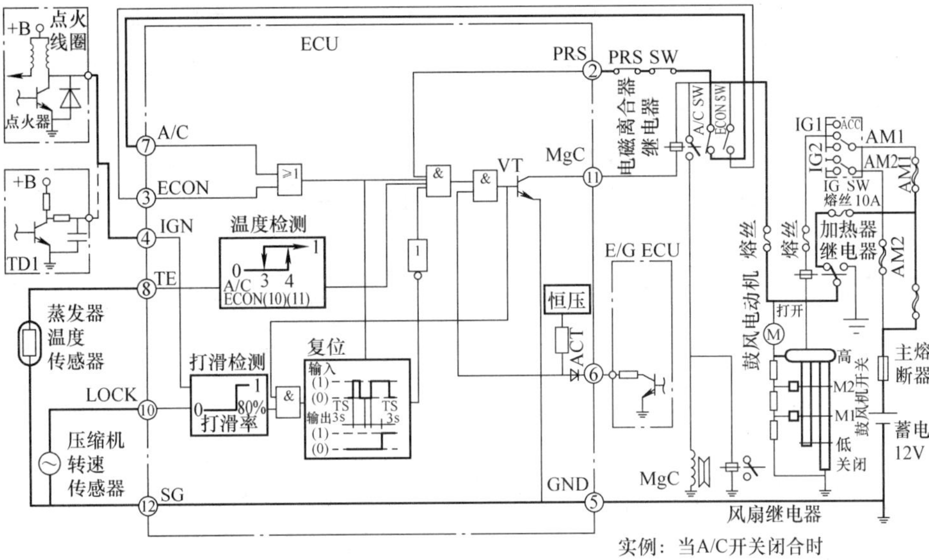

图 7-34　由电路图分析接通电磁离合器的条件

检查提示：

当条件 a ~ e 中的一个不能满足时（例如 PRS 端子②输出是 0V），检查 PRS 开关和制冷剂循环压力；TE 端子⑧的准确电压必须参考厂家的维修手册。

以上分析的只是一种基本的空调控制电路，目前，已有很多车型的空调控制系统电路采用了多路通信系统。而且，不论是自动空调还是手动空调，其控制系统都有可能采用多路通信系统。

图 7-35 为 2009 款丰田锐志的空调控制系统电路原理图，它就采用了多路通信系统。图中所示只是整个车载多路通信系统的一部分。控制整车系统的车载多路通信，是一种网关结构，其中包括：双向车身多路通信（BEAN㊀，由车门立柱系统总线和仪表板系统总线组成）、音响 - 可视通信局域网（AVC - LAN㊁），以及可以高速传输和车辆行驶相关的数据的 CAN㊂通信系统。由图可知，空调 ECU 通过双向车身多路通信系统（BEAN，图中的 MPX +、MPX - 总线即是 BEAN 的一部分）与网关 ECU 通信，发动机 ECU 通过 CAN 通信系统与网关 ECU 通信，综合面板通过 LIN 总线与空调 ECU 通信，这些网络只共享它们所需的通信数据。控制整个空调系统的空调 ECU，连接在仪表板系统总线上，用专线输入各种传感器和开关的信号；此外，用各通信线路接收来自发动机 ECU、仪表 ECU 等空调控制所必需的信号，根据车辆状况对空调进行细微地控制。

同样地，用各个通信线路将空调相关的信号从空调 ECU 输出到其他 ECU。

㊀ BEAN 是 Body Electronics Area Network（车身电子区域网）的略称，是丰田汽车公司专利的双向多路通信网络。

㊁ AVC - LAN 是 Audio Visual Communication - Local Area Network（音响和可视通信 - 区域网）的略称，用于音频和视频设备中的通信网络，被各个设备制造商所共用。

㊂ CAN 是 Controller Area Network（控制器区域网）的略称，指符合 ISO（国际标准化组织）标准的串行通信网络。

各车型的空调控制系统电路各不相同，检修空调电路故障时还必须根据具体车型参见原厂的空调控制系统电路及维修手册。

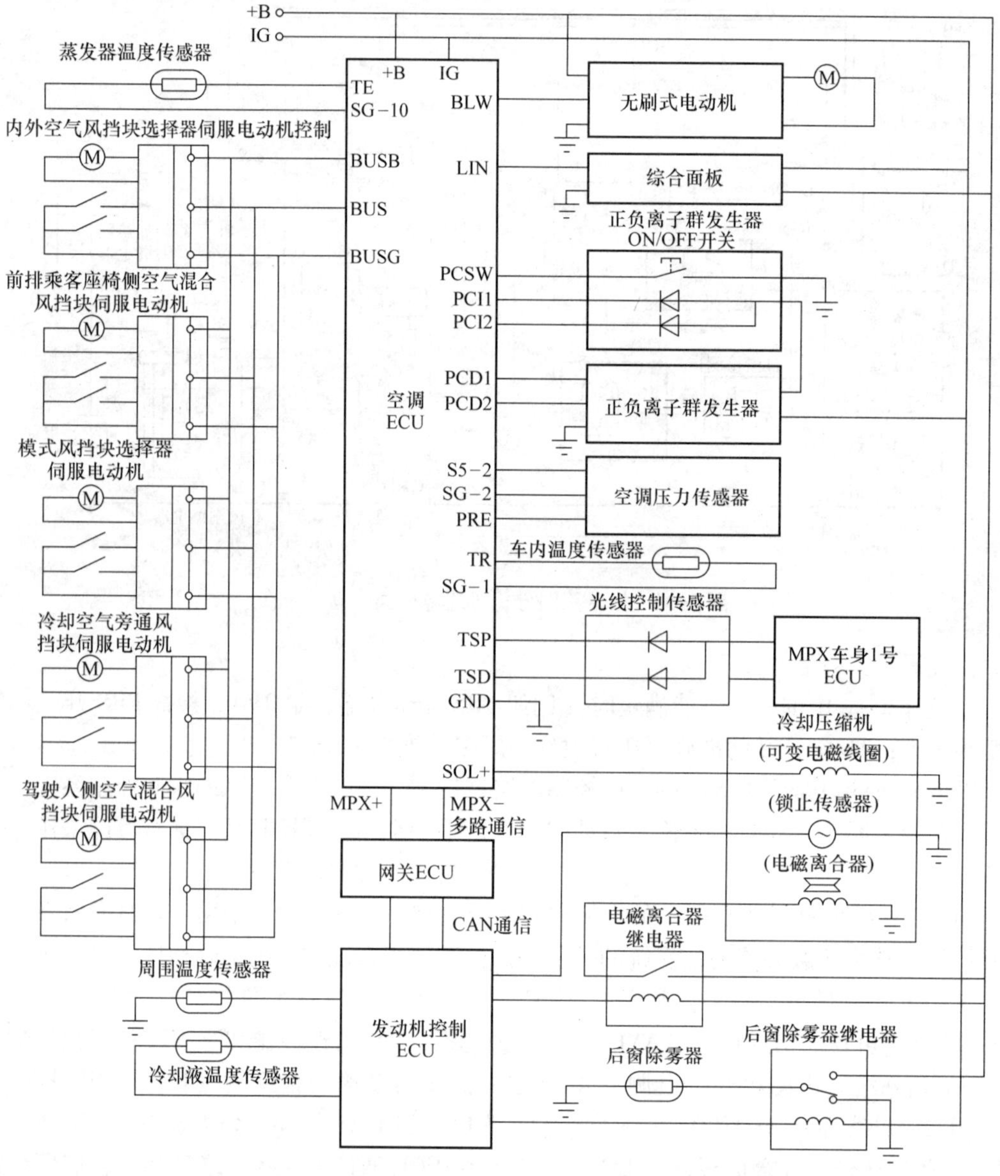

图 7-35 2009 款丰田锐志的空调控制系统电路原理图

4. 热空气混合或漏入的检查

检查空气混合控制节气门是否出现工作故障、热空气是否漏入、水阀是否没有接通。

5. 用歧管压力表分析制冷循环中的故障

当空调运行时检查制冷剂的压力，用户可以掌握故障的区域或原因。因此，这种检查对确定合适的值及诊断故障非常重要。

(1) 用歧管压力表检查制冷循环系统压力应遵循的条件　如图 7-36 所示，检查诊断时，应遵循以下条件。

1）发动机冷却剂温度：在预热以后。

2）所有的车门：全部打开。

3）气流选择器：“FACE”。

4）进气口选择器：“RECIRC”。

5）发动机转速：1500r/min（R－134a）；2000r/min（R－12）。

6）送风机转速选择器：高。

7）温度选择器：MAX. COOL。

8）A/C 开关：打开。

9）A/C 进口温度：30～35℃。

注意：对于带有蒸发器压力调节阀（EPR）的车，因为用 EPR 控制低压侧，在压力表上可能不直接显示异常压力值。

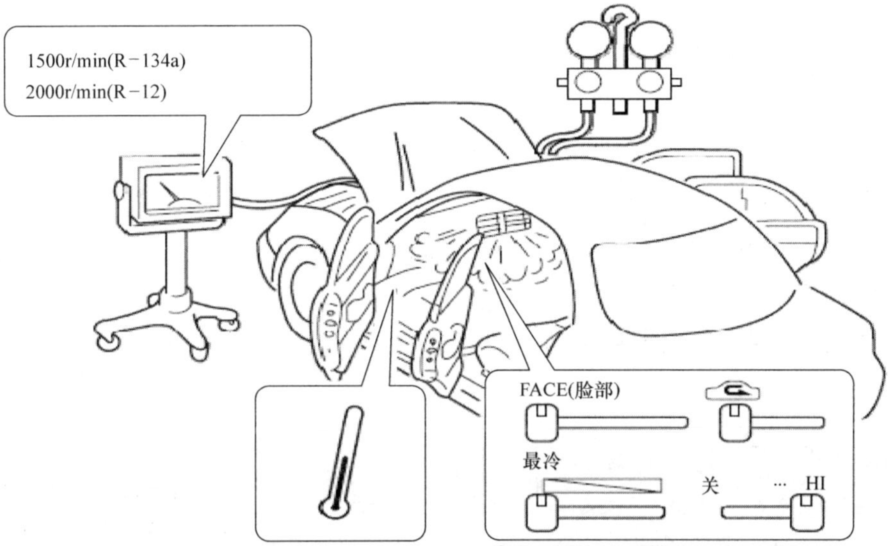

图 7-36　用歧管压力表检查制冷循环系统压力应遵循的条件

（2）制冷循环中的故障诊断　用歧管压力表检查诊断制冷循环故障时，可根据表 7-1 所示进行。

表 7-1　用歧管压力表检查诊断制冷循环故障

序号	压力表显示	现象	原因	处理方法
1	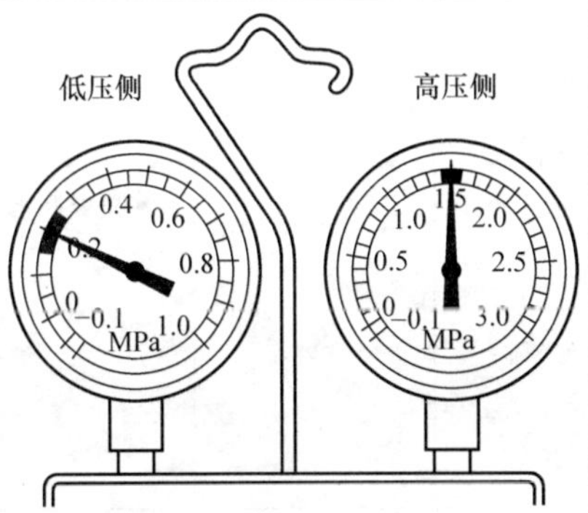	正常： 低压侧：0.15～0.25MPa 高压侧：1.37～1.57MPa		

（续）

序号	压力表显示	现象	原因	处理方法
2	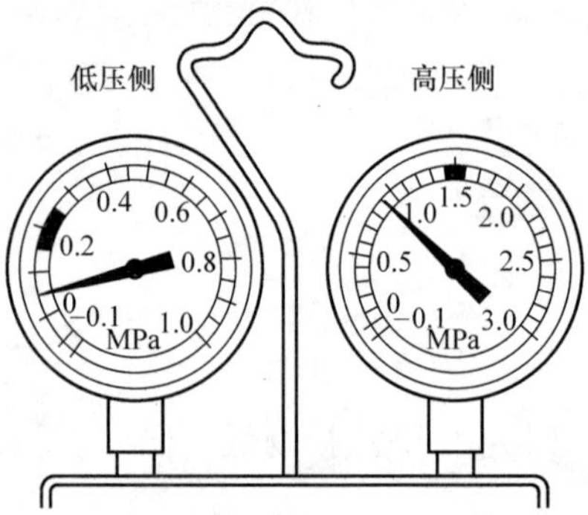	• 低压和高压侧压力均低 • 观察孔可以看见气泡 • 冷却不足	• 制冷剂量少 • 漏气	• 检查气体泄漏并修理 • 补加制冷剂
3	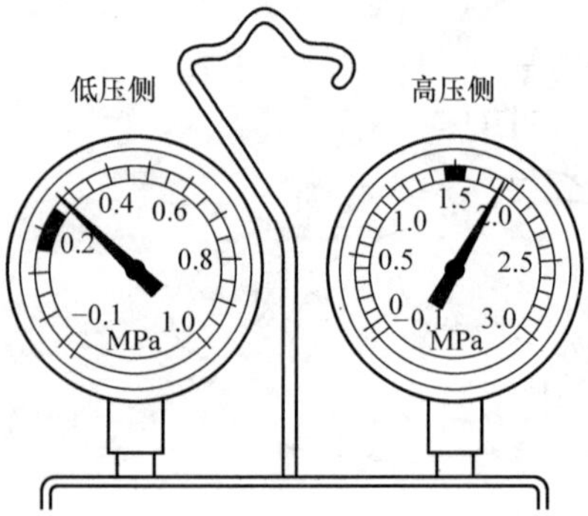	• 低压和高压侧压力均高 • 甚至低速运行时，观察孔也看不到气泡 • 冷却不足	• 制冷剂过多 • 冷凝器冷却差	• 调节正确的制冷剂量 • 清理冷凝器 • 检查车辆的冷却系统（电扇等等）
4	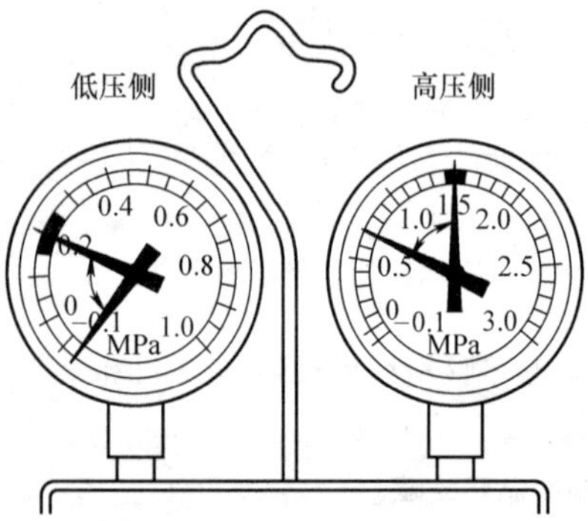	• 空调器起动时操作正常，经过一段时间以后低压侧逐渐指示有一真空压力	• 潮气渗入：潮气在膨胀阀附近反复冰冻和熔化，这一现象反复发生。周期约在几秒至几分钟	• 更换储液罐 • 在重新加制冷剂之前，充分抽真空，去除水气
5	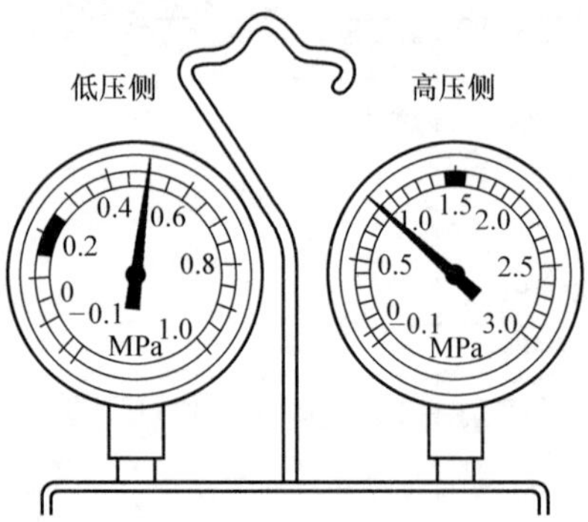	• 低压侧高、高压侧低 • 关掉空调器时，高、低压侧将立刻恢复到同一压力 • 冷却不足	• 压缩机缺陷	• 检查和修理压缩机

（续）

序号	压力表显示	现象	原因	处理方法
6	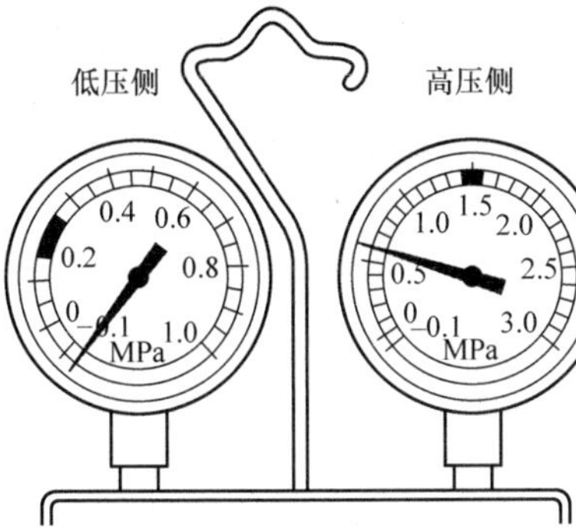	• 对于完全阻塞，低压侧立刻指示真空 • 有阻塞趋向时，低压侧逐渐指示真空（制冷取决于阻塞程度）。高压侧表压也可能高到极高，这还要看堵塞部位与高压表接口位置 • 在阻塞部分前后有温差	• 灰尘或冰冻潮气堵塞膨胀阀、EPR 或其他的孔阻止制冷剂的流动 • 膨胀阀热传感杆漏气	• 弄清楚阻塞的原因。更换造成阻塞的部件 • 对系统彻底抽真空
7	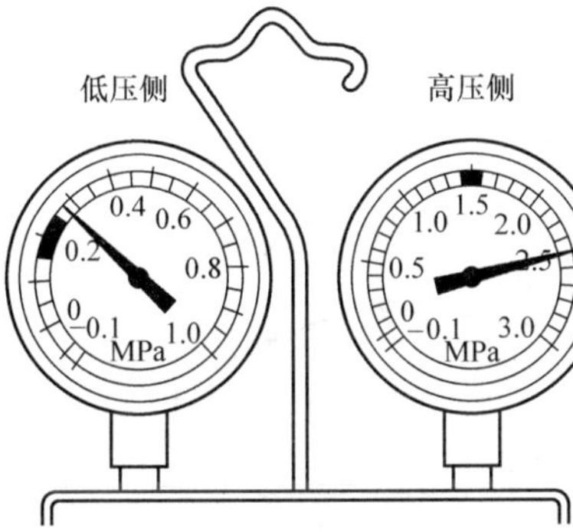	• 低压和高压侧压力均高 • 冷却性能与低压的降低成比例 • 如果制冷剂量是正确的，在观察孔看到的气泡流动与正常运行期间相同	• 空气渗入	• 更换制冷剂 • 彻底对系统排空
8	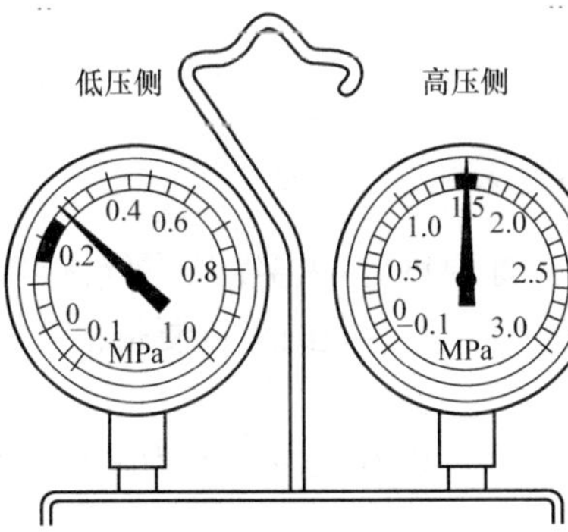	• 低压侧压力上升并且冷却性能降低（高压侧压力显示几乎无变化） • 霜附着于低压管路	• 膨胀阀中的操作缺陷	• 检查并修理热传感管的安装情况 • 更换膨胀阀

6. 空调系统制冷性能测试

对于 A/C 的冷却性能，应测量进气口和出口之间的空气温差，并判断此值是否在标准性能图表中的标准范围内。

（1）测试条件　在下面条件下测试该车辆：

1）将车停放在阴影中。

2）发动机冷却剂温度：在加温以后。

3）所有的车门：全部打开。

4）气流选择器：“FACE”。

5）进气口选择器：“RECIRC”。

6）发动机转速：1500r/min（R－134a），2000r/min（R－12）。

7）送风机转速：高。

8）温度选择器：MAX. COOL。

9）A/C 开关：打开。

10）高压侧压力：1.5MPa。

（2）测量各温度　将一干湿球温度计放在进气口处，将干球温度表放在出口的中央，如图 7-37 所示。当出口空气温度稳定后（5～6min 后），测量进气口和出风口的干球温度和湿球温度，比较两者之间的差异和进气口空气的相对湿度。

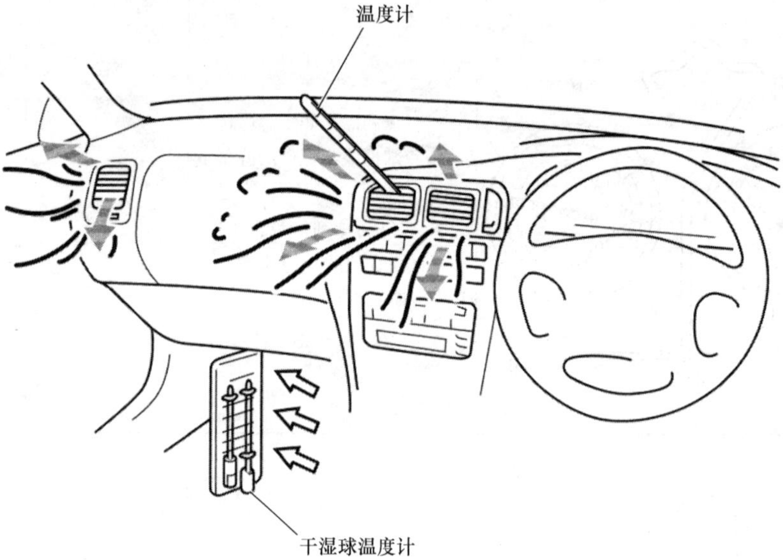

图 7-37　测量进、出气口温度的差异和进气口空气的相对湿度

（3）求相对湿度　根据干球温度表的温度和进口处湿球温度计的温度从空气湿度图得到相对湿度。例如：当干球温度计为 25℃，湿球温度计为 19.5℃，线的交点便是相对湿度。在这种情况下，相对湿度为 60%，如图 7-38a 所示。

（4）阅读操作性能图　如果两值的交点在阴影区域内，可以判定冷却能力良好，如图 7-38b 所示。

注意：

1）只有进气口温度在 30～35℃范围时，评价结果才是可靠的。因此，如果进气口温度低，则应推迟测试。

2）当冷凝器压力（表压力）高时，在冷凝器上喷水以降低压力。当压力过低时，盖住冷凝器的前面提高压力。

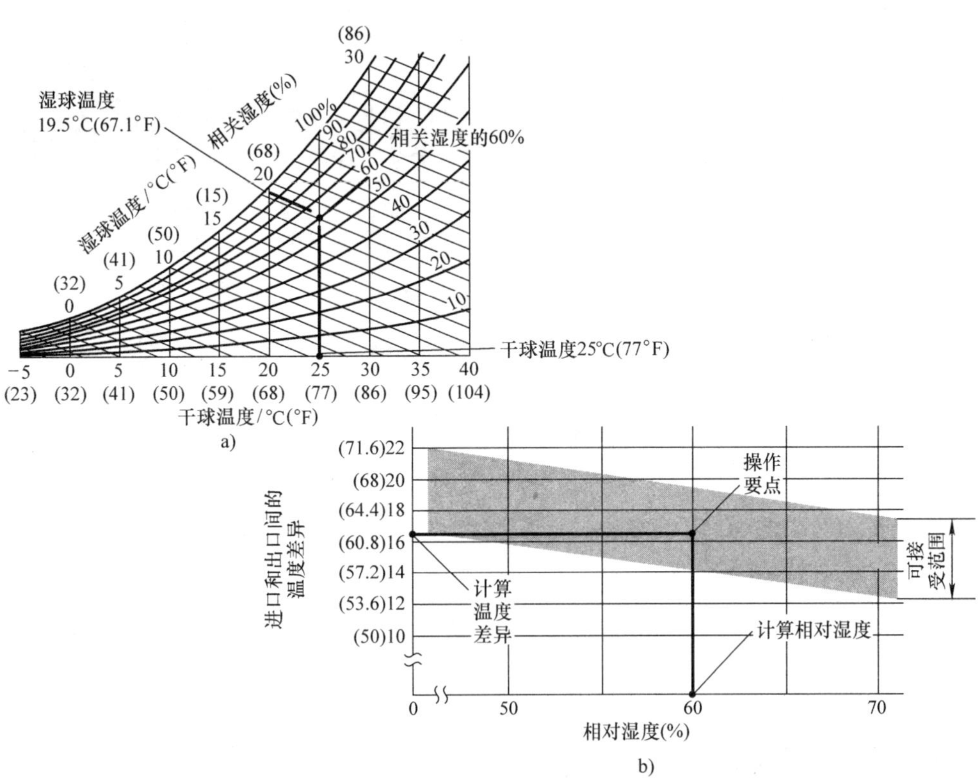

图 7-38　检查判断 A/C 的冷却性能

四、正确使用空调系统常用的检修工具和测试仪器

1. 检修车用空调的常用工具和测试仪器介绍

检修车用空调时需要用到的工具和测试仪器主要有检修工具组件（包括压力表歧管、充填软管、快速插头及检修罐开关阀等）、真空泵、扭矩扳手、传动带张力计、气体泄漏检测器、制冷剂再循环和回收机、制冷剂瓶、干湿球温度计、专用温度计、一般工具（如万用表、试灯、各种扳手、螺钉旋具等），如图 7 39 所示。

（1）歧管压力表组件　歧管压力表组件用于制冷剂循环检查、抽真空及制冷剂充填。旋转压力表歧管前面的旋钮可以打开和关闭阀门。歧管压力表的结构如图 7-40 所示，LO 代表低压阀，HI 代表高压阀。

通过打开和关闭高低压阀，可以形成如图 7-41 所示的 4 种管路。

（2）检修罐开关阀　把检修罐中的制冷剂充填到制冷剂循环管路时要用到检修罐开关阀。操作方法如图 7-42 所示。

1）逆时针旋转手柄到底，使针阀提高。通常此时圆盘也提高。

2）把检修罐开关阀拧入检修罐后，拧紧圆盘。注意不要拧入过多，以免损坏检修罐。

3）将压力表歧管的黄色充填软管连接到检修开关阀。

4）顺时针转动检修罐开关阀，降低针阀，打开检修罐上的小孔。

5）如果逆时针转动手柄，针阀提高，制冷剂将经过阀流入制冷剂循环。

6）要想终止制冷剂的充填，则顺时针把手柄转到底。针阀将会落下来，制冷剂充填停止。

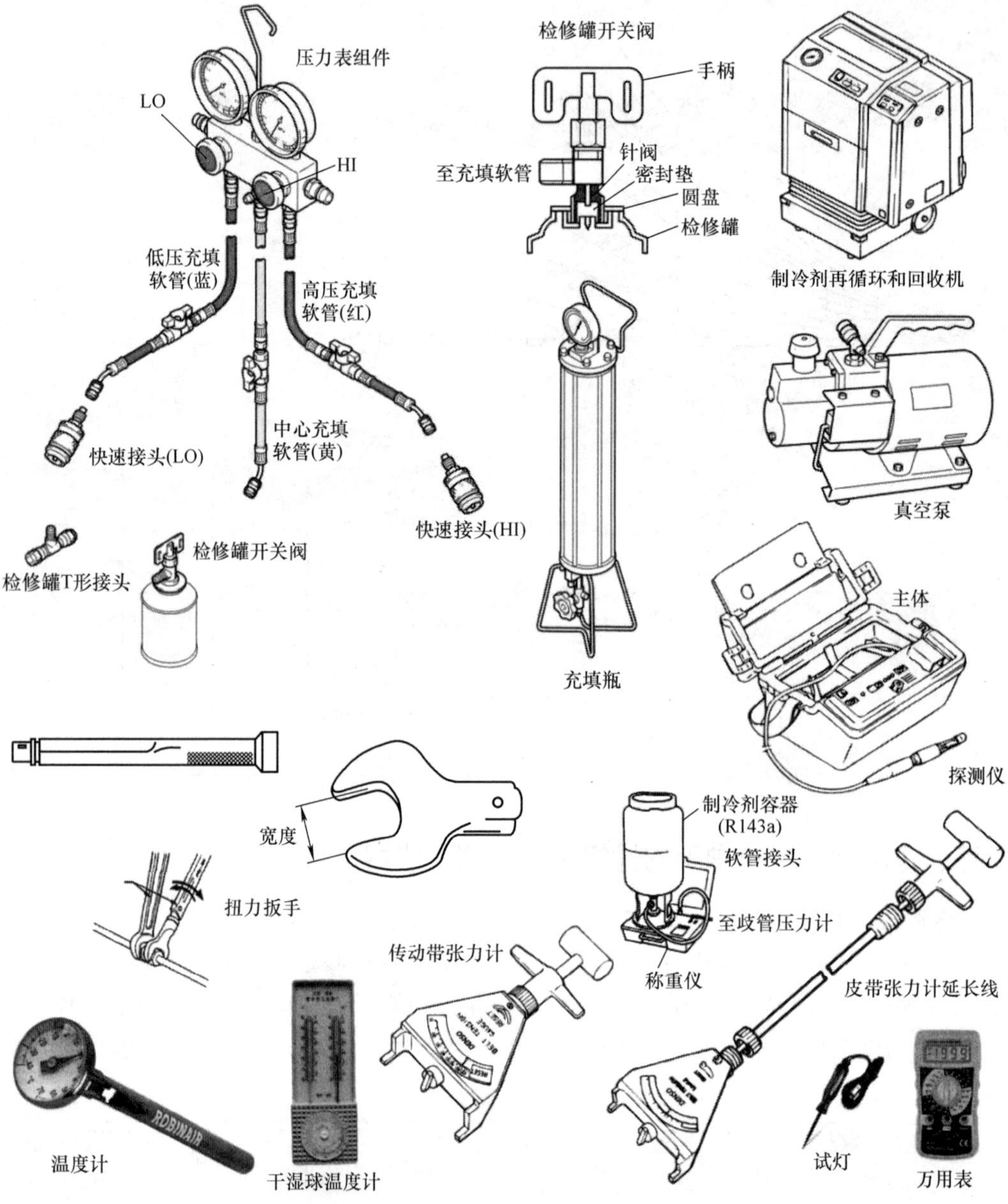

图 7-39　检修空调的常用工具和测试仪器

注意：使用检修罐开关阀之前，要检查密封垫可否用于那种类型。

（3）制冷剂回收机/制冷剂再循环和回收机　如果在维修时打开了汽车空调系统，制冷剂会释放到大气中。制冷剂回收机设计为了在拆卸循环零件时，临时把制冷剂收集起来，防止制冷剂散发。

制冷剂再循环和回收机也是这个用途。除了制冷剂的临时储存功能，还有再循环功能，把水分和机油从制冷剂中分离出来。

（4）电子气体泄漏检测器　把探测仪末端放在被检查区域，并慢慢移动检测气体泄漏。如果听到短暂间断的声响或看到指示灯快速闪烁，则说明气体有泄漏。

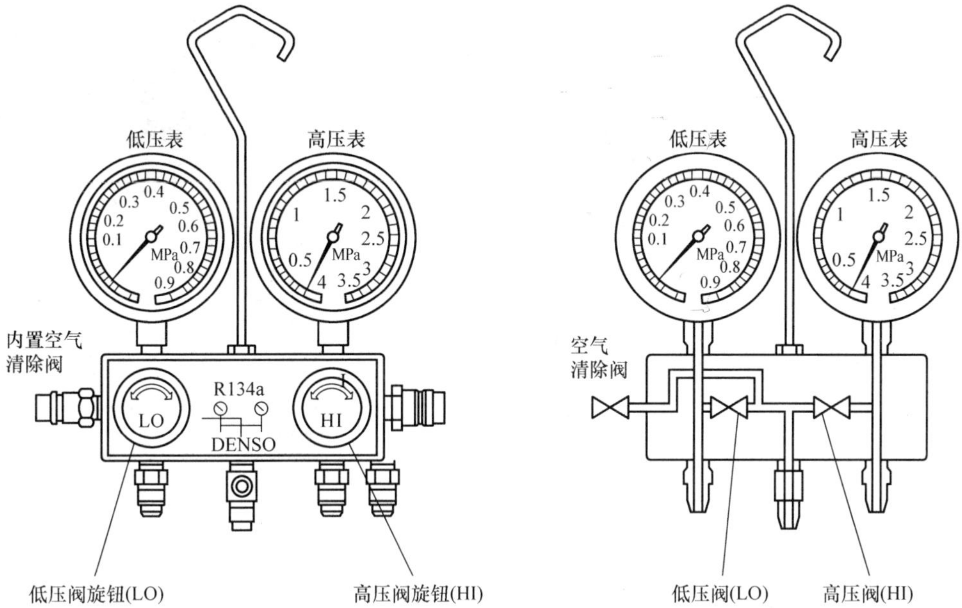

图 7-40 歧管压力表的结构

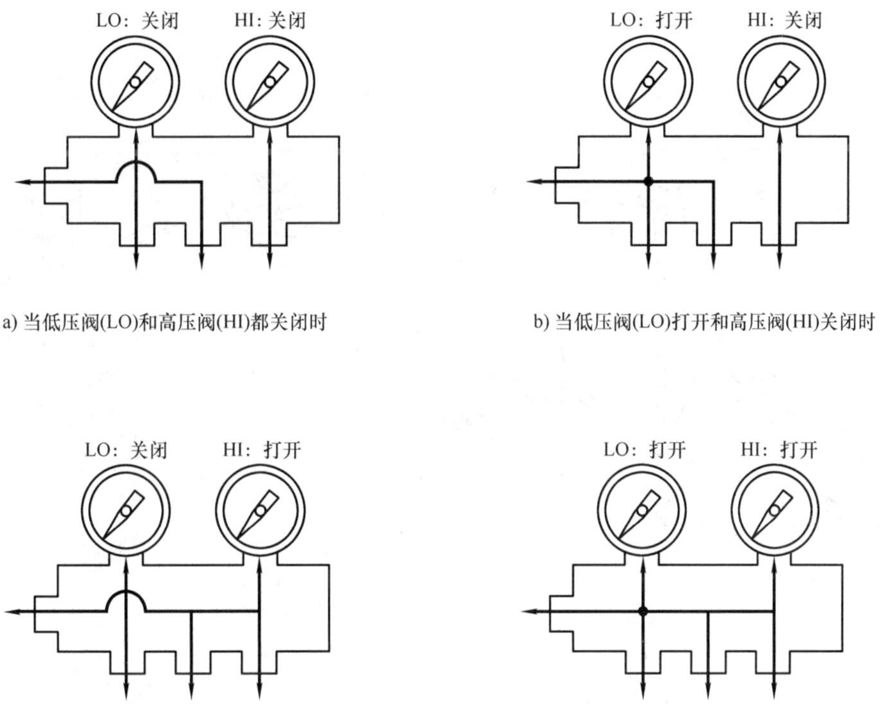

a) 当低压阀(LO)和高压阀(HI)都关闭时

b) 当低压阀(LO)打开和高压阀(HI)关闭时

c) 当低压阀(LO)关闭和高压阀(HI)打开时

d) 当低压阀(LO)和高压阀(HI)都打开时

图 7-41 压力表的 4 种工作情况

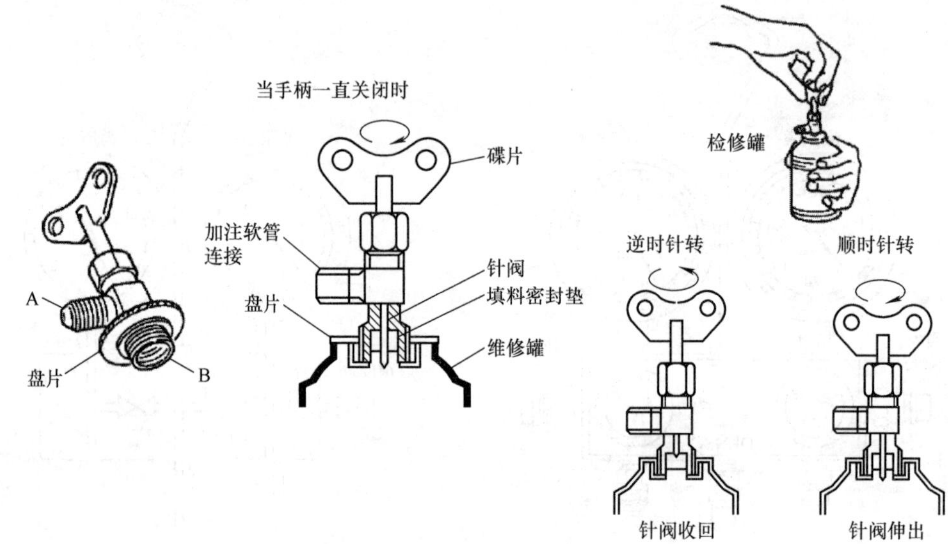

图 7-42 检修罐开关阀的操作方法

2. 检修工具和测试器的连接方法

如图 7-43 所示，检修工具如压力表歧管和真空泵的连接如下所述。

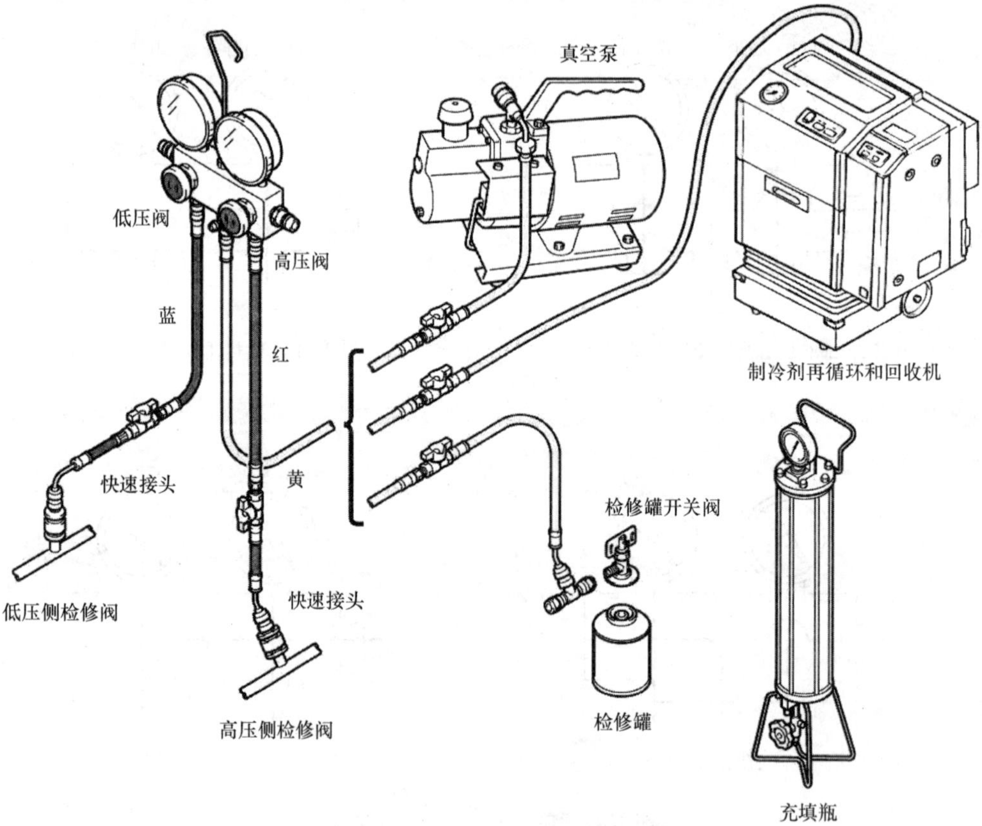

图 7-43 压力表和测试器的连接方法

1）关闭压力表歧管上的高压阀（HI）和低压阀（LO）。

2）红色充填软管（HI）连接到高压管路的检修阀上，蓝色充填软管（LO）连接到低压管路的检修阀上。检修阀也可能在空调压缩机上，因车而异。

3）连接压力表歧管中间的黄色充填软管至如下设备。

制冷剂回收时：制冷剂再循环和回收机；

抽真空时：真空泵；

充填时：气罐上的检修罐开关阀或充填瓶。

3. 制冷剂回收

为了防止维修汽车空调时，制冷剂释放到大气中，在拆卸任何制冷剂循环的部件前，必须临时收集管路中的制冷剂，如图 7-44 所示。

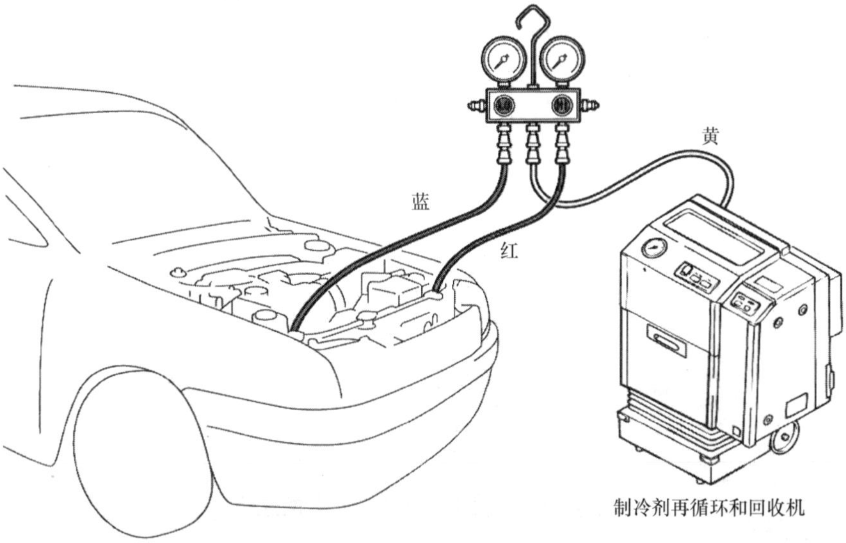

图 7-44 制冷剂回收

注意：制冷剂回收应当由了解制冷剂类型和回收方法知识的人员（具有汽车空调制冷剂和制冷循环知识和制冷剂回收经验）进行。具体操作可见该制冷剂再循环和回收机产品说明书。

4. 抽真空和重新加注制冷剂

当制冷剂循环管路零件更换时，必须进行抽真空和充填制冷剂。

（1）抽真空 如果在更换零件时，制冷剂循环管路内部对大气已经开放，空气中的水分将会保留在循环内。即使少量的水分也会产生问题，它将会在膨胀阀的小孔处冻结，使压缩机阀门锈蚀。因此，在进行制冷剂充填之前，必须把所有的水分清除。抽真空就是为了从循环管路内蒸发和消除水分。

1）压力表歧管的连接（图 7-45）。

① 连接充填软管到高压和低压检修阀。某些车辆的检修阀可能位于压缩机上。

② 连接压力表歧管的中心充填软管（黄）到真空泵。

2）抽真空操作（图 7-46）。

① 打开压力表歧管的高压阀（HI）和低压阀（LO），打开充填软管末端部的截止阀。

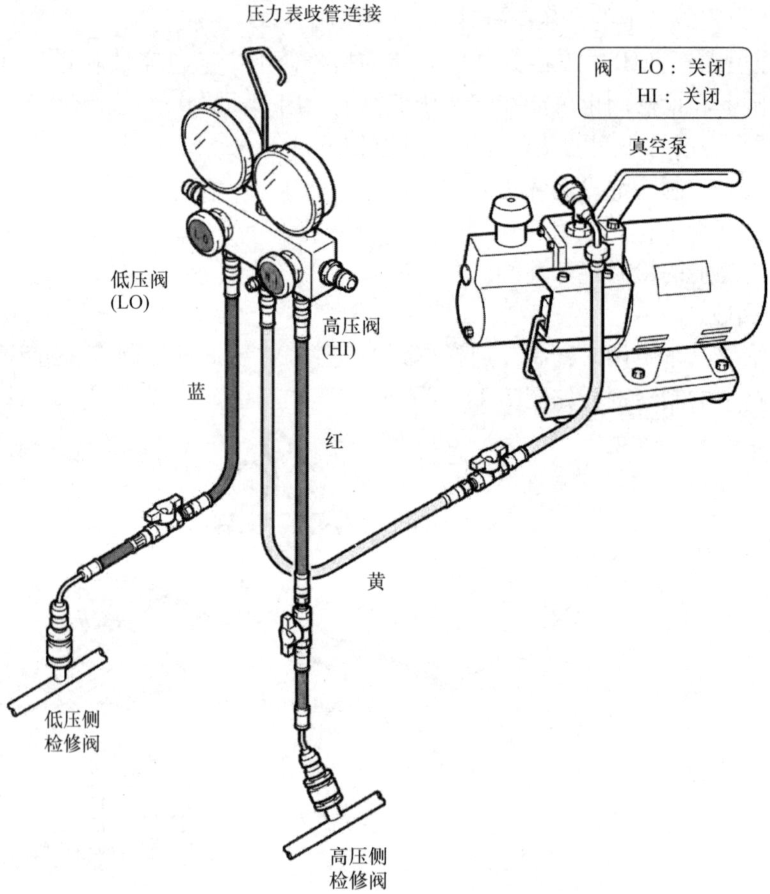

图 7-45 抽真空时压力表歧管的连接

② 接通真空泵开关进行抽真空（10min 以上）。

③ 当压力表刻度盘指针下降到 -0.1MPa 以下时，关闭压力表歧管的高压阀和低压阀，关闭真空泵开关。

（2）密封性检查和加冷冻机油 密封性检查（抽真空后指针回升检查）如图 7-47 所示。

关闭压力表歧管的高低压阀，等待 5min 以上，检查密封性，表指示没有返回（回升），说明密封性良好。

如果表指针回升，说明某处有泄漏。此时应检查管插头部位是否正确连接，进行维修，抽真空，然后再进行检查。

如果更换了系统管路和部件，需要添加冷冻机油的话，可在此时加入，可从高压侧或低压侧加入，然后继续抽真空。从高压侧加入，抽真空到 98kPa，关闭高压侧手动阀，关闭压缩机上的检修阀；把高压侧软管从压力表头端卸下，插入冷冻油中；打开检修阀，冷冻油即被吸入系统，吸油快完时立即关闭检修阀，以免吸入空气；然后将高压软管装回表头上，打开高压侧手动阀，继续抽真空后再加制冷剂。加油时发动机和真空泵均不应工作。

从低压侧加入，不需检修阀，抽真空到 98kPa 后，将低压侧手动阀关闭，真空泵继续抽真空；保持高压侧手动阀开启状态，把低压侧软管从压力表头端卸下，插入冷冻油中，吸取

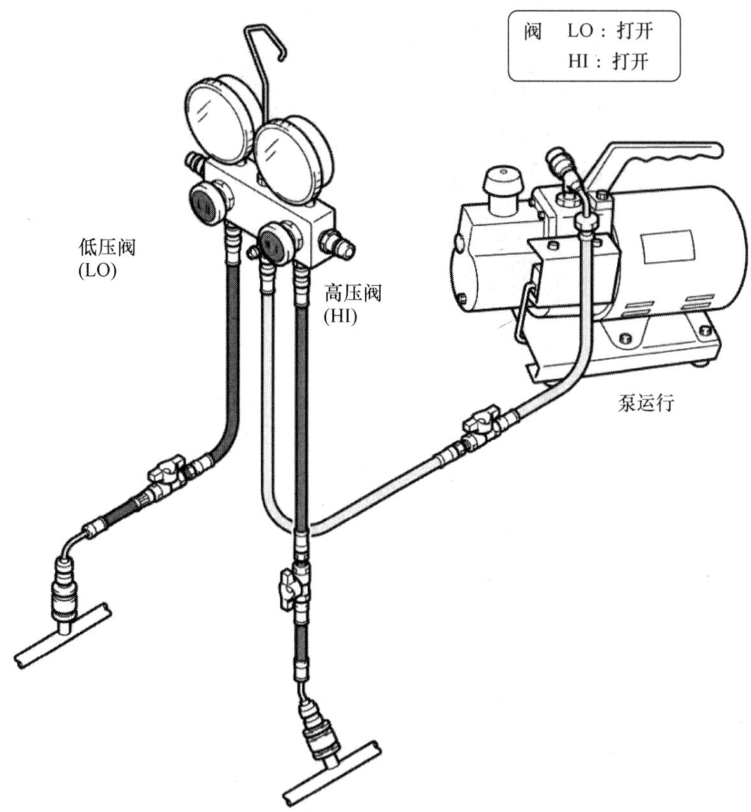

图 7-46 抽真空操作

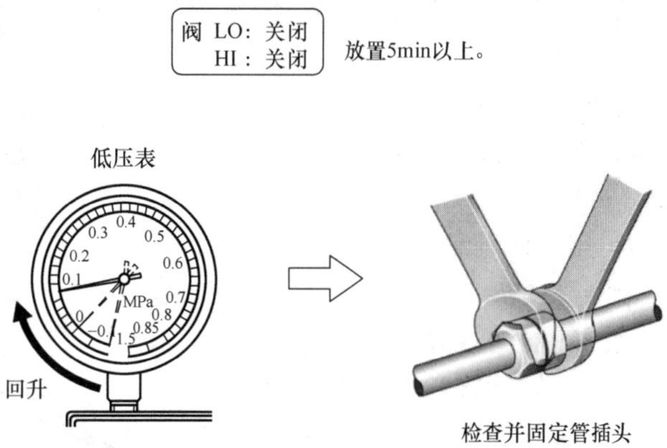

图 7-47 密封性检查（抽真空后指针回升检查）

冷冻油，吸毕将软管装回原位；打开低压侧手动阀，继续抽真空。

（3）气体泄漏检查 充填指定量制冷剂之后，结合发动机的振动和制冷剂循环管路内的压力波动，重新检查气体泄漏。

充填制冷剂到 0.1MPa，用气体泄漏检测器检查气体泄漏。

1）将黄色充填软管从真空泵转接到检修罐上。参见后述“3）检修罐的更换”中关于检修罐更换操作详述。

2）从充填软管（黄色）中排出空气（图 7-48）。

① 拧紧检修罐开关阀上的手柄，在检修罐上产生一个孔，旋松手柄打开阀门。

② 按下压力表歧管上的检测阀（打开），用制冷剂的压力排出充填软管（黄色）内的空气。直到带喷射声的制冷剂排出。一有制冷剂排出，立即释放检测阀（关闭）以使制冷

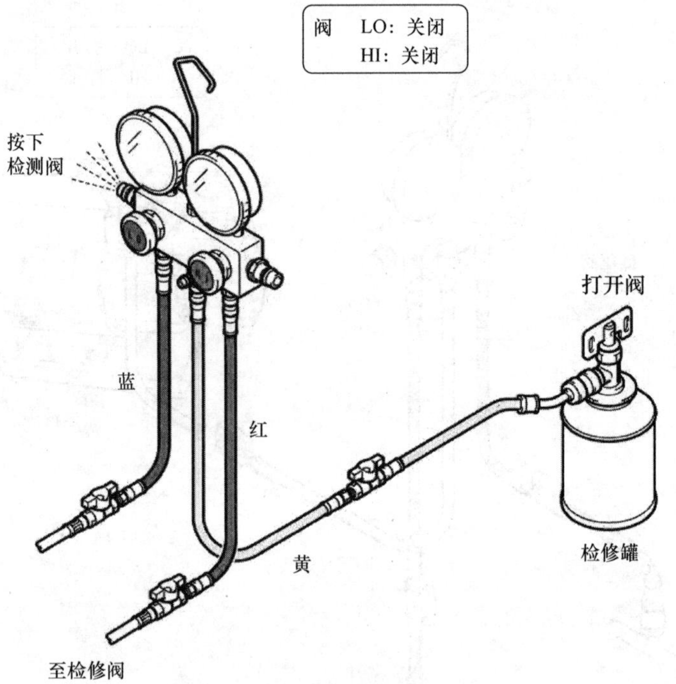

图 7-48 从充填软管（黄色）中排出空气

剂排出量减到最少。

注意：此时，压力表歧管的高压阀和低压阀应当关闭。不要把制冷剂弄到手上，否则可能导致冻伤。

3）如图 7-49 所示打开压力表歧管上的高压阀，充填制冷剂直到低压表指示 0.1MPa。

4）充填完成时，关闭压力表歧管高压阀。

5）用气体泄漏检测器检查应无气体泄漏（图 7-50）。

把漏气检测器置于管道连接部位、空调排放软管和空调送风机开口等处。实施检查时，发动机要停止转动。由于制冷剂比空气稍重，所以应把检测器置于管道较低一侧，并沿管周移动。实施检测时，要轻微振动管道。

（4）制冷剂充填 抽真空之后，进行密封性和气体泄漏检查，向循环中充填制冷剂。一般分两步进行，

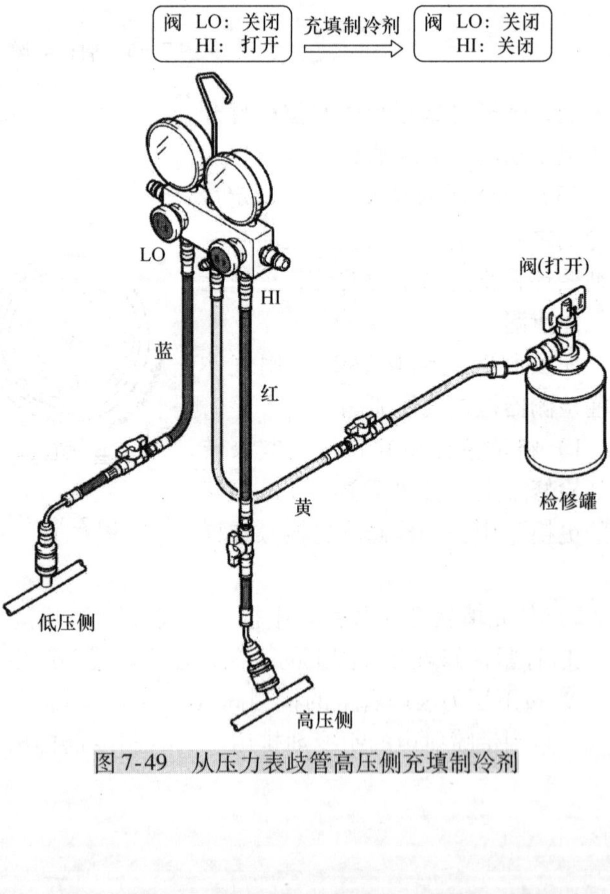

图 7-49 从压力表歧管高压侧充填制冷剂

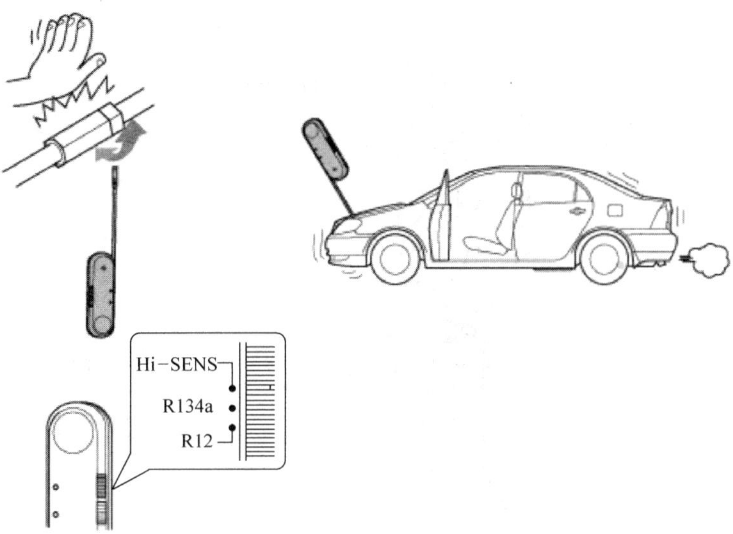

a) 正确　　b) 不正确

图 7-50　用气体泄漏检测器检查应无气体泄漏

第一步是停止发动机，从高压侧补充制冷剂；第二步是起动发动机，从低压侧补充制冷剂。

1）从高压侧充填。

① 停止发动机，打开压力表歧管高压阀（HI），充填指定量的制冷剂，参见图 7-49。

注意：此时绝不要在没有制冷剂的情况下运行压缩机，否则可能会烧毁压缩机；不要打开压力表歧管的低压侧阀（LO），因为液态制冷剂进入低压侧，在压缩机内被压缩，会损坏压缩机。

② 关闭压力表歧管高压阀（HI）和充填瓶阀门。

2）从低压侧充填制冷剂。

① 检查压力表歧管高压阀（HI）已经关闭。

② 起动发动机，按下述条件设置车辆。

车门全开；

空调机 ON；

设定温度 MAX COOL（最冷）；

鼓风机转速 HI；

发动机转速 1500r/min。

③ 打开压力表歧管低压阀（LO）和检修罐开关阀，并充填指定量的制冷剂，如图 7-51 所示。

④ 制冷剂充填完成后，关闭压力表歧管低压阀（LO）和检修罐开关阀，停止发动机。

注意：绝不要打开压力表歧管高压阀（HI），否则会特别危险，因为压缩机工作将导致制冷剂回流，损坏软管和检修阀。绝不要颠倒检修罐，使其保持直立，使制冷剂以气态形式充填。当检修罐倒立时，液态制冷剂吸入压缩机，导致液体压缩，损坏压缩机阀门。另一方面，从回收罐充填时，检修阀在低压侧，因此回收罐倒立以气体形态充填制冷剂。

如果因为环境温度低导致充填困难，可以在热水中（40℃以下）加热检修罐，以升高压力进行充填，如图 7-52 所示。

注意：绝不要在沸水中或明火加热检修罐，这样做可能导致检修罐爆炸。通常使用 40℃

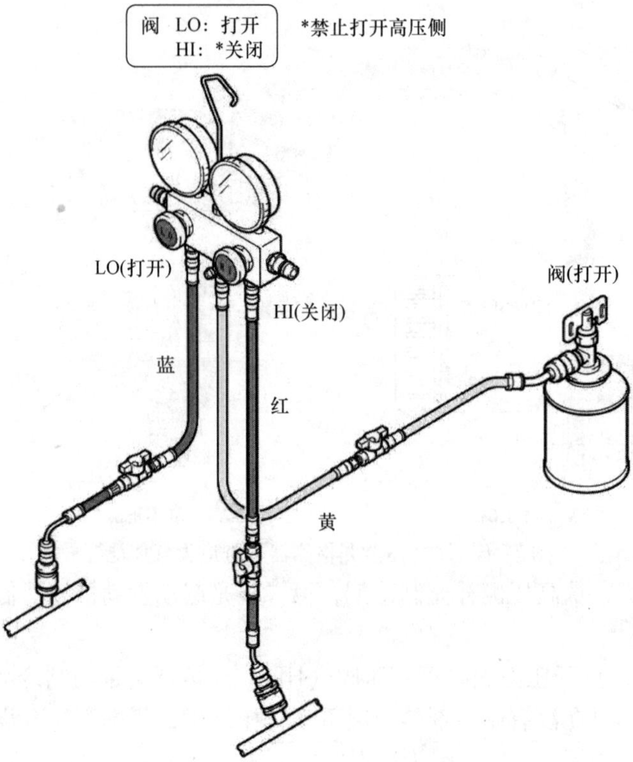

图 7-51 从压力表歧管低压侧充填制冷剂

以下的热水加热。当用热水加热检修罐时，有湿气进入制冷剂循环的危险，因此绝不要将检修罐开关阀浸入水中。

当环境温度高时，用电风扇冷却冷凝器。

3）检修罐的更换。充填制冷剂时，检修罐空了的话，按照下列步骤更换新的检修罐。

① 关闭压力表歧管的高压阀和低压阀。

② 提起检修罐开关阀的针阀和圆盘。

③ 将检修罐开关阀安装在新的检修罐上。

④ 用下列步骤排出充填软管（黄色）中的空气。

拧紧检修罐开关阀上的手柄，在检修罐上产生一个孔，旋松手柄打开

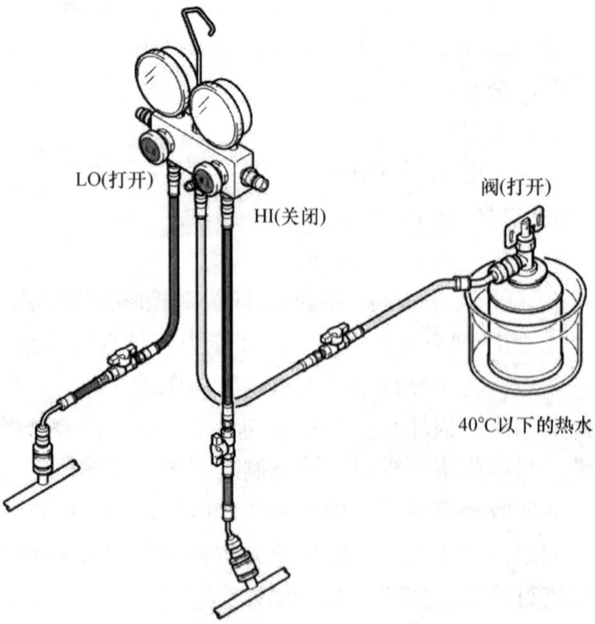

图 7-52 环境温度低时进行充填

阀门。

按下压力表歧管上的检测阀，用制冷剂压力排出软管中的空气，直到带喷射声的制冷剂排出。

注意：关闭压力表歧管上的高压阀和低压阀。不要把制冷剂弄到手上，以免冻伤。继续制冷剂充填工作。

4）确认制冷剂量加注合适。应按维修手册中规定的数量添加。实践中，可通过观察压力表数值和检视窗显示情况来判断制冷剂量加注是否合适。

对于采用了如图 7-53 所示的带副冷却型冷凝器的制冷系统中，加注制冷剂不能仅通过观察检视窗中的气泡刚刚消失就判断制冷剂已加注完。

在副冷却循环中，气泡消失处在冷却能力稳定范围之前，要达到合适的注满量要求再多加 100g 制冷剂，如图 7-54 所示。如果在气泡消失时停止注入，则冷却能力将会不足。此外，过量加入制冷剂会降低燃料经济性和冷却能力，因此要确保加入适量的制冷剂。

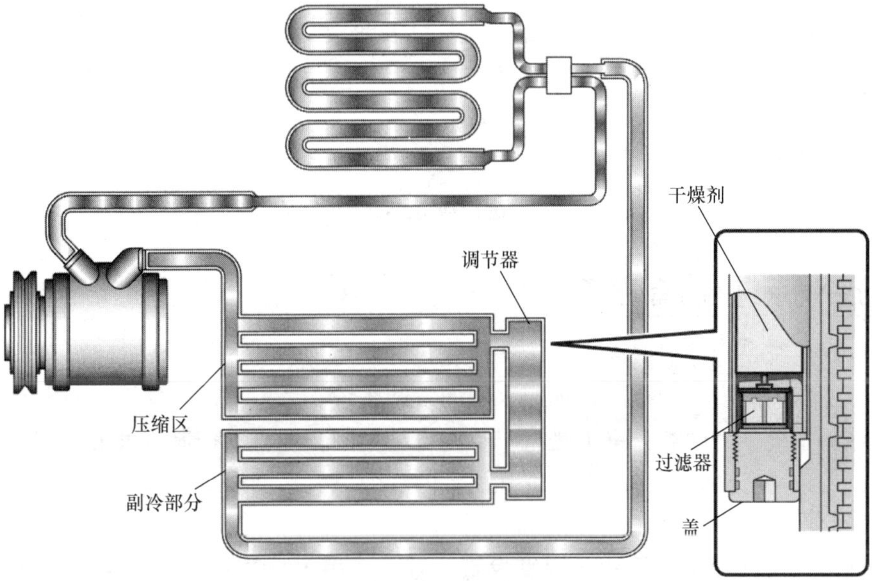

图 7-53 带副冷却型冷凝器的制冷系统

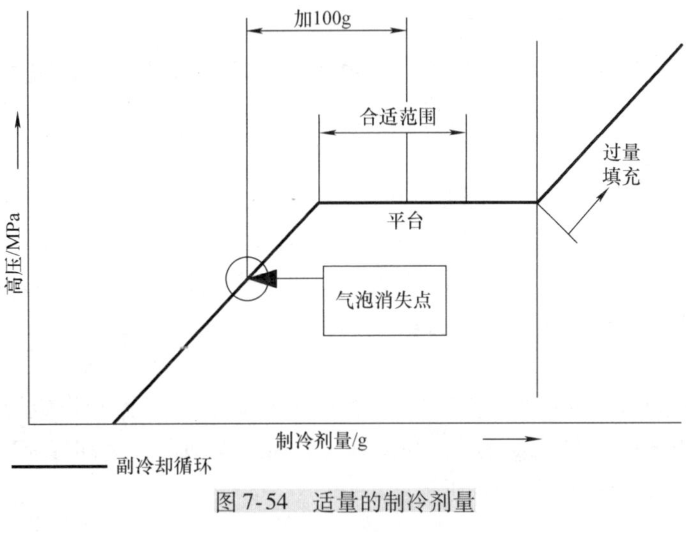

图 7-54 适量的制冷剂量

副冷却型冷凝器的结构如图7-55所示。副冷凝器起储液罐/干燥器调制器的作用，并在调制器内部存储液体制冷剂。另外，制冷剂在副冷部分更进一步地冷却到几乎彻底液化，因此冷却能力得到改善。在调制器中，过滤器和干燥剂清除存在于制冷剂中的潮气和异物。

提示：更换调制器中的干燥剂和过滤器时，先放掉制冷剂，然后拆卸帽盖。

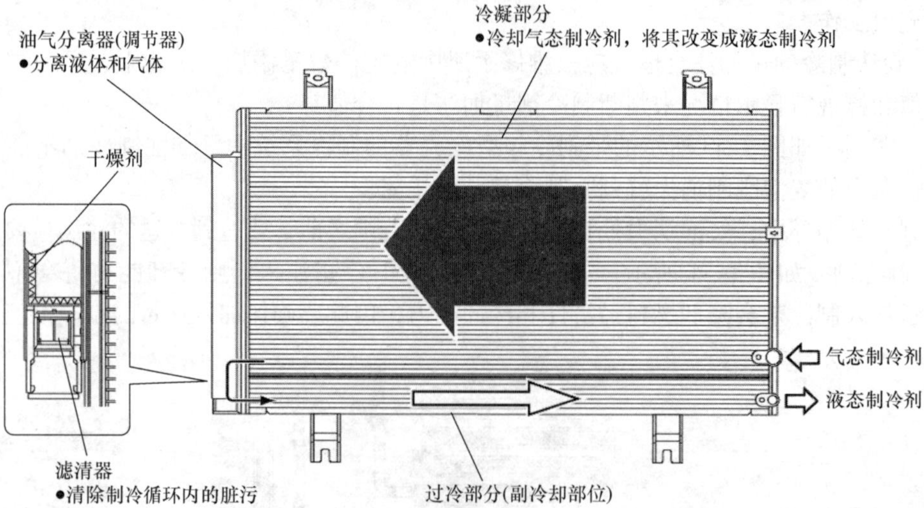

图7-55 副冷却型冷凝器的结构

五、自动空调系统的控制原理

自动空调系统是一种根据周围环境条件变化（例如车外空气温度、日照、乘客数量等）进行调节，将车内温度自动控制在理想水平的空调系统。

自动空调系统分为两类：一类是汽车空调自动控制，即自动控制空气混合门和鼓风机速度；另一类是自动空调，即自动控制空气混合门、鼓风机速度以及出风门和进气门。通常所说的自动空调现一般指后者。

自动空调系统自动控制和选择温度设置、气流、出风口和进气口以满足乘客舒适性要求。

1. 自动A/C（空调）**系统的组成**

此自动空调系统通过用温度选择器设置要求的温度和按AUTO开关来触发。此系统用ECU的自动控制来立即调整并保持该预定的温度，如图7-56所示。

大多数自动空调系统的组成部件如图7-57所示，主要有：A/C控制ECU（或A/C放大器）、发动机ECU、控制面板、内部温度传感器、环境温度传感器、太阳能传感器、蒸发器温度传感器、冷却液温度传感器（发动机ECU发送此信号）、A/C压力开关、空气混合伺服电动机、空气进口伺服电动机、气流伺服电动机、送风机电动机、送风机控制器（控制送风机电动机）等。在某些车型上的自动A/C控制系统还有风道传感器、烟雾通风传感器等。

A/C控制计算要吹出的空气温度和气流量，并根据各传感器和设定温度决定使用哪个排风口。这些值用来控制空气混合挡板的位置、送风机电动机转速和气流挡板的位置。某车自动空调系统的组成框图如图7-58所示。

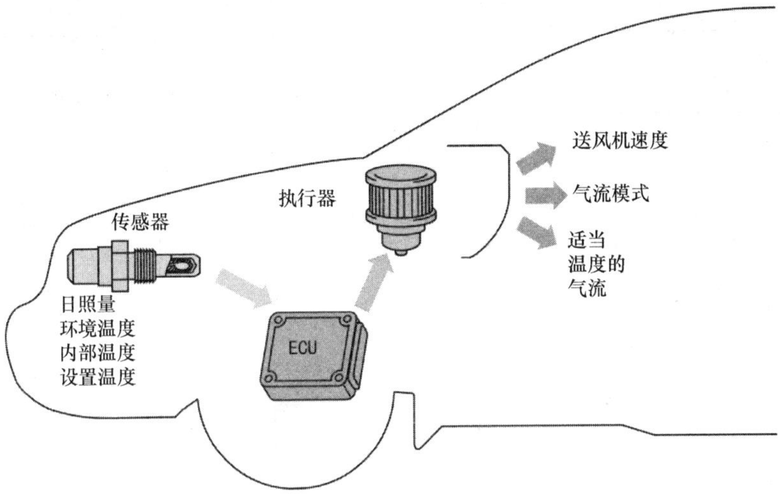

图 7-56　自动空调系统电控部分的组成

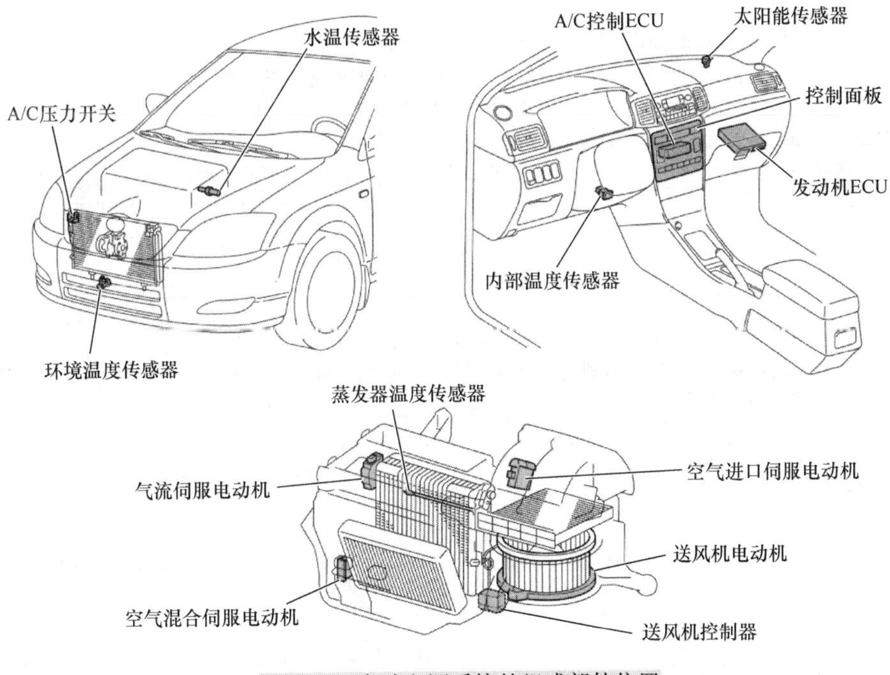

图 7-57　自动空调系统的组成部件位置

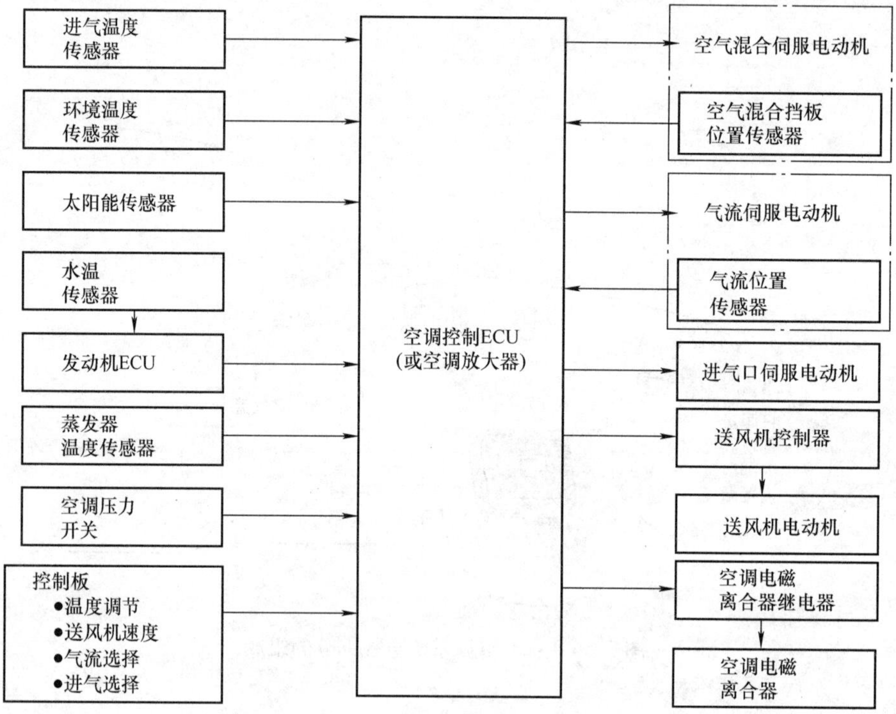

图 7-58 某车自动空调系统的组成框图

自动空调系统的组成部件的结构及功能说明见表 7-2。

表 7-2 自动空调系统的组成部件的结构及功能

部件名称	结构说明	功能
A/C 控制 ECU		此 ECU 计算要吹出的空气温度和气流量，并根据各传感器和设定温度决定使用哪个排风口。这些值用来控制空气混合挡板的位置、送风机电动机转速和气流挡板的位置
内部温度传感器	使用热敏电阻，并安装在带有通风口的仪表盘附近。此通风口利用送风机鼓风，吸入车辆内部空气	检测内部平均温度，用其作温度控制的基础
环境温度传感器	使用热敏电阻并安装在冷凝器的前面	检测外部温度，用来控制由外部温度波动所引起的内部温度波动
太阳能传感器	使用一光敏二极管，并安装在仪表盘板的上部	检测日照的强度，用来控制由日照波动引起内部温度的波动
蒸发器温度传感器	使用热敏电阻，并安装在蒸发器上	检测经过蒸发器的空气温度（蒸发器的表面温度），用于防冻、气流的温度和延时气流控制
冷却液温度传感器	使用热敏电阻，信号由发动机 ECU 传送。在某些型号上，安装在加热器核心部分	根据发动机冷却液温度传感器检测冷却液温度。用于温度控制，预热控制等

（续）

部件名称	结构说明	功能
风道传感器（某些车辆安装）	使用热敏电阻并安装在左、右侧通风口内部	检测吹向左、右通风口风道的气流的温度，并精密地控制各气流的温度
烟雾通风传感器（某些车辆安装）	安装在车辆前面部分	检测 CO（一氧化碳）、HC（碳氢化合物）和 NO_x（氮氧化物）的含量，以便在 FRESH（新鲜空气）和 RECIRC（循环空气）之间切换
空气混合伺服电动机	包括电动机、限位器、电位计和动触点等，它由 ECU 来的信号起动	通过空气混合挡板在 HOT 与 COOL 之间的位置才调节出风口温度
空气进口伺服电动机	包括电动机、齿轮、移动盘等	按进气调节开关将起动伺服电动机，进气口挡板将在 FRESH 或 RECIR 位置变换
气流伺服电动机	包括电动机、动触点、电路板、电动机驱动电路等	当操作气流调节开关时，电动机驱动电路将决定挡板位置处于 FACE、DFF、FOOT 位置

提示：在某些车型上，使用多路传输（多路通信系统）把操作信号从控制面板发送到 A/C 控制 ECU。

图 7-59 为丰田卡罗拉的自动空调系统示意图，由图可以看出空调控制面板发送的开关信号是通过 LIN 总线传送到 A/C 放大器。

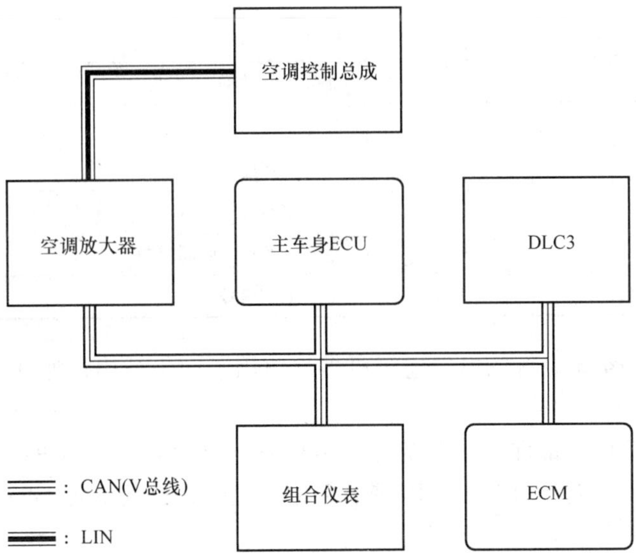

图 7-59　丰田卡罗拉自动空调系统示意图

表 7-3 为丰田卡罗拉自动空调系统的输入/输出信号表。图 7-60 为丰田卡罗拉自动空调系统的输入/输出信号示意图。了解输入/输出信号对故障诊断有较大的帮助。当网络系统中

的某些输出信号没有时，可以怀疑发送这些信号的控制模块可能存在故障。通过自动空调系统的输入/输出信号表，可以清楚某个信号的发送、接收流程，在诊断故障时可通过查看相应的数据流从而缩小故障范围。如在查找外部可变控制电磁阀没有得到电流信号的故障时，要了解空调控制面板发送的开关信号是通过 LIN 总线传送到 A/C 放大器，空调放大器再将电磁离合器请求信号（卡罗拉自动空调系统压缩机本身无电磁离合器，这里实际就是请求是否可给外部可变控制电磁阀通电）通过 CAN 总线发送到发动机 ECM，ECM 再发送同意信号给空调放大器，空调放大器输出压缩机可变控制电磁阀信号。

表 7-3 丰田卡罗拉自动空调系统的输入/输出信号表

发射器	接收器	线路	信号
空调放大器	ECM	CAN	电磁离合器请求信号
			加热器怠速提升请求信号
			空调怠速提升请求信号
			车外温度数据
			外部可变控制电磁阀电流信号
			先前空调控制请求信号
			制冷剂气体压力传感器信号
			冷却风扇电动机驱动请求信号
			加速度切断禁止信号
空调放大器	DLC3	CAN	诊断工具响应
空调放大器	空调控制总成	LIN	空调工作状态信号
主车身 ECU	空调放大器	CAN	目的地标记，转向盘位置
组合仪表	空调放大器	CAN	车速信号
			车外温度数据
ECM	空调放大器	CAN	发动机冷却液温度信号
			发动机转速数据
			空调控制切断信号
			空调 - 发动机协同控制
空调控制总成	空调放大器	LIN	空调工作信号

一些车型的自动空调系统的电气连接更多地使用了网络结构，如 Audi Q5 的空调系统，如图 7-61 所示。

2008 款 Audi Q5 电子部件的网络连接与 2008 款 Audi A4 和 A5 上的布置是一样的。各种传感器的数据分别由供电控制单元 J519 或者舒适系统中央控制单元 J393 读入，然后经舒适 CAN 总线传给自动空调控制单元 J255。

各个翻板用的伺服电动机都是一样的，因此可以安装到任何一个翻板处。可借助于 VAS 诊断仪的基本设定功能来进行各个翻板伺服电动机的寻址。

2. 自动 A/C（空调）系统的工作

自动 A/C（空调）系统常见的控制功能见表 7-4。

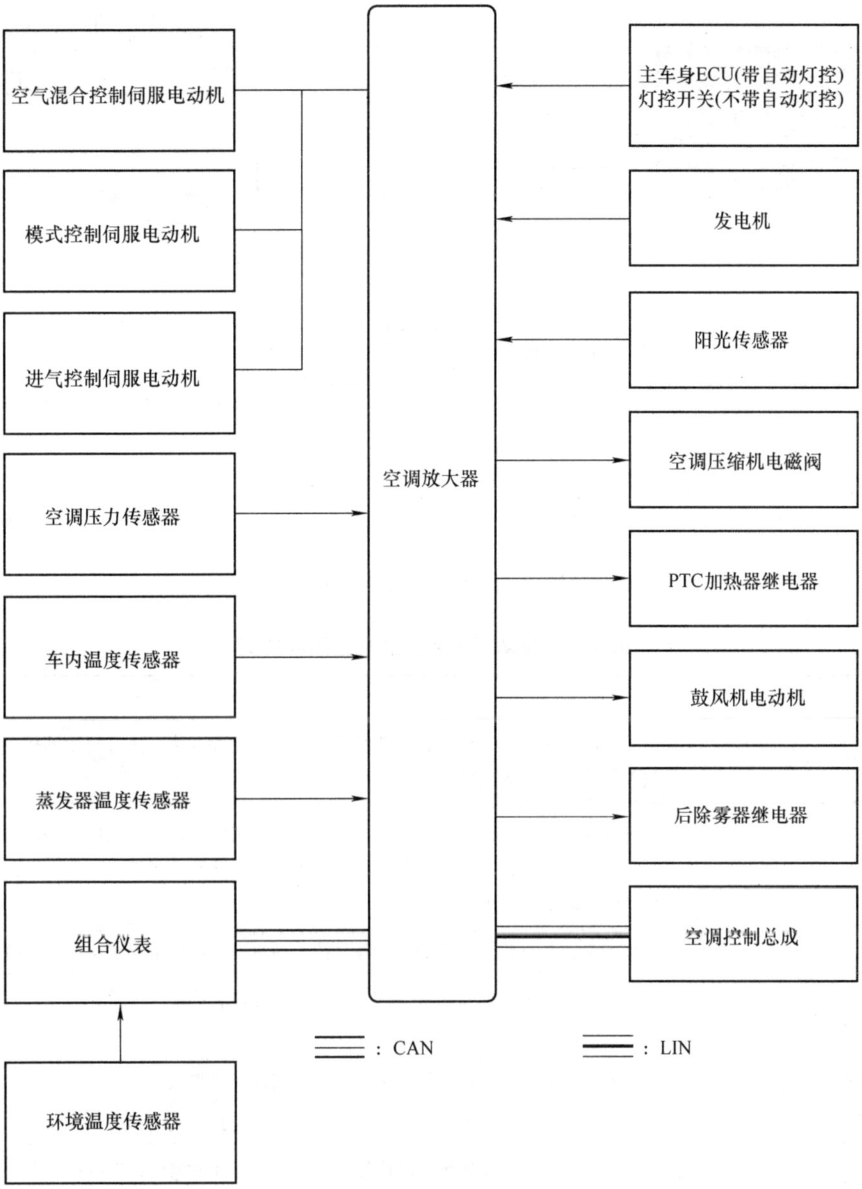

图 7-60　丰田卡罗拉自动空调系统输入/输出信号示意图

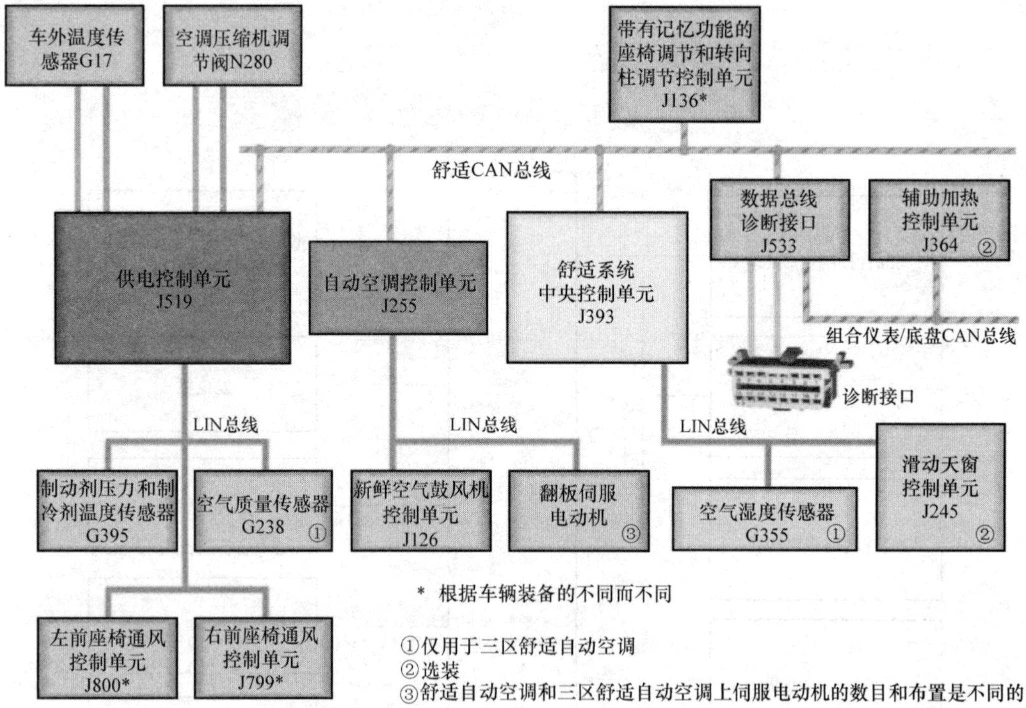

图 7-61 Audi Q5 空调系统网络拓扑图

表 7-4 自动空调系统的常见控制功能

控制	概要
神经网络控制	该控制可通过人工模拟生物神经系统的信息处理方法，进行复杂的控制，以建立类似人脑的复杂输入或输出关系
出风温度控制	对应温度控制开关设置的温度，神经网络控制根据来自不同传感器的输入信号计算出风温度。此外，根据来自蒸发温度传感器和发动机冷却液温度传感器的信号，添加校正以控制出风温度
鼓风机控制	基于来自各个传感器的输入信号，神经网络控制计算出气流量，控制鼓风机电动机
出气控制	基于来自各个传感器的输入信号，神经网络控制计算出风模式比率，自动切换出风口
进气控制	根据神经网络控制计算的风量，自动控制进气控制风门
可变排量压缩机控制	基于来自各个传感器的信号，控制压缩机的打开或关闭和排量
环境温度指示控制	基于来自环境温度传感器的信号，该控制计算环境温度，然后在空调放大器中修正并在组合仪表的多功能显示屏上显示
后窗除雾器控制	按下后除雾器按钮时，打开后除雾器和车外后视镜加热器 15min。如果它们运行时按钮按下，则将其关闭
自诊断	根据空调开关的运行情况检查传感器，随后温度设置显示一个 DTC（诊断故障码），以指示是否存在故障（传感器检查功能） 根据空调开关的运行情况，通过预定顺序驱动执行器（执行器检查功能）

现将神经网络控制功能介绍如下：

以前的自动空调系统中，空调放大器根据传感器信息，按一定的公式计算出要求的出风温度和鼓风机风量。然而，由于人的感觉相当复杂，人所处的环境不同，对同一给定温度的感觉就不同。例如，一定量的阳光辐射在寒冷气候中会感到相当暖和，但在炎热气候中却感到非常不舒服。因此，有些自动空调系统采用神经网络这种更高层次的控制技术。有了该技术，不同环境条件下收集的数据储存在空调放大器中。然后空调放大器进行控制，以提高空调舒适度。

神经网络控制由输入层、中间层和输出层的神经元组成。输入层的神经元处理车外温度的输入数据、日照量和基于开关和传感器输出的车内温度，并将它们输出到中间层的神经元。基于该数据，中间层神经元调节神经元中的关联强度。输出层神经元就可以计算总体结果，并将该结果以要求的出风口温度、光照修正量、目标空气流量和出风模式控制量的形式进行呈现。相应地，根据由神经网络控制所计算的控制量，空调放大器控制伺服电动机和鼓风机电动机。神经网络控制工作如图 7-62 所示。

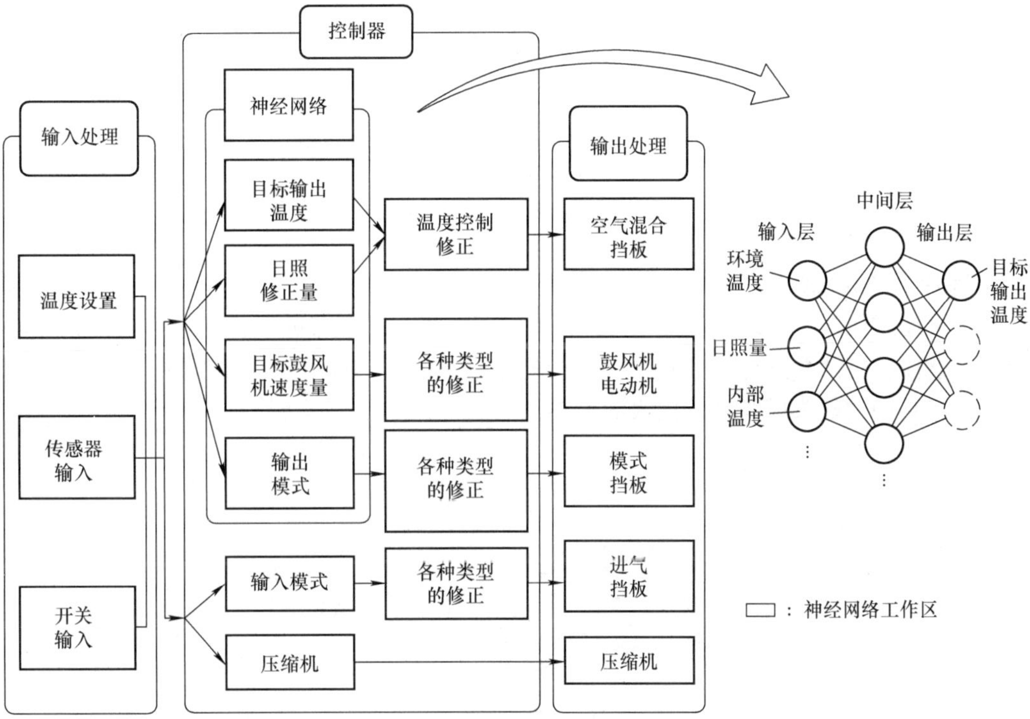

图 7-62　自动空调系统的神经网络控制

六、空调压缩机的结构

根据工作原理，可分为以下几种空调压缩机：往复式压缩机、盘管式（涡管型）压缩机、叶片贯通式压缩机、斜盘式压缩机。按其工作排量是否可变分为固定排量式压缩机和可变排量式压缩机。其中常见的可变排量式压缩机有压力自调节式变排量压缩机和电磁阀控制型变排量压缩机两种。

1. 涡管型压缩机

此压缩机由固定涡管件和旋转涡管件组成，如图 7-63 所示。

随着涡管件的旋转运动，在旋转件与固定件之间的三个空间逐步移动到体积越来越小。也就是说通过吸入孔吸入的制冷剂由于移动涡管件的旋转运动被压缩，旋转件每完成 3 圈旋转制冷剂便从排放口放出。事实上，每圈均排放制冷剂。

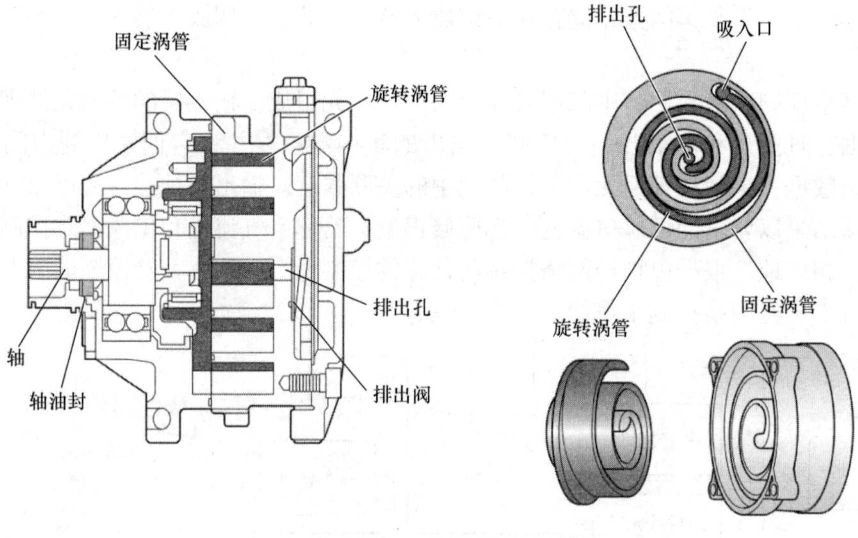

图 7-63 涡管型压缩机

2. 叶片贯通式压缩机

叶片贯通式压缩机的结构如图 7-64 所示，叶片贯通式压缩机的各叶片与它的相对叶片形成一个整体。有两对这样的叶片，在转子的槽口中相互成直角安装。当转子转动时，叶片径向移动，它们的端头横跨缸的内表面滑动。

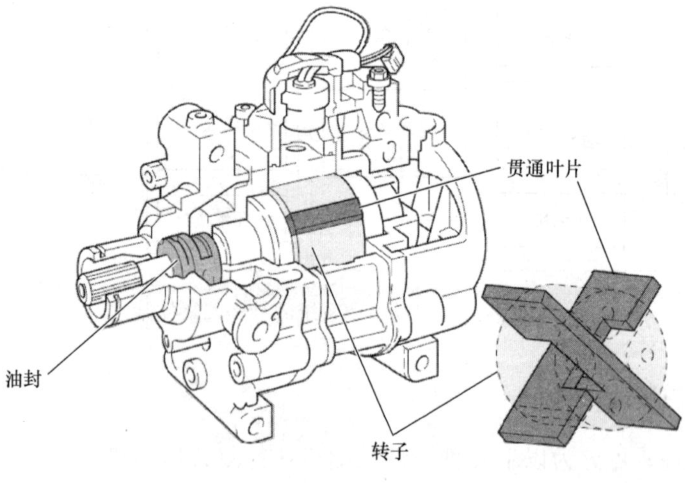

图 7-64 叶片贯通式压缩机

3. 旋转斜盘型压缩机

典型旋转斜盘型压缩机的结构如图 7-65 所示。通常采用 10 缸压缩机或 6 缸压缩机的结构。

10 缸压缩机的 5 对活塞以 72°角为间隔安装在旋转斜盘上，而 6 缸压缩机的 3 对活塞以 120°角为间隔安装在旋转斜盘上。

当一边的活塞处于压缩冲程，另一边的活塞处于吸入冲程。

活塞的左右移动与旋转斜盘的转动同步，旋转斜盘与轴合成一体并压缩制冷剂。当活塞移进去时，由于压差，吸入阀打开并将制冷剂吸入缸内。相反地，当活塞移出时，吸入阀关闭以便压缩制冷剂。由于制冷剂的压力，排出阀打开并放出制冷剂。吸入阀和排出阀也防止制冷剂回流。

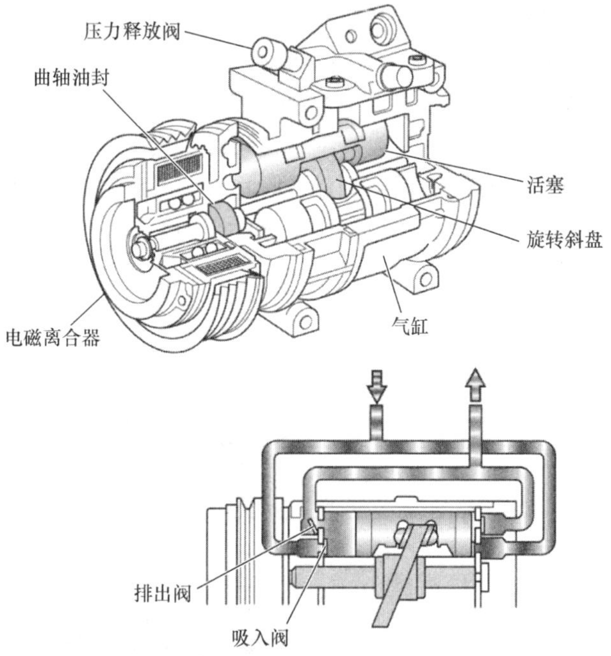

图 7-65 旋转斜盘型压缩机

4. 压力自调节式变排量压缩机

压力自调节式变排量压缩机带有一个压力自调节阀，这种变排量压缩机结构如图 7-66 所示。自调节式压缩机在制冷模式下持续运转。通过改变腔室压力，可在上止点（100%）和下止点（约 5%）之间调节活塞的位置，从而使压缩机达到所需的输出功率。在控制周期内，压缩机处于持续运转状态。

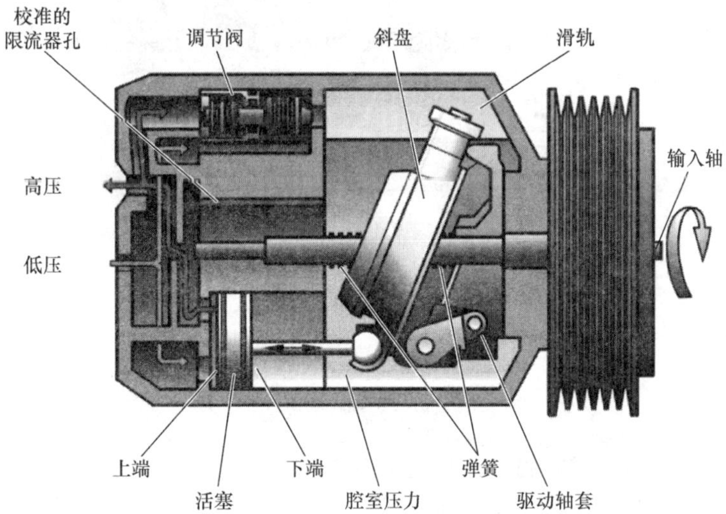

图 7-66 压力自调节式变排量压缩机

输入轴的旋转运动被传递到驱动轴套，并通过斜盘转换成活塞的轴向运动。斜盘纵向安装在滑轨上。

活塞冲程以及输出功率由斜盘的倾斜度决定。倾斜度取决于腔室压力，也就是活塞底部和顶部的受压情况。斜盘倾斜时由其前后的弹簧进行支撑。腔室压力取决于作用在调节阀上的高压和低压，并且受校准的限流器孔的影响。当空调关闭时，高压、低压以及腔室压力相等。斜盘前后的弹簧将压缩机输出功率设定为40%左右。控制输出功率的好处在于消除压缩机的启动冲击，启动冲击在驾驶期间经常导致振动。

压力自调节式变排量压缩机工作过程如下：

1）输出功率高，制冷能力强——腔室压力低。

如图7-67所示，当制冷负载增大时，此时高压和低压都相对较高。波纹管2受高压压缩，波纹管1受相对较高的低压压缩，两波纹管受压而缩短，调节阀打开。腔室压力通过低压端下降。作用在活塞顶端的低压与弹簧1的作用力所形成的合力小于作用在活塞底端的腔室压力与弹簧2的作用力所形成的合力。于是斜盘的倾斜度增大，也就使得活塞行程变长，输出功率变高。

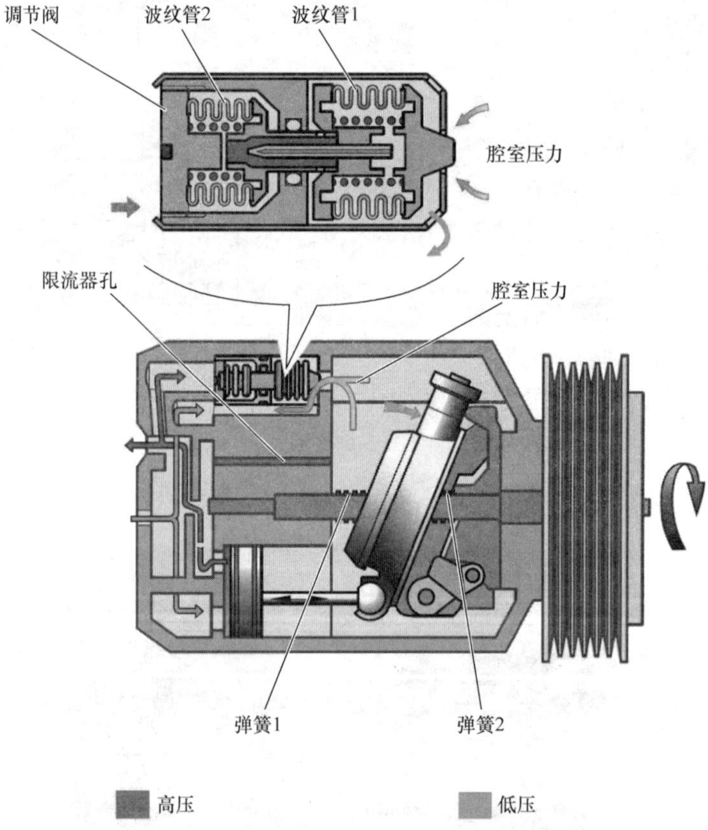

图7-67 制冷负载较大时的工作

2）输出功率低，制冷能力弱——腔室压力高。

如图7-68所示，当制冷负载减小时，高压和低压都相对较低。波纹管2自然舒展。波纹管1也因相对较低的压力而自然舒展。于是调节阀关闭。低压端关闭，腔室压力无法进入调节阀。腔室压力通过校准的限流器孔升高。作用在活塞顶端的低压与弹簧1的作用力所形成的合力要大于作用在活塞底端的腔室压力与弹簧2的作用力所形成的合力。于是，斜盘的倾斜度减小，也就是说活塞的冲程变短，输出功率降低。

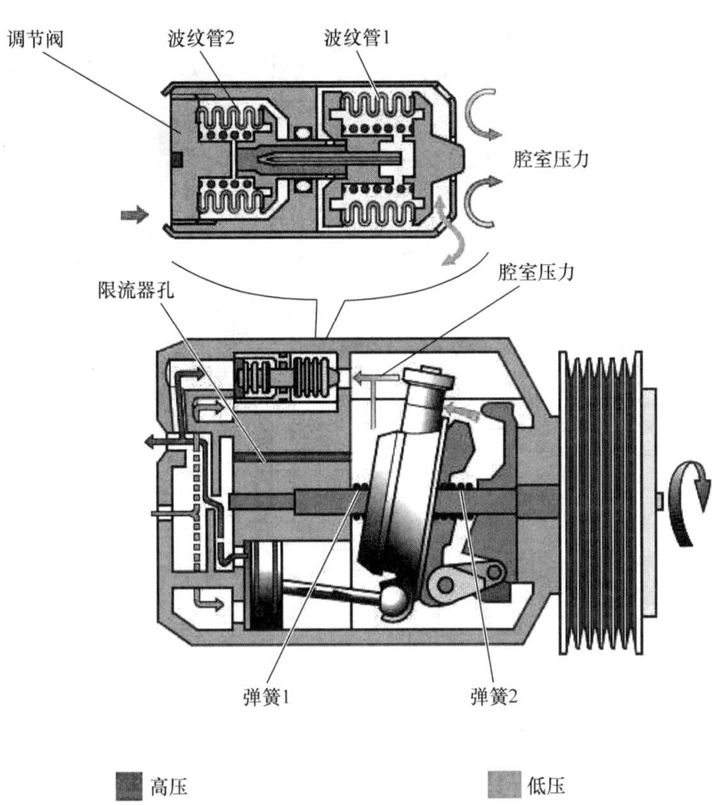

图 7-68　制冷负载较小时的工作

5. 电磁阀控制型变排量压缩机

要改变压缩机的能力，有两种方法：一种是如上所述的自调节阀型，另一种是电磁阀控制型。

(1) 两级变排量压缩机　图 7-69 为电装公司 10PA17VC 斜盘式两级变排量压缩机的剖面图。利用固定在主轴上的斜盘，把主轴旋转运动转变为 5 个活塞的往复运动，从而压缩制冷剂。该压缩机为双向作用式，即利用 5 个活塞进行 10 个气缸的运动。这种变排量压缩机是以 100% 排量或 50% 排量进行运转的。

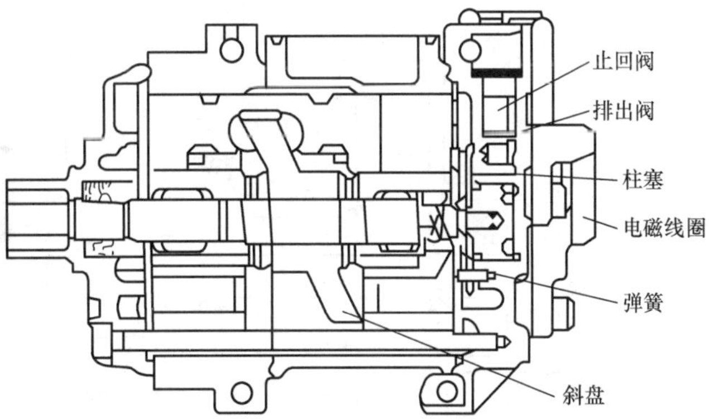

图 7-69　10PA17VC 斜盘式两级变排量压缩机剖面图

图 7-70 所示是 10PA17VC 斜盘式两级变排量压缩机 100% 排量运转时的状态。当电磁线圈不通电时，阀关闭低压侧，打开高压旁通路，把高压气体引入柱塞背部。当柱塞作用力大于弹力，高压出气阀顶住平板，各气缸进行压缩行程。在止回阀的作用下，在后侧产生高压气体，与前侧的高压气体一起被送入冷凝器。

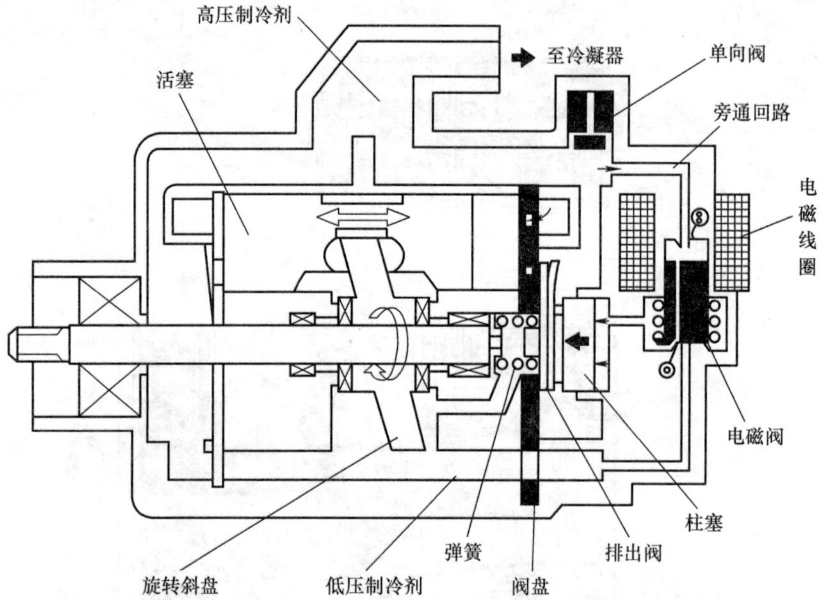

图 7-70 10PA17VC 斜盘式两级变排量压缩机 100% 排量运转时的状态

图 7-71 所示是 10PA17VC 斜盘式两级变排量压缩机 50% 排量运转时的状态。当电磁线圈通电时，阀被吸开，低压侧打开，高压旁通管路被关闭。在柱塞背面不承受高压气体压力，所以柱塞顶住弹簧，高压出气阀与阀板脱离，这时，后侧气缸的各出气孔总是处于打开状态。所以，后侧 5 个气缸的压缩行程不能进行，止回阀由于与前侧压力差的关系而下降，关闭后侧排气通路，防止高压气体回流。这样后侧成为低压，只有前侧进行 50% 排量运转。

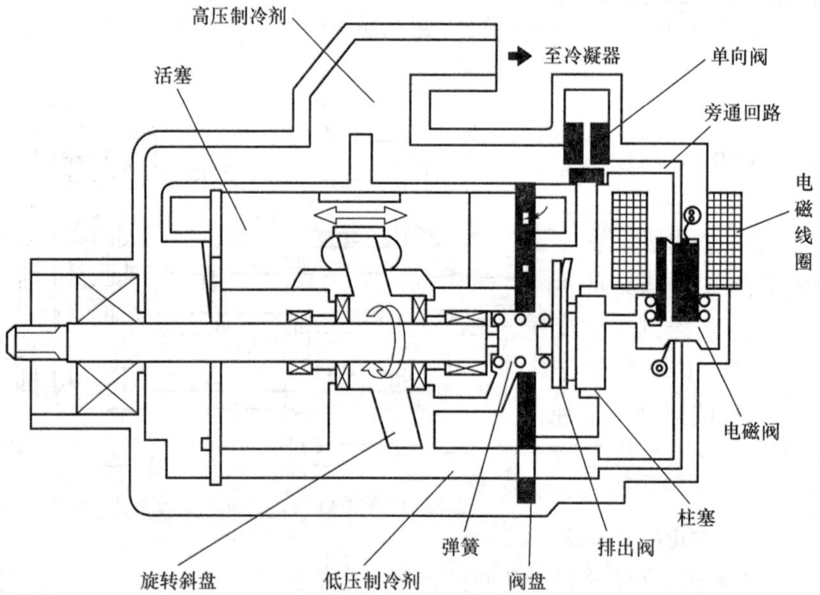

图 7-71 10PA17VC 斜盘式两级变排量压缩机 50% 排量运转时的状态

10PA17VC 斜盘式两级变排量压缩机排量的变换如图 7-72 所示。利用蒸发器温度传感器判断制冷的负载状态，进行电磁线圈的控制。在 ECON 工况时通常进行 50% 排量运转，同时，发动机冷却系在高温时也以50%排量运转，从而减轻发动机负载。

（2）电磁阀调节式连续可变排量型压缩机

电磁阀调节式连续可变排量型压缩机通常是外部控制式变排量压缩机。内部控制变排量压缩机用内部控制阀使吸气压力保持在一个较低的恒定温度（一般保持蒸发温度为0℃），往往用再热方式提高送风温度来保持车内的舒适性。而外部控制变排量压缩机汽车空调系统根据环境温度、发动机转速、太阳辐射强度、车内温度、送风温度、送风风向以及空调模式设定等参数，由汽车的空调控制模块来确定控制信号，再由外部（电磁）控制阀来控制压缩机合适的排量，这样可以根据当时的冷负载情况确定一个合适的吸气压力，不需要再热，从而达到节能的目的。

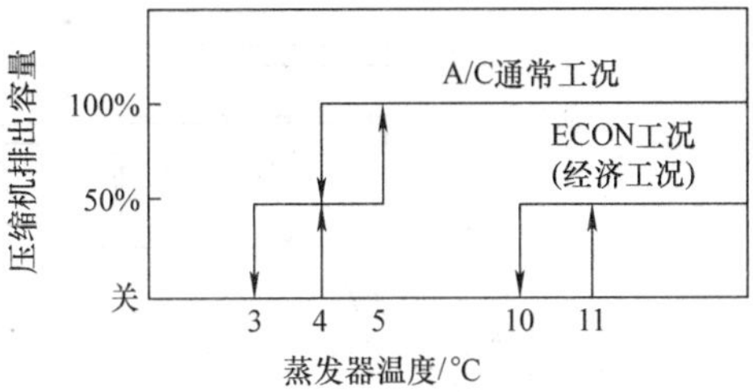

图7-72　10PA17VC斜盘式两级变排量压缩机排量的变换

图7-73为丰田卡罗拉空调压缩机的结构图，该压缩机由轴、斜板、活塞、滑蹄、曲柄室、气缸和电磁控制阀组成。其主要特点是：空调压缩机是连续可变排量型，它的排量可以根据空调的制冷负载进行调节；电磁控制阀调整吸气压力以使吸气压力可以根据需要进行调节。使用塑料类型的空调压缩机带轮，不再使用电磁离合器结构。

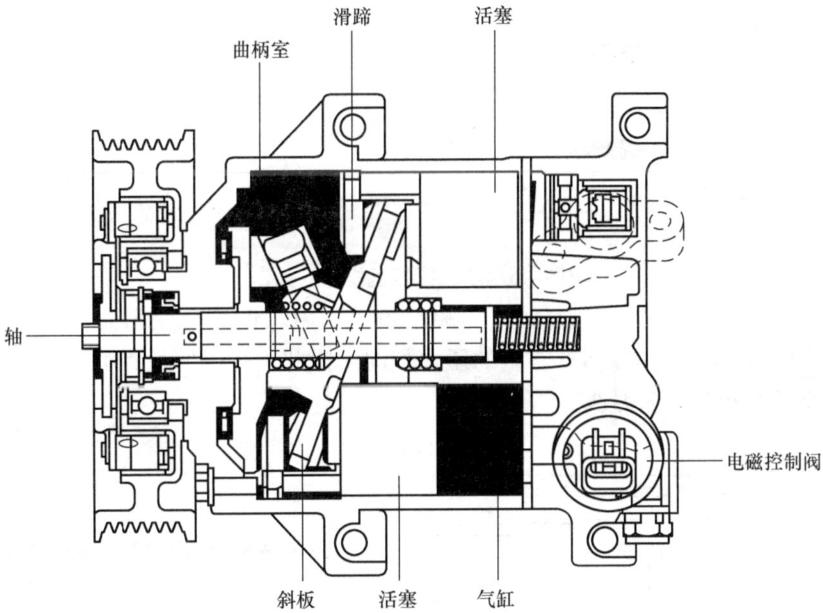

图7-73　丰田卡罗拉空调压缩机的结构图

其工作原理如下：曲柄室与吸气通道相连。电磁控制阀安装在吸气通道（低压）和排放通道（高压）之间，如图7-74所示。

根据空调放大器的信号，电磁控制阀以500Hz的通断频率占空比控制的方式进行工作。

如图7-75所示，电磁控制阀关闭的时候（电磁线圈通电），会产生一个压差，曲柄室内的压力降低。然后，作用在活塞右侧的压力将高于作用在活塞左侧的压力。这样就会压缩

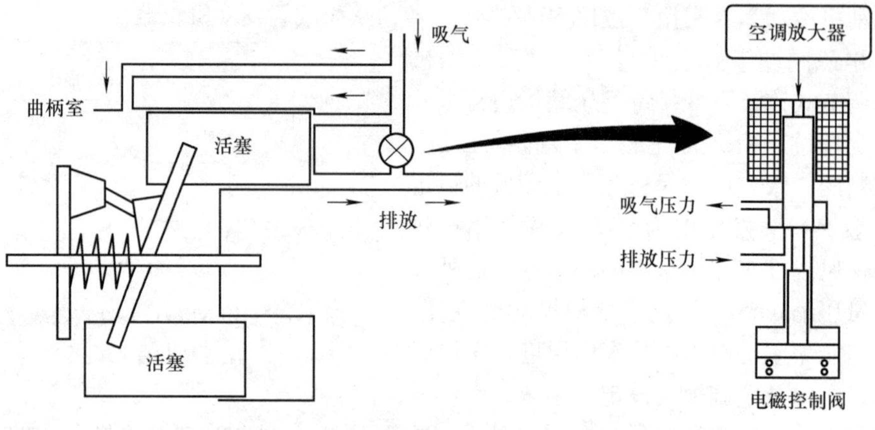

图 7-74 电磁控制阀的安装位置及工作示意图

弹簧并倾斜斜板。因此，活塞行程增加且排量增加。

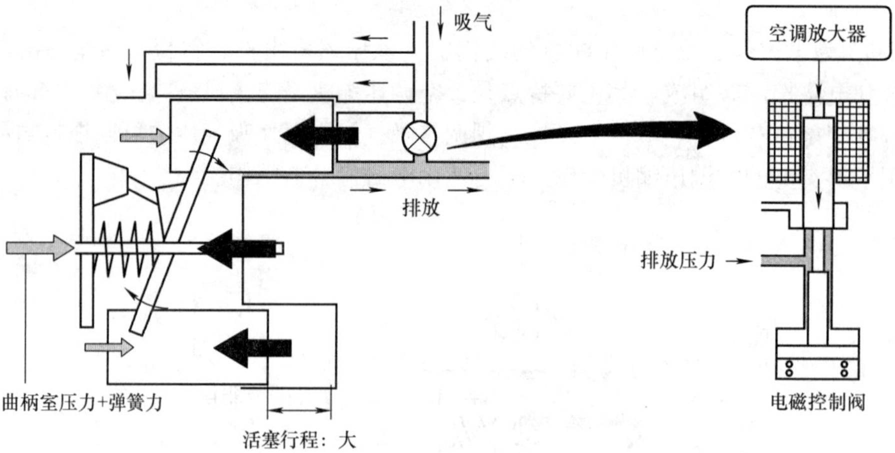

图 7-75 增加压缩机排量的操作

如图 7-76 所示，电磁控制阀打开（电磁线圈不通电）时，压差消失。然后，作用在活塞左侧的压力将变得与作用在活塞右侧的压力相同。因此，弹簧伸长且消除斜板的倾斜。从而，活塞有小的行程且排量减少。

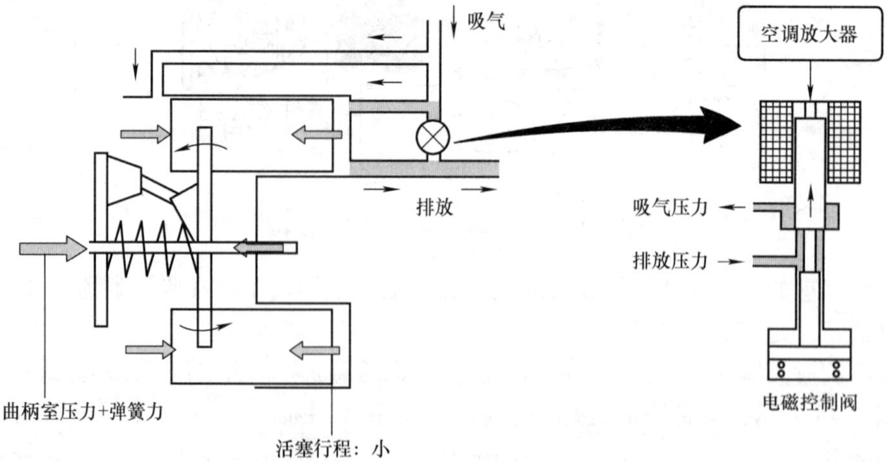

图 7-76 减小压缩机排量的操作

在发动机运转空调制冷开启的情况下，用示波器检测电磁控制阀的控制信号波形应如图7-77所示，图中示波器信号线接“SOL＋”与GND端子，示波器设置：电压为5V/格，时间为500μs/格。改变目标温度时或进行其他改变制冷负载的操作时，其占空比将发生变化。但控制信号的频率不变，由图可知，其频率为500Hz。

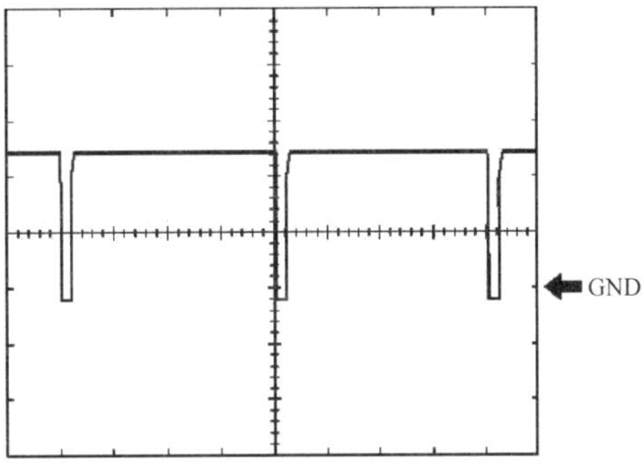

图7-77　电磁控制阀控制信号波形

此压缩机采用了新结构带轮，如图7-78所示。带轮包括吸收发动机转矩波动的减振器和压缩机锁止时保护传动带的限制装置。压缩机卡死时，限制装置使带轮的辐条部分断开，从而使带轮与压缩机分离，避免了发动机传动带的损坏，同时防止了诸如水泵和发电机的损坏，起到了过载保护的作用。同时由于排量可以降低到近0%，使用塑料类型的空调压缩机带轮，省去电磁离合器，可使质量减轻20%（500～800g）；压缩机的功率消耗下降，燃油消耗下降。

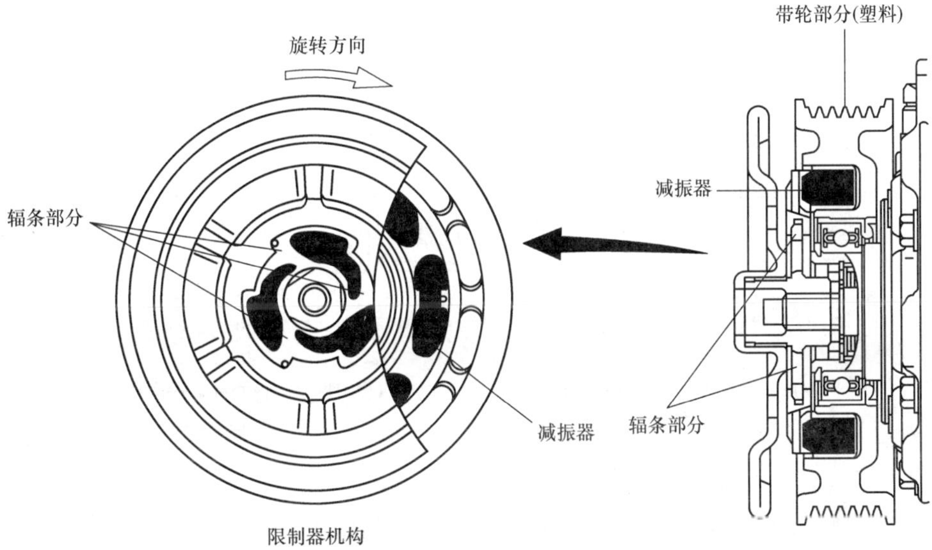

图7-78　丰田卡罗拉空调压缩机带轮结构

七、充分发挥自诊断系统的作用

诊断系统记录显示器、传感器和执行器等的任何不正常情况，并将这些信息通过汽车的DLC诊断连接器输出到空调控制面板或诊断测试仪器，通知工作人员进行检查。当使用专用诊断仪时，不仅可以显示出故障诊断码、数据流，还具有动作测试功能，能将动作测试命令发送到电子控制单元（ECU）使每个执行器运行等。具体情况应参考生产厂家维修手册的详细说明。这里以丰田公司空调控制面板诊断（控制面板利用故障诊断码通知检查人员）为例进行说明。

1. 利用控制面板进行丰田车系自动空调系统的自诊断

自诊断系统记录显示器、传感器和执行器的任何不正常情况，检查人员根据通过空调控制面板提供的故障诊断码进行检查工作。

利用控制面板进行自动空调系统的自诊断的人工操作方法如图 7-79 所示。

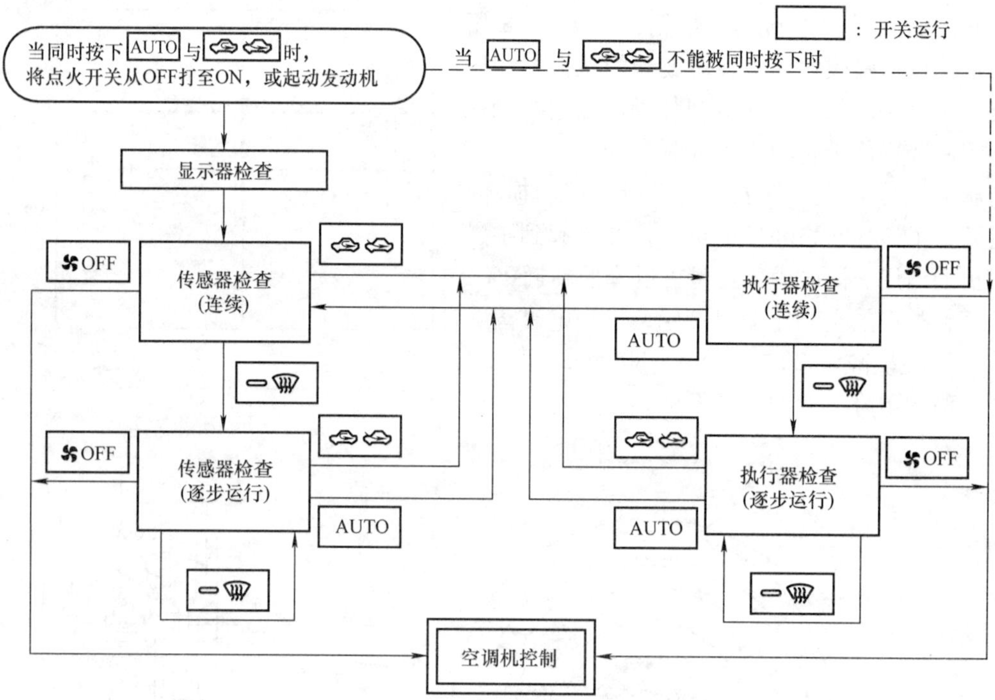

图 7-79 利用控制面板进行丰田车系自动空调系统自诊断的人工操作方法

（1）显示器检查 同时按下空调控制面板的 AUTO 开关和进气控制开关，将点火开关从 OFF 打至 ON 时，控制面板内的所有的运行显示器和温度设置显示部分都应点亮。重复 4 次显示器检查之后，进行传感器检查。

（2）传感器检查 显示器检查完成后，测试自动转换到传感器检查并显示设定温度。传感器检查时检测到的故障分为两种类型：“历史故障”：传感器现在工作正常；“当前故障”：传感器仍然有故障。另外，有两个以上的部位发生故障时，可以按下前除霜开关逐步运行检测器，依次显示故障位置。

（3）执行器的检查 传感器检查完成后，按进气控制开关，将转换到执行器的检查，总共有 10 项检查内容。代码显示按照 0 ~ 9 的顺序进行，并连续重复地进行执行器动作检查。对空气温度和空气量允许通过视觉和触摸的方式检查。当用执行器连续检查有困难时，可按“DEF”进行逐步检查。

2. 使用诊断仪读取空调系统的动态数据流

使用诊断仪的数据流读取功能，可以读取开关、传感器、执行器和其他项目的数值，而无需拆下任何零件。因此进行故障排除时尽早读取数据表可节省时间。表 7-5 为卡罗拉手动空调系统的数据流含义。表 7-6 为卡罗拉自动空调系统的数据流含义。图 7-80 为使用丰田专用诊断仪 GTS 实测到的广汽丰田汉兰达车自动空调系统的相关数据。

表 7-5　丰田卡罗拉手动空调系统数据流

检测仪显示	测量项目/范围	正常状态
Ambient Temp Sensor (Ambi Temp Sens)	环境温度传感器/最小：-23.3℃，最大：65.95℃	显示实际的环境温度
Adjusted Ambient Temp (Ambi Temp)	调整后的环境温度/最小：-30.8℃，最大：50.8℃	
Evaporator Fin Thermistor (Evap Fin Temp)	蒸发器散热片热敏电阻/ 最小：-29.7℃，最大：59.55℃	显示实际的蒸发器温度
Engine Coolant Temp (Coolant Temp)	发动机冷却液温度/最小：1.3℃，最大：90.55℃	在发动机暖机时，显示发动机冷却液的实际温度
Regulator Pressure Sensor (Reg Press Sens)	调节器压力传感器/最小：-0.45668MPa，最大：3.29437MPa	显示实际的制冷剂压力
Regulator Control Current (Reg Ctrl Currnt)	压缩机可变输出电流/最小：0A，最大：0.996A	
Number of Trouble Codes (# Codes)	故障码数量/ 最小：0，最大：255	显示 DTC 的数量

表 7-6　丰田卡罗拉自动空调系统数据流

检测仪显示	测量项目/范围	正常状态
Room Temperature Sensor (Room Temp)	车内温度传感器/最小：-6.5℃，最大：57.25℃	显示实际的车厢温度
Ambient Temp Sensor (Ambi Temp Sens)	环境温度传感器/最小：-23.3℃，最大：65.95℃	显示实际的环境温度
Adjusted Ambient Temp (Ambi Temp)	调整后的环境温度/最小：-30.8℃，最大：50.8℃	显示调整后的环境温度
Evaporator Fin Thermistor (Evap Fin Temp)	蒸发器散热片热敏电阻/最小：-29.7℃，最大：59.55℃	显示实际的蒸发器温度
Solar Sensor (D side) (Solar Sens - D)	驾驶人侧阳光传感器/ 最小：0，最大：255	驾驶人侧阳光传感器数值随着亮度的增加而增加
Engine Coolant Temp (Coolant Temp)	发动机冷却液温度/ 最小：1.3℃，最大：90.55℃	在发动机暖机时，显示发动机冷却液的实际温度
Set Temperature (D side) (Set Temp - D)	驾驶人侧设置温度/最小：0℃，最大：30℃	显示驾驶人侧温度设置
Blower Motor Speed Level (Blower Level)	鼓风机电动机速度等级/最小：0，最大：31	等级随鼓风机电动机转速的增加而增加（在 0 级和 31 级之间）
Regulator Pressure Sensor (Reg Press Sens)	调节器压力传感器/最小：-0.45668MPa，最大：3.29437MPa	显示实际的制冷剂压力

（续）

检测仪显示	测量项目/范围	正常状态
Regulator Control Current (Reg Ctrl Currnt)	压缩机可变输出电流/最小：0A，最大：0.997A	根据压缩机的工作情况，数值在 0 ~ 0.997A 之间变化
Air Mix Servo Targ Pulse(D) (Air Mix Pulse – D)	驾驶人侧空气混合伺服电动机目标脉冲/最小：0，最大：255	MAX. COLD：92（脉冲） MAX. HOT：5（脉冲）
Air Outlet Servo Pulse (D) (Air Out Pulse – D)	驾驶人侧出气风门伺服电动机目标脉冲/ 最小：0，最大：255	FACE：47（脉冲） B/L：37（脉冲） FOOT：17（脉冲） FOOT/DEF：9（脉冲） DEF：5（脉冲）
Air Inlet Damper Targ Pulse (A/I Damp Targ Pls)	进气风门目标脉冲/ 最小：0，最大：255	左驾驶车型： RECIRCULATION：19（脉冲）FRESH：7（脉冲） 右驾驶车型： RECIRCULATION：7（脉冲）FRESH：25（脉冲）
Number of Trouble Codes (#Codes)	故障码数量/ 最小：0，最大：255	显示 DTC 的数量

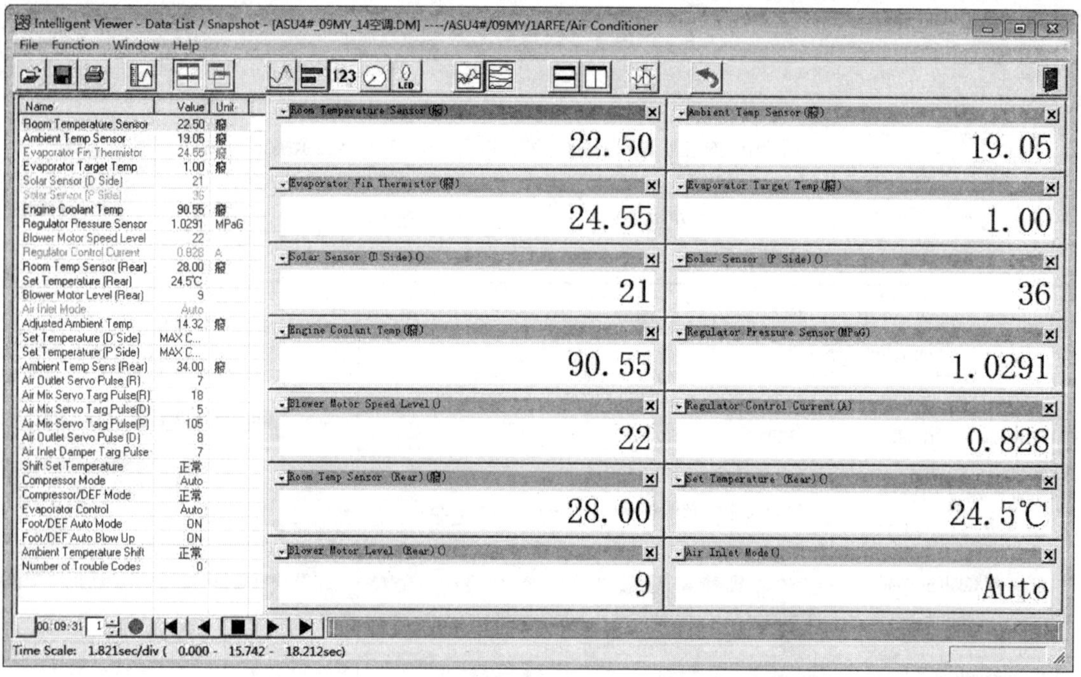

图 7-80 实测广汽丰田汉兰达车自动空调系统相关数据

3. 使用诊断仪进行空调系统各执行器的动作测试

使用诊断仪进行主动测试，无需拆下任何零件就可进行继电器、VSV、执行器和其他项目的测试。这种非侵入式功能检查非常有用，因为可在扰动零件或配线之前发现间歇性状况。排除故障时，尽早进行主动测试可以缩短诊断时间。执行主动测试时，能显示数据表信息。

表 7-7 为丰田卡罗拉自动空调系统可以进行主动测试项目说明。维修时可参照本表进行相应的执行器检查。

表 7-7 丰田卡罗拉自动空调系统主动测试项目说明

检测仪显示	测试部位	控制范围
Blower Motor (Blower Motor)	鼓风机电动机	最小：0，最大：31
Defogger Relay (Rear) (Defogger Rly - R)	除雾器继电器（后）	OFF，ON
Magnetic Clutch Relay (A/C Mag Clutch)	空调系统运行	OFF，ON
Heater Active Level (Heater Level)	加热器工作等级	最小：0，最大：3
Air Mix Servo Targ Pulse (D) (Air Mix Pulse - D)	驾驶人侧空气混合伺服电动机脉冲	最小：0，最大：255
Air Outlet Servo Pulse (D) (Air Out Pulse - D)	驾驶人侧出气风门伺服电动机脉冲	最小：0，最大：255
Air Inlet Damper Targ Pulse (A/I Damp Targ Pls)	进气风门目标脉冲	最小：0，最大：255

八、使用 CO_2（R744）作为制冷剂的空调系统介绍

1. 臭氧层的破坏和全球变暖问题

臭氧层的破坏和全球变暖已成为严重的全球性环境问题。汽车空调系统使用的气体氟利昂是造成这两个问题共同的原因之一。

（1）臭氧层破坏的机理　汽车空调系统采用的制冷剂 CFC12（含氯氟烃）是导致臭氧层破坏的原因之一。它是一种特别稳定的物质，在地面或对流层不能分解。到达平流层时被紫外线分解（光分解）并放射氯元素。这些氯元素变成催化剂，继续破坏平流层的臭氧。臭氧层破坏的机理如图 7-81 所示。

（2）全球变暖　全球变暖的机理如图 7-82 所示，阳光照射到地球上，被地球表面吸收并转化为热。大气中的温室气体防止热量释放到太空。结果地球保持适当的热量。但是，当特别有效的温室气体 CFC 等散发之后，地面保持过多的热量使地球温度上升。

地球的温度与过去的 20～30 年相比急剧升高，预计到 21 世纪末，地球的平均温度将升高约 2℃。

全球变暖预测：不正常气候情况的增加，对生态系统、食物生产、水资源等产生有害影响。

1kg R12 的温室效应相当于 4000 吨 CO_2 的温室效应。

为停止使用特殊氟利昂如 CFC，作为替代品 HFC（含氢氟烃）正被使用。汽车空调系统采用 HFC134a 作为替代品。但是，尽管这些氟利昂不会危害臭氧层，它们是非常有效的

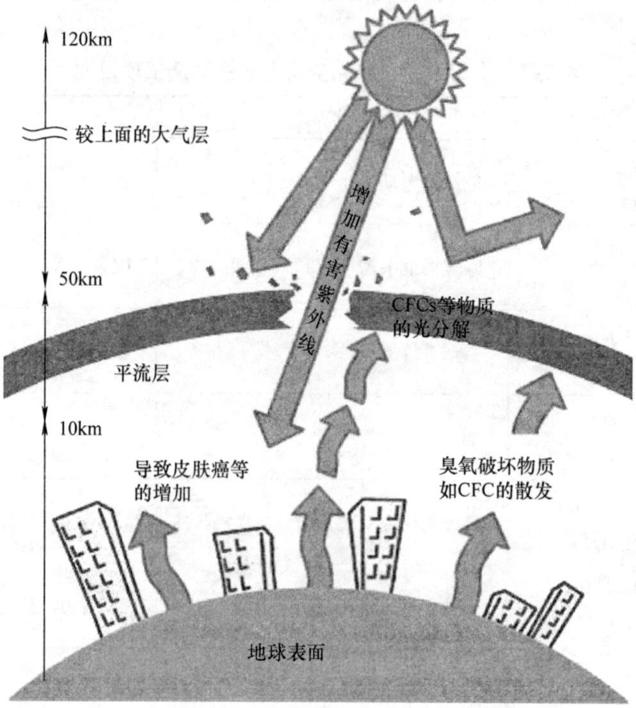

图 7-81　臭氧层破坏机理

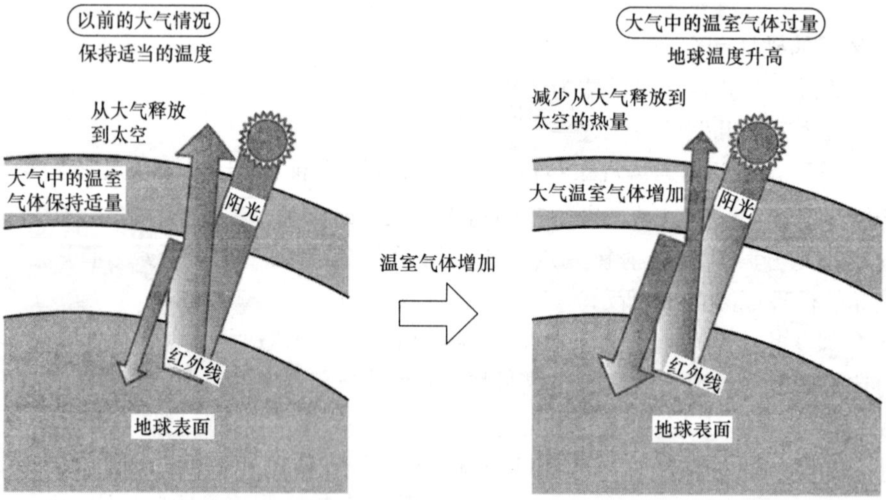

图 7-82　全球变暖机理

温室气体。它们的使用在所有发达国家被禁止，并且这些限制正在接受审查。

2. 使用 CO_2（R744）作为制冷剂的空调系统

制冷剂 R134a 产生温室效应的能力是 CO_2 的 1300 倍，即释放到大气中 1kg R134a 时产生的温室效应相当于 1300kg CO_2产生的温室效应。由于车辆空调系统使用天然资源时以及工业过程中肯定会产生 CO_2，因此将其用作制冷剂对环境没有太大的影响。

而且 CO_2（R744）空调系统的效率高于现在的 R134a 系统，制冷功率相同时它所需的燃油较少（最高车外温度小于 35℃），因而减少了尾气排放。因此按照欧洲年平均值来看，可在耗油量较低的情况下达到较高的效率。CO_2空调系统的另一个优点是：处于热力泵的反向运行模式时，可将其用作高效加热器。

（1）CO_2制冷剂循环回路　CO_2制冷剂循环回路由蒸发器、膨胀机构、收集器/分离器、内部热交换器、压缩机和气体冷却器组成，其示意图如图 7-83 所示。在压缩机内将气态 CO_2由 3.5MPa 抽吸压力压缩至 13.3MPa。在此过程中气体加热至最高 165℃。

气体冷却器将所吸收的部分热量释放到车外空气中。只有当制冷剂温度低于 CO_2临界温度 31℃时，才能变为液态形式。但由于气体冷却器的技术效率小于 1（“理想的”气体冷却器功率为 1），因此只有当车外温度低于 27℃时气体冷却器内才能发生上述变化（因此使用术语“气体冷却器”代替“冷凝器”）。

在内部热交换器内，来自气体冷却器的 CO_2通过来自蒸发器内大约 0℃的 CO_2继续进行冷却。随后通过一个膨胀机构将气体喷入蒸发器内，气体压力由 12MPa 降至 3.5MPa 并蒸发。

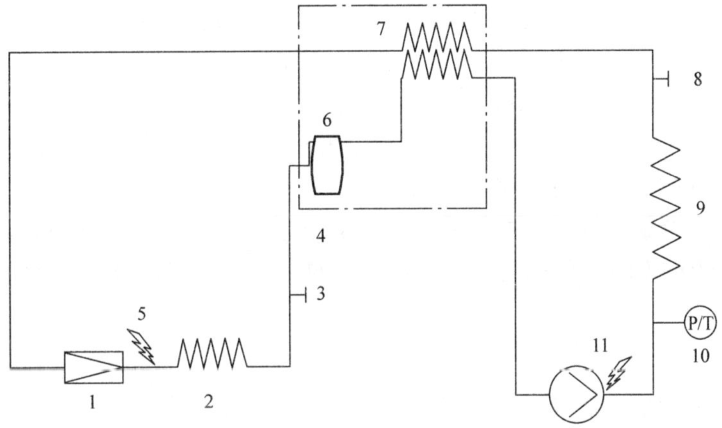

图 7-83　R744 制冷剂循环回路（示意图）

1—膨胀机构　2—蒸发器　3—低压加注阀　4—组合部件　5—低压安全片　6—蓄能器
7—内部热交换器　8—高压加注阀　9—气体冷却器　10—传感器　11—带有高压安全片的压缩机

根据温度情况，制冷剂循环回路分为三个区域：低压区域（ND）为蓝色，高压区域（HD）为红色和橙色。其中红色区域是制冷剂侧温度最高 165℃（短时间内最高为 180℃）时的系统热气区域。

蒸发所需热量来自进气或乘客区内的空气。空调处于循环空气模式时，空气在通过蒸发器鳍片的同时得到冷却。经过气体冷却器后的液态制冷剂温度越低，它可以从蒸发器内吸收环境空气的热量就越多。

制冷剂蒸发后首先经过收集器并在此处分离出液态 CO_2部分，随后经过内部热交换器。最后，已完全变成气态形式的 CO_2进入压缩机，整个流程从头开始。

由于与 R134a 相比，CO_2密度更大，因此与 R134a 空调器的制冷效果相同时所需 CO_2体积流量较少。

（2）CO_2（R744）制冷系统说明　制冷剂 CO_2按其分子量被业内命名为 R744，制冷剂加注量比加注 R134a 时低 10% ~15%。除个别情况外，空调系统组件与使用 R134a 时的组件相似。

根据系统环境温度的情况，处于静止状态时的压力水平最大 9.5MPa（高压和低压），处于运行状态时高压侧最大 13.3MPa。

（3）CO_2（R744）制冷系统的新组件　一个带有集成式内部热交换器的蓄电池具有 4 个接口。使用 CO_2系统时，将冷凝器称为气体冷却器。气体冷却器进气口处的传感器除测量压力外，还测量热气制冷剂温度，压力为（12 ±1）MPa 时，蒸发器与膨胀阀之间的安全片破裂，压力为（16 ±1）MPa 时，压缩机出气口处的安全片破裂。

R744 制冷剂循环回路内的温度和压力明显高于 R134a 系统。空调系统在制冷剂侧使用一个组合式压力温度传感器进行调节。该传感器在高压区域内位于气体冷却器进气口前方。

系统调节运行情况时使高压区域内的最大压力达到 13.3MPa。如果无法通过调节功能确保该压力水平，则从压力达到 14MPa 时开始将压缩机调为零行程。

除调节功能外，空调系统可通过机械方式对高压做出反应。如果无法进行调节干预，则通过排放机构即安全片降低系统压力。

最迟在压力为 13MPa 时，低压区域（由蓄电池和内部热交换器组合而成）内的安全片就会破裂；最迟在压力为 17MPa 时，高压区域（压缩机出气口处）内的安全片就会破裂。

只有系统压力处于 2.5 ~9.5MPa 时，才会接通空调系统。压力低于 2.5MPa 时，系统明显加注不足。压力高于 9.5MPa 时，系统肯定加注过量或环境温度明显高于 54℃。

R744 制冷系统使用了另外一种制冷剂油，用适用于 R744 的 POE 油（POE 是 Polyol Ester 的缩写，又称聚酯油，它是一类合成的多元醇酯类油）取代了适用于 R134a 的 PAG 油（PAG 是 PolyAlkylene Glycol 的缩写，是一种合成的聚（乙）二醇类润滑油），绝对不能加注 PAG 油。

此外还需要带有加注适配器的新型加注和抽吸设备和新型测漏仪器，不能用 R134a 加注和抽吸设备进行加注。

制冷剂就是 CO_2（R744），在通风条件较好的室内可直接排放到环境空气中。